中华现代学术名著丛书

唐宋词人年谱

夏承焘 著

图书在版编目(CIP)数据

唐宋词人年谱/夏承焘著.—北京:商务印书馆,2021
(中华现代学术名著丛书)
ISBN 978-7-100-19142-5

Ⅰ.①唐… Ⅱ.①夏… Ⅲ.①词人—年谱—中国—唐宋时期 Ⅳ.①K825.6

中国版本图书馆 CIP 数据核字(2020)第 184648 号

权利保留,侵权必究。

本书据上海古籍出版社 1979 年版排印

中华现代学术名著丛书

唐宋词人年谱

夏承焘 著

商 务 印 书 馆 出 版
(北京王府井大街36号 邮政编码100710)
商 务 印 书 馆 发 行
北京通州皇家印刷厂印刷
ISBN 978-7-100-19142-5

2021年1月第1版　　开本 880×1240　1/32
2021年1月北京第1次印刷　印张 16　插页 1

定价:79.00元

夏承焘

(1900—1986)

作者手迹

出版说明

百年前,张之洞尝劝学曰:"世运之明晦,人才之盛衰,其表在政,其里在学。"是时,国势颓危,列强环伺,传统频遭质疑,西学新知亟亟而入。一时间,中西学并立,文史哲分家,经济、政治、社会等新学科勃兴,令国人乱花迷眼。然而,淆乱之中,自有元气淋漓之象。中华现代学术之转型正是完成于这一混沌时期,于切磋琢磨、交锋碰撞中不断前行,涌现了一大批学术名家与经典之作。而学术与思想之新变,亦带动了社会各领域的全面转型,为中华复兴奠定了坚实基础。

时至今日,中华现代学术已走过百余年,其间百家林立、论辩蜂起,沉浮消长瞬息万变,情势之复杂自不待言。温故而知新,述往事而思来者。"中华现代学术名著丛书"之编纂,其意正在于此,冀辨章学术,考镜源流,收纳各学科学派名家名作,以展现中华传统文化之新变,探求中华现代学术之根基。

"中华现代学术名著丛书"收录上自晚清下至20世纪80年代末中国大陆及港澳台地区、海外华人学者的原创学术名著(包括外文著作),以人文社会科学为主体兼及其他,涵盖文学、历史、哲学、政治、经济、法律和社会学等众多学科。

出版说明

出版"中华现代学术名著丛书",为本馆一大夙愿。自1897年始创起,本馆以"昌明教育,开启民智"为己任,有幸首刊了中华现代学术史上诸多开山之著、扛鼎之作;于中华现代学术之建立与变迁而言,既为参与者,也是见证者。作为对前人出版成绩与文化理念的承续,本馆倾力谋划,经学界通人擘画,并得国家出版基金支持,终以此丛书呈现于读者面前。唯望无论多少年,皆能傲立于书架,并希冀其能与"汉译世界学术名著丛书"共相辉映。如此宏愿,难免汲深绠短之忧,诚盼专家学者和广大读者共襄助之。

商务印书馆编辑部

2010年12月

凡　　例

一、"中华现代学术名著丛书"收录晚清以迄20世纪80年代末,为中华学人所著,成就斐然、泽被学林之学术著作。入选著作以名著为主,酌量选录名篇合集。

二、入选著作内容、编次一仍其旧,唯各书卷首冠以作者照片、手迹等。卷末附作者学术年表和题解文章,诚邀专家学者撰写而成,意在介绍作者学术成就,著作成书背景、学术价值及版本流变等情况。

三、入选著作率以原刊或作者修订、校阅本为底本,参校他本,正其讹误。前人引书,时有省略更改,倘不失原意,则不以原书文字改动引文;如确需校改,则出脚注说明版本依据,以"编者注"或"校者注"形式说明。

四、作者自有其文字风格,各时代均有其语言习惯,故不按现行用法、写法及表现手法改动原文;原书专名(人名、地名、术语)及译名与今不统一者,亦不作改动。如确系作者笔误、排印舛误、数据计算与外文拼写错误等,则予径改。

五、原书为直(横)排繁体者,除个别特殊情况,均改作横排简体。其中原书无标点或仅有简单断句者,一律改为新式标点,专名号从略。

六、除特殊情况外,原书篇后注移作脚注,双行夹注改为单行夹注。文献著录则从其原貌,稍加统一。

七、原书因年代久远而字迹模糊或纸页残缺者,据所缺字数用"□"表示;字数难以确定者,则用"(下缺)"表示。

目　录

自　序	1
韦端己年谱	3
后记（一）	29
后记（二）	29
后记（三）	32
冯正中年谱	34
后记（一）	65
后记（二）	66
南唐二主年谱	67
后记（一）	150
后记（二）	151
后记（三）	153
张子野年谱	154
二晏年谱	179
贺方回年谱	244
周草窗年谱	283
附录一：草窗著述考	331
附录二：《乐府补题》考	338
后记（一）	345
后记（二）	346

温飞卿系年 …………………………………………… 347
　　后记(一) …………………………………………… 382
　　后记(二) …………………………………………… 383
姜白石系年 …………………………………………… 384
　　附录：白石怀人词考 ……………………………… 403
吴梦窗系年 …………………………………………… 411
　　后记 ………………………………………………… 436
　　附录：梦窗晚年与贾似道绝交辨 ………………… 436
　　张凤子先生来书 …………………………………… 439
　　答张凤子先生 ……………………………………… 440
　　张凤子先生第二书 ………………………………… 442
引书目 ………………………………………………… 445
承教录 ………………………………………………… 461

夏承焘先生学术年表 ………………………… 陶　然　486
谈夏承焘先生《唐宋词人年谱》 …………… 陶　然　491

自　序

　　《唐宋词人年谱》十种十二家,予三十前后之作也。早年尝读蔡上翔所为《王荆公年谱》,见其考订荆公事迹,但以年月比勘,辨诬征实,判然无疑;因知年谱一体,不特可校核事迹发生之先后,并可鉴定其流传之真伪,诚史学一长术也。时方读唐宋词,因翻检群书,积岁月成此十编。其无易安、清真、稼轩者,以已有俞正燮、王国维及友人邓广铭之论著在;鄙见足为诸家补苴者,别具于《唐宋词系年总谱》中(《系年总谱》将另出),此不赘及。琐琐掇拾,聊为初学论世知人之助。若夫标举作品以考索作家之思想感情,则治词史者之事,固非年谱体例所能赅也。

一九五四年十一月,夏承焘

韦端己年谱

韦庄字端己,京兆杜陵人。本集、《蜀梼杌》、《唐才子传》。

韦氏居杜陵,始于汉韦贤,见《新唐书·宰相世系表》。《浣花集》十有《过樊川旧居》诗。

唐宰相韦待价之后。

案《蜀梼杌》、《通鉴》、《唐诗纪事》、《十国春秋》谓庄韦见素之后。据《唐书·宰相世系表》:韦氏定著九房,见素属南皮公房,相玄宗;庄属逍遥公房。列庄世系如下:

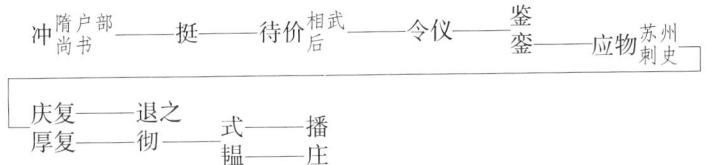

据此,庄盖应物四世孙。

《唐诗纪事》六十八谓端己"曾祖少微,宣宗中书舍人",案《世系表》无少微,且宣宗时端己已二十余岁,不应及见曾祖。《唐才子传》十删之,是;《十国春秋》四十从之,非也。《元和姓纂》亦无少微。

孤贫力学,才敏过人。《唐才子传》。

疏旷不拘小节。《唐诗纪事》。

《太平广记》一六五"吝鄙类":"韦庄颇读书,数米而炊,秤薪而爨,炙少一脔而觉之。一子八岁而卒,妻敛以时服,庄剥取以故席裹尸。殡讫,擎其席而归。其忆念也,呜咽不自胜。唯悭吝耳。"原注"出《朝野佥载》"。案今本《佥载》无此文。《佥载》题唐张鷟作,中载客问娄师德为纳言事,鷟盖武周时人,(《四库提要》一四○引《桂林风土记》,定为天宝以前人。)不应及见端己。《提要》谓其书凡阑入中唐后事者,乃《佥载补遗》之文,另是一书,非鷟所作。其书既不明撰人,又多啃噱荒怪之说,近于《笑林》、《卓异》。记端己事,殊难凭信。贯休《禅月集》十二《和韦相公见示闲卧》诗云:"修补乌皮几,深藏子敬毡。"谓其好俭而已,不致过情若尔也。

乾宁元年进士。《直斋书录解题》、《唐才子传》。

仕唐至左补阙。本集《序》、《唐摭言》、《容斋三笔》。

仕前蜀至吏部侍郎同平章事。《蜀梼杌》、《唐才子传》。

唐文宗开成元年丙辰　　八三六

一岁。

《唐书》、《五代史》,皆无端己传;《蜀梼杌》及《唐诗纪事》、《唐才子传》、《十国春秋》,亦不载端己生年。今案端己《镊白》诗云:"白发太无情,朝朝镊又生。(节)新年过半百,犹叹未休兵。"编在《浣花集》卷四。卷四自注"浙西作",皆客游江南诗。此诗前二十一首有《闻再幸梁洋》云:"暂喜中原息鼓鼙,又闻天子幸巴西。"后三首有《夏初与侯补阙江南有约同泛淮泗西赴行朝》一首,注云:"已后自浙西游汴宋路,至陈仓迎驾,却过昭义相州路归金陵作。"盖皆僖宗幸兴元今汉中南郑时作。案《旧唐书》十九下《僖宗纪》:光启二年正月,田令孜迫车驾请幸兴元,三月丙申至兴元。光启三年三月还凤翔。端己以光启二年初夏赴陈仓迎驾,三年过昭义相州路返。详见后谱。《镊白》诗必光启二年作。据"新年过半百"句,则其时五十一岁,当生于本年也。陈思亦定端己生此年,而无考证。

西人纪尔斯(Lionel Giles)作《秦妇吟之考证与校释》(《燕京学报》第一期,译自《通报》二十四卷四、五合期),定端己僖宗广明元年举秀才,并假定其年为二十。则当生于懿宗初年。案此说非是。《浣花集》卷二皆广明元、二年庚子、辛丑间作,已有"老忧新岁近"、"乱离俱老大"、"王粲辞家鬓已凋"之句,断非二十左右之作。依予说以推,其时端己盖四十余岁矣。端己乾宁元年及第,五十九岁,故其年别东吴生云:"白首相逢泪满缨。"乾宁四年使蜀过樊川旧居,六十二岁,故云:"嵇阮归来雪满头。"皆予说之左证。近人考端己生年或臆定为宣宗大中间,亦误迟二十余岁。

白居易六十五岁,前三年以病免河南尹,再授宾客分司。

端己诗学居易,参后十岁谱。

温庭筠二十岁左右。考在《飞卿系年》。

贯休五岁。

开成二年丁巳　八三七

二岁。

李商隐擢进士第。

武宗会昌二年壬戌　八四二

七岁。

白居易七十一岁,罢太子少傅,以刑部尚书致仕。

刘梦得卒,七十一岁。

会昌三年癸亥　八四三

八岁。

贾岛卒,五十六岁。

端己奏请追赠岛官,见六十五岁谱。

会昌五年乙丑　八四五

十岁。　幼时尝侨居下邽县。

《太平广记》一七六"幼敏类":"韦庄幼时,常在下邽县侨居,多与邻巷诸儿会戏。及广明乱后,再经旧里,追思往事,但有遗踪,因赋诗以记之。又涂次逢李氏诸昆季,亦尝赋感旧诗。下邽诗曰:'昔为童稚不知愁,竹马闲乘绕院游。曾为看花偷出郭,也因逃学暂登楼。招他过客来还醉,诨得先生去始休。今日故人无处问,夕阳衰草尽荒丘。'"下邽为白居易故乡,居易此时尚健,端己为诗学居易,固由身世近似,幼时环境感染,或亦其一因也。

《广记》又载其逢李氏兄弟诗有"御沟西面朱门宅,记得当时好弟兄"句,《集》六《洪州西明寺省上人游福建》诗,亦有"记得初骑竹马年,送师来往御沟边"句。居长安御沟西与居下邽皆儿时事,以年代无考,姑系于此。

会昌六年丙寅　八四六

十一岁。

白居易卒,七十五岁。

宣宗大中六年壬申　八五二

十七岁。

杜牧卒,五十岁。

大中十二年戊寅　八五八

二十四岁。

李商隐卒,四十七岁。

大中十三年己卯　八五九

温庭筠贬为随县尉。考在《飞卿系年》。

僖宗乾符二年乙未　八七五

四十岁。

黄巢始起兵。

乾符四年丁酉　八七七

四十二岁。　自鄠杜移居虢州。鄠县、杜陵皆长安附近，虢州今河南灵宝。

端己家本杜陵，幼居长安，继寓下邽，已见前谱。案《诗集》八有《鄠杜旧居》诗，《集》十有《溪陂怀旧》诗，《集》三《用韵》一首亦云"鄠杜别家林"，是曾居鄠杜。其别鄠杜虽未注何年，然《溪陂怀旧》云："辛勤曾寄玉峰前，一别云溪二十年。"编在乾宁四年《华州驾前奉使入蜀》之后二首，当亦乾宁四年作。自乾宁四年逆数二十年，则别鄠杜当在本年左右。知自鄠杜移虢州者，以集中有《虢州涧东村居》、《三堂早春》、《三堂东湖作》、《朱阳县渔塘十六韵》四首，三堂、朱阳县皆属虢州。皆编在卷一。卷一各诗，皆黄巢入长安前之作，则居虢州当即在此时离鄠杜之后。又据同卷《冬日长安感志寄献虢州崔郎中二十韵》云："帝里无成久滞淹，别家三度见新蟾。"审题必作于居虢之后，黄巢入长安之前。诗云"三度见新蟾"，则献崔诗至迟作于乾符六年。黄巢入京之前一年。自鄠杜移虢，至迟当在本年也。

乾符五年戊戌　八七八

四十二岁。

牛峤第进士。《文献通考》二四二。

西蜀词人,端己与峤,年辈最长。惜峤之生年不可考矣。

黄巢入福州。

乾符六年己亥　八七九

四十四岁。　居长安。作《冬日长安感志献虢州崔郎中二十韵》。《集》一

此诗至迟本年作,说在前年谱。诗有"郤诜丹桂无人指,阮籍青襟有泪沾。溪上却思云满屋,镜中惟怕雪生髯。病如原宪谁能疗,寒似刘桢岂用占"之句,盖落第后作。云"溪上云满屋",即《溪陂怀旧》诗所谓"云溪"也。

黄巢入湖南荆渚。

案《新书·僖宗纪》,巢本年十月入潭澧,十一月入江陵,十二月入鄂、宣、歙、池。《诗集》二有《又闻湖南荆渚相次陷没》一律,必本年冬作。

广明元年庚子　八八○

四十五岁。　在长安应举。

《唐诗纪事》六十八记庄应举时,值黄巢攻长安。

《集》一有《放榜日作》一律云:"三十仙才上翠微。"陈思引徐松《登科记考》,本年、中和三年及景福元年,进士皆三十人。谓端己中和三年春在洛阳,景福元年春在婺州,定此诗本年作。案《日知录》十七"中式额数"条引《唐书·高锴传》:"为礼部侍郎,凡掌贡部三年,每岁登第者四十人。开成三年敕曰:'进士每岁四十人,其数过多,则乖精选,官途填委,宜窒其源,宜改每岁三十人,如不登其数亦听。'"是端己诗所谓"三十仙才",乃举当代登第成数,不能确定何年,陈说未允。(此条任铭善君见告。)

十二月,黄巢入长安。庄陷兵中,大病,与弟妹相失。

《旧书》本纪十九下黄巢入长安,僖宗西行,在本年十二月甲申。《集》二有《贼中与萧、韦二秀才同卧重疾,二君寻愈余独加焉,恍惚之中因有题》一律云:"弟妹不知处,兵戈殊未休。"又有《重围中逢薛校书》、《雨霁晚眺》二律,注云:"庚子秀冬,大驾幸蜀后作。"

《浣花集》卷一各诗,皆黄巢入京前之作,弟蔼序所谓"自庚子乱离前,凡著诗歌文章数十通,属兵火迭兴,简编俱坠,唯余口诵者,所存无几"是也。其中行迹:虢州诸诗,已见于前;尚有关中诗、《曲江诗》、《嘉会里闲居》、《延秋门外作》、《登咸阳县楼望雨》。出关东行诗、《尹喜宅》、《灞陵道中作》、《关河道中》、《题盘豆驿水馆后轩》(《一统志》云,盘豆驿在阌乡县西南)。山西诗、《柳谷道中却寄》(柳谷在夏县东南中条山中)。湖南诗,《耒阳县浮出神庙》。今皆不能确定甲子矣。

《诗集》一有《下第题青龙寺僧房》一首,知此年以前曾应考下第。

纪尔斯谓端己本年在京应试秀才。其说未允。案《新唐书·选举志》,"永徽二年,始停秀才科"。是唐代秀才科,废于端己之前二百余年。端己作《秦妇吟》,而时人称之曰"《秦妇吟》秀才"者,乃当时士子通称,亦犹夏侯孜未显时,时人称为"不利市秀才"耳。见《北梦琐言》三。《唐才子传》谓端己乾宁元年举进士,始释褐,可证也。

僖宗中和元年辛丑　八八一

四十六岁。　兵中遇弟妹。

《集》二《辛丑年》云:"田园已没红尘里,弟妹相逢白刃间。西望翠华殊未返,泪痕空湿剑文斑。"又同卷《立春日》云:"九重天子去蒙尘。"谓本年正月僖宗在兴元,六月往成都也。

《通鉴》:"中和元年三月,有书尚书省门为诗嘲'贼'者,尚让怒,应在省官及门卒悉抉目倒悬之,大索城中能为诗者尽杀之,识字者给贱役,凡杀三千余人。"案端己此时在长安而未死,足见此是诬蔑黄巢之辞。

中和二年壬寅　　八八二

四十七岁。　春,离长安。

《集》四《江上逢史馆李学士》云:"前年分袂陕城西。"又《全唐诗》端己诗补遗有《江上别李秀才》云:"前年相送灞陵春,今日天涯共避秦。"二诗皆明年癸卯作,见明年谱。则离长安,必在本年春间。

居洛阳。

《集》三《洛阳吟》注云:"时大驾在蜀,洛中寓居作七言。"同卷《北原闲眺》云:"五凤灰残金翠灭,六龙游去市朝空。千年王气浮清洛,万古坤灵镇碧嵩。"《睹军回戈》云:"关中'群盗'已心离,关外犹闻羽檄驰。(节)昨日屯军还夜遁,满车空载洛神归。"《中渡晚眺》云:"魏王堤畔草如烟,有客伤时独扣舷。(节)家寄杜陵归不得,一回回首一潸然。"《闻官军继至未睹凯旋》云:"嫖姚何日破重围,秋草深来战马肥。"《旧书》纪,本年正月,"勤王之师,云会京畿"。皆明年四月李克用攻长安之前在洛阳作。同卷有《洛北村居》一律,知所寓在洛北乡间。

《集》三又有《清河县楼作》、《河内别业闲题》、《颍阳县》、《题颍源庙》诸首。《清河县楼作》云:"千里战尘连北苑,九江归路隔东周。"云"东周",知皆寓洛以后行迹,但未详在何时。同卷《东游远归》云:"扣角干名计已疏,剑歌休恨食无鱼。辞家柳絮三春半,临路槐华七月初。(节)"端己明年四月以后客江南,此云"七月初",则"东游远归"当在本年夏秋。《集》三有《新正日商南道中作》,则明年正月由商南归也。(《商南道中》一首,予本定为本年作;陈寅恪先生著《〈秦妇吟〉校笺》,谓当是明年作。兹依之改正。)

中和三年癸卯　　八八三

四十八岁。　三月,在洛阳,作《秦妇吟》。

原诗起云:"中和癸卯春三月,洛阳城外花如雪。"《北梦琐言》、《唐诗纪事》、《唐才子传》,皆谓在长安应举时作,非是。

《琐言》六"蜀相韦庄应举时,黄巢'犯阙',著《秦妇吟》一篇,内一联云:'内库烧为锦绣灰,天街踏尽公卿骨。'尔后公卿亦多垂讶,庄乃讳之。时人号《秦妇吟》秀才'。他日撰家戒,内不许垂《秦妇吟》障子,以此止谤,亦无及也。"此诗近方发见于敦煌,《浣花集》及《全唐诗》、《集外诗》皆不载,当由端己贵后讳之。其讳之之因,《琐言》谓由"内库"、"天街"二句,近日陈寅恪君作《读秦妇吟》《清华学报》十一卷四期疑为不然,其文略曰:据《旧唐书》一八二《高骈传》,载中和二年僖宗责骈之诏,亦引骈表中"园陵开毁,宗庙焚烧"之语,当时朝廷诏书尚不以此为讳,更何有于民间乐府所言之锦绣成灰,公卿暴骨乎。即以诗人之篇什论,杜子美《诸将》之"昨时金碗出人间",即高千里之"园陵开毁","洛阳宫殿化为烽"亦等于"宗庙焚烧"。岂子美可言于广德、大历之时,端己不得言……于广明、中和之世耶。端己平生心仪子美,以草堂为居,浣花名集,岂得谓不识此义。即此二句果有所甚忌讳,则删去之或改易之可也,何至并其全篇而禁绝之。……可知其忌讳所在,有关全篇主要之结构……不仅系于此二句也。依《秦妇吟》所述,此妇之出长安约在中和二年二月黄巢反攻长安城之后。端己之出长安亦当在此相距不久之时。当时避难者东奔之路线,应与诗中所言不殊,此观于平时交通之情状而可推知者也。……《秦妇吟》之秦妇,无论其是否为端己本身之假托,抑或实有其人,所经行之路线则非有二。据《旧唐书·杨复光传》,王重荣为东面招讨使,复光以兵会之。又据两《唐书》《王重荣传》,复光与重荣合攻李祥于华州,及重荣军华阴,复光军渭北,掎角败巢军。是从长安东出奔洛阳者,自须经杨军防地。据《旧书·杨复光传》,复光斩秦宗权将王淑,并其军,分为八都,鹿晏弘、晋晖、李师泰、王建、韩建等,皆八都之大将也。是杨军八都大将之中,前蜀创业垂统之君,端己北面亲事之主,王建即是其一。其余若晋晖、李师泰之徒,皆当日杨军八都之旧将,后来王蜀开国之元勋也。当复光会兵华渭之日,疑不能不有如秦妇避难之人,及《北梦琐言》九所记西班李将军女委身之事。端己之诗流行一世,本写故国乱离之惨状,适触新朝宫闱之隐情。所以讳莫如深,志希免祸。……而竟垂戒子孙,禁其传布者,其故倘在斯欤,倘在斯欤。以上皆陈说。

游江南,献诗于镇海军节度使周宝。

《集》四《江上逢史馆李学士》云:"城阙于今陷鼓鼙。"案《旧书》本纪,本年四月甲辰李克用入京师,端己南游,必在本年四月前。

王国维《秦妇吟跋》二,谓诗末云:"适闻有客金陵至,见说江南风景异。"又云:"愿君举棹东复东,咏此长歌献相公。"则此诗乃上江南某帅者。考是时周宝以镇海军节度使同平章事,镇润州,则相公盖谓周宝也。又《诗集》有《陪金陵府相中堂夜宴》诗、《观浙西府相畋游》诗,又有《官庄诗》自注云:"江南富民悉以犯酒没家产,因以此诗讽之,浙帅遂改酒法,不入财产。"是庄曾为周宝客。此诗当其初至江南赘宝之作矣。已上皆王说。案《集》六《江南送李明府入关》诗有云"我为孟馆三千客",孟馆当指宝。

《集》四《陪金陵府相中堂夜宴》、《润州显济阁晓望》、《观浙西府相畋游》诸首,皆本年南游作。

陈寅恪谓唐人亦称节将治所润州之丹徒为金陵,引《李卫公别集》–《鼓吹赋序》云:"余往岁剖符金陵。"德裕曾任浙西观察使,韦诗之金陵亦指润州,今镇江也。

中和四年甲辰　　八八四

四十九岁。

后此三年,为光启丙午,端己自浙西往陈仓迎驾。则此三年间仍居江南,为周宝客也。_{唐时之浙江西道,今浙江旧杭嘉湖诸府及江苏旧苏、松、太等府州地属之。}

《集》四《喻东军》云:"四年龙驭守峨嵋。"《送崔郎往使西川行在》云:"新马杏花色,绿袍春草香。"皆明年三月僖宗还京前作。

六月,黄巢被杀。

僖宗光启元年乙巳　　八八五

五十岁。

三月,僖宗还京。十二月。李克用逼京师,僖宗出奔凤翔。《旧书》本纪。

光启二年丙午　　八八六

五十一岁。　新年作《镊白》诗。(说在生年。)夏初,自浙西过汴宋路,欲往陈仓迎驾。《吊侯补阙》诗注。陈仓今陕西宝鸡县。

《集》四有《闻再幸梁洋》一首,谓本年三月田令孜逼僖宗自凤翔至兴元也。同卷《吊侯补阙》云:"夏初与侯补阙江南有约,同泛淮汴,西赴行朝。庄自九驿路先至甬桥。补阙由淮楚续至泗上,寝病旬日,遽闻捐馆。回首悲恸,因成四韵吊之。"同卷《汴堤行》、

《旅次甬西》,皆西上道中作。陈思引《旧书·文宗纪》:"太和七年三月,复于埇桥置宿州,割徐州符离、萧县,泗州虹县隶之。"即此甬桥甬西也。陈寅恪《秦妇吟校笺》,引《元和郡县图志》九"徐州"条:"按自隋氏凿汴以来,彭城南控埇桥,以扼汴路,故其镇尤重。"同卷"宿州"条云:"其地南汴河有埇桥,为舳舻之会。"李翱《李文公集》十八《南来录》:"乙巳次汴州,乙酉次宋州,今商邱县南。甲寅次埇口,丙辰次泗州。"此唐时所谓"汴宋路"也。

光启三年丁未　八八七

五十二岁。　秋,过昭义相州路归金陵。《吊侯补阙》诗注。唐置昭义军于相州,在今之河南安阳县。

《集》四有《孟津舟西上雨中作》、孟津在洛阳北黄河南岸。《含山店梦觉作》、含山路在山西闻喜。《题貂黄岭官军》、貂黄岭属泽州今山西东南部晋城。《过内黄县》、河南北部。《垣县山中》即今垣曲,在洛阳西北黄河南岸。诸诗,《孟津舟西上》云:"归心迢递秣陵东。"《过内黄》云:"遥指去程千万里,秣陵烟树在何乡。"知是归途作。《孟津舟西上》又云:"来时楚岸杨花白,去日隋堤蓼穗红。"知时迫深秋。端己此行,盖去夏渡江北上,穿皖豫诣陕,旋因潼关一带路断,迂道北向,欲由山西行。今其集中无到兴元今汉中行在诗,知迎驾不成,中途至相州折返。其《集外诗·壶关道中》壶关属潞州,今山西南部长治县所谓"处处兵戈路不通,却从山北去江东",殆指此也。

《集》四《上元县》、《谒蒋帝庙》、《台城》、《集外诗·长干塘别徐茂才》诸诗,当此年经建康时作。

二月,润州牙将刘浩等逐其帅周宝。《旧书》本纪。

僖宗文德元年戊申　八八八

五十三岁。　客婺州。

《唐才子传》谓庄早逢黄巢起兵,"间关顿踬,携家来越中,弟妹散居诸郡。"《集》五《李氏小池十二韵》注云:"时在婺州寄居作。"同卷《婺州和陆谏议》、《婺州屏居》、《和陆谏议避地寄东阳》、《东阳酒家赠别二绝》,皆不题甲子,而编在《和郑拾遗秋日感事百韵》之前。案《和郑秋日感事》有"已报新回驾"之句,盖谓僖宗本年二月还京《旧书》本纪,诗必本年作。寄居婺州,当即在去年自昭义还金陵之后。《婺州屏居》云:"三年流落卧漳滨。"《秋日感事》亦云:"经秋病泛漳。"陈思定居婺在中和四年至光启二年,似非。

《禅月集》十三有《和韦相公话婺州陈事》一首,是和端己作。休幼年落发于东阳金华山,见吴融《禅月集序》。《禅月集》中有与端己唱和诗,皆晚年在蜀作。端己此时避寇,何故远客婺州,或与休有关耶。

秋,《和郑拾遗秋日感事一百韵》。《集》五。

陈思引《唐才子传》:"郑谷字守愚,袁州宜春人,光启三年,右丞柳玭下第进士,授京兆鄠县尉,迁右拾遗补阙,乾宁四年为都官郎中。"是拾遗即谷也。诗本年作,说在前条。句云:"卒岁贫无褐,经秋病泛漳。""殷牛常在耳,晋竖欲潜肓。""乱觉乾坤窄,贫知日月长。"客中贫病兼迫之情可见。

昭宗龙纪元年己酉　八八九

五十四岁。　**自三衢至江西。**唐之江南西道,今赣省及皖、鄂之东南,湘之东属之。

《集》六第一首《不出院楚公》注:"自三衢至江西作。"案《去秋和郑拾遗感事》云:"负笈将辞越,扬帆欲泛湘。"湘赣之行,当即在和郑诗之后。陈思以《不出院楚公》一首有"履带阶前雪"句,编在去年,则游江西在去年之冬。然《集》七有《东阳赠别》一首,记春景,离婺当在春间。兹改编本年。《集》七《夏口行寄婺女诸弟》云:"婺女星边远寄家。"知不携眷以行。《集》七又有《寄湖州舍弟》一律。《唐才子传》所云"携家来越中,弟妹散居诸郡"是也。

《集》六《集》七两卷,皆记赣湘鄂蜀四省行迹。大抵自浙之赣,次之湘,之鄂,复由赣返浙。各诗不注甲子,兹依陈思说排比本年各诗如下:《抚州江口雨中作》,"满衣风洒绿荷声。"《袁州作》,"正是江村春酒熟。"《题袁州谢秀才所居》,"但将竹叶消春恨,莫遣杨花点客衣。"是春间在赣,《集》七有《湘中作》,"夜寒休唱饭牛歌。"则不知何时作。

昭宗大顺元年庚戌　　八九〇

五十五岁。

陈思编本年各诗:《西塞山今大冶东下作》、"露和香蒂摘黄柑。"《齐安郡》,今黄冈。"清江桂影寒。"《送李秀才归荆溪》,"八月中秋月正圆","楚王宫去阳台近。"《谒巫山庙》,《钟陵今进贤南昌附近夜阑作》,"钟陵风雪夜将深。"据此,是秋间在鄂,旋至巫峡,冬乃回赣也。

大顺二年辛亥　　八九一

五十六岁。

《集》七有《和李秀才郊墅早春》,"匡庐云傍屋,彭蠡浪冲床。"《建昌渡暝吟》,"隔江何处笛,吹断绿杨丝。"《春云》,"地灵曾有剑为龙。"《南昌晚眺》,"嘒嘒云中万树蝉。"《访友浔阳不遇》,"芦花雨急江烟暝。"《洪州送僧游福建》,"八月风波似鼓鼙,可堪波上各东西。"《九江逢卢员外》,"莫怪相逢倍惆怅,九江烟月似潇湘。"《东林寺遇僧益大德》,皆在江西时诗,年代难详,姑系于此。

《集》七有《章江作》,"杜陵归客正徘徊","一江红树乱猿哀"。《饶州余干县琵琶洲》,"一滩红树留佳气",《信州西三十里、山名仙人城(节)余因行役过其下聊赋是诗》,"驱车过闽越,路出饶阳西。"《衢州江上别李秀才》。"千山红树万山云。"自信州返浙,盖在秋间。同卷《婺州水馆重阳》一首,或即初抵婺时作。端己五十以后,六七年间,求仕求食,来往万里,至此仍失意归。

王建入成都,为西川节度使。

《旧五代史》在龙纪元年,《新五代史》定为本年。

昭宗景福二年癸丑　八九三

五十八岁。　入京应试,落第。

《集》八有《癸丑年下第献新前辈》诗云:"何事欲休休不得,来年公道似今年。"同卷有《投旧知》云:"却将憔悴入都门,自喜烟霄足故人。万里有家留百越,十年无路到三秦。"自中和元年离京,至此十二年,诗举成数言也。同卷《寄江南诸弟》云:"万里逢归雁,乡书忍泪封。吾身不自保,尔道各何从。"亦落第后作。时眷属尚在越也。

《集》八有《绛州过夏留献郑尚书》一律,陈思引《旧书》本纪,本年十一月,刑部尚书平章事判度支郑延昌罢政事守尚书左仆射。则尚书即郑延昌。诗云:"因循每被时流诮,奋发须由国士怜。"当是明年及第之前作。同卷又有鄠杜、沔阳、绥州数诗,年代无考。

昭宗乾宁元年甲寅　八九四

五十九岁。　第进士,为校书郎。

《直斋书录解题》十九《浣花集》:"韦庄,唐乾宁元年进士也。"《唐才子传》:"乾宁元年,苏俭榜进士,释褐校书郎。"案《集》八《南省伴直》注:"甲寅年,自江南到京后作。"《集》九《与东吴生相遇》云:"十年身事各如萍,白首相逢泪满缨。"注:"及第后出关作。"

词集《喜迁莺》二首咏及第,或本年作。

乾宁三年丙辰　　八九六

六十一岁。　寒食客鄜州。冬客宜君，欲卜居不果。

《集》九《丙辰鄜州遇寒食城外醉吟》七言五首、《鄜州留别张员外》一首。同卷《宜君县北卜居不遂留题王秀才别墅》二首有"门前积雪深三尺"句。

欧阳迥生。据《宋史》四九七《西蜀世家》推。

迥即欧阳炯。案炯作《花间集序》在蜀广政三年，当即《花间》结集之年。《花间》称炯曰舍人。据《宋史》四九七，迥为中书舍人在蜀明德元年，即《花间》结集前之六年，至《花间》结集后八年，方拜翰林学士。则迥即炯无疑矣。《翰苑群书》下《学士年表》，宋太祖开宝四年六月，欧阳迥以本官分司西京罢学士，与《宋史》迥传合。知今本《宋史》作"迥"实误。《十国春秋》分列迥炯为二传，尤非。又作欧阳炳，见《翰林志》卷下，王国维《观堂外集》卷一《花间集跋》有考。

七月，李茂贞逼京师，昭宗至华州。《通鉴》。

乾宁四年丁巳　　八九七

六十二岁。　四月，在华州驾前，李询辟为判官，奉使入蜀。

《集》十第一首《过樊川旧居》注："时在华州驾前奉使入蜀作。"《唐诗纪事》："李询为两川宣谕和协使，辟为判官。"唐制，节度使观察防御诸使，皆有判官为僚属。《新五代史》六三《前蜀世家》，本年"五月，王建自将攻东川，昭宗遣谏议大夫李询、判官韦庄，宣谕两川，诏建罢兵。"《通鉴》及《十国春秋》，皆作四月。今案本集《补遗》，《和同年韦学士华下途中见寄》云"送我独游三蜀路"，"正是清和好时节"，作四月是也。

王国维《观堂集林》二十一《唐写本秦妇残诗跋》："考昭宗以乾宁三年丙辰幸华州，光化元年戊午还京师，则庄入蜀当在丙戌之间。"

朱承爵《浣花集跋》云："庄时在华州驾前,迁为起居舍人。"此说误,参天复元年。

过樊川溁陂旧居。

《集》十《过樊川旧居》,注本年作,引在前,诗云："应刘去后苔生阁,嵇阮归来雪满头。"《过溁陂怀旧》云："辛勤曾寄玉峰前,一别云溪二十年。"谓乾符间自鄠杜移居虢州也。

六月丙寅,至梓州,己巳,见王建于张把砦,建不奉诏。《十国春秋·前蜀本纪》。

《集》十《汧阳间》、《焦崖阁》、《鸡公帻》,注云："去襄城县二十里。"皆此行道中诗。

端己光化三年尚在唐官中谏,回京当在光化三年前。《浣花集》终于本年,无从考其后两年行迹矣。

昭宗光化三年庚申　　九〇〇

六十五岁。　夏,自中谏除左补阙。韦蔼《浣花集序》。

原序中"谏"下阙四字,据《容斋三笔》七,端己本年十二月为左补阙,则所阙当为"除左补阙"四字。王国维跋《秦妇吟》,谓:"唐人呼拾遗补阙二官为中谏,见《北梦琐言》八。"案王说未允,唐置补阙、拾遗各二人,唐时称门下为左省,中书为右省,故属门下者称左补阙左拾遗,属中书者称右补阙右拾遗。《北梦琐言》八"张曙起小悼"条,记张祎丧爱姬,"其犹子右补阙曙"制《浣溪沙》词,祎见之曰,是必阿灰作,"阿灰即中谏小字也"。是中谏乃右补阙右拾遗之专称,以其属于中书省,故名中谏,非浑左右补阙、拾遗言之。端己本年盖自右补阙改左补阙,仕唐最后之职也。

七月,《又玄集》成。

《全唐文》八八九端己《又玄集序》："总其记得者,才子一百五十人,诵得者,名诗三百首。(节)昔姚合所撰《极玄集》一卷传于当代,已尽精微。今更采其玄者,勒成《又玄集》三卷。(节)光化三年七月二日,前左补阙韦庄述。"《唐才子传》:"庄尝选杜甫、王维等五十二人诗为《又玄集》。"云"五十二人",盖其上卷家数,辛文误。王士禛《唐人万首绝句选·凡例》云:"旧删唐人《英灵》、《间气》、《箧中》、《御览》、《国秀》、《极玄》、《又玄》、《搜玉》、《才调》,共九集,益以《唐文粹》乐府古诗歌为十集。"今其书尚存于日本。

《后村大全集》一七六《诗话后集》,谓唐人任华有《杂言二篇寄李杜》,见《又玄集》。

《唐诗纪事》:"徐振《雷塘诗》云云,《古意》云云,二诗韦庄取为《又玄集》。"

《宋史·艺文志》八韦庄有《采玄集》一卷。又《诗薮杂编》二谓刘吉有《续又玄集》十卷,陈康图有《拟玄集》十卷,亦五代人。

十二月,奏请追赐李贺、皇甫松、陆龟蒙等进士及第。

《容斋三笔》七,"唐昭宗恤儒士"条:"唐昭宗光化三年十二月,左补阙韦庄奏:'词人才子时有遗贤,不沾一命于圣朝,没作千年之恨骨。据臣所知,则有李贺、皇甫松、李群玉、陆龟蒙、赵光远、温庭筠、刘得仁、陆逵、傅锡、平曾、贾岛、刘稚珪、罗邺、方干,俱无显遇,皆有奇才。丽句清词,遍在词人之口,衔冤抱恨,竟为冥路之尘。伏望追赐进士及第,各赠补阙拾遗。见存惟罗隐一人,亦乞特赐科名,录升三署。'敕奖庄,而令中书门下详酌处分。云云。"《全唐文》八八九,此文末多"便以特敕,显示优恩,俾使已升冤人,皆沾圣泽,后来学者,更励文风",又"三署"作"三级"。《唐摭言》十,"韦庄请追赠不及第人近代者"条,尚有孟郊、李甘、邵孙吴人、沈佩吴人、顾蒙五人。温庭筠作温廷皓,与此不同。案孟郊、李甘已及第,端己不应不知,《摭言》似误。王国维跋《秦妇吟》谓《北梦琐言》记此事在光化元年,今案《琐言》六亦作光化三年。

《唐书·隐逸传》:陆龟蒙,"光化中,韦庄表龟蒙及孟郊等十人皆赠右补阙"。《全唐文》八二九作"左补阙"。云孟郊,亦沿《摭言》之误。

《全唐文》八二〇吴融《代王大夫请追赐方干等及第疏》云:"前件人俱无显遇,皆有奇才。丽句清辞,遍在时人之口;衔冤抱恨,竟为冥路之尘。但以愤气未销,上冲穹昊。伏乞宣赐中书门下,追赠进士及第,各赠补阙拾遗。见存明代,惟罗隐一人,亦乞特赐科名,录升三级。便以特敕,显示恩优。俾使已升冤人,皆沾圣泽,后来学者,更励文风。"此与韦奏,辞句差同。案《唐才子传·方干传》云:"大中中,举进士不第,隐居镜中。王大夫廉问浙东,(节)嘉其操,将荐于朝,托吴融草表,行有日,王公以疾逝去,事不果成。"上二条陈思引。据此,此事实倡于王,或王逝后,端己取其奏上之,文实吴融作也。吴融有《赠方干》诗,起云"把笔尽为诗,何人献天子",见《唐诗纪事》六十三"方干"条。

《唐诗纪事》六十三"方干"条:"唐末宰臣,张文蔚,中书舍人封舜卿奏名儒不遇者十有五人,请赐一官以慰其魂,干其一也。"此谓张、封亦尝请赐方干官。案《唐书》一七八《张祎传》,子文蔚,"乾宁中以祠部郎中知制诰"。《通鉴》天祐二年(九〇五),张文蔚以礼部侍郎同平章事。徐倬《全唐诗人年表》即定文蔚封舜卿奏名儒不遇在天祐二年。其时端己已入蜀,张封之奏盖后端己之奏五年也。

作《陆龟蒙诔》。

《北梦琐言》六"陆龟蒙追赠"条:"光化三年,赠右补阙。吴侍郎融〔立〕传贻史,右补阙韦庄撰诔文,相国陆希声选碑文,给事中颜荛书。"诔文今佚。

昭宗天复元年辛酉　九〇一

六十六岁。　春为西蜀掌书记。《浣花集序》。

《北梦琐言》七"王超笺奏"条:"王蜀先主初下成都,冯涓节制判掌其奏笺,岁久转厅,以掌记辟韦庄郎中于权变之间,未甚惬旨。"

《唐诗纪事》六八,"李询为两川宣谕和协使,辟〔庄〕为判官。以中原多故,潜欲依王建。建辟为掌书记。寻召为起居舍人,建表留之"。案唐制,节度使有掌书记。

《十国春秋》四十本传,"高祖为西川节度副使,昭宗命庄与李洵当作询宣谕两川,遂留蜀与冯涓并掌书记"。案端己使蜀在三年前,曾一度返唐,此云"遂留",未允。云"与冯涓并掌奏",亦非,前引《琐言》七可证。

《唐诗纪事》六八,"庄为王建管记时,一县宰乘时扰民,庄为建草牒云:'正当凋瘵之秋,好安凋瘵;勿使疮痍之后,复作疮痍。'时以为口实。"

自此终身仕蜀。

西蜀词人,与端己同时入蜀者,毛文锡,高祖时来成都,官翰林学士,永平四年迁礼部尚书,判枢密院事。见《十国春秋》四十一本传。牛峤,乾符五年进士,王建镇西川,辟判官。见《文献通考》二四三《牛峤歌诗》下。毛第进士时,才十四岁,未仕唐,即官蜀翰林。

《古今词话》:"韦庄以才名寓蜀,王建割据,遂羁留之。庄有宠人,资质艳丽,兼善词翰,建闻之,托以教内人为词,强夺之。庄追念悒怏,作《小重山》及《空相忆》云:'空相忆,何计得传消息。天上姮娥人不识,寄书何处觅。　新睡觉来无力,不忍把伊书迹。满院落花春寂寂,断肠芳草碧。'情意凄怨,人相传播,盛行于时。姬后闻之,遂不食而卒。"案《诗集补遗》有《悼亡姬》一首,及《独吟》、《悔恨》、《虚席》、《旧居》四首,注:"俱悼亡姬作。"诗云:"若无少女花应老,为有姮娥月易沉。""湘江水阔苍梧远,何处相思弄舜琴。"与前词"天上姮娥",及《忆帝乡》"说尽人间天上两心知",《荷叶杯》"碧天无路信难通"诸句,语意相类。疑词亦悼亡姬作。杨湜所云,近于附会。以调名《忆帝乡》,词有"天上姮娥"句,云王建夺去。以"不忍把伊书迹",云"兼善词翰"。湜宋人,其词话记东坡词事,尚有误者,此尤无征难信。《新五代史》六三《前蜀世家》称"〔王〕建虽起盗贼,而为人多智诈,善待士"。似不致有此。又《悔恨》一首悼亡姬云:"才闻及第心先喜,试说求婚泪便流。"是悼亡在初及第时,亦非入蜀后事也。

天复二年壬戌　九〇二

六十七岁。　于浣花溪寻得杜工部旧址。

《浣花集序》:"辛酉(节)明年,浣花溪寻得杜工部旧址,虽芜没已久,而柱砥犹存。因命芟夷结茅为一室。盖欲思其人而成其处,非敢广其基构耳。"

天复三年癸亥　九〇三

六十八岁。　四月,为蜀使唐,修好于朱全忠。

《旧书》本纪,本年"四月辛未朔,西川王建以兵攻秦陇,乘〔李〕茂贞之弱也。仍遣判官韦庄入贡,修好于全忠。全忠遣押牙王殷报聘"。《十国春秋》本传云:"天复间,高祖遣庄入贡,亦修好于梁王全忠,谈言微中,颇得全忠心。随即押牙王殷报聘。"《北梦琐言》十五"朱全忠迎驾于凤翔"条,则谓王建攻得李茂贞山南十四州,"于时遣命掌书记韦庄奉使至军前,朱公大怒,自此与西川失欢"。与前数书不合。然全忠既遣人报聘,是未尝失欢。《琐言》所记,或出误传。不然,奉使军前,另是一事也。

六月,《浣花集》结集。

弟蔼《序》:"(节)辛酉春,应聘为西蜀奏记。明年,浣花溪寻得杜工部旧址。(节)蔼便因闲日,录兄之藁草中,或默记于吟咏者,次为□□□,目之曰浣花集,亦杜陵所居之义也。余今之所制,则俟为别录,用继于右。时癸亥年六月九日,蔼集。"案今存端己诗,《浣花集》十卷,二百四十六首,《全唐诗补遗》七十首,合计不足四百首,而《乞彩笺歌》云"我有歌诗一千首",知散佚不少矣。《四库提要》:"汲古阁本末有《补遗》一卷,则毛晋所增。庄诗见于《全唐诗》者比此多三十余首。盖结集以后之作,往往散见于他书,后人递有增入耳。"

贯休在蜀。

《禅月集》十九《蜀王大慈寺听讲》一首注:"天复三年作。"

《北梦琐言》二十"休公真率"条:"沙门贯休,钟离人也。风骚之外,精于笔札,举止真率,诚高人也。然不晓时事,往往诋评朝贤,他亦不知己之是耶非耶。(节)冯涓大夫有名于人间,沦落于蜀,自比杜工部,意为他人无出其右。休公初至蜀,先谒韦书记庄,而长乐公后至,遂与相见。欣然抚掌曰:'我与你阿叔有分。'长乐怒而拂袖。他日谒之,竟不逢迎,乃曰:'此阿师似我礼拜也。'自是频投刺字,终为阍者所拒。休公谓韦公曰:'我得得为渠入蜀,何意见怪。'"此当本年前事。《禅月集》多和端己诗,端己原作,惟存《闲卧》诗断句数语耳。陈思定休谒端己在光化四年,不知何据。

昭宗天祐元年甲子   天复四年   九〇四

六十九岁。

《北梦琐言》七"郑准议陈咏"条:"唐前朝进士陈咏,眉州青神人。有诗名,善弈棋。昭宗劫迁,驻跸陕郊。是岁策名归蜀。韦书记庄以诗贺之。又有乡人拓善者,属和韦诗,其略云:'让德已闻多士伏,沽名还得世人闻。'讥其比涤器当垆也。谬称为冯副使涓诗,以涓多谐戏故也。"案昭宗驻陕州在本年正月。韦诗今佚。

八月,朱全忠弑昭宗。

昭宣帝天祐二年乙丑　天复五年　九〇五

七十岁。　十一月,为王建作教,答梁使司马卿。

《蜀梼杌》:"昭宗遇弑,梁祖即位,遣使宣谕。兴元节度使王宗绾驰驿白建。建谋兴复。庄以兵者大事,不可仓卒而行,乃为建答宗绾教,其略曰:'吾家受主上恩有年矣,衣襟之上,宸翰如新,墨诏之中,泪痕犹在,犬马犹能报主,而况人之臣子乎。自去年二月,车驾东还,连贡二十表,而绝无一使之报,天地阻隔,叫呼何及。闻上至洛水,臣僚及宫妃千余人,皆为汴州所害。及至洛,果遭弑逆。自闻此诏,五内糜溃。今两川锐旅,誓雪国耻,不知来使何以宣谕。'示此告敕,令自决进退。梁使遂还。"《十国春秋·前蜀本纪》:"天复五年十一月,唐遣告哀使司马卿来宣昭宗之丧,至是始入蜀境,掌书记韦庄为王谋使武定节度使王宗绾谕之云云。"

案《十国春秋·前蜀世家》,引《蜀梼杌》《答梁使教》,语多改削,其《韦庄传》所引,则止数句异同,当从《蜀梼杌》。

十二月敦煌郡金光明寺张龟写《秦妇吟》。

巴黎国民图书馆藏此本,题"天复伍年乙丑岁十二月十五日,敦煌郡金光明寺学仕张龟写"。

陈思引《通鉴·后梁纪》:"开平元年,是时惟河东、凤翔、淮南称天祐,西川称天复年号。"注云:"天复四年,梁王劫唐昭宗迁洛,改元曰天祐。河东、西川谓劫天子迁都者梁也,天祐非唐号,不可称,乃称天复。是岁梁灭唐,河东称天祐四年,西川仍称天复。"《五代史》三上《前蜀世家》:"四年,唐迁都洛阳,改元天祐,建与唐隔而不知,故仍称天复。"

《秦妇吟》敦煌写本甚多,纪尔斯所举五本外,王重民近影得巴黎图书馆伯希和号三七八〇及三九伍三两本,是共有七本,见陈寅恪《读秦妇吟》。又云,德化李氏尚藏一本,已售与日人。不知与七本有何异同。各本写成年月,详于王重民辑《敦煌诗集稿本》卷上。

天祐三年丙寅　　天复六年　九〇六

七十一岁。　十月,为安抚副使。

《十国春秋》本传:"高祖立行台于蜀,承制封拜,以庄为安抚副使。"案《通鉴》,王建立行台,在本年十月丙戌。

《唐才子传》,谓唐寻征端己为起居郎,王建表留之。当在本年前。《十国春秋》本传云:"寻擢起居舍人。"即谓此也。

天祐四年丁卯　　天复七年　九〇七

七十二岁。　九月,劝王建称帝,为左散骑常侍,判中书门下事,定开国制度。

《蜀梼杌》:本年九月,"韦庄为散骑常侍,判中书门下事"。又云:"建之开国制度号令刑政礼乐,皆庄所定。"《十国春秋·前蜀本纪》:"天复七年春三月,唐帝禅位于梁。(节)秋九月,王会将佐议称帝,皆曰大王虽忠于唐,唐已亡矣,此所谓天与不取者也。判官冯涓独劝王以蜀王称制,王不从。用安抚副使掌书记韦庄之谋,帅吏民哭三日,己亥即皇帝位,国号大蜀。(节)辛丑,以前东川节度使兼侍中王宗佶为中书令,韦庄为左散骑判中书门下事。(节)"《唐才子传》:"建开伪蜀,庄托在腹心,首预谋画,其郊庙之礼,册书赦令,皆出庄手。"

蜀高祖武成元年戊辰　九〇八

七十三岁。　正月丁丑,为门下侍郎同平章事。《十国春秋·前蜀本纪》二。《历代史表》同。

《禅月集》十九有《酬韦相公庄》、《和韦相公话婺州陈事》诸首,皆有禅悦语。其《和韦相公见示闲卧诗》,注云:"相公尝供养维摩居士。"

武成二年己巳　九〇九

七十四岁。　正月,为吏部侍郎平章事。

《蜀梼杌》:"武成二年,正月,祀南郊,御楼肆赦。以韦庄为吏部侍郎,张格为中书侍郎,并平章事。因谓曰:'不恃权,不行私,惟至公是守,此宰相之任也。'"《十国春秋》本纪,本年止载张格为中书侍郎同平章事,无端己。而于去年"以韦庄为门下侍郎"下注云:"一作吏部侍郎。"是合为一事。案《唐才子传》亦谓:"以功臣授吏部侍郎同平章事。"则从《蜀梼杌》是也。

武成三年庚午　九一〇

七十五岁。　八月,卒于成都花林坊。葬白沙之阳。谥文靖。

《蜀梼杌》:"〔武成〕三年八月,吏部侍郎兼平章事韦庄卒。"《十国春秋·前蜀本纪》作七月。万斯同《蜀将相大臣年表》同。

《唐诗纪事》:六八"(庄)《闲卧》诗云:'谁知闲卧意,非病亦非眠。'又'手从彤扇落,头任鹿巾偏。'识者知其不祥。后诵子美'白沙翠竹江村暮,相送柴门月色新',沉吟不辍。是岁卒于花林坊,葬于白沙。"《十国春秋》本传云:"葬白沙之阳","谥曰文靖"。《一统志·成都府一》:"白沙江源出茂州雪山,经灌县西十一里入岷江。"又二:"白沙河镇在灌县西北。"

《十国春秋》本传,于代王建作教答梁使后,载"梁复通好高祖,推高祖为兄。庄得书笑曰：'此神尧骄李密之意也。'其机敏多此类。"又《王氏见闻录》，载冯涓恃才傲物，其不洽于王建，"后朱梁遣使致书于蜀，命诸从事韦庄辈具草呈之，皆不惬意，左右曰：'何妨命前察判为之。'蜀王又有惭色"。《五代史》注六十三上引。案二说皆误。终端己之身，梁蜀未和，武成元年五月，蜀会晋兵攻梁雍州。二年九月，梁将陷襄州，执蜀降将。见《十国春秋·前蜀本纪》。梁遣光禄卿卢玭聘蜀，推王建为八兄，在永平二年二月。王建答书，在其年六月。皆见《十国春秋·前蜀本纪》，时端己已卒二载矣。

《蜀梼杌》有《浣花集》二十卷，《补五代史艺文志》，有韦庄《笺表》一卷、《谏草》二卷、《蜀程记》一卷、《峡程记》一卷、《韦庄集》二十卷、《浣花集》五卷、《又玄集》五卷。案《文献通考》二四三《浣花集》五卷，引晁公武曰："伪史称庄有集二十卷，今止存此。"是宋人所见只五卷，即韦蔼所集也。《宋史·艺文志》云："《浣花集》十卷。"今明刊江阴朱承爵本及毛晋汲古阁本皆作十卷，以依年地分编，故各卷篇数不匀。卷一四十八首，最多，卷八止九首，卷十止六首。《蜀梼杌》云二十卷，或合《笺表》、《蜀程记》为全集。今与其所辑《又玄集》，皆不可见矣。《崇文总目》卷五有《韦庄幽居杂编》一卷，编入"别集类"五，今亦不传。

端己词《全唐诗》所录共五十四阕，中见于《花间集》者四十八阕，见于《尊前集》者五阕，见于《草堂诗余》者一阕。惟《应天长》"绿槐阴里黄莺语"一阕，《花间》属端己者，亦误入冯延巳《阳春录》中，说在冯谱。其词略约可见年代者，《喜迁莺》二首或第进士时作，《谒金门》、《荷叶杯》，或及第后悼亡作。参五十九岁六十六岁谱。余皆无考矣。王仲闻先生见告，诗余所载一阕，元明刊本皆不著撰人。

《补五代史艺文志》有《韦蔼诗》一卷，是端己弟亦诗人。《郡斋读书记》四中:"沈彬诗一卷,彬系大中以尚书郎致仕居高安。集中有与韦庄、杜光庭、贯休诗。唐末三人皆在蜀,疑其同时避乱尝入蜀云。"陆氏《南唐书》七有彬传。此端己交游见于集外者。

后记(一)

予为《端己年谱》,着手于三数年前。旋闻辽阳陈慈首先生思已有《韦浣花年谱》,因之中辍。客岁,先生即世,谢君玉岑从其家乞得手稿邮示。排比端己诗词及《唐才子传》诸书,仅十余页,盖创草未成之作。因以二旬力,理予旧稿,重写此卷。其采先生说者,皆注明不敢攘善。与先生函札往复三四年,而未一谋面;闻其遗著甚富,玉岑尝欲为任刊布之责;未几玉岑亦逝,竟无从求访矣。一九三四年一月十六日记于杭州六和塔。

后记(二)

往年陈寅恪先生自岭南寄示其新著《秦妇吟校笺》,引及拙作此谱及曲滢生《韦浣花年谱》,乃知亡友陈慈首先生外,尚有曲君之谱。顷者顾君肇仓自北京函示曲君谱录要数纸,定端己生于宣宗大中五年辛未(八五一),比拙谱定为开成元年(八三六)者后十余年。顾函谓其"据《镊白》诗'新年过半百'语,又据《浣花集》结集于天复二年癸亥(九〇二);定端己癸亥年至少已五十上下;武成二年卒,得年当六十左右。又,贯休《禅月集》卷十九《酬韦相公见寄》诗'一丈临山且奈何'句自注：'日到天心，乃相公之日；老僧日去山一丈耳。'由此可知贯休年龄比端己大得很多；贯休卒于梁乾化二年（九一二，见《高僧传》三集卷三十），尚在端己卒后二年，故知端己至多不过活到六十许"。以上顾函约节曲谱文。依拙谱推定端己生开成元年，实少于贯休五岁；（贯休卒年八十一，端己卒年七十五。）贯休诗注"日到天心，乃相公之日"，殆誉其方当显贵而已，文人夸饰之语，固不足据以定实际年龄；曲君谓癸亥结集必五十上下，亦臆测之词。予意考端己生年，《镊白》诗"新年过半百"一句最为坚证，只求考定此诗作年，即可决定生年。案《浣花集》编集体例，每卷第一首之下，皆自注明此卷诗之年代或事缘、地点；（全集十卷，仅第一卷与第七卷无注；以第一卷皆中年以前之作，时代较长，事缘地点不一，不易总括；第七卷则上承第六卷"自三衢至江西"一时期，以诗篇较多，分为两卷。）兹列各卷第一首下之小注如后：

> 卷二："庚子年冬，大驾幸蜀后作。"
> 卷三："时大驾在蜀，洛中寓居作七言。"
> 卷四："浙西作。"
> 卷五："时在婺州寄居作。"
> 卷六："自三衢至江西作。"
> 卷八："甲寅年自江南到京后作。"
> 卷九："及第后出关作。"
> 卷十："时在华州驾前奉使入蜀作。"

以此对勘史书所载端己行实，无不符合；故《浣花集》虽非详细之编年体，然先后实有次序。《镊白》一首编在第四卷，此卷开首有

"浙西作"一注之外，下半卷《吊侯补阙》诗下复有"已后自浙西游汴宋路至陈仓迎驾，却过昭义相州路归金陵作"一注，时代更为明显；《镊白》一首在此两注之间，其为到浙西之后、往陈仓迎驾之前所作无疑，唐时之"浙江西道"，当今江苏长江之南、浙江钱塘江之北各地，故前有姑苏、台城诸诗，后有雪川（湖州）送别之作，又卷中《镊白》诗前之《闻再幸梁洋》，与其后之《陈仓迎驾》两题，皆有史书作证，可确定为昭宗光启二年，则《镊白》亦必是同年之作；（参拙谱"生年"条。）据"新年过半百"句，知光启二年五十一岁，则定其生于开成元年，当不致有误。曲谱即引《镊白》诗作证，而又定为大中五年生，则光启二年，端己仅三十六岁，不得云"过半百"矣。以曲谱此条异义，爰重勘鄙说，而申述之如此。陈慈首先生之《浣花谱》，定生年与予说同，而无一字考证，当时不及驰书奉质，至今以为遗憾也。又，端己入蜀，仅乾宁四年（八九七）及天复元年（九〇一）两次，此慈首先生谱与拙谱同；顾先生告予：徐嘉瑞先生著《秦妇吟本事》，云文德元年戊申（八八八），端己曾一度入蜀，是前后共三次；其文云："《五代史》云：'昭宗遣李珣为两川宣慰和协使。'《唐才子传》云：'李珣宣慰西川，举庄为判官，后王建辟为掌书记。'按韦昭度为西川节度使在昭宗文德元年，而《五代史》载李珣宣慰两川在韦昭度为节度使之前；是韦庄第一次入蜀，在僖宗崩后昭宗初立之时，即文德元年。"案徐说未确。《五代史》卷六十三，《前蜀世家第三》：

光启二年（八八六）后，"昭宗遣左谏议大夫李珣为两川宣谕和协使，诏〔顾〕彦朗〔与王建〕等罢兵。文德元年六月以宰相韦昭度为西川节度使"。

此即徐文所引者,同卷后文又有一条云:

乾宁四年(八九七)"五月,建自将攻东川,昭宗遣谏议大夫李洵、判官韦庄宣谕两川,诏建罢兵,建不奉诏"。

此条徐先生偶然失察。据史:李洵曾两次入蜀,(欧史前文作"珣",后作"洵",然同是谏议大夫,当非两人。《通鉴》不载前次事。)端己则实仅乾宁四年一次与洵同行。文德元年,犹在端己登第之前七年,据诗集卷五各诗推排,是时方避地婺州,(《和郑拾遗秋日感事》有"已报新回驾"句,乃指此年二月僖宗还京,可证婺州各诗作于文德元年。)其不能以白衣参宣谕之事,盖甚显也。此与曲谱之考生年,皆关系端己行实甚大;爰附辨于后。徐文又谓"王国维跋《秦妇吟》,定端己入蜀'当在丙戌之间',据《敦煌零拾》'戌'当改'戊'。"予检《观堂集林》卷二十二,王氏此跋作"戊"无误。乾宁三年"丙"辰与光化元年"戊"午之间,正是乾宁四年丁巳;或王氏先偶笔误,旋已改正矣。

一九五四年十一月十五日

后记(三)

本谱光化三年(九〇〇)端己六十五岁,予据《北梦琐言》八称右补阙张曙为中谏,辨王国维先生跋《秦妇吟》"唐人呼拾遗补阙二官为中谏"之说,予"中谏"盖专指右补阙,以其属中书省。项王仲闻先生函告:《容斋四笔》卷十五"官称别名"条,谓唐人好以别名标榜官称:"谏议为大坡、大谏;补阙(原注"今司谏")为中谏,又曰补衮;拾遗(原注"今正言")为小谏,又曰遗公。"是大中小乃以官职大小而分(补阙从七品,拾遗从八品),不由属中书属门下之别;果尔,则韦蔼《浣花集序》"自中谏□□□□"句,下阙四字,不应是予所推"除左补阙"四字;《容斋》之说当有所本,识此待考。

仲闻先生来第二函云:"范摅《云谿友议》卷中'彰术士'条,吕元芳云:'观察判官任毂止于小谏,不换朱衣。'其后任毂才为'补阙',休官归圃,不至朱紫。是补阙亦可称'小谏'。补阙一职,不应既称'中谏',又称'小谏',疑孙光宪与范摅必有一误。洪迈之说或别有所据;是否可信,尚待考定耳。"
仲闻先生又云:唐人有《贺小谏擢中谏书》,可为《容斋随笔》添一左证。

冯正中年谱

冯延巳字正中，一名延嗣。马令《南唐书》二十一《党与传》。陆游《南唐书》十一本传。

焦竑《笔乘》，释氏六时："可中时，巳也。正中时，午也。"字正中，则为辰巳之巳。巳、嗣亦同音。明天启刻本曾慥《类苑》卷十五引《侯鲭录》，卷二十引《南唐近事》，冯延巳皆作"巳"，不作"己"，乃予说一证。友人王冀民君曰，《玉篇》释"巳"："嗣也，起也。"是"巳"、"嗣"亦同义。

广陵人。同上。或云歙州人。《通鉴》二八三。

《历代诗余》："其先彭城人，唐末徙家新安，又徙广陵。"新安郡即歙州。云"彭城人"，未详何据。

父令頵，事南唐烈祖，至吏部尚书致仕。尝为歙州监铁判官。陆书传。

马书传，"父令頵，事本郡广陵为军令。烈祖署为歙州监铁院判官。裨将樊思蕴作乱，烧营而火及頵第，叛卒皆释兵救火，其得人心如此。"《通鉴》云正中歙州人，殆以此。

延巳有辞学，多伎艺。马书传。辨说纵横，使人忘寝食。

《钓矶立谈》："叟闻长老说，冯延巳之为人，亦有可喜处。其学问渊博，文章颖发，辨说纵横，如倾悬河暴而而疑雨之沱，连上句读。听之不觉膝席之屡前，使人忘寝与食。"

工诗,虽贵且老不废。如"宫瓦数行晓日,龙旗百尺春风",识者谓有元和人气格。陆书传。

全章见《侯鲭录》。《全唐诗》十一函,录正中诗,仅此一首。《花草粹编》引谓调名《寿山曲》,王鹏运《阳春集补遗》录之,调名《寿山曲》。正中诗今惟传"青楼阿监应相笑,书记登坛又却回"二断句耳。见阮阅《诗话总龟》四二。

尤喜为乐府词。陆书传。

马书传:"著乐章百余阕,其《鹤冲天》词云云,见称于世。(节)元宗尝戏延巳曰,吹皱一池春水,干卿何事。延巳曰,未如陛下小楼吹彻玉笙寒。"

《中山诗话》:"晏元献尤喜冯延巳歌词。其所自作,亦不减延巳乐府。"

能书,似虞世南。

《佩文斋书画谱》,载南唐书家十九人:高越、宋齐丘、冯延巳、韩熙载、徐锴、潘佑、王绍颜、颜诩、唐希雅、释应之、宫人乔氏、王文秉、朱铣、杨元鼎、应用、李萧远、李长深、任元能。刘承幹《南唐书补注》九引。马书二十《宋齐丘传》:"〔齐丘〕书札不工,亦自矜衒,而嗤鄙欧、虞之徒。冯延巳亦工书,远胜齐丘,而佯为师授以求媚。齐丘谓之曰,子书非不善,然不能精意,往往似虞世南,其何堪也。其狂瞽如此。"

仕南唐至同平章事。欲以武功拓境,为时论所攻。

马书二十《党与传叙》:"南唐之士,亦各有党。(节)宋齐丘、陈觉、李征古、冯延巳、延鲁、魏岑、查文徽为一党。孙晟、常梦锡、萧俨、韩熙载、江文蔚、锺谟、李德明为一党。"马陆二家《南唐书》及《通鉴》,记正中遗事,多凭朋党攻讦之辞,如陆书传谓其"因〔陈〕

觉附宋齐丘，同府高位者悉以计出之。于是无居己右者。元宗亦颇悟其非端士，而不能去"。马书传谓其"与宋齐丘更相推唱，拜谏议大夫翰林学士。复与其弟延鲁交结魏岑、陈觉、查文徽，侵损时政。时人谓之五鬼"。又谓与弟延鲁如仇雠，并疏隔继母。今案"与弟异居，舍弃其母"，乃保大五年江文蔚弹正中疏中语。五鬼之目，见于《钓矶立谈》；而前蜀欧阳炯、毛文锡等亦蒙此号。《十国春秋》五十六《鹿虔扆传》："与欧阳炯、韩悰、阎选、毛文锡等，俱以小词供奉后主〔孟昶〕，时人忌之者，号曰五鬼。"《宋史纪事本末》洛蜀党争，孔文仲劾程颐亦云："市井目为五鬼之魁。"其后宋党先败。齐丘、陈觉、李征古皆被诛。不如孙晟、李德明之能死国事。又周师南侵，偾事者皆宋党渠率。易代之后，遗民抱宗社之痛者，一以南唐之亡，归狱宋党。益之韩熙载、徐铉皆享老寿，文采倾动一时。世士响慕，遂多阿孙、常而贬宋、陈。史某作《钓矶立谈》，至斥正中为贼臣，为俭人小夫。谓宋平李重进时，正中奉使，对宋祖失辞，足为致讨之因。实则宋平重进，在正中卒后，奉使乃延鲁而非正中。详在卒年谱。细稽《立谈》所以致憾正中，盖亦有故。《立谈》史虚白之次子作。虚白与韩熙载友善，顺义间与熙载同自后唐南奔。旋以放言见扼于宋齐丘，隐处以卒。《江南野史》八虚白传。故其子于宋党诸人，斥贬至严。以恶齐丘、陈觉诸人，遂并及正中矣。

宋人野记之述南唐事者，《钓矶立谈》外，有龙衮《江南野史》、陈彭年《江南别录》、郑文宝《江表志》、阙名《江南余载》、阙名《五国故事》及路振《九国志》六种。而除《钓矶立谈》外，无有苛论正中者。郑文宝南唐旧臣，其《江表志自序》，谓徐铉、汤悦之《江南录》，事多遗落，笔削不无高下。因以耳目所及，补其遗漏。其书之详慎可知。尝诮《江南录》不罪宋齐丘为失直笔，其于两党无偏阿又可知。今书中于齐丘、陈觉、李征古等皆无恕辞，独无一语及正中。记伐闽之役，亦惟归罪延鲁、陈觉，不连正中，与《立谈》大异。此其一。阙名之《江南余载》，即以郑文宝《江表志》为稿本。记正中有云："冯延巳自元帅府掌书记，为中书侍郎，登相位。时论少之。延鲁之败，御史中丞江文蔚上疏请黜延巳。上曰，相从二十年，独此人在中书，亦何足怪。云龙风虎，自古有之。且厚于旧人，则于斯人亦不薄矣。"止谓正中以旧恩致显，此其二。陈彭年十余岁即与后主子仲宣游处，于南唐时事，见闻必真。其《江南别录》谓："延鲁急于趋进，欲以功名图重位，乃兴建州之役。延巳曰，士以文行饰身，忠信事上，何用行险以邀禄。延鲁曰，兄自能如此，弟不能惜惜待循资宰相也。"陆书传谓正中晚年厉为平恕。马书传称其救萧俨为"裴冕损怨，无以复加"。即江文蔚搏击之疏，亦止云："善柔其色，才业无闻。"此其三。合此以推，正中之为人约略可知。其余朋党攻伐之辞，则应存疑。《五国故事》及《九国志》无正中事。今传残本《江南野史》卷五《孙忌传》云："延巳狠愎，不识大体。"野史甚袒孙忌，故黜正中。兹附著南唐党争事迹于谱，而发凡于此。

唐昭宗天复三年癸亥　　九〇三

一岁。

陆书传，"建隆元年卒，年五十八"。当生本年。马书传作"卒年五十七"，则明年生。兹从陆书。

韦庄六十八岁。本年六月，《浣花集》结集。_{韦谱。}

韩熙载二岁。_{据陆书十二本传推。}

吴天祐七年庚午　　九一〇

八岁。

韦庄卒，七十五岁。_{韦谱。}

天祐十三年丙子　九一六

十四岁，随父在歙州。

陆书传，父令频"尝为歙州盐铁推官。刺史滑言病笃，或言已死，人情讻讻。延巳年十四，入问疾，出以言命谢将吏，外赖以安"。

李璟生。陆书纪二。

天祐十四年丁丑　九一七

十五岁。

徐铉生。

《徐公文集》附李昉作铉墓志，云淳化二年之明年卒，年七十六。又李至、张徽之、张洎祭文，亦作"淳化元作熙三年岁次壬辰"。是铉卒于淳化三年，当生本年。吴荣光《历代名人年谱》云去年生，淳化二年卒，误。郑方坤《五代诗话》二引《三山老人语录》云，"阁皁山有天复四年孙渥、李洞、宋齐丘、沈彬、孟宾于、徐铉、陶渊诗牌"。尤误，天复四年铉未生也。

吴顺义元年辛巳　九二一

十九岁。

徐锴生。

锴卒于开宝七年，年五十五，见陆书五本传。《名人年谱》作去年生，误。

顺义六年丙戌　九二六

二十四岁。

七月，韩熙载、史虚白自后唐奔吴。

《江表志》载前进士韩熙载江北行止，记熙载南奔时投谒李昇事，末署"顺义六年七月"。熙载时年二十五。《癸巳类稿》十五《韩文靖公事辑》，谓"时年十九"。盖依马书韩传"卒年六十三"以推。

《钓矶立谈》："宋子嵩齐丘初佐烈祖，招徕俊杰，布在班行，如孙晟、韩熙载等，皆有特操，议论可听。"是熙载初由齐丘推毂，后乃成敌党也。

陆书七《史虚白传》："虚白隐居嵩少著书,中原丧乱,与北海韩熙载来归。时烈祖辅吴,方任宋齐丘,虚白诵言曰,吾可代彼。齐丘不平,欲穷其技能,召宴,设倡乐弈棋博戏,酒数行,使制书檄诗赋碑颂。虚白方半醉,命数人执纸口书,笔不停缀,俄众篇悉就,词采磊落,坐客惊服。虚白数为烈祖言中原方横流,独江淮丰阜,兵食俱足,当长驱定中原大业,毋失事机为他日悔。烈祖不能用,虚白乃谢病去。"《钓矶立谈》:"山东有隐君子者,素负出人之材,与昌黎韩熙载同时南渡。初以说干宋齐丘,为五可十必然之论,大抵多指汤武伊吕事。齐丘谢曰,子之道大,吾惧不能了此。因引以见烈祖。(节)烈祖颇喜其言,然以南国初基,未能用也。"龙衮《江南野史》八亦谓虚白与熙载同诣建康,"闻宋齐丘总相府事,虚白乃放言谓人曰,彼可代而相矣。齐丘闻而恨之"。其后韩显而史隐,殆齐丘抑之。

吴乾贞元年丁亥　九二七

二十五岁。

孙晟自后唐奔吴。

孙晟南奔,马陆二书所记不同。马书十六本传:"孙晟初名凤,又名忌,密州人也。(节)天成中,朱守殷镇汴州,辟为判官。守殷反,伏诛。晟乃弃其妻了亡命陈宋之间,安重诲以谓教守殷反者晟也,画其像购之,不可得,遂族其家。晟遂来奔于吴。时烈祖辅政,多招四方之士。得晟喜甚。"案《通鉴》二七六,本年"十月乙酉,〔唐〕帝发洛阳,将如汴州。(节)朱守殷疑惧,判官高密孙晟劝守殷反。守殷遂乘城拒守。己丑,帝至大梁。(节)守殷知事不济,尽杀其族,引颈命左右斩之。(节)孙晟奔吴,徐知诰客之"。与马书合。陆书十一本传,则谓"唐庄宗建号,以豆卢革为相,革雅知忌,辟为判官,迁著作佐郎。明宗天成中,与高辇同事秦王从荣。从荣败,忌亡命至正阳。(节)渡淮至寿春,节度使刘全得之,(节)送诣金陵"。从荣作乱伏诛在唐长兴四年九二二,与前说相去六载。《通鉴》从马不从陆。《通鉴考异》二九引《江南录》及王溥《周世宗实录》,亦载晟劝守殷反。则马书为近实。兹从之,定本年南奔。

《钓矶立谈》,晟说齐丘曰:"晟本羁旅之余,智意昏瞀。诚感主上不世之遇,而怀君侯推毂之私。"是晟初来吴,亦由宋荐。

吴大和元年己丑　九二九

二十七岁。

李昪始专吴政。

大和二年庚寅　九三〇

二十八岁。　时已从李璟游处。

马书传:"及长,有辞学,多伎艺,烈祖授为秘书郎,使与元宗游处。累迁驾部郎中。"陆书传:"及长,以文雅称,白衣见烈祖,起家授秘书郎。"不详何年。案正中为璟作《开先寺记》云:"皇帝即位之九年,诏以庐山书堂旧基为寺。寺成,会昭义当作武军节度使冯延巳肆觐于京师。上赐从容于便殿,语及往事。顾谓曰,庐山书堂已为寺矣,朕书堂之本意,卿亦预知,颇记忆否。"璟筑堂在本年,则正中时已从游可知。又《江南余载》上记保大五年江文蔚上疏请黜正中。璟曰:"相从二十年宾客故僚,独此人在中书。云云。"自保大五年逆数至此,凡十八载。亦从璟游在本年前之证。

李璟十五岁。于庐山筑读书堂,十月起赴江都为兵部尚书参知政事。已下璟事皆详南唐二主谱。

常梦锡自后唐奔吴。

陆书七本传:"后唐长兴初,〔李茂贞子〕从俨入朝,以梦锡从。及镇汴,为左右所谮,遂来奔。烈祖辅吴,召置门下,荐为大理司直。"当在本年左右。

大和四年壬辰　九三二

三十岁。

徐铉十六岁,始仕吴。

《徐公文集》附《墓志》:"年十六,遇李氏先主霸有南土,辟命累至,释褐连任书府。"

陈觉已入礼贤院。

陆书九觉传:"烈祖以东海王辅吴,作礼贤院,聚图书万卷及琴弈游戏之具,以延四方贤士。政事之暇,多与讲评古今。觉亦预焉。"李昪作礼贤院,《通鉴》二七七在本年。

陆书传,谓正中"与陈觉善,因觉附宋齐丘"。觉,扬州海陵人,殆以乡谊合也。

大和五年癸巳　九三三

三十一岁。

江文蔚三十二岁,自后唐奔吴。

陆书文蔚传:"为河南府馆驿巡官,坐秦王重荣事,夺官南奔。烈祖辅吴,用为宣州观察巡官。"按《通鉴》,重荣反被诛,在本年十一月。

天祚二年丙申　九三六

三十四岁。　与弟延鲁俱事李昪于元帅府。

陆书十一延鲁传:"烈祖时,与兄延巳俱事元帅府。"案《通鉴》二八〇,李昪本年正月始建大元帅府,置百官,以金陵为西都。

李璟二十一岁。三月,为太尉副元帅。《通鉴》二八〇。

南唐烈祖升元元年丁酉　九三七

三十五岁。　为李璟吴王元帅府掌书记。

陆书传:"元宗以吴王为元帅,用延巳掌书记。与陈觉善,因觉附宋齐丘。"案李璟明年自吴王徙为齐王。则正中掌书记当在本年。

十月,李昪篡吴。

李煜生。

升元二年戊戌　　九三八

三十六岁。

李璟徙封齐王。

升元四年庚子　　九四〇

三十八岁。

《花间集》结集。原序。

《花间集》中词，互见于正中《阳春集》者，有韦庄《清平乐》"春愁南陌"一阕、《应天长》"绿槐阴里黄莺语"一阕；牛希济《谒金门》"秋已暮"一阕；温庭筠《酒泉子》"楚女不归"一阕、《归国遥》"雕香玉，翠凤宝钗垂簏簌"一阕、《更漏子》"玉炉香，红蜡泪"一阕；孙光宪《浣溪沙》"桃李相逢幂帘闲"一阕；顾敻《浣溪沙》"春色迷人恨正赊"一阕；薛昭蕴《相见欢》"罗帷绣袂香红"一阕；张泌《江城子》"曲阑干外小中庭"、"碧罗衫子郁金裙"二阕。都十一阕。当皆非正中词。陈振孙《书录解题》云，"《阳春录》一卷，崔公度跋称其家所藏最为详确，《尊前》、《花间》往往谬其姓氏"。强扳诸家之作以归正中，亦由未考《花间》结集年代也。

陈觉始用事。

《通鉴》，本年十月乙巳："光政殿副使、太仆少卿陈觉，以私憾奏泰州刺史褚仁规贪残。丙午，罢仁规为扈驾都部署。觉始用事。"案陆书九觉传，觉为光政院副使太仆少卿，以泰州刺史褚仁规笞其兄，谮仁规贪残，诏赐仁规死。其事在李璟即位后，与《通鉴》异。然陆书《烈祖本纪》，升元五年，杀泰州刺史褚仁规。马书亦云烈祖时。从《通鉴》为是。

升元五年辛丑　　九四一

三十九岁。

《钓矶立谈》："唐祚中兴，大臣议广土宇，往往皆以为当自潭越始。烈祖不以为是。一旦,召宋齐丘、冯延巳等数人俱入。元宗侍侧。(节)冯延巳越次而对曰,(节)臣愚以谓羽毛不备,不可以远举。旌麾黯暗,不可以号召。舆赋不充,不可以兴事。陛下抚封境之内,共己静默,所以自守者足矣。如将有所志,必从跬元作蛙步始。今王潮余孽,负固闽徼,井蛙跳梁,民不堪命。钱唐君臣孱弩不能自立,而又刮地重敛,下户毙踣。荆楚之君国小而夸。以法论之,皆将肇乱。故疑讹其壤接地连,风马相及,臣愚以为兴王之功,当先事于三国。上曰,不然,土德中否,日失其序,倘天人之望或未之改,朕尚庶几从一二股肱之后,如得一拜陵寝,死必瞑目。(节)倘得遂北平僭窃,宁乂旧都,然后拱揖以招诸国,虽折简可致也,亦何以兵为哉。于是孙晟及宋齐丘同辞以对曰,圣志远大,诚非愚臣等所及也。"保大间伐闽楚,为南唐盛衰关键。案《通鉴》二八二本年四月下云:"唐主即位,江淮比年丰稔,兵食有余。群臣争言陛下中兴,今北方多难,宜出兵恢复旧疆。唐主曰,吾少长军旅,见兵之为民害深矣,不忍复言。使彼民安,则吾民亦安矣,又何求焉。汉主遣使如唐谋共取楚地,唐主不许。"又本年六月,"吴越府署火,宫室府库几尽,吴越王元瓘惊惧发狂。唐人争劝唐主乘弊取之。唐主曰,奈何利人之灾。遣使唁之,且赒其乏"。朝臣怂恿李昇伐吴、楚,当在本年。《钓矶立谈》谓其议倡于正中。

升元六年壬寅　九四二

四十岁。　以驾部郎中为李璟齐王元帅府掌记。

马书一,本年四月,"诏吴王景通璟为太子。景通表辞。乃以大元帅总百揆,改封齐王。以驾部郎中冯延巳为元帅府掌记"。案璟辞太子封齐王,《通鉴》及陆书皆在升元二年。然《通鉴》二八三谓."驾部郎中冯延巳为齐王元帅府掌书记,性倾巧。与宋齐丘及宣徽副使陈觉相结。"觉去年始为宣徽副使。兹从马书定正中本年为齐王掌记。

《钓矶立谈》："烈祖使冯延巳为齐王宾佐。孙晟面数之曰,君常轻我,我知之矣。文章不如君也,技艺不如君也,诙谐不如君也。然上置君于亲贤门下,期以道义相辅,不可以误国朝大计也。延巳失色,不对而起。"陆书传记此较详,曰:"延巳负其材艺,狎侮朝士,尝诮孙忌曰,君有何所解而为丞郎。忌愤然答曰,仆山东书生。鸿笔藻丽,十生不及君。诙谐歌酒,百生不及君。谄媚险诈,累劫不及君。然上所以置君于王邸者,欲君以道义规益,非遣君为声色狗马之友也。仆固无所解,君之所解,适足以败国家耳。延巳惭,不能对。给事中常梦锡屡言延巳小人,不可使在王左右。烈祖将斥之,会晏驾。"《玉壶清话》亦记常梦锡为给事中时:"历言陈、冯、魏辈,奸佞险诈,不宜置左右。〔先〕主深然之,事垂举而主殂,遂为群党排击,黜池州判官。"陆传、《清话》,盖用《立谈》,党与攻讦之辞也。

《徐公文集》七,《驾部郎中冯延巳兼起居郎、屯田郎中阎居常兼起居舍人制》云:"某官冯延巳,君子之儒,多闻为富,发之为直气,播之为雄文。"兼起居郎当在李昪受禅后,未详何年。

南唐元宗保大元年癸卯　九四三

四十一岁。　三月,自元帅府掌书记拜谏议大夫翰林学士,迁户部侍郎。陆书传、《江南别录》、《通鉴》二八三、马书《二嗣主书》。

马书传:"烈祖殂,元宗即位,延巳喜形于色。未听政。屡入白事,一日数见,元宗不悦,曰,书记自有常职,此各有所司,何其繁也。由是少止。遂与宋齐丘更相推唱,拜谏议大夫翰林学士。复与其弟延鲁交结魏岑、陈觉、查文徽,侵损时政,时人谓之五鬼。"案本年宋齐丘为中书令,查文徽为副使。明年,李璟下令,中外庶政委齐王景遂参决,惟陈觉、查文徽得奏事,群臣非召见皆不得入。此为宋党最盛之时。《通鉴》载李昪初殂,正中草遗诏,为李贻业、萧俨所论,事亦失实。辨之如次。《通鉴》二八三本年二月庚午,唐主殂,"孙晟、冯延巳等用事,欲称遗诏,令太后临朝称制。翰林学士李贻业曰,先帝尝云,妇人预政,乱之本也。安肯自为厉阶。此必近习奸人之诈也。且嗣君春秋已长,明德著闻,公何得遽为亡国之言。若果宣行,吾必对百官毁之。晟惧而止"。案此出陈彭年《江南别录》。《别录》止谓孙晟草诏,不云正中。陆书十五《李贻业传》云,"烈祖晏驾,大臣欲奉宋后临朝,命中书侍郎孙忌草遗制。(节)会宋后不许,议乃寝"。亦不云正中。陆书十六《宋后传》云,烈祖崩,"中书侍郎孙忌惧魏岑、冯延巳、延鲁以东宫旧僚用事,欲称遗诏,奉后临朝听政"。是孙等奉后临朝,正欲以制正中辈。《通鉴》乃云正中与孙同草诏。其误甚明。

《通鉴》又云:"自烈祖相吴,禁压良为贱,令买奴婢者通官作券。冯延巳及弟礼部员外郎延鲁俱在元帅府,草遗诏,听民卖男女,意欲自买姬妾。萧俨驳曰,此必延巳等所为,非大行之命也。昔延鲁为东都判官,已有此请。先帝访臣。臣对曰,陛下昔为吴相,民有鬻男女者,为出府金赎而归之,故远近归心。今即位而反之,使贫人之子为富人厮役可乎。先帝以为然,将治延鲁罪。臣以为延鲁愚,无足责。先帝斜封延鲁章,抹三笔,持入宫。请求诸宫中,必尚在。齐王命取先帝时留中章奏,得千余道,皆斜封一抹,果得延鲁疏。然以遗诏已行,竟不之改。"马书二二《萧俨传》以此为延鲁事,不涉正中。俨传又云:"元宗即位,委政齐王景遂,冯延巳、魏岑之徒因以隔绝中外。俨上书极论,遂出听政。"是萧俨论正中为隔绝中外,事在明年,非听卖子女。《通鉴》误合为一也。

韩熙载荐史虚白。

《江南野史》八《虚白传》:"嗣主即位,熙载荐之,命登便殿宴饮,与之计事。虚白醉溺于阶侧,嗣主曰,真处士也。遂赐田五百石。"

马书十本传:"〔梦锡〕言宋齐丘、陈觉奸邪,冯延巳、魏岑并小人,不宜左右春官。元宗即位,许以翰林学士待之,而以齐丘故,黜为池州节度判官。"《徐公文集》二十《常公行状》:"今上(璟)嗣位,恩礼甚优。尽规极言,如恐不及。于是大忤权贵,贬佐池州。明年,征为户部郎中。(节)甲辰岁,谏臣皆贬,公亦罢院事。"以此互证,梦锡贬池州,在本年三月李璟即位后,十二月宋齐丘罢相前也。

十二月,宋齐丘归九华山。 陆纪二。

陆书四宋传:"元宗即位,召拜太保中书令,与周宗并相。齐丘之客最亲厚者陈觉,元宗亦以为才。冯延巳、延鲁、魏岑、查文徽与觉深相结纳,内主齐丘,时谓五鬼,相与造飞语倾周宗。宗泣诉于元宗。而岑、觉又更相攻。于是出齐丘为镇海军节度使。齐丘怏怏,力请归九华旧隐,从之。"《江南野史》四十,齐丘自以"年既衰暮,自负勋旧,不能折节降身,随时容众,为锺谟、常梦锡、江文蔚、萧俨承非顺旨,尤生谤言。乃叹曰,鸟尽兔死,弓藏犬烹矣。因表乞归九华旧居"。同书二:"〔齐丘〕既行,朝廷有位者咸窃排毁,言与亲信陈觉等树朋党,自此始矣。"案南唐党争,酝酿于升元之末。李璟初立,两党竞登。萧俨劾陈觉、延鲁两疏,开搏击之端。未几而常梦锡贬,孙晟出。至此而齐丘亦罢。

保大二年甲辰　九四四

四十二岁。　十二月,为翰林学士承旨。弟延鲁以水部员外郎为中书舍人。马书二。

正月辛巳,李璟以齐王景遂总庶政。惟枢密使魏岑、查文徽得奏事,余非召对不得见。陆纪二。

《通鉴》二八三:"唐主决欲传位于齐、燕二王。翰林学士冯延巳等因之欲隔绝中外以擅权。〔正月〕辛巳,敕齐王景遂参决庶政,百官惟枢密副使魏岑、查文徽得白事,余非召不得见。国人大骇。给事中萧俨上疏极论,不报,侍卫都虞候贾崇叩阁求见。(节)唐主感悟,遽收前敕。"马书二二《萧俨传》:"元宗即位,委政齐王景遂,冯延巳、魏岑之徒因以隔绝中外。俨上书极论,遂出听政。"

十二月,查文徽等伐建州王延政,败绩。见陆纪二。

马书二:"延鲁锐于功名,欲兴建州之役,乃赞中书舍人查文徽为江西安抚使。"《江南别录》:"延鲁急于趋进,欲以功名图重位,乃兴建州之役。延巳曰,士以文行饰身,忠信事上,何用行险以要禄。延鲁曰,兄自能如此,弟不能惜惜待循资宰相也。"

常梦锡召还拜给事中,仍充翰林学士,掌宣政院。未几,罢院事。《徐公文集》二十《常公行状》、陆书七本传。

陆书本传:"〔元宗〕置宣政殿于内庭,以梦锡专掌密命。而魏岑已为枢密副使,善迎合。外结冯延巳等相为表里。梦锡终日论诤,不能胜,罢宣政院,犹为学士如故。乃称疾纵酒,希复朝会。"《行状》:"甲辰岁,谏臣皆黜,公亦罢院事。"又云:"秋霜之操,岁寒不易。凡敢言之士,皆依赖焉。"

保大三年乙巳　　九四五

四十三岁。　**往九华山召宋齐丘。**

陆书四宋传:"或谓齐丘先帝勋旧,不宜久弃山泽,遣冯延巳召之,不起。遣燕王景达再持诏往乃起,拜太傅中书令。"案陆书纪二:"以青阳公宋齐丘为太傅兼中书令。"在明年正月。《十国春秋》十六,以遣景达召宋在本年十月。则正中往召在本年十月前也。

八月,查文徽等克建州,执王延政归,升建州为永安军。陆纪二。

保大四年丙午　　九四六

四十四岁。 正月,以中书侍郎与宋齐丘、李建勋同拜平章事。_{陆纪二。}

陆书传:"〔保大〕四年,同平章事,集贤殿大学士。"

《江南余载》下:"冯延巳、李建勋拜相,张义方献诗曰,两处沙堤同日筑,其如启沃藉良谋。民间有病谁开口,府下无人只点头。"陆书十《张义方传》,仅载其为侍御史时一疏,谓其"所言凛然守正,有汉唐名臣风。惜事迹散落,不得尽载云"。案陆书十《江文蔚传》,文蔚弹正中章云,"张义方上疏,仅免严刑"。记其事在严续遭排之后。是义方此时有疏论正中等,不仅献诗相嘲也。

马书七《齐王景达传》:"元宗多与宗戚近臣曲宴,如冯延巳、陈觉、魏岑之徒,喧笑无度,景达每呵责之。尝与延巳会饮,延巳欲以诡佞卖恩,佯醉抚景达背曰,尔不得忘我。景达大怒,入白元宗,请致之死。元宗慰谕而已。出谓所亲曰,吾悔不先斩以闻。太子赞善张易从容谓景达曰,群小构扇,其祸不细。大王力未能去,自宜隐忍。景达由是罕预曲宴。"陆书十六《景达传》同。《通鉴》二八六系此事于保大五年立景遂为皇太弟、景达为齐王时。谓"延巳以二弟立非己意,欲以虚言德之。尝宴东宫,阳醉抚景达背云云"。案保大五年,正中方在相位,景达岂敢私斩宰辅。其事可疑。考保大五年江文蔚弹正中、魏岑疏,于魏岑有云:"善事延巳,遂当权要。面欺人主,孩视亲王。侍宴喧哗,远近惊骇。"是侍宴无礼,醉语景达者,疑是魏岑而非正中也。

以卢文进狱,为高越所劾。

《通鉴》二八五:"延巳工文辞,而狡佞喜大言,多树朋党。水部郎中高越上书指延巳兄弟过恶。唐主怒,贬越蕲州司士。"叙在正中拜相时。案越弹正中,盖为妇翁卢文进讼冤。陆书九《卢文进传》云:"冯延巳恶文进,文进亦以素贵,不少下。及卒,乃诬以阴事,尽收文进诸子,欲籍其家。文进以女妻高越,越乃上书讼文进冤,指延巳过恶,词气甚厉。时延巳方用事,人颇壮之。元宗怒,以越属吏,贬蕲州司士参军。而卢氏亦赖以得全。"《十国春秋》十六,谓文进卒于保大二年三月。其时正中为翰林学士,不能籍一大将家。兹依《通鉴》,列越上书在本年。高越与江文蔚齐名,陆书九《越传》,谓"与江文蔚俱以能赋擅名江表,时人谓之江、高"。《南唐近事》亦谓"江南十人言体物者以江、高称首"。然则,保大五年文蔚弹正中,殆与越声气相应也。

劾户部尚书常梦锡。

《徐公文集》二十《常公行状》:"迁户部尚书,领商州刺史。(节)强起令知省事,而病久不复,公私废失。为宰相所劾,坐贬饶州。上以羸瘵忧之,诏留东都,以便医药。"叙在乙巳之后,或本年事。宰相即正中。陆书七《常传》:"锺谟、李德明分掌兵、吏诸曹,以梦锡人望,言于元宗,求为长史,拜户部尚书知省事。梦锡耻为小人所荐,固辞不得请。惟署牍尾,无所可否。延巳卒致其闺门罪,贬饶州团练副使。"马书十常传:"梦锡无子,以其婿王继沂掌家务,或言继沂乱内。梦锡尽出妻妾,室为之一空,奏黜继沂于虔州。时冯延巳为相,劾梦锡饶州团练副使。"此所谓闺门罪也。

《钓矶立谈》:"常梦锡性犷直。初升朝,见党人互相推挽,日为谬悠尝试之说,声謷朝听。梦锡大惊,因发狂归杜门,匄外补。又数年,复还朝列。(节)上表历指权要朋私卖国,及发宰执狼籍数事。朝廷不能加察,以其语大忤,夺官流徙。"谓夺官由弹执宰,与《行状》及马、陆书异。

陈觉、魏岑等攻福州。

马书二，本年六月，宋齐丘荐陈觉为福建路宣谕使，矫制擅发建、汀、抚、信之师攻福州。魏岑安抚漳泉，亦擅发兵应觉。帝大怒。冯延巳等为言兵集疑"业"讹行不可止，乃以王崇文、魏岑、冯延鲁、王建封益兵会之。此为明年江文蔚弹疏张本。

保大五年丁未　九四七

四十五岁。　三月，伐福州兵败，上表自咎，以救陈觉、延鲁，为御史中丞江文蔚、知制诰徐铉、史馆修撰韩熙载所弹，罢相为太子少傅。《通鉴》二八六，马书二系于去年，误。

陆纪二："三月己亥，吴越救福州，兵自海道至。我师与之战，败绩，诸军皆溃。夏四月壬申，诏即军中斩陈觉、冯延鲁，余将帅皆赦不问。已复诏械觉、延鲁还都。既至，贷死，觉流蕲州，延鲁流舒州。"陆书九《陈觉传》："擅兴汀、建、抚、信州兵及戍卒，命冯延鲁将之攻福州，败绩，众溃归。死者万计，亡失金帛戈甲之类不可胜数。朝论谓必死。元宗亦怒，欲寘军法。齐丘上表待罪，实营救觉等。冯延巳助之，于是贬蕲州。"马书二："延鲁败绩，诸军皆溃。帝怒，遣使者锁觉、延鲁至金陵。而冯延巳为宰相，宋齐丘亦预三公，稍解之。员外郎韩熙载（节）请行显戮，以重军威。帝曰，齐丘、延巳有自咎之表，无请赦之辞。觉等五木被体，一家狼藉，永不录用，与死何殊。乃流觉蕲州，延鲁舒州。"

陆书十《江文蔚传》："保大初，迁御史中丞。持宪平直，无所阿枉。冯延巳当国，与弟延鲁、魏岑、陈觉，窃弄威福。及伐闽败绩，诏斩觉及延鲁以谢国人，而延巳、岑置不问。文蔚对仗弹奏曰，陛下践祚以来，所信重者冯延巳、延鲁、魏岑、陈觉四人，皆擢自下僚，骤升高位。未尝进一贤臣成国家之美，阴狡图权，引用群小。陛下初临大政，常梦锡居封驳之职，正言谠论，首罹谴逐。弃忠拒谏，此其始也。奸臣得计,欲擅威权,于是有保大二年正月八日敕公卿庶僚不得进见。履霜坚冰,言者汹汹。再降御札,方释群疑。御史张纬论事忤伤权要,其贬官敕口,罔思职分,傍有论奏。御史弹奏,尚为越职,况非御史,孰敢正言。严续国之戚里,备位大臣,不附奸恺,尚遭排斥。张义方上疏,仅免严刑。自是守正者得罪,朋邪者信用。上之视听,惟在数人。虽日接群臣,终成孤立。陛下深思远虑,始信终疑,复常梦锡宥密,擢萧俨侍从,授张纬赤令。群小疑惧,与酷吏司马正彝同恶相济,迫胁忠臣。高越之于卢氏,义兼亲故,受其寄托,痛其侵陵,诉于君父。乃敢蔽陛下聪明,枉法窜逐。群凶势力,可以回天。在外者握兵,居中者当国。师克在和,而三凶邀利,迭为前却。天生五材,国之利器,一旦为小人忿争妄动之具,使精锐者奔北,馈运者亡死。谷帛戈甲,委而资寇。取弱邻邦,贻讥海内。同列之中,敢有议论,则冯、魏毁之于中,正彝持之于外,构成罪状,死而后已。今陈觉、延鲁虽已伏辜,而魏岑犹在,本根未殄,枝干复生。冯延巳善柔其色,才业无闻。凭恃旧恩,遂阶任用,蔽惑天聪,敛怨归上。高审知累朝宿将,坟土未干,逐其子孙,夺其居第。使舆台窃议,将率狐疑。陛下方以孝理天下,而延巳母封县太君,妻为国夫人,与弟异居,舍弃其母。作为威福,专任爱憎,咫尺天威,敢行欺罔。以至纪纲大壤,刑赏失中,风雨由是不时,阴阳为之失序。伤风败俗,蠹政害人。蚀日月之明,累乾坤之德。天生魏岑,道合延巳。蛇豕成性,专利无厌。遁逃归国,鼠奸狐媚。谗疾君子,交结小人。善事延巳,遂当枢要。面欺人主,孩视亲王。侍宴喧哗,远近惊骇。进俳优以取容,作淫巧之求宠。视国用如私财,夺君恩为己惠。上下相蒙,道路以目。中节弹魏岑语。昨天兵败衄,统内震惊。将雪宗社之羞,宜醢奸臣之肉。已诛二罪,未塞群情,尽去四凶,方祛众怒。延巳不忠不孝,在法难原。魏岑同罪异诛,观听疑惑。请行典法,以谢四方。文蔚将上疏,先具小舟载老母以待左降。元宗果怒,贬江州司士参军。而觉、延鲁以宋齐丘救解复不死。延巳虽暂罢,旋柄用。方宣延巳制,百官在廷,常梦锡大言曰,白麻虽佳,要不如江文蔚疏耳。"有节文。

《徐公文集》十五《江君墓志铭》:"拜御史中丞,矫枉持平,无所顾惮。坐廷劾宰相,其言深切,贬江州司士参军。初,国朝自王义之后,旷数百年,宪署之举,间无废职,然有危言激论如此之彰灼者也。故权右振竦,朝野喧腾。传写弹文,为之纸贵。人心既尔,天鉴亦回,前所劾者,或免或黜。"徐集十八《江简公集序》:"端风宪之直绳,气慑奸宄。"亦指此。案江疏所叙,张纬、司马正彝,马、陆书及《十国春秋》皆无传。马书二二《萧俨传》,亦不载俨曾擢为侍从。马书九陆书七有高审思而无高审知,不知是否一人。审思,烈祖时为神武统军,出镇寿州,卒于镇,年七十五。亦见《钓矶立谈》。不载身后子孙被逐、居第被夺事。

《能改斋漫录》九,"范纯仁不肯以难行之说要誉"条,讥文蔚市船待行,为浅丈夫之行。盖当时两党相倾,多溢恶之辞,《通鉴》及马、陆书乃取以入《正中传》。《通鉴》二八六:"诏流觉于蕲州,延鲁于舒州。知制诰会稽徐铉、史馆修撰韩熙载上疏曰,觉、延鲁罪不容诛,但齐丘、延巳为之陈请,故陛下赦之。擅兴者不罪,则疆场有生事者矣;丧师者获存,则行阵无效死者矣。请行显戮,以重军威。不从。"《钓矶立谈》止云,"秘书丞韩熙载上疏",不及徐铉。陆书十二韩传同。徐集附行状则云:"公与韩公议,赦此二人,则万姓谤蘼之怨归于上,二使首领之惠在于齐丘。辱国容奸,斯为巨蠹。遂同上书,极言其罪。"此为《通鉴》所本。

查、陈丧师,最授敌党口实。《钓矶立谈》谓:"初闻江南老人言,熙载素恶于二冯,又与陈觉素不相知。是以因其隙而危攻之,其言不无过也。及见后主归命,国家沦覆,求其倾圮之渐,乃兆于讨闽之役。则虽二子之首,盖不足以赎责。云云。"

　　正中罢相,马、陆纪传皆不详年月。《通鉴》于本年熙载上疏后,接叙"中书侍郎同平章事冯延巳罢为太弟少保,贬魏岑为太子洗马"。兹从之。陆书传作"罢为太子少傅",马书二亦云以太子少傅出镇,皆与《通鉴》异。据陆书传,"召为太弟太保"在出镇抚州之后。则本年是罢为太子少傅。《通鉴》作太弟少保,误也。

　　马书二一《冯延鲁传》:"延鲁初至自晋安,身被五木,锁钥甚固。延巳叹曰,弟不肯为循资宰相,一至于此。兄弟由是有隙。"同书《正中传》:"与弟延鲁如仇雠。延鲁所生,乃延巳之继母也,亦至疏隔。"案延鲁此时方以正中之救不死,不致有反为仇雠之理。马书二说,皆过信文蔚弹疏。

　　韩熙载贬为和州司马。

　　陆书十二韩传,韩以上书请斩陈觉、延鲁,"又数言齐丘党与必基祸乱。熙载不能饮酒,齐丘诬以酒狂,贬和州司士参军"。马书十三韩传:"元宗即位,拜虞部员外郎、史馆修撰,于是始言朝廷之事所当条理者,前后数上。(节)由是为宋齐丘之党大忌之。《十国春秋》(二八)韩传云:'大为宋齐丘、冯延巳等所忌。'(节)迁知制诰。熙载性懒,朝直多阙,为冯延巳劾奏罢其职。陈觉等丧师南闽,特赦不诛。熙载上疏,请置于法。元宗手札敦谕。而宋齐丘大怒,乃诬以醉酒披猖,黜为和州司马。其实熙载平生不能饮。"《徐公文集》十六《韩公墓铭》:"顷之,以本官权知制诰,(节)章疏相属,或驳正失礼,或指摘时病,由是大为权要所嫉,竟罢其职。"案本年八月宋齐丘罢。韩贬当在八月前。马书二系在去年,误。其为正中劾罢知制诰,则未详何时。

(《钓矶立谈》谓熙载"后房蓄声妓,皆天下妙绝,弹丝吹竹,清歌艳舞之观,所以娱宾客者,皆曲臻其极。是以一时豪杰如萧俨、江文蔚、常梦锡、冯延巳、冯延鲁、徐铉、徐锴、潘佑、舒雅、张洎之徒,举集其门。熙载又长于剧谈,与相反覆论难,多深切当世之务"。)

保大六年戊申　　九四八

四十六岁。　正月丁丑,以太子少傅出为昭武军抚州节度使。马书二。

陆书传:"罢为太子少傅,顷之,拜抚州节度使。"

《徐公文集》六《冯延巳起复加特进制》云:"及移相府,出镇临川抚州,封境绥怀,声猷茂远。"马书传则云:"出镇抚州,亦无善政。"

文莹《湘山野录》:"冯延巳镇临川,闻朝议已有除替,一夕,梦通舌生毛。翌日,有僧解之曰,毛生舌间,不可剃也。相公其未替乎。旬日之间,果已寝命。"亦见周注十一引《南唐近事》。

保大七年己酉　　九四九

四十七岁。　在抚州任。

是时常梦锡为翰林学士给事中,魏岑为谏议大夫勤政殿学士,徐铉为知客员外郎知制诰。皆见徐铉本年作《御制春雪诗序》。《徐公文集》十八。

保大八年庚戌　　九五〇

四十八岁。　在抚州任。

保大九年辛亥　　九五一

四十九岁。　以继母忧去抚州。陆书传。

陆书丁忧无年月。按正中本年作《开先寺记》云:"会昭武节度使冯延巳肆觐于京师。"知去镇在本年。马书传:"延鲁所生,乃延巳之继母也。"

　　起复冠军大将军,召为太弟太保,领潞州节度。陆书传。

　　《徐公文集》六《太弟太保冯延巳落起复特进制》有云:"将军重位,足以夺孝子之情。"是起复特进领节度,即在丁母忧时。

　　为李璟作《庐山开先寺记》。

　　《全唐文》八七六有延巳《开先寺记》,文云:"长沙砥平,拓土宇数千里。"指本年十月平湖南。则文作于十月后。

　　《诗话总龟》四二:"南唐元宗优待藩邸旧僚,冯延巳自元帅府书记至中书侍郎,遂相,时论以为非才。江文蔚因其弟延鲁福州亡败,请从退削,乃出抚州。秩满还朝,因赴内宴,进诗曰,青楼阿监应相笑,书记登坛又却回。"《五代诗话》三及刘注《五代史记》六二中引此,皆作诗史。

　　三月,李璟以边镐为湖南安抚使,便宜进讨。九月,命边镐讨楚乱。十月,镐入潭州,刘仁瞻帅舟师取岳州。湖南遂平。陆纪二。

保大十年壬子　九五二

　　五十岁。　三月,为左仆射,与中书侍郎徐景运、右仆射孙晟同平章事。陆纪二、马书三、《十国春秋》十六。

　　正中与孙晟并相而不相能。陆书十一孙传:"累迁右仆射,与冯延巳并相,每鄙延巳,侮诮之,卒先罢。"《钓矶立谈》:"丞相孙侯忌之在重位也,介独自守,不接见宾客。平生所不喜者,恶之不能忘。其与宋齐丘、冯延巳辈,几如不同天之雠。"陆书本此。文莹《玉壶清话》十:"忌后擢拜,与冯延巳俱相。延巳丑其正,谓人曰,可惜金盏玉杯盛狗屎。"《江南野史》五《孙忌传》及《通鉴》二九〇,以玉杯金椀为晟诋正中语,与《清话》异。今案,此正中讥晟不学。即陆书传正中诮晟"君何所解而为丞郎",晟自承"鸿笔藻丽,十生不及君"也。从《清话》近是。

李璟悉以庶政委之。

马书传:"延巳无才而好大言,及再入相,仍言己之智略足以经营天下,而人主躬亲庶务,宰相备位,何以致理。于是元宗悉以庶政委之,奏可而已。延巳迟疑顾望,责成胥吏之手。"《通鉴》二九○:"顷之,事益不治,唐主乃复自览之。"

救萧俨。

陆书传:"延巳晚稍自厉为平恕。萧俨尝廷斥其罪,及为大理卿,断军使李甲妻狱失入。议者皆以为当死。延巳独扬言曰,俨为正卿,误杀一妇人,即当以死。君等今议杀正卿,他日孰任其责。乃建议,俨素有直声,今所坐已更赦宥,宜加弘贷。俨遂免。人士尤称之。"马书传:"人皆韪之,以为裴冕损怨,无以加此。"马书二二萧传,载俨以此免死贬南昌,在后主嗣位前。《通鉴》二九○叙此事于本年正中拜相后,谓"俨坐失入人死罪,锺谟、李德明必欲杀之"。案马书十九《李德明传》,周世宗南侵,元宗遣谟与德明奉表称臣,谟被留,德明归见杀。锺、李使周在保大十四年,则正中救俨当在其前。兹依《通鉴》,书于本年十一月罢相之前。俨弹正中,见四十一岁谱。

十一月,以尽失湖湘地,自劾,罢相为左仆射。

马书二:"朗州裨将刘言,执留后马光惠送建康,言自领州事。遣李建期屯益阳,将讨刘言。而楚地新定,府库空虚,宰相冯延巳以克楚为功,不欲取费于国,乃重敛其民以给军。边镐湖南节度使不能振抚,楚人皆怨,帝亦恶之,谓冯延巳、孙晟曰,湖湘之役,楚民厌乱,求息肩于我。今欲罢桂林之师,解益阳之戍,即授刘言以节钺,使自安辑其民,吾亦德惠养湘、衡之地,如是则远迩完实,二蕃在吾度内尔。公等亟行之,无为后悔。孙晟即欲奉行。延巳曰,吾以偏师克全楚,天下惊动,今三分丧二,何以为功。遂稽其命。未几,刘言遣王进逵破益阳,杀建期等,乘胜攻长沙。边镐遁归,所在屯戍,相继散走。独张峦全师而还,取资于道。岳阳刺史宋德权,监军使任镐,皆弃城走。帝大怒,削边镐官流饶州,戮宋德权、任镐于大社。(节)延巳等自劾,起之。孙晟请罪不已,乃罢为右仆射。"据陆纪二,刘言尽据故楚地,正中罢为左仆射,皆在本年十一月。而陆书本传谓刘言据楚,"朝议籍籍,延巳力求去,元宗待之如初。及周师大入,尽失江北地,始罢延巳,犹为太子少傅"。案周师大入,在保大末年。陆书传与纪不合。兹从本纪及《十国春秋》十六,定本年罢相。

陆书传以拓境致败,归罪正中。谓:"延巳初以文艺进,实无他长,纪纲颓弛,胥吏用事,军旅一切委边帅,无所可否。愈欲以大言盖众而惑人主,至讥笑烈祖戢兵以为龌龊无大略。尝曰,安陆之役,丧兵数千,辍食咨嗟者累日。此田舍翁,安能成天下事。今上暴师数万于外,宴乐击鞠未尝少辍,此真英雄主也。云云。"案此本《钓矶立谈》。《立谈》憾李璟"怵于贼臣之谀言,至诋诬先烈以自圣"。谓此。案李璟命何敬洙率师助马希萼攻潭州,弑其君希广,在保大八年。命边镐取潭州,刘仁瞻取岳州以灭楚,在保大九年。陆纪二。其时正中方在抚州任,未柄政也。《通鉴》二九〇记去年灭楚之役曰:"唐主自即位以来,未尝亲祠郊庙,礼官以为请。唐主曰,俟天下一家,然后告谢。及一举取楚,谓诸国指麾可定。魏岑侍宴,言臣少游元城,乐其风土,俟陛下定中原,乞魏博节度使。唐主许之。岑趋下拜谢。其主骄臣佞如此。"亦见陆书十五岑传。陆书十二《朱元传》:"〔元〕数上言论事,言今幸中原多故,苟支岁月,非所以为国。当取湖湘、闽、越、钱塘固基本。且请专任军旅,以次讨定。"又《宋史》世家谓:"唐主李璟袭父位,属中原多故,卢文进、皇甫晖之徒皆奔于唐。跨据三十余州,即山铸钱,物力富盛。尝试贡士高祖入关诗,颇有窥觊中土心。"是南唐之图进取,乃李璟本意。遽兴师致败,正中方当相位,绌于才用,自劾以去。敌党遂纷纷集矢矣。

为李璟序《楞严经》。

马书二六《浮屠传》:"僧应之,姓王,其先南闽人。能文章,习柳氏笔法,以善书冠江左。(节)保大中授文章应制大德。(节)元宗喜《楞严经》,命左仆射冯延巳为序,其略曰,首《楞严经》者,自为菩萨密因。始破阿难之迷,终证菩提之悟。然则,阿难古佛也,岂有迷哉。迷者悟之对也,迷苟不立,悟亦何取。是故因迷以设问,凭悟而明解。皇上聪明文思,探赜索隐,云散日朗,尘开镜明。以为大赉四方,未为盛德,普济一世,始曰至仁。或启佛乘,必归法要。敕应之书镂版,既成上之。"云左仆射,必本年作。正中遗文,惟此与《开先寺记》,惜此不全具耳。

二月,南唐始复贡举,旋复罢之。

陆纪二,本年二月,"以翰林学士江文蔚知礼贡举。(节)旋复停贡举"。《徐公文集》附《行状》:"壬子岁,翰林学士江公知贡举,始以进士王克贞等三人及第,尽复举场之故事。独由公左右赞成之。(节)时执宰皆非名第,同力欲罢此科。遂下制辍应举焉。"案本年同平章事三人中,孙晟曾第进士。《徐铉行状》云"执宰皆非名第"盖谓正中与徐景运。似罢贡举与党局有关。然陆书十一《江文蔚传》,谓中书舍人张纬衔文蔚,因与执政共罢贡举。是由张纬主动。又,南唐至亡国时仍行贡举,亦不竟废也。

八月二日,江文蔚卒,五十二岁。 陆书十江传、《徐公文集》十五《江公墓志》。

保大十一年癸丑　九五三

五十一岁。　三月,复以左仆射同平章事。陆纪二,《十国春秋》十六,《通鉴》二九一。

十二月,徐铉贬舒州,徐锴贬东都。

《通鉴》二九一:"楚州刺史田敬洙请修白水塘溉田以实边。冯延巳以为便。李德明因请大辟旷土为屯田。(节)大兴力役,夺民田甚众,民愁怨无诉。徐铉以白唐主,唐主命铉按视之,铉籍民田悉归其主。或谮铉擅作威福。唐主怒,流铉舒州。然白水塘竟不成。唐主又命少府监冯延鲁巡抚诸州,右拾遗徐锴表延鲁无才多罪,举措轻浅,不宜奉使。唐主怒,贬锴校书郎分司东都。"是二徐之贬由二冯。陆纪二记铉奏吏夺民田,帝曰:"吾国兵数十万,安肯不食。捍边事有大利,则举国排之,奈何。""铉又力陈其弊。乃遣铉行视利害。铉至楚州,悉取所夺田还民。(节)帝大怒,趣归,将沉之江中。既至,怒少解,流舒州。"此足觇拓疆出李璟本意。《徐公行状》记此事尤详。亦保大党争一事也。据陆纪二,筑白水塘在本年十月。据《通鉴》,二徐贬在十二月,兹从之。

保大十三年乙卯　　九五五

五十三岁。　在知平章事任。

保大十四年丙辰　　九五六

五十四岁。　在知平章事任。

正月,周世宗亲征南唐,二月袭清流关。李璟遣翰林学士锺谟、文理院学士李德明使周,奉表请罢兵。陆纪二。

周师陷东都,执副留守冯延鲁。同上。

陆书十一《延鲁传》:"以工部侍郎出为东都副留守,周师南侵,分兵下东都,延鲁窘蹙,自髡,衣僧服而逃,被执。世宗释之,赐衣冠,授给事中。问江南事,占奏详华,赐予加厚。留大梁累年。"刘氏补注二,引薛史,本午"五月戊午,以江南伪命东都副留守工部侍郎冯延鲁为太府卿"。

三月，孙晟、王崇质使周。请削去帝号，奉表为外臣。陆纪二。

《通鉴》二九三："晟与冯延巳曰，此行当在左相。晟若辞之，则负先帝。既行，知不免。中夜叹息，谓崇质曰，君家百口，宜自为谋。吾思之熟矣，终不负永陵一抔土，余无所知。"晟时为右仆射，正中为左仆射。故云，"此行当在左相"。

三月，中书舍人韩熙载上书，谏以陈觉监齐王景达军。《通鉴》二九三。

三月，斩李德明于都市，坐奉使请割地也。陆纪二。

李德明与锺谟使周，世宗使德明归谕江南君臣割地。宋齐丘力诋割地亡益。陈觉言德明卖国悦敌，不可赦。李璟遂斩之。见陆书七《锺谟传》。此为显德五年锺谟归以计杀齐丘、陈觉张本。德明与谟亦宋陈敌党也。

徐铉自舒州还升州。

徐集《行状》："长流舒州。（节）及量移饶州，未登途，而周世宗之师过淮取舒、蕲。公遽携家榜小舟由皖口归升州。公赋诗末云，一夜黄星照官渡，本初何面见田丰。其情发于中，不顾言之太直如此。"案陆纪二，周师陷舒州在本年三月丁酉。

十一月乙巳，周杀孙晟。《通鉴》二九三、马书四。

《通鉴》："十一月乙巳，〔周〕帝命都承旨曹翰送晟于右军巡院，更以帝意问之。问南唐虚实也。翰与之饮酒数行，从容问之，晟终不肯言。翰乃谓曰，有敕赐相公死。晟神色怡然，索靴笏整衣冠南向拜曰，臣谨以死报国。乃就刑。并从者百余人，皆杀之。"陆纪二晟死在十月，兹从《通鉴》、马书。

保大十五年丁巳　九五七

五十五岁。　以周师大入，尽失江北地，罢相为太子少傅。

陆书传："及周师大入，尽失江北地，始罢延巳，犹为太子少傅。"案陆纪二，周世宗征南唐，陷寿、濠、泗、扬、泰各州，在本年二月。罢相当在其时。明年三月，以平章事使周。复相不详何时。

周世宗显德五年戊午　九五八

五十六岁。　三月甲辰，以平章事使周犒军及买宴。丙午，至扬州见世宗，四月还。

陆纪二，本年三月辛卯，周世宗"至迎銮镇，壬辰，耀兵江口。帝惧周师南渡，遣枢密使陈觉奉表贡方物，请传位太子弘冀，以国为附庸。（节）庚子，周帝赐书，许帝奉正朔罢兵，而不许传位太子。甲辰，遣平章事冯延巳等使周犒军及买宴"。周注引《周世宗实录》："五年三月丙午，景遣其伪宰相冯延巳、伪给事中田霖，奉表进银一十万两，绢一十万匹，钱一十万贯，茶五十万斤，米二十万石。（节）延巳因称李景命，纳进汉阳、汉川二县。辛亥，景遣其臣伪临汝郡公徐辽、伪客省使尚全恭，奉表来上买宴钱二百万。（节）四月癸丑，帝以江南遣使买宴，乃宣诏从官及江南进奉使冯延巳以下，宴于行宫，奏江南乐。（节）四月，江南进奉使冯延巳以下辞归，赐延巳金器百两，银器五千两，绢五千匹，钱五百万，细马四十匹，羊二百口。副使田霖以下，所赐各有差。"案《通鉴》二九四，本年三月"壬寅，上周世宗自迎銮镇复如扬州。（节）丙午，唐主遣冯延巳献银绢钱茶百万以犒军。（节）夏四月乙卯，帝自扬州北还"。据此，正中以三月甲辰奉使，丙午至扬州见世宗，四月癸丑买宴后乃还也。刘氏《南唐书补引》注引薛史："三月丙戌，江南李景遣所署宰相冯延巳犒军。"与陆纪、《通鉴》异，"戌"或"午"之讹。

五月丁未，以贬损仪制，罢左仆射平章事为太子太傅。陆纪二、《十国春秋》十六。

陆纪二："五月，下令去帝号称国主。（节）凡帝者仪制皆从贬损。（节）左仆射平章事冯延巳罢为太子太傅。"罢相由贬损仪制。

陆书传云,"会疾,改太子太傅"。殆称疾以为名耳。

十月甲午,延鲁自周放归。

陆纪二,"冬十月甲午,周帝归我臣冯延鲁、许文稹、边镐、周延构。国主皆不复用"。案陆书十一《延鲁传》:"留大梁累年,迁刑部侍郎,得还。"后拜户部尚书,李璟、李煜两朝曾两使宋,非卒不用也。

孙晟使周死国难,而延鲁则以败将仕敌国,宋党以此为世诟病。

十一月,常梦锡卒,六十一岁。 陆书七本传。《徐公文集》二十《常公行状》。马书二、《十国春秋·元宗纪》皆作十月。

《通鉴》二九四:"常梦锡屡言延巳等浮诞不可信,唐主不听。梦锡曰,奸言似忠,陛下不悟,国必亡矣。及臣服于周,延巳之党相与言,有谓周为大朝者。梦锡大笑曰,诸公常欲致君尧舜,何意今日自为小朝廷耶。众默然。"案陆书七《梦锡传》,"奸言似忠"云云乃论齐丘辈。"小朝廷"云云泛谓"公卿在座有言及周为大朝者",不云延巳党。马书七常传同。

十一月己亥,暴宋齐丘、陈觉、李征古罪。放齐丘归九华山。觉安置饶州。征古削官爵。觉、征古寻皆赐自尽。 见陆书卷四宋传、卷九陈传、卷四《锺谟传》。

李德明以请割地被斩,见保大十四年谱。齐丘党至是覆败。时正中卒前之二年也。

显德六年己未　　九五九

五十七岁。

正月,宋齐丘卒,七十三岁。

陆书四本传:"放归九华山,而不夺其官爵。初命穴墙给食,俄又绝之,以馁卒。谥丑缪。"

《江南野史》二:"孙忌使周,世宗问忌江南可取虚实。忌对曰,臣本国虽小,然甲兵尚三十余万,未易可图。世忠让忌曰,江南不过十数郡,而师旅太多,何见欺与。忌曰,精甲利兵虽十余万,然长江一条,飞湍千里,风涛激涌,险过汤池,所谓天堑也,斯可敌十万之师。国老宋齐丘,智谋宏远,机变如神,乃王猛、谢安之徒,斯亦可敌十万。世宗闻而恶之。"又曰:"唐遣锺谟使周,世宗使谟还命曰,朕与江南大义虽定,然宋齐丘不死,殆难保和好。寻齐丘之死亦由是。"此谓齐丘由反间死。而陆书本传谓"锺谟自周归,力排齐丘杀之,故其党附会为此说,其实非也"。然齐丘之死由锺谟,实见陆书《陈觉传》及谟传。

查文徽卒。

陆书五查传,文徽自吴越还时遘毒,"医曰,疾不可为,然犹十年乃死。文徽遂病喑。(节)卒年七十,距遘毒之岁,正十年云"。案陆纪二,文徽保大八年还自吴越,当卒于本年。

宋太祖建隆元年庚申　九六〇

五十八岁。　五月乙丑卒。陆书传。

案《二十史朔闰表》,本年月己亥朔。乙丑二十七日也。

马书四《嗣主书》云,四月卒。传云年五十七。皆与陆书异。

陆书十七,太医令吴廷绍传:"冯延巳苦脑中痛,累日不减。廷绍密诘厨人曰,相公平日嗜何等。对曰,多食山鸡、鹧鸪。廷绍曰,吾得之矣。投以甘豆汤,亦愈。群医默记之,他日取用,皆不验。或叩之,答曰,(节)山鸡鹧鸪皆食乌豆半夏,皆以甘豆汤解其毒耳。闻者大服。"正中非必以此疾卒,连记其遗事于此。

谥忠肃。

正中卒于宋齐丘败后,陈觉、李征古、查文徽皆先贬死,而犹得美谥。陆书传谓"延巳晚稍厉为平恕"。李昉为《徐铉墓志》,述铉婿吴淑语,谓正中称铉之文曰,"凡人之为文,皆事奇语,不尔则不足观。惟徐公不然,率意而成,自造精极"。保大五年,正中曾被铉劾,而誉其文如此,亦平恕之一端。其晚誉不随宋、陈俱坠,殆由是也。

《钓矶立谈》:"太祖讨李重进于扬州,南唐遣冯延巳受命。太祖召对,谓延巳曰,凡举事不欲再籍,我遂欲朝服济江,汝主何以相待。延巳对曰,重进奸雄闻于一时,尚且一战就擒,易如拉朽。蕞尔小国,诚不足仰烦神虑。但江南士庶,眷恋主恩,各有必死之志。若天威暴临,恐须少延晷刻。大朝倘肯捐弃数十万卒与之血战,何虑而不可。太祖笑曰,吾与汝主大义已定,前言聊以戏卿耳。叟尝谓延巳此言,可以寒心,遭逢太祖圣德宏达;笼络宇宙,方且置江南于度外,是以延巳小夫奉使失辞,曾不加质责,聊答之以一笑也。向若褊量如魏祖,有忮心如隋文,则延巳之斯言乃为致讨之因矣。"今案陆书本纪二李重进叛宋在本年十月,宋平重进在十一月。而正中则已于年五月前卒矣。奉命使宋,盖延鲁事。陆书十一马书廿一《延鲁传》及《江南别录》,载之甚详。

《琅嬛记》:"南唐后主召冯延巳论事,至宫门,逡巡不进。后主使使促之。延巳云,有宫娥着青红锦袍,当门而立,不敢径进。使随共行,谛视乃八尺琉璃屏画夷光独立图也。"刘氏《南唐书补注》十一引。案后主嗣位,在正中卒后一年。此当是中主时事。

韩熙载后十年开宝三年**卒**。六十九岁。陆纪三、陆书十二本传。

徐铉后三十二年淳化三年**卒**。七十六岁。徐集墓志。

冯延鲁后十余年卒。

陆书十一《延鲁传》:"楚国公从善入朝,太祖授旌节,留之阙下。后主复遣延鲁入谢。疾作不能朝。太祖怜之,遣使挟太医护视,放还金陵,卒于家。"案陆纪三,从善朝宋在开宝四年,延鲁使宋以病归,在开宝五年。当即卒于其时。延鲁有子僎、侃、仪、价、伉,入宋继取名第,南唐公卿家莫能及者。见陆书本传。伉子立应,同学究出身,见《宋史》。周注陆书十一引,正中后嗣无闻。

正中词名《阳春录》，见《直斋书录解题》。今传本名《阳春集》，陈世修编于宋嘉祐戊戌，其时距正中之卒已九十余年。词共百二十阕，颇杂入温、韦、欧公、李主之作。王鹏运又辑得补遗七阕。即四印斋所刊是。或谓世修序称正中为外舍祖，然以年代推之，不能连为祖孙。疑陈编出于伪托。案外舍祖谓外家之远祖，不能以此疑陈编，然陈编亦实有可疑处。考李昪天祐九年为升州刺史，时正中才十岁，武义元年参知政事，正中十七岁。而世修序称正中"与李江南有布衣旧"。语殊失实。北宋崇宁间，马令作《南唐书》，称正中"著乐府百余阕"。陈编殆据此数而杂摭欧、李诸词实之。其书出于汲古阁旧钞，或非《书录解题》著录之本。又《解题》载崔公度跋，谓"其家所藏本最为详确，《尊前》、《花间》往往谬其姓氏，亦有误入欧词者"。崔公度熙宁初人，见《后山诗话》，是《阳春集》之错乱，北宋已然。陈编虽未必真，或亦据宋时传本耶。

后记（一）

前人论正中词者，往往兼及其为人。冯煦为《四印斋刊本阳春集序》，谓其"俯仰身世，所怀万端，揆之六义，比兴为多。其忧生念乱，意内言外，迹之唐五季之交，犹韩致尧之于诗"。张惠言《词选》则斥其专蔽固嫉，又敢为大言，谓"《蝶恋花》数章，盖为排间异己而作"。陈文焯《白雨斋词话》，虽极称其词忠爱缠绵，而亦鄙其人为无足取。予尝细读《阳春集》及《南唐书》，以为冯煦阿其宗人，且以读唐诗者读唐词，比正中于韩偓，固近过誉；张陈惑于南唐朋党攻伐之辞，斥为憸夫，亦属谰诋。兹排比正中行年，并考南唐孙晟、宋齐丘党狱之曲折，偶亦订正《通鉴》及马陆两家书之失照。世之治南唐史事者，倘或有所取裁，不仅匡张陈诸家之边见而已也。一九三五年一月二十四夕。

后记（二）

此谱印成，承王仲闻先生见告："崔公度跋《阳春录》谓皆延巳亲笔（此跋见双照楼影刊宋吉州本欧阳文忠公近体乐府罗泌跋所引）；殆崔曾见延巳墨迹，故有此说。见于《花间》各词，意冯曾书之，崔未深考，遂以为《花间》、《尊前》往往谬其姓氏，或非强扳也。"又云："正中词名《阳春录》，见欧阳文忠公近体乐府罗泌跋及罗泌校语，又见《直斋书录解题》卷二十一。据《解题》所云，至少有二本，一本有'风乍起'一阕，乃长沙书坊《百家词》本，一本无此阕。又正中词原名《香奁集》，又名《阳春集》，见宋张侃张氏《拙轩集》卷五，亦一异说，不见他书，近人考据亦未张及。"

冯正中词宋时传本亦有《阳春集》，见尤袤《遂初堂书目》，似今本《阳春集》亦宋时旧帙，非后人伪造。一九五九年九月，仲闻先生续告。

又陈世修见李焘《续资治通鉴长编》、《宋会要辑稿》及《宋史》，乃英宗神宗时人。《阳春集》有吴讷《唐宋名贤百家词》本、清康熙间萧江声钞本（出自钱叔宝钞本，钱本钞自文徵明家）不出于汲古旧钞。

南唐二主年谱

中主李璟，字伯玉。本名景通。改名瑶，后名璟，交泰初避周讳，又改璟为景。郭威高祖名璟。《江南别录》云中主"初名景"，误。先主昇长子。陆游《南唐书》本纪二。李昇陵玉哀册，参附录。

昇，徐州人。尝为徐温养子，冒徐姓，名知诰。即位后改姓李。或云，本湖州安吉潘姓子。

《吴越备史》："知诰本潘氏，湖州安吉人。父为安吉砦将。吴将李神福攻衣锦军，过湖州，虏知诰归为仆隶。徐温尝过神福，爱其谨厚，求为假子。以谶云'东海鲤鱼飞上天'，知诰始事神福，后归温，故冒姓李氏应谶。"周在浚《陆氏南唐书注》一引。《通鉴考异》三十引刘恕《十国纪年》："李昇复姓，附会祖宗，固非李氏。而吴越与唐人仇敌，亦非实录。"案《江南别录》谓昇第四子"信王景达先娶〔李〕德诚之女，中兴后，有司以同姓请离之，制曰，南平王国之元老，婚不可离。信王妃可以南平为氏。南平德诚所封也"。景达原作景迁，兹据马氏《南唐书》九《李德诚传》改。景迁卒于李昇受禅前，《别录》偶误。若昇本李氏，必不娶媳于德诚。"中兴后"有司始请离之，此亦昇不姓李之一证。又《天中记》云："金陵李氏始以唐号国，钱文穆王闻之曰，金陵冒氏族为巨唐，不亦骇人乎。沈韬文曰，此可取譬也。且如乡校间有姓孔氏者，人则谓云孔夫子，复何怪哉。王大笑，赏卮酒。"刘承幹《南唐书补注》一引。《天中记》是类书，刘注引此,未注原书出处。以文义推之,必五代人旧文。唐人文法,"且"字多依古义作"今"字用。近人沈昌直有考,见《国学论衡》。此谓昪以李姓而冒唐后,不知其欲承唐后乃始冒姓李也。《册府元龟》二一九"李昪"条、称昪自云永王璘之裔。《四库提要》六六《江南别录》下谓不免附会。徐铉《徐公文集》二十九《后主墓志》云,"陇西人"。盖称郡望,乃唐人辞例。

中主天性儒懦。

《江南野史》二:"嗣主音容闲雅,眉目若画。尚清洁,好学而能诗。天性儒懦,素昧威武。"《钓矶立谈》一:"元宗神采精粹,词旨清畅,临朝之际,曲尽姿制。湖南尝遣廖法正将聘,既还,语人曰,汝未识东朝官家,其为人粹若琢玉,南岳真君恐未如也。是以荆渚孙光宪叙续通历云,圣表闻于四邻,盖谓此也。"《江南别录》略同。周文矩有中主画像,见《挥麈录》三及《砚北杂志》上。

马令《南唐书》四:"徐铉曰,嗣主工笔札,善骑射,宾礼大臣,敦睦九族。每闻臣民不获其所者,辄咨嗟伤悯,形于颜色,随加救疗。居处服御,节俭得中。(节)常患民间侈靡,第宅衣服咸为节制。驱游惰之人,率归农业。"《青箱杂记》七:"李璟时,朝中大臣多蔬食,月为十斋,至明日,大官具晚膳,始复常珍。谓之半堂食。其后周师至淮上,取濠、泗、扬、楚、泰五州,而璟又割献滁、和、庐、舒、蕲、黄六州,果去唐国土疆之半,则半堂食之应也。"

陆书十一:"元宗接群臣如布衣交,闲御小殿,以燕服见学士,必先遣中使谢曰,小疾不能着帻,欲冠帽可乎。"

多才艺。

陆书二:"多才艺,好读书,善骑射。"

《钓矶立谈》:"天性雅好古道,被服朴素,宛同儒者。时时作为歌诗,皆出入《风》《骚》,士人传以为玩,服其新丽。"

陆书十六《后妃·保仪黄氏传》,中主"书学羊欣"。

《佩文斋书画谱》:"钟陵清凉寺有元宗八分题名、李萧远草书、董羽画海水,谓之三绝。"刘注十六引。

在位十九年卒。陆书二作"二十年",举成数言。**谥明道崇德文宣孝皇帝,葬顺陵,庙号元宗**。马书四。《五代史记》六十二。

后主煜,字重光,初名从嘉。陆书三、马书五,**号钟隐**。又称钟山隐士,钟峰隐居,钟峰隐者,钟峰白莲居士,莲峰居士。

《梦溪补笔谈》二:"江南府库中书画至多。(节)诸书画中时有李后主题跋。然未尝题书画人姓名,唯钟隐画皆后主亲笔,题钟隐笔三字。后主善画,尤工翎毛。或云,凡言钟隐笔者皆后主自画。后主尝自号钟山隐士,故晦其名谓之钟隐,非姓锺人也。今世传钟画,但无后主亲题者皆非也。"《宣和书画谱》:"江南伪主李煜,政事之暇,寓意于丹青,颇到妙处。自称钟峰隐居,又略其言曰钟隐。后人遂与钟隐画混淆称之。"彭元瑞《五代史记注》六十二下之上引。案《清波杂志》二,谓钟隐南唐天台人,隐于钟山,遂为姓名。李方叔为赵德璘品德隅斋画,备书其艺之妙。李隐《画品》同。《六砚斋笔记》云:"钟隐天台人,少颖悟,不婴俗事,好画花竹禽鸟以自娱,又长于花草棘树木,其画在江南者,悉为李煜所有。"据此,天台钟隐另有其人,后主亦号钟隐,《宣和书画谱》所说,最得其实。

米芾《画史》:"锦当是钟讹峰白莲居士,又称钟峰隐居,又称钟峰隐者,皆李重光自题号,意是钟山隐居耳。"彭注引,卷同上。又"后主有看经发愿文,自称莲峰居士"。见《墨庄漫录》卷七。张慎仪《觙叟摭笔》引《宋稗类钞》同。

顾文荐《负暄杂录》:"南唐后主讳煜,改鸜鹆为八哥。"《说郛》

十八引。

中主第六子。陆书三。

《五国故事》上:"煜,景之次子。"与陆、马书及《五代史记》异,当误。

美风仪。

《钓矶立谈》:"叟昔于江表民家见窃写真容,观其广颡隆准,风神洒落,居然有尘外意。"曾慥《类苑》五十二引刘斧《翰府名谈》:"李主姿貌绝美,艺祖曰:公非贵貌也,乃一翰林学士耳。"

陆书三《五代史记》六十二。广颡丰颊骈齿,一目重瞳子。

《湘山野录》中:"江南李后主煜,性宽恕,威令不素著,神骨秀异,骈齿,一目有重瞳。"

《宣和画谱》:"御府所藏有周文矩写李煜真三。"《画史》:"李重光道装像,神骨俱全,云是顾闳中笔。"刘注三引。

幼而好古。

《江南别录》:"后主幼而好古,为文有汉魏风。母兄冀为太子,性严忌。后主独以典籍自娱,未尝干预时政。"《钓矶立谈》:"后主天性喜学问,(节)其论国事,每以富民为务。好生戒杀,本其天性。承蹙国之后,君臣又皆寻常充位之人,议论率不如旨,尝一日叹曰,周公仲尼,忽去人远。吾道芜塞,其谁与明。乃著为《杂说》数千万言。曰,特垂此空文,庶几百世之下有以知吾心耳。"《皇宋书录》中云"后主书《杂说》数千万言"。云数千万者,谓数千数万也。《徐公文集》十八《御制杂说序》:"尝从容与近臣曰,卿辈从公之暇,莫若为学为文,为学为文莫若讨论六籍,游先王之道义。不成不失为古儒也。云云。"凡此皆其旧臣阿谀之辞。

奢侈耽声色,不恤民困,卒以亡国。

《邵氏闻见录》记民间鹅生双子、柳条结絮皆税之。《独醒杂记》记南唐赋税比杨行密时重数倍。皆见乾德二年(九六四)谱。

工书,学柳公权,或谓出于裴休。传锺王拨镫法。续《羊欣笔阵图》。其书有聚针钉、金错刀、撮襟诸体。

陆书十六《后妃传》:"后主〔书〕学柳公权。"《豫章黄先生文集》廿八《跋李后主书》:"观江南后主手改表草,笔力不减柳诚悬。今知今世石刻曾不得其髣髴。余尝见其与徐铉书数纸,自论其文章,笔法政如此。但步骤太露,精神不及此数字笔意深婉。盖刻意与率尔,工拙便相悬也。"

《嵩山集》十八《题江南后主词翰》:"黄鲁直谓李后主书出于裴休。予初大骇之,惟见休石刻字故也,晚乃见休行书墨迹一帖,良以愧叹。"

《书苑菁华》南唐后主《书述》云:"书有八字法,谓之拨镫,自卫夫人并锺王传授于欧颜褚陆等,流于此日,然世人罕知其道者。孤以幸会,得受诲于先生。(节)所谓法者,擫、压、钩、揭、抵、拒、导、送也。"刘注三引。案计有功《唐诗纪事》四十八"陆希深"条:"古之善书,鲜有得笔法者。希声得之,凡五事,擫、押、钩、格、抵。用笔双钩,则点画遒劲而尽妙矣,谓之拨镫法。希声自言,昔二王皆传此法,至阳冰亦得之。希声以授沙门䛒光。光入长安为翰林供奉,得幸于昭宗,希声犹未达,以诗寄䛒光云云。䛒光感其言,引荐希声于贵幸,后至相。"《书法正传》纂言上"李后主述书"条,谓后主所云"幸得受诲于先生"者,即䛒光。又"陆希声传笔法"条,谓"刁术言江南后主得此法,书绝劲,复增二字曰导、送"。后主增导、送二字,亦见《皇宋书录》中引《皇朝类苑》。今案希声拜相在唐昭宗乾宁二年正月,其年四月罢。《唐诗纪事》谓希声当"李茂贞犯京师,舆疾避难卒"。时在乾宁三年。乾宁三年下距后主弱冠之岁亦已五六十载。晋光与希声同时,似不能亲授后主。冯说未详何据。《书法正传》纂言上又谓咸通末,林韫从庐陵卢肇受拨镫法,卢自谓"吾昔受教韩吏部"。是唐人传此法者不仅希声及晋光。后主所师,未必即晋光也。王洙《谈录》:"江南李主及二徐传二王拨镫法,中朝士人吴遵路、待诏尹熙古悉得之。吴尤以为秘,所传二人,与范宗杰而已(此句疑有脱字)。"此后主以后拨镫法传授之可考者。

《广川书跋》记怀素说拨镫曰:"如人并乘,镫不相犯。"谓用笔相推让如乘者拨镫也。清人有以镫为灯者,非是。

《天禄识余》:"《笔阵图》乃羊欣作,李后主续之。今陕西石刻,李后主书也,以为羲之,误矣。"刘注十六引。《皇宋书录》中引张舜民云:"江南后主书《杂说》数千言,及德庆堂题榜,大字如截竹木,小字如聚针钉,似非笔力所为。欧阳永叔谓颜鲁公书正直方重,似其为人,若以书观,后主可不谓之倔强丈夫哉。"陆友《砚北杂志》上:"王性之铚家有李主与徐铉书,凡数纸。所谓小字如聚针钉者。"《说郛》十三引元汤垕《画鉴》,谓江南"有唐希雅,多作颤笔棘针,是效其主李重光书法"。《宣和画谱》:"希雅妙于画竹,作翎毛亦工。始学李后主金错刀书,有一笔三过之法。虽若甚瘦,而风神有余。晚年变而为画,故颤掣三过处,书法存焉。"《东观余论》:"顷见江南后主金错书,题藏真书千字。"

陶穀《清异录》:"后主善书,作颤笔樛曲之状,遒逸如寒松霜竹,谓之金错刀。作大字不事笔,卷帛书之,皆能如意,世谓之撮襟书。"刘注三引,亦见《宣和书画谱》。《入蜀记》三:"清凉广慧寺,(节)坏于兵火,旧有德庆堂,在法堂前。堂榜乃南唐后主撮襟书。石刻尚存。"此皆谓撮襟作大字。而邵博《闻见后录》十七云:"予尝见南唐李侯撮襟书宫人庆奴扇云,风情渐老见春羞云云。"书扇则必小字。疑撮襟亦如聚针、金错,同为字体之名,非卷帛为书也。

《砚北杂志》上:"南唐李后主谓善书法者各得右军之一体,若虞世南得其美韵而失其俊迈,欧阳询得其力而失其温秀,褚遂良得其意而失其变化,薛稷得其清而失于拘窘,颜真卿得其筋而失于粗鲁,柳公权得其骨而失于生犷,徐浩得其肉而失于俗,李邕得其气而失于体格,张旭得其法而失于狂,独献之俱得,而失于惊急无蕴藉态度。观此言则是终无有得其全者。"明人王绂《书画传习录》,谓后主推崇右军,于虞、欧、褚、薛、颜、柳、徐、李诸家及献之,俱评其得失。(余绍宋《书画书录解题》卷四引)当即指此。

《仇池笔记》下:"仆尝论蔡君谟书为本朝第一,议者多以为不然。或谓君谟书为弱。殊非知书者。若江南李主外险而中实无有,此真所谓弱者。以李主为劲,宜以君谟为弱。"

善画。尤工翎毛墨竹。

《补笔谈》二:"后主善画,尤工翎毛。"郭若虚《图画见闻志》:"后主才识清赡,书画兼精,尝观所画林木飞鸟,远过常流,高出意外。金陵王相家有杂禽花木,李忠武家有竹枝图,皆希世之物。"刘注三引。《宣和画谱》,御府所藏江南李煜画九,内有《柘竹霜禽图》一,《柘枝空禽图》一,《秋枝披霜图》一,《写生鹁鹑图》一,《竹禽图》一,《棘雀图》一。《客杭日记》:"访盛季高,出示李重光墨竹鸲鹆。"《云烟过眼录》三:"谢奕修藏李后主画戏猿。"

陈继儒《太平清话》:"后主善画墨竹。"彭注六十二下之上引。都穆《寓意编》题后主墨竹云:"此幅予家旧物,骤而阅之,但见其老干霜皮,烟梢露叶,而披离偃仰若古木然,谛玩久之,始知其为竹也。世之评画者谓后主墨竹清爽不凡,殆得之矣。"刘注三引。《豫章黄先生文集》六《次韵谢斌老送墨竹》注云:"世传江南李主作竹,自根至梢,极小者,一一钩勒成,谓之铁钩琐。自云,惟柳公权有此笔法。"《宣和画谱》:"江南伪主李煜,政事之暇,寓意于丹青,颇到妙处。(节)画亦清爽不凡,别为一格。然书画同体,故唐希雅学李氏之错刀笔,后画竹乃如书法,有颤掣之状。而李氏又复能为墨竹,此互相取备也。其画虽传于世者不多,然推类可以想见。"彭注六十二下之上引。《豫章黄先生文集》十四,有《江南李后主梦观世音像赞》。周必大《西山游记》,翠崖广化院有后主所画罗汉,周注三引。《宣和画谱》谓后主"画风虎云龙图,便见有霸者之略"。周密《武林旧事》九《高宗幸张府节次略》,书画有"伪主李煜林泉渡水人物"。张丑《清河书画舫》云:"范庵李贞伯藏李后主《江山摭胜图》水墨短卷,笔趣深长,兰坡赵都丞故物也。丑按,后主宣和殿收九本,有杂迹而无山水,故作谱者仅列之花鸟门,亦何异井蛙之论欤。"刘注三引。据此,则后主并能人物山水,不第工翎毛墨竹已也。

收藏之富,笔砚之精,冠绝一时。

《江南别录》:"元宗、后主皆妙于笔札,好求古迹。宫中图籍万卷,锺王墨迹尤多。"陆书十六《后主保仪黄氏传》:"购锺王以来墨帖至多,保仪实掌之。"《图画闻见志》六:"李后主才高识博,雅尚图书,蓄聚既丰,尤精鉴赏。今内府所有图轴暨人家所得书画,多有印篆曰内殿图书、内合同印、建业文房之宝、内司文印、集贤殿书院印、集贤院御书印。此印多用墨。或亲题画人姓名,或有押字,或为歌诗杂言。又有织成大回鸾、小回鸾、云鹤练、鹊墨锦。褾饰提头,多用织成绦带。签帖多用黄经纸。背后多书监装背人姓名,及所较品第。"《补笔谈》二:"江南府库中书画至多,其印记有建业文房之印、内合同印；集贤殿书院印以墨印之，谓之金图书，言惟此印以黄金为之。诸书画中时有李后主题跋。"案《后山谈丛》："建业文房，南唐烈祖节度金陵之别室也。赵元考家有建业文房书目万三千余卷，有金陵图书院印焉。"或以为文房后主建，非也。马书二三《朱弼传》，宋初，"得金陵藏书十余万卷，分布三馆及学士舍人院。其书多雠校精审，编秩完具，与诸国本不类"。《闻见后录》廿七："予收南唐李侯阁中集第九一卷画目，上品九十九种。内《江乡春夏景山水》六，注云大李将军。《山行摘瓜图》一，注云小李将军。《明皇游猎图》一，注云小李将军。《奚人习马图》三，注云韩幹。中品三十三种。下品百三十九种。内《回纹图》二，注云殷嵩。《猫》一，注云汀州李交。后有李伯时跋云，《江南阁中集》一卷，得于邵安简家，其中名品，多流散士大夫家，公麟尚见之。有朱印曰建业文房之印，曰内合同。有墨印曰集贤院御书记。表以回鸾墨锦，签以潢经纸。然不知集有几卷，其他卷品目何物也。建业文房亦盛矣。每抚之一叹。"有节文。《独醒杂志》六："番阳董氏藏怀素草书千文一卷，盖江南李主物也。"

《砚北杂志》上："袁伯长有李后主所用玉笔管，上有镌字，文镂甚精。云得之史丞相家。"

阙名《砚谱》："李后主留意翰墨笔札，所用澄心堂纸，李廷珪墨，龙尾石砚，三者为天下之冠。"《说郛》七十八引，亦见《渑水燕谈录》八。欧阳修《试笔》："南唐有国时，于歙州置砚务，选善工命以九品之服，月给俸廪，号砚务官。岁为官造砚有数。其砚之四方而平浅者，南唐砚也。石尤精，制作亦不类今工所施。"周注十六引，亦见《砚北杂志》下。《铁围山丛谈》五："江南后主宝石砚山，径长逾尺咫。

前耸三十六峰,皆大如手指。左右则引两阜坡陀。而中凿为砚。及江南国破,砚山因流转数十人家,为米元章所得。"刘注三引。以《避暑漫钞》校。案元章后以此砚与苏仲恭之弟,易甘露寺下之海岳庵,砚归苏氏。未几索入禁中,藏于万岁洞之砚阁。政和末,蔡绦曾见之。见蔡氏《丛谈》。元初流落台州戴氏,见《志雅堂杂钞》上。入清藏于朱彝尊,王士禛为赋诗。《香祖笔记》云:"南唐李主研山,(节)宣和入御府,事详《避暑漫钞》。后又四百余年,不知更易几姓,而至新安许文穆家。已而归嘉禾朱文恪。余戊辰春从文恪曾孙检讨彝尊京邸见之,真奇物也。检讨请余赋诗,既为作长句,又题一绝句云,南唐宝石劫灰余,能与幽人伴著书。清峭数峰无恙在,不须泪滴玉蟾蜍。后二年,复入京师,则研山又为崑山徐司寇购去矣。今又十五年,不知尚藏徐氏否。青峭数峰,盖用南唐元宗语。元章既失研山,赋诗云,研山不可见,哦诗徒叹息,唯有玉蟾蜍,向予频泪滴。皆用本事也。"案《辍耕录》载元章崇宁元年作《宝晋斋砚山图记》云:"右此石是南唐宝石,久为吾斋研山,今被道祖易去。(节)近余亦有作云,研山不复见,哦诗徒叹息。(节)此石一入渠手,不得再见,每同交友往观,亦不出示,绍彭公真忍人也。(节)"道祖即薛绍彭。此与《铁围山丛谈》与苏仲恭弟易宅说不同。《丛谈》谓元章有二砚山。此或另一砚,而亦南唐旧物。李之彦《砚谱》,谓后主得青石砚,中有黄石如弹丸,水常满,终日用之不耗。又云"江南主尤重红丝砚。又灵璧石砚亦甚珍焉"(见刘注十六引)。

南唐于饶置墨务,歙置砚务,扬置纸务,始于中主时,见后山《丛谈》。流落人间,必不仅一二已也。

《珍席放谈》下:"江南李后主善词章,能书画,皆臻妙绝。是时纸笔之类,亦极精致。世传尤好玉屑笺,于蜀主求笺匠造之。惟六合水最宜,即其地制作。今本土所出麻纸,无异玉屑,盖所造遗范也。"《维扬志》:"〔南唐〕于扬州置纸务,命守臣时贡。时六合正属扬州故也。"周注十六引。《稗史类编》:"建业澄心堂,即今内桥中兵马司遗趾也。李后主时,制纸极光润滑腻,往往书画多藉之。"《五代诗话》十引。《王直方诗话》:"澄心堂纸乃江南李后主所制,国初亦不甚以为贵,自刘贡甫始为题咏,又邀诸公赋之,然后世争贵重。"同上。《演繁露》:"江南李后主造澄心堂纸,前辈甚贵重之,江南后六十年,其纸犹有存者,欧公尝得之,以二轴赠梅圣俞。幅度低而纸制大佳。刘贡父诗云,当时百金售一幅,澄心堂中千万轴。后人闻此那复得,就使得之当不识。"《七修类稿》:"陈后山以为肤如卵膜,坚洁如玉,此必见之而言之得如此真也。予尝见一幅,坚白则同,但差厚耳。"刘注三引。据郎氏所云,是明人犹及见之。案欧阳修、梅圣俞、苏轼诸人集皆有咏澄心堂纸诗。梅云:"李主用以藏秘府,外人取次不得窥。城破犹存数千幅,致入百朝谁谓奇。漫堆闲屋任尘土,七十年来人不知。"又云:"江南李氏有国日,百金不许市一枚。(节)当时国破何所有,帑藏空竭生莓苔。(节)幅狭不堪作诏命,聊备粗使供鸾台。"苏云:"诗老囊空一不留,一番曾作百金收。"见《王直方诗话》。皆此纸掌故也。

知音律。

《墓志》:"洞晓音律,精别雅郑。穷先王制作之意,审风俗淳薄之原。为文论之,以续《乐记》。"《徐公文集》十八《御制杂说序》:"以为百王之季,六乐道丧。移风易俗之用,荡而无止。怊心堙耳之声,流而不反。故演《乐记》焉。"邵思《雁门野说》:"南唐后主精于音律,凡度曲莫非奇绝。开宝中,国将除,自撰念家山一曲,既而广为念家山破,其谶可知也。宫中民间日夜奏之,未及两月,传满江南。"《说郛》四十引。《五国故事》上:"煜善音律,造念家山〔破〕及振金铃曲破。言者取要而言,云家山破,金陵破。"《江南别录》:"后主妙于音律,乐曲有念家山,亲演其声为念家山破,识者知其不祥。"

能弧矢。

《墓志》:"弧矢之善,笔札之工,天纵多能,必造精绝。"

遭罹多故,好为凄苦之辞。《墓志》。

《续通鉴长编》:"李煜袭位后上表,臣本于诸子,实愧非才。出自胶庠,心疏利禄。被父兄之荫育,乐日月以优游。思追巢许之遗尘,远慕夷齐之高义。既倾恳悃,上告先君。固非虚词,人多知者。徒以伯仲既没,次第推迁。(节)奄丁艰罚,遂玷缵承。(节)"彭注六十六下之上引。阮阅《诗话总龟后集》四十引苏轼语曰:"心事数茎白发,生涯一片青山,空林有雪相待,野路无人自还。李主好书神仙隐遁之词,岂非遭罹多故,欲脱世网而不得者耶。"《全唐诗》,后主《九月十日偶书》云:"背世返能厌俗态,偶缘犹未忘多情。"《病起题山舍壁》云:"暂约彭涓安朽质,终期宗远问无生。谁能役役尘中累,贪合鱼龙构强名。"《病中感怀》云:"前缘竟何似,谁与问空王。"《病中书事》云:"赖问空门知气味,不然烦恼万涂侵。"皆深摽擗之忧,发浮幻之念。("心事、生涯"四句乃顾况《归山作》。)

在位十五年,降宋被害。年四十二。追封吴王。陆纪三。

二主世系

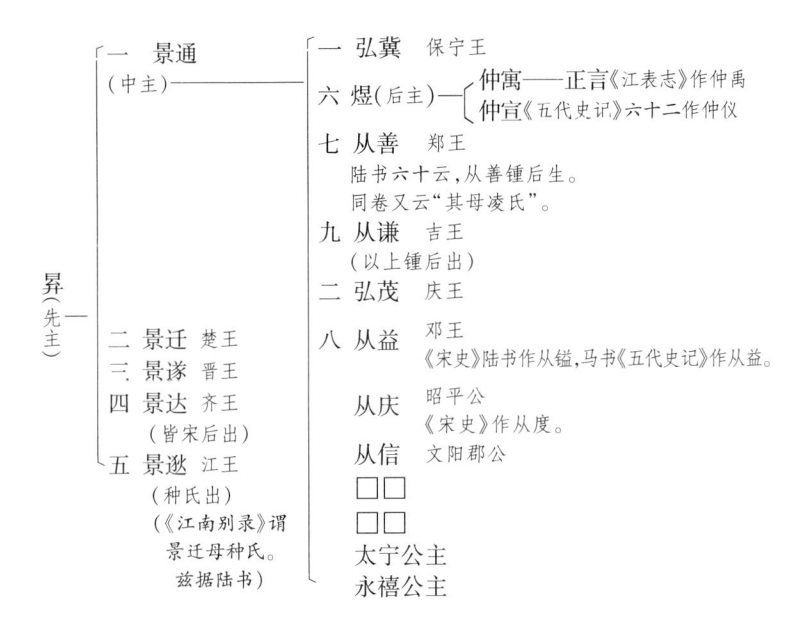

```
                                                    ┌─ 仲寓 ── 正言《江表志》作仲禹
           ┌─ 一 景通 ──┬─ 一 弘冀  保宁王
           │  (中主)    │  六 煜(后主)─┤
           │            │              └─ 仲宣《五代史记》六十二作仲仪
           │            │  七 从善  郑王
           │            │      陆书六十云,从善锺后生。
           │            │      同卷又云"其母凌氏"。
           │            │  九 从谦  吉王
           │            │      (以上锺后出)
           │            │  二 弘茂  庆王
           │            │  八 从益  邓王
           │            │      《宋史》陆书作从镒,马书《五代史记》作从益。
  昇─────┤            │  从庆  昭平公
  (先主)   │            │      《宋史》作从度。
           │            │  从信  文阳郡公
           │            │  □□
           │            │  □□
           │            │  太宁公主
           │            │  永禧公主
           │  二 景迁  楚王
           │  三 景遂  晋王
           │  四 景达  齐王
           │     (皆宋后出)
           └─ 五 景逿  江王
                 (种氏出)
                 (《江南别录》谓
                  景迁母种氏。
                  兹据陆书)
```

中主十子,可考者八人。余二人佚其名。徐铉集有《封丰王安王册》,或其封号。吴任臣《十国春秋》十九曰:"予尝读《闽志》,中载后主弟良佐修道武夷山。后主敕有司建会仙观,封良佐为演道冲和先生。岂良佐即二人中之一人。"案《宋史》四七八《南唐世家》,后主降宋时,封爵不及余二人,非游方外则早卒矣。《江表志》载中主子,多陈王及保宁王。保宁王即弘冀也。

中主二女,太宁公主嫁刘节,永禧公主疑即流落辽国之李芳仪。详在谱后。

后主二子,皆大周后出。而马书《女宪传》谓大周后"生三子,皆秀嶷,其季仲宣云云"。三或二之误。

《宋史》世家,后主降时,宋封后主侄殿中少监仲宣为监门卫将军。不知何人子,与后主子同名,疑是笔讹。

南唐世系,自昇以上,皆不可据。陆书一《烈祖本纪》,谓昇"唐宪宗第八子建王恪之玄孙。恪生超早卒。超生志,仕为徐州判司,卒官,因家焉。志生荣,荣性谨厚,喜从浮屠游,多晦迹精舍,时号李道者"。《玉壶清话》九谓志"为徐州判官,安贫谨厚,喜佛书,多游息佛寺,号李道者",为昪之父。与陆书异。此祖建王恪。徐铉《江南录》、龙衮《江南野史》、释文莹《玉壶清话》、马书《世裔表》皆同。《通鉴》二八二谓:"唐主欲祖吴王恪。或曰,恪诛死,不若祖郑王元懿。唐主以吴王孙祎有功,子岘为宰相。遂祖吴王。"则云吴王非建王。周注一云:"吴王恪与建王恪为二人。吴王恪太宗子,建王恪宪宗子。"他如《江表志》谓昪"有唐疏属郑王之枝派"。《通鉴考异》三十引《周世宗实录》及薛史,称昪"唐玄宗第六子永王璘苗裔"。李昊《蜀后主实录》云:"唐嗣薛王知柔,为岭南节度使,卒于官。其子知诰流落江淮,遂为徐温养子。"言人人殊,由本无显据也。《通鉴》谓"自岘五世至父荣,其名率有司所撰"。刘恕《十国纪年》谓昪"少孤遭乱,莫知其祖系,其曾祖超祖志,乃与义祖徐温曾祖祖同名,知皆附会也"。周注一引。此二说最近实,兹从之,尽删昪以上世次。至伪造钱俶作后主墓志,谓昪为西凉武昭王暠之二十一世孙,又与各书皆异。见谱后。妄人野说,不必辨矣。

唐昭宗天祐十三年丙子 梁末帝贞明二年,前蜀王建通正元年,吴越钱镠天宝九年。 九一六

中主一岁。

陆纪二,建隆二年卒,年四十六。

先主昪二十九岁,时为升州江宁刺史。

陆纪一,先主光启四年生。又,"天祐六年六月,自元从指挥使迁升州防遏使,七年以功迁升州刺史。十一年加检校司徒,始城升州"。中主殆生于升州。

韩熙载十五岁。陆书十二本传。

冯延巳十四岁。从父颢宦歙州。冯谱。

天佑十四年丁丑　九一七

二岁。

五月,徐温自润州徙镇升州,先主徙润州。陆纪一。

徐铉生。《徐公文集》附《墓志》。

天佑十五年戊寅　前蜀光大元年　九一八

三岁。

先主入广陵,代徐温子知训。

蜀王建卒,子衍立。

吴惠帝武义元年己卯　九一九

四岁。

先主为吴王左仆射参政事。陆纪。

案杨隆演建国称吴王,改元武义,在此年四月戊戌。

孟昶生。《旧五代史》一三六。

顺义五年乙酉　九二五

十岁,自胶庠起官驾部郎中。《十国春秋》十六。

《徐公文集》十六《刘鄩墓志》:"元宗方在胶庠,吴帝使君召拜郎中。"

龙衮《江南野史》二:"年十岁,出为郎,迁诸卫将军,典领军事。"

马书二《嗣主书》:"有文学,甫十岁,吟《新竹诗》云,栖凤枝梢犹软弱,化龙形状已依稀。人皆奇之。"《五代诗话》一引《诗史》作先主诗。

后唐灭前蜀。

乾贞元年丁亥　　九二七

十二岁。

十月,徐温卒于升州。

大和元年己丑　　九二九

十四岁。

先主始专吴政。《通鉴》二七六。

大和二年庚寅　后唐长兴元年　九三〇

十五岁。　于庐山瀑布前,筑读书台,十月起赴江都,为兵部尚书参知政事。

《玉壶清话》十:"璟天姿高迈,始出阁,即就庐山瀑布前搆书斋,为他日闲适之计。及迫于绍袭,遂舍为开先精舍。"刘注十一引《江西通志》,冯延巳有《开先寺记》,《全唐诗》中主《庐山百花亭刊石》句云:"苍苔迷古道,红叶乱朝霞。"庐山圆通寺有中主像。见《挥麈三录》三。

冯正中二十八岁。已从中主游处。冯谱。

大和三年辛卯　　九三一

十六岁。　十一月,为司徒同平章事,知中外左右诸军事,留江都辅政。《通鉴》二七七。

《玉壶清话》九"〔徐温卒〕后五载,壬辰岁,〔先主〕出镇金陵,以长子璟为兵部尚书参政事,如温之制",谓先主出镇在明年,当误。

大和四年壬辰　　九三二

十七岁。

徐铉十六岁,始仕吴。冯谱。

大和五年癸巳　　九三三

十八岁。　次子弘茂生。

陆书十六《弘茂传》,保大九年卒,年十九。

陆书十六《后妃传》:"元宗光穆皇后锺氏,父太章,合肥人。事吴为义祖裨将。义祖谋诛张颢,令严可求喻太章伏死士二十辈斩颢于府。(节)后颇恃功颉顽,烈祖疑其难制。义祖曰,昔吾赤族之祸间不容发,使无太章,岂有今日富贵耶。奈何以薄物细故疑之。乃命太章次女配元宗,即后也。"《江南别录》较略。案《通鉴目录》二六,徐温使锺泰章杀张颢,在天祐五年,时中主未生。娶锺后不知何年,姑附系于此。长子弘冀生年,亦无可考。

大和六年甲午　　九三四

十九岁。　十一月,自江都还金陵。《通鉴》二七九。

天祚元年乙未　　闽永和元年　　九三五

二十岁。　三月,弟景迁加同平章事知左右军事。《通鉴》二七九。

《江南录》:"时先主权位日隆,中外皆知有代谢之势,而以吴主恭谨守道,欲待嗣君。先主次子景迁,吴主之婿也。先主锺爱特甚。齐丘使陈觉为景迁教授,为之声价。齐丘参决时政多为不法,辄归过于嗣主,而盛称景迁之美,几有夺嫡之计。所以然者,以吴主少而先主老,必不能待,他日得国授于景迁,己为元老,威权无上矣。此其日夕为谋也。先主觉之,乃召齐丘如金陵,以为己之副,遥兼申蔡节度使,无所关预,从容而已。"《通鉴考异》三十引。《通鉴》从《十国纪年》,定先主令陈觉令佐景迁在此年。召齐丘还金陵为判官在去年。

九月,先主加太师大元帅,封齐王。《通鉴》二七九。

马书一,先主封齐王在大和五年,与《通鉴》异。

天祚二年丙申　　九三六

二十一岁。 三月,为太尉副元帅。《通鉴》二八〇。

后主大周后生。

乾德二年卒,二十九岁。马书传。

马书十一《周宗传》:"宗娶继室生二女,皆国色,继为国后。"宗,秣陵人,常给使烈祖左右,署为牙吏。多使喻旨四方,敏于事任。曾讽吴主禅位。禅代后,累迁枢密使。宽厚奉法,而赀产巨亿,俭啬愈甚,论者鄙之。见马书本传。

升元元年丁酉　九三七

二十二岁。 三月,固辞为王太子。《通鉴》二八一。

中主让位,启宫闱之变,致其弟景遂被弑于太子弘冀。此事影响后主之思想感情,爰列之于谱。弘冀后主之长兄也。

六月,弟景迁卒,十九岁。《通鉴》二八一,陆书十六。

中主屡次让位,与先主欲立景迁、景达有关,见二十岁、二十八岁谱。

七月七日,后主生。

陆书纪三:"太平兴国三年殂,年四十二。"《采异记》:"后主丁酉生。"《说郛》六十五引。河南邵氏《闻见后录》二十二:"李王煜七月七日生日。"陆纪三,后主殂,"是日七夕也。后主盖以是日生"。

十月甲申,先主受吴禅,改元升元,国号唐。《通鉴》二八一,陆书十六。

十月戊申,为诸道副元帅,判六军诸卫事,太尉尚书令,封吴王。《通鉴》二八一,陆书纪一。

十一月乙卯,改名璟。《十国春秋》十五。

冯正中三十五岁。为吴王掌书记。 冯谱。

升元二年戊戌　后蜀广政元年　九三八

二十三岁。　徙封齐王。《通鉴》二八一,陆纪一。

陆书纪一,本年"十月壬辰,命吴王璟勒步骑八万讲武铜驼桥"。封齐当在十月后。马书纪一记辞太子及改封齐王在升元六年,误。

潘佑生。

开宝六年九七三卒,三十六岁。见马书十九本传。

升元三年己亥　闽永隆元年　九三九

二十四岁。　四月,固辞太子,为诸道兵马大元帅判六军诸卫,守人尉,录尚书事,升、扬二州牧。《通鉴》二八一。

二月,先主复姓李,立唐宗庙,更名昪。陆书纪一,《通鉴》二八二。《十国春秋》作五月。

马书一《五代史记》六二复姓在去年。

升元四年庚子　九四〇

二十五岁。　八月,又固辞太子。

陆书二《元宗纪》:"四年八月,立为皇太子,复固让曰,前世以嫡庶不明,故早建元良,示之定分。如臣兄弟友爱,尚何待此。烈祖下诏称其守廉退之风,守忠贞之节,有子如此,予复何忧。赦殊死以下臣民。奉笺齐王如太子礼。"

七子从善生。

雍熙四年卒,四十八岁。见《徐公文集》廿九《大宋右千牛卫上将军陇西郡公李公墓志铭》。

《花间集》结集。欧阳炯序作于本年四月。

《人间词话》:"冯正中堂庑特大,与中后二主词皆在《花间》范围之外,宜《花间集》中不登其只字也。"案,此时正中未显,后主才四岁,与《花间》时代不相及,王说未谛。

保大元年癸卯　九四三

二十八岁。　二月庚午,先主卒,三月己卯朔,嗣位。

陆书一《烈祖纪》:"升元七年二月庚午,帝崩于升元殿,年五十六。十一月壬寅葬永陵。帝临崩谓齐王璟曰,德昌宫储戎器金帛七百万,汝守成业,宜善交邻国,以保社稷。吾服金石欲延年,反以速死,汝宜视以为戒。帝生长兵间,知民厌乱,在位七年,兵不妄动,境内赖以休息。"《钓矶立谈》:"将崩,呼元宗,元宗登御榻,啮其指至血出,戒之曰,他日北方有事,勿忘吾言。"《玉壶清话》九谓先主卒于去年误。

马书二《嗣主书》:"既当储副之地,而固让再三,谦虚下士,常若弗及。烈祖殂,授顾命,犹让诸弟,辞益坚。侍中徐玠以衮冕被之曰,大行付殿下以神器之重,殿下固守小节,非所以遵先旨崇孝道也。乃嗣位。"陆书纪二,"奉化节度使周宗手取衮冕衣帝",与马书异。

《五国故事》上:"知诰疾革,以其子景达类己,欲立之。时景达为成王,居守东都。知诰乃密为书以召景达使入,将付后事。医官吴庭绍与知诰诊候,知其将终且召景达之事,遂密告李景,使人追回其书。原注'时书已出秦淮门而追及之'。俄而知诰殂,景乃即位。其后吴庭绍迁内职,人罕知其由。"陆书十七马书廿四有《吴廷绍传》,当即庭绍,而不载此事。《通鉴》二八三作吴廷裕,裕当绍之讹。案马书七《景达传》:"初封信王,元宗即位,改封鄂王。"陆书《嗣主纪》:"徙封宣城王景达为鄂王。"皆不云为成王守东都。又陆书十六《景达传》:"稍长,神观爽迈异他儿,烈祖深器之,受禅,封信王,烈祖欲以为嗣,难于越次,故不果。烈祖殂,景迁已前死,元宗称疾固让景遂,欲以次及景达,承先帝遗意。既迫于群议不得行,乃立景遂为太弟,景达自燕王徙封齐王,为诸道兵马元帅中书令。"据陆书纪二,当云景达自鄂王徙封燕王。本年七月事也。此中主屡次让位之原因。参二十二岁谱。

改元保大。

《钓矶立谈》:"元宗之初,尚守先训。改元保大,盖有止戈之旨。"

唐圭璋曰:"近年南京发现李昪陵,有玉哀册,保大之'大'字分明作'太',或保持太平之意,与《钓矶立谈》止戈云云亦合。"

七月,诏中外以兄弟传国之意,誓于先主柩前,约兄弟世世继立。陆纪二,《五代史》六二,陆书十六《弘冀传》。

陆书纪二:是月"徙燕王景遂为齐王,鄂王景达为燕王。仍以景遂为诸道兵马元帅,居东宫。景达为副元帅"。马书二:"以元子南昌王冀为江都尹东都留守。景遂固让,不许。萧俨上疏,其略曰,夏商之后,父子相传,不易之典。惟仰循古道,以裕后昆。疏奏,不报。"

保大二年甲辰　九四四

二十九岁。　正月辛巳,诏以弟齐王景遂总庶政。

陆纪二:"正月辛巳诏以弟齐王景遂总庶政,惟枢密副使魏岑、查文徽得奏事,余非召对不得见。宋齐丘萧俨皆上书切谏,未见听。侍卫都虞候贾崇叩阁泣谏,乃收所下诏。"周注:"《江南录》此敕在去年十二月,《十国纪年》作正月。"

十二月,伐建州王延政,败绩于盖竹。陆纪二,《通鉴》二八三。

陆纪二,本年"五月,闽将朱文进自称闽王,遣使来告。帝囚其使,将讨之。议者谓闽乱由王延政,当先讨,乃释闽使遣还。冬十二月,枢密使查文徽请讨王延政,诏以文徽为江西安抚使,觇建州。文徽固请,乃以边镐为行营招讨,共攻延政。败绩于盖竹"。《通鉴》二八三:"唐主遣使遗闽主曦及殷主延政书,责以兄弟寻戈。曦复书引周公诛管蔡唐太宗诛建成元吉为比。延政复书斥唐主夺杨氏国。唐主怒,遂与殷绝。"中主以拓境失败,幽愤而卒,此其为开衅邻国之始。

保大三年乙巳　　九四五

三十岁。　八月,克建州,执王延政归。陆书纪二。

十月,皇太后宋氏崩。陆书二。

保大四年丙午　　九四六

三十一岁。

八月,陈觉攻福州,十月围福州。陆书纪二,十国春秋十六。

是岁契丹灭晋,密州刺史皇帝甫晖、青州刺史王建,及沿淮诸戍皆来降。方且疲兵东南,不暇北顾。马书二。

保大五年丁未　晋天福十二年,辽天禄元年　九四七

三十二岁。　正月,立景遂为皇太弟。徙景达为齐王,长子弘冀为燕王。陆纪二。

陆书十六《景遂传》:"景遂固辞,遂不得命,终恐惧不敢安处,乃取老子功成名遂身退之意,自为字曰退身以见志。"

契丹以灭晋来告捷,且请会盟于境上。不从。遣工部郎中张易聘之,请命使者如长安修奉诸陵。契丹亦不从。陆纪二。

韩熙载上疏请伐契丹。不省。

陆书十二韩传:"契丹入汴,晋少帝北迁。熙载疏曰,陛下有经营天下之志,今其时矣。若戎主北归,中原有主,则不可图。不省。"熙载南奔时,与李毅约定中原。见欧史《世家》。俞正燮谓"其言不用,即终身不肯作相,真沉毅坚决者"。

三月,吴越救福州,唐师败绩。四月,陈觉流蕲州,冯延鲁流舒州。陆纪二。

五月,闻契丹北归,欲北伐,以李金全为北面行营招讨使。六月,闻汉兵入汴,遂止。陆纪二。

《江南野史》二:"时中原无主,寇盗纵横。嗣主叹曰,孤不能因其厄运,命将兴师,抗衡中国,恢复高太之土宇。而乃劳师于海隅,实先代之罪人也。至于悔恨百端,不能自解。"

刘知远称帝。

保大六年戊申　汉乾祐元年　九四八

三十三岁。

正月,吴越钱俶立。

十一月,南平高从海卒,子保融立。

保大七年己酉　九四九

三十四岁。　元日与弟景遂等宴雪赋诗。陆纪二。

《清异录》:"保大五年元日大雪,李主命太弟以下展燕赋诗。令中人就私第赐李建勋继和。时建勋方会中书舍人徐铉,勤政殿学士张义方于溪亭,即时和进。乃召建勋、铉、义方同宴。夜艾方散。侍臣皆有诗咏。徐铉为前后序,仍集名手图画,书图尽一时之技。真容高冲古主之,侍臣法部丝竹周文矩主之,楼阁宫殿朱澄主之,雪竹寒林董源主之,池沼禽鱼徐崇嗣主之,图成皆绝笔也。"《十国春秋》十六引。案《徐公文集》十八《御制春雪诗序》云:"皇上御历之七年,太弟以龙楼之盛,入奉垂旒云云。"与陆纪合。而《清异录》作保大五年。考景遂保大五年始封太弟,不应其年元日即有此称。《清异录》、《江表志》、《江南余载》下、《十国春秋》十六、《全唐诗》均作保大五年,皆误。

徐集十八《后序》："奉和者二十一首,而侍宴者十有四人。"中主及诸人诗见《江表志》。徐集五有《春雪应制》一首,《进雪诗》一首。

命仓曹参军王文炳摹勒古今法帖。《十国春秋》十六。

《辍耕录》六,"淳化祖石刻"条:"大梁刘衍卿世昌云,大德己亥,妇翁张君锡携余同观淳化祖帖。节及见吴郡陆友仁,又云,尝观褚伯秀所记,江南李后主命徐铉以所藏古今法帖入石,名升元帖。此则在淳化之前,当为法帖之祖。刘陆之说,殊不相合。偶读刘跂《暇日记》,亦载此事云,马传庆说此帖本唐保大年摹上石,题云保大七年仓曹参军王文炳摹勒。校对无差。国朝下江南,得此石,淳化中,太宗令将书馆所有增作十卷为版本。而石本复以火断缺。人家时收得一二卷。然阁帖于各卷尾篆书题云淳化三年壬辰岁十一月六日奉圣旨模勒上石。此侍书王著笔也。而陈简斋亦云太宗刻石,则衍卿所谓祖石刻,岂即南唐时帖乎,抑太宗增刻者。不知南唐亦作十卷否。徐铉、马传庆二说又不同。今世言淳化阁帖用银锭檀枣木板刻,而以澄心堂纸李廷珪墨印者。则传庆板本之说合。故赵希鹄《洞天清录集》亦云,用枣木板摹刻,故时有银锭纹,用李廷珪墨打,手揩之不污手。余尝见阁本数十,止三本真者,其纸墨法度,种种迥别,妙在心悟,固难以言语形容。然又传仁宗尝诏僧希自刻石于秘阁,前有目录,卷尾无篆书题字。所谓祖石刻者,岂即此与。"

《志雅堂杂钞》上:"江南后主尝诏徐铉以所藏古今法帖入之石,名升元帖。此则在淳化之前,当为法帖之祖也。"亦见《云烟过眼录》四,云后主命徐铉,误。

姜绍书《韵石斋笔谈》:"按石刻三代及秦汉即有之,皆丰碑及磨崖也,法帖之成帙而可置案头者,自升元帖始。"

小周后约生于此年。

马书:"昭惠殂,后未胜礼服,待年宫中。"陆书十六谓大周后卒时"小周后尚幼,未知嫌疑"。以十五六岁计,则当生于此年。卒于太平兴国三年之后,得年三十左右。

保大八年庚戌　　九五〇

三十五岁。　正月,下悔兵之诏。马书二。李金全始罢北面行营招讨使。陆书二。

二月,查文徽袭福州,被执。马书二,《十国春秋》十六。

八月,李金全卒,年六十。陆书十本传。

陆书传:"金全卒后,闽楚之役兴,用事者皆少年不更军旅,覆败相踵,周人乘我罢疲,攻取淮南,国遂衰削,不能复振。人始思金全,恨其已卒云。"马书二,保大九年命李金全耀兵于淮上。误。

九月,楚马希萼来乞师,命楚州团练使何敬洙率师援之,十二月马希萼攻陷潭州,弑其君希广,自称楚王。陆纪二。

保大九年辛亥　　周广顺元年,辽应历元年　　九五一

三十六岁。

七月,次子弘茂卒,十九岁。马书二,陆书十六本传。

九月,楚将徐威等废其君希萼。命边镐讨之,十月,镐入潭州,刘仁瞻取岳州,遂灭楚。陆纪二。

陆书九《高远传》:"方边镐入潭州,湖南悉平,百官入贺。远独曰,我乘楚乱,取之甚易,观诸君之才,守之实难。闻者愕然以为过,后如所料,乃服其先见。"马书高远作高越。同卷《李建勋传》:"及出师平湖南,国人相贺,建勋独以为忧,曰,祸始此矣。"

作《祭悟空禅师文》。

《入蜀记》二,清凉广慧寺有《祭悟空禅师文》曰:"保大九年,岁次辛亥,九月,皇帝以香茶乳药之奠,致祭于右街清凉寺悟空禅师。"

十月。周兖州节度使慕容彦超来乞师。从之。陆纪二。

保大十年壬子　　九五二

三十七岁。　　正月,援兖州之师败绩,周人来责。陆纪二。

《江南野史》二,周人来责,"嗣主闻而悔恨忘食"。此为北结周怨之始。

遣使奉蜡丸书于辽。

《辽史》:"应历二年春正月戊午朔,南唐遣使奉蜡丸书,及进犀兕甲万属。"刘注十八引。

二月,始复贡举,以《高祖入关诗》试贡士。

南唐共行贡举十七次,放进士九十三人。见刘注三。《宋史》:"初,唐主袭父位,节物力富盛,试贡士高祖入关诗,颇有窥觎中土心。"

四月,攻桂州南汉军败绩。陆纪二。

十月,朗州裨将刘言反,十一月,尽失楚旧地。陆纪二。

陆纪二,中主"自以唐室苗裔,谀于斥大境土之说。及福州湖南再丧师,知攻取之难,始议弭兵务农。或曰,愿陛下十数年勿复用兵。元宗曰,兵可终身不用,何十数年之有"。又,《论》曰:"元宗举闽楚之师,境内虚耗。及契丹灭晋,中原有隙可乘,而兵力国用既已弗支,熟视不能出,世以为恨。予谓不然。唐有江淮,比同时割据诸国,地大力强,人材众多,且据长江之险,隐然大邦也。若用得其人,乘闽楚昏乱,一举而平之,然后东取吴越,南下五岭,成南北之势,中原虽欲睥睨,岂易动哉。不幸诸将失律,贪功轻举,大事弗成,国势遂弱。非始谋之失,所以行之者非也。且陈觉、冯延鲁辈用师闽、楚,犹丧败若此,若北乡争天下,与秦、晋、赵、魏之师战于中原,角一旦胜负,祸可胜言哉。"

保大十二年甲寅　　周显德元年　　九五四

三十九岁。

后主十八岁。　纳大周后。

马书六《女宪传》:"后主昭惠后周氏,小字娥皇,大司徒宗之女。甫十九岁,归于王宫。"后本年十九岁。

同上:"通书史,善音律,尤工琵琶。元宗赏其艺,取所御琵琶谓之烧槽者赐焉。"《南唐拾遗》:"昭惠烧槽琵琶,至宣和间犹存,徽庙极所珍惜,后金人入汴失之。"刘注十六引。

同上:"初,烈祖为刺史时,后父宗给使左右,及赞禅代,尤为亲信。元宗以宗为社稷元老,故聘其女为吴王妃。"案后主廿三岁始封吴王,此追书也。

十月,北汉主刘崇殂,子承钧立。

保大十三年乙卯　　九五五

四十岁。　正月,作《四祖塔院疏》。

阙名《宝刻类编》一:"李璟《四祖塔院疏》,正书,篆额,蕲。保大十三年正月十日。"

十一月,周下诏数南唐罪,命李毂等来攻寿州。《通鉴》。

周数南唐纳李金全,援李守贞、慕容彦超,侵高密,夺闽越湘潭,勾连契丹太原诸罪。见周注二引《周世宗实录》。王朴为周世宗画策,先取南唐。见《通鉴》二九二。

召镇南节度使宋齐丘入朝谋难。陆书纪二。

后主十九岁。　十二月,以安定郡公为沿江巡抚使。陆书纪二。

马书三《嗣主书》:"淮上兵起,为神武都虞候,沿淮巡抚使。累迁诸卫大将军,诸道副元帅。"

保大十四年丙辰　　九五六

四十一岁。　正月壬寅,周世宗亲征南唐。

二月,滁州破。壬戌,遣使求成,愿以兄事,岁献方物。周不报。己卯,又遣使奉表犒军,请罢军。乙酉,东都陷。泰州陷。三月,遣孙晟、王崇质使周,削去帝号,奉表请为外臣。周不许。光州降。丁酉,舒州陷。蕲州降。和州陷。壬子,大败吴越兵于常州。命诸道兵马元帅齐王景达拒周。四月,复泰州。五月,周世宗北还。七月,复东都、舒、蕲、光、和、滁州。陆纪二。

《五代史记》六十二《南唐世家》:"夏大雨,周师在扬、滁、和者皆却。(节)皆集于寿州,世宗屯于涡口,欲再幸扬州。宰相范质以师老泣谏,乃班师。"

二月,周宗卒。年七十余。马书四,陆书五本传。

保大十五年丁巳　　北汉天会元年　九五七

四十二岁。　二月乙亥,周世宗再亲征。景达援寿州,大败,遁归金陵,丧四万人。三月,刘仁瞻病卒,寿州降。四月,世宗北还,十一月又亲征。十二月濠州、泗州降,东都陷。丁丑,泰州陷。

中兴元年,交泰元年戊午　　南汉大保元年　九五八

四十三岁。　正月,改元中兴。丙戌,海州陷,壬辰,静海军陷,丁未,楚州陷,雄州降。三月,改元交泰。立燕王弘冀为太子。周世宗次扬州,至迎銮镇,耀兵江口。遣陈觉奉表贡方物,请传位太子弘冀,以国为附庸。周帝始采唐报回纥可汗故事,答帝玺书,称皇帝致书敬问江南国主。遣使上表称唐国主,尽献江北郡县之

未陷者。庚子周赐书许奉正朔罢兵,而不许传位太子。甲辰遣冯延巳等使周犒军及买宴。五月,下令去帝号,称国主。去交泰年号,称显德五年。置进奏邸于汴都,凡帝者仪制皆从贬损。改名景以避周信祖讳。信祖郭威高祖璟也。陆书二。

(《懒真子》一:"庐州东林寺,有画须菩提像。节题曰'戊辰岁樵人王翰作'。此乃本朝开宝四年画也。南唐自显德五年用中原正朔,然南唐士大夫以为耻,故江南寺观中碑多不题年号,后但书甲子而已。")

案拒周之役,南唐将臣弃城遁者二人,泰州刺史方纳、光州张绍。被俘者七人,滁州皇甫晖、姚凤、东都冯延鲁、常州赵仁泽、寿州边镐、许文稹、杨守忠。以城降者九人,天长耿谦、光州张承翰、蕲州李福、寿州朱元、孙羽、濠州郭廷渭、泗州范再遇、泰州崔万迪、雄州易文赟。建隆元年周放还江南降将三十四人。见陆书纪二。往奔敌国者三十三人,寿州蔡晖、静海军姚彦洪及寿州徐象等十八人,陈延贞等十三人。战死者仅正阳刘彦贞、舒州周弘祚、楚州张彦卿、郑昭业四人而已。南唐军纪败坏若此。

《周世宗实录》,本年"八月辛丑,太府卿冯延鲁,卫尉少卿锺谟自江南使回,李景手表来上,手表者盖李景亲书,以表其虔恳也。表云,皇帝陛下,赐异常之顾,垂不世之私,外虽君臣,内若父子。然天地之功厚,实父母之恩深。然而子不谢恩于父,人且何报于天。云云"。有节文。

陆纪二,保大十四年二月,遣锺谟、李德明"使周,奉表至下蔡行在,贡金器千两,银器五千两,锦绮纹帛二千匹及御衣犀带茶药,又奉牛五百头、酒二千石犒军,请罢兵"。三月,又遣孙晟、王崇质上进金一千两、银一万两、罗绮千匹。周注二引进表文。此年冯延巳等犒军,进银一十万两,绢一十万匹、钱一十万贯、茶五十万斤、米二十万石。徐辽等买宴,进金器五百两、银器五千两、银龙一座、银凤二只、锦绮千匹、细马二匹等。见《周世宗实录》。周注二引。南唐贡献始此,卒虚其国。

十一月暴宋齐丘、陈觉、李征古罪。陆纪二。

宋、陈主不割地于周,为锺谟谮死。此中主朝一大党局。

十二月,周兵部侍郎陶穀来聘。《十国春秋》十六《本纪》。

《南唐近事》:"陶穀学士奉使,恃上国势,下视江左,辞色毅然不可犯。韩熙载命妓秦弱兰诈为驿卒女,每日弊衣持帚扫地。陶悦之,与狎,因赠一词名《风光好》云云。明日,后主当作中主设宴,陶辞色如前。乃命弱兰歌此词劝酒。陶大沮,即日北归。"《玉壶清话》四,记此尤详。而沈睿《云巢编》谓《风光好》,乃穀使吴越事,妓名任社娘,非秦弱兰。见《词林纪事》三。《十国春秋》引沈辽《任社娘传》同。南唐词事,附记于此。《湘山野录》谓是曹翰使江南事。

后主二十二岁,长子仲寓生。

陆书十六《诸王传》,仲寓淳化五年八月卒,年三十七。

显德六年己未　九五九

四十四岁。　正月,杀宋齐丘。马书四。

八月庚辰,太子弘冀鸩杀晋王景遂。

陆书十六《景遂传》:"初景遂出镇,弘冀为太子。弘冀尝被谴于元宗,有复立景遂意。景遂在镇亦颇忽忽多忿噪,尝以忤意杀都押衙袁从范子。弘冀刺知之,令亲吏持鸩遗从范,使毒景遂。景遂击鞠而渴,索浆,从范以毒进之,暴卒,年三十九。马书作三十七。未敛,体已溃。元宗素友爱,闻讣悲悼。左右欲慰释之,因妄曰,太弟初得疾,忽语人曰,上帝命我代许旌阳。元宗始少解。故被鸩竟不知。"《通鉴》二九四,谓景遂卒于八月庚辰。马书四云卒于本年夏。兹从《通鉴》。

案陆纪二,去年三月,"以皇太弟景遂为天策上将军封晋王,立燕王弘冀为皇太子"。是景遂出镇年余即被鸩,此中主让位之结局。马书四谓去年十二月,"景迁固请归藩,以景迁为洪州大都督封晋王"。误。景遂去年三月封洪州大都督,见陆书十六传。景迁时已前卒。迁乃遂之笔误。

《江南余载》上:"保大末,太弟恳乞就藩王。宏冀为皇太子,以令旨牓子逼昭庆宫僚,太弟始自镇国门上马就道。论者知太子之不永焉。"

九月丙午,太子弘冀卒。陆纪二。

陆书十六《弘冀传》:"弘冀立为太子,参决政事。元宗仁厚,群下多纵弛。至是弘冀以刚断济之,纪纲颇振起。而元宗复怒其不遵法度。"《徐公文集》有《文献太子诗集序》。

后主二十三岁,自郑王徙吴王,以尚书令知政事居东宫。开崇文馆招贤士。

陆纪三:"历封安定郡公,郑王。文献太子卒,〔后主〕徙封吴王,以尚书令知政事居东宫。"陆书十三《潘佑传》:"后主在东宫,开崇文馆以招贤士,佑预其间。"

陆书七《锺谟传》:"会弘冀卒,后主以母弟当立。而谟尝与元宗爱子从善同使周,相亲善,乃言后主器轻志放,无人君度,因盛称从善才。不知元宗建储之意已决,更以此忤旨。"案锺谟贬著作佐郎安置饶州,在本年十月,见马书四。明年正月赐死饶州,见谟传。劝立从善,当此年事。后主行六,从善行七。

《五代史记》六十二:"自太子冀已上五子皆卒,煜以次封吴王。"马书五:"太子冀卒,四兄皆早亡,以次为嗣,改王吴。"

六月,周世宗卒。

徐铉集八,有《祭世宗皇帝文》云:"永维下国,获嗣馀基。奉天光而不早,顺文告以何迟。"盖为中主作。

十一月,建洪州为南都南昌府。陆纪二。

马书四:"天子周世宗使人谓国主曰,吾与汝大义已定,虑后世不汝容,可及吾世修城隍,治要害,为子孙计。国主因营缉诸城,谋迁都于洪州。七月,升洪州为南昌,建南都。"云七月,与陆纪异。

宋太祖建隆元年庚申　　宋篡周　九六〇

四十五岁。　三月遣使朝贡于宋。《宋史》作二月。七月遣龚慎仪朝宋,贡乘舆服御,自是贡献尤数,岁费万计。陆纪二。

南唐自淮上用兵,及割江北,臣事于周,岁时贡献,府藏空竭,钱益少,物价腾贵。去年铸当十大钱及当二钱文。见《通鉴》二九四。

冯延巳卒。冯谱。

陈彭年生。

建隆二年辛酉　　九六一

四十六岁。　二月,迁都洪州。陆纪二。

马书四:"谋迁都于洪州,曰,建康与敌隔江而已,又在下流,敌兵若至,闭门自守。借使外诸侯能救国难,即为刘裕陈霸先尔。今吾徙豫章,据上流而制根本,上策也。群臣多不欲,惟枢密使唐镐赞成之。"

《续通鉴长编》:"上(宋太祖)使诸军习战舰于迎銮,唐主惧甚。其小臣杜著颇有辞辩,伪作商人,由建安渡来归。而彭泽令薛良坐事责池州文学,亦挺身来奔,且献平南策。唐主闻之益惧。上命斩著于下蜀市,良配隶庐州牙校。唐主乃少安。终以国境蹙弱,遂决迁都之计。"彭注《五代史记》六十二引。《宋史》世家:"太祖平扬州日,习马舫战舰于京师之南池,景惧甚,节遂迁于豫章。"

立后主为太子,留金陵监国。陆纪二。

陆书十七《杂艺·李家明传》:"元宗失江北,迁豫章,龙舟至赵屯,举酒望皖公山曰,好青峭数峰,不知何名。家明前对曰,此舒州皖公山也。因献诗曰,皖公山纵好,不落御舮中。"马书二十五,《诙谐传》一,《入蜀纪》三,《江南野史》二,略同。

至星子渚,召见史虚白。

《江南野史》:"嗣主幸南昌,既至星子渚,复召〔史虚白〕至,问曰,处士隐居,必有所得乎。对曰,近得渔父一联。乃命诵之,虚白曰,风雨揭却屋,浑家醉不知。嗣主闻之,为之变色。赐粟帛遣还。"

三月至南都,旋悔南迁。

陆纪二:"南都迫隘,群下皆思归。国主亦悔迁。北望金陵,郁郁不乐。澄心堂承旨秦承裕常引屏风障。"《玉壶清话》十略同。

《江表志》:"尝吟御制诗云,灵槎思浩渺,老鹤忆空同。"《诗话总龟》廿五,云二句此时作。

《江南野史》二:"嗣主怒〔唐〕镐阿旨,欲致极法。镐惧,缢死。"

复议还金陵,未及行,寝疾。不复进膳,惟啜蔗浆,嗅藕华。六月庚申,殂于南都。陆纪二。

陆纪二:"六月己未,疾革,亲书遗令,留葬西山,累土数尺为坟。且曰,违吾言非忠臣孝子。夕有大星霣于南都,庚申殂于长春殿。年四十六。后主不忍从遗令,迎丧还,告哀于宋,请追复帝号,许之。"

《江南野史》、《江南余载》、《江表志》及陆书《宋齐丘传》，皆谓中主暮年，时见齐丘、陈觉、李征古为厉，因之迁都得疾。所说虽涉诞妄，然足见时人悯宋、陈诸人死非其罪。

《江表志》谓中主"年四十九"，《九国志》作建隆元年薨。皆讹。

七月二十九日，后主嗣位于金陵。《五国故事》上。**时年二十五。**
〔以下后主谱〕

马书四《嗣主书》："秋七月，国主之丧至自豫章，群臣请殡别宫，世子手札不许，辞甚哀切。乃殡于万寿殿。"原注云："书世子手札，未即位也。"又卷五《后主书》云："必待丧还既殡，而后即位，其偶合于定昭之事乎。"据《五国故事》，即位在七月二十九日，则陆纪二云中主丧八月至自金陵者非也。

《江表志》谓先即位而后梓官至，又谓后主二十六岁即位，皆误。《说郛》六十五引《采异记》谓后主丁酉即位，丁乃辛之讹。

更名煜。陆纪三。

遣冯延鲁如宋奉表陈袭位。

《宋史》世家，表略曰："臣本于诸子，实愧非才，自出胶庠，心疏利禄。徒因伯仲继没，次第推迁。臣既嗣宗祊，敢忘负荷，唯坚臣节，上奉天朝。若曰稍易初心，辄萌异志，岂独不遵于祖祢，实当受谴于神明。然所虑者，吴越国邻敝土，近似深仇。犹恐辄向封疆，或生纷扰。臣即自严部曲，终不先有侵渔，免结衅嫌，挠干旒扆。仍虑巧肆如簧之舌，仰成投杼之疑，曲构异端，潜行诡道。愿回鉴烛，显喻是非。庶使远臣，得安危恳。""贡金器二千两，银器二万两，纱罗绢丝三万匹。"

案吴越、南唐世仇。《江表志》记后主亡国，以为越人始谋。徐铉为《后主墓志》，亦云东邻搆祸。两国启衅，盖始于中主时。

《五国故事》上："初，煜建隆二年七月二十九日袭伪位于金陵，因登楼建金鸡以肆赦。陆书八《陆昭符传》，作'宫门立金鸡竿，降赦如天子礼'。太祖闻之大怒，因问其进奏使陆昭符。符素辩给，上颇怜之。是日对曰，此非金鸡，乃怪鸟耳。上大笑，因而不问。"

宋始降诏。后主始易紫袍见宋使。

《通鉴长编》："初，周世宗既取江北，贻书江南，书如唐与回鹘可汗之式，但呼国主而已。上因之。于是始改书称诏。"刘注引。

陆纪三："初元宗虽臣于周，惟去帝号，他犹用王者礼。至是国主始易紫袍见使者，退如初服。"

后主次子仲宣生。

陆书十六《诸王列传》："后主四年，仲宣才四岁。"马书七《宗室传》："宣城公仲宣，节乾德二年卒，年四岁。"

王楙《野客丛书》十"生子锡赉"条："南唐时，宫中尝赐洗儿果，有近臣谢表云，猥蒙宠数，深愧无功。此正用世说〔殷羡〕事。而李后主亦曰，此事如何著卿有功。故东坡《洗儿词》，谓深愧无功，此事如何著得侬。又用《南唐史》中语。"后主长子仲寓生于未即位时，此必生仲宣事。

十月，韩熙载使宋，助昭宪太后葬。《续通鉴长编》。

建隆三年壬戌　　九六二

二十六岁。　正月戊寅，葬中主于顺陵。陆纪二。

三月，遣冯延鲁贡宋。陆纪三。

泉州节度使刘从效卒，子绍镃自称留后。四月，泉州将陈洪进执绍镃送金陵，推副使张汉思为留后。陆纪三马书五。

此南唐部属携贰之始。

六月，遣翟如璧贡宋金器二千两，银器一万两，锦绮绫罗一万匹。陆纪三、周注三引《金陵新志》。

七月二十八日,句容尉张佖上言为理之要,召为监察御史。《江表志》、《江南别录》、《续通鉴长编》。

十一月,遣顾彝贡宋。陆纪三。

乾德元年癸亥　　九六三　　南平亡

二十七岁。　三月,遣使犒宋师平荆南。陆纪三。

《宋史》世家:"煜每闻朝廷出师克捷及嘉庆事,必遣使犒师修贡。其大庆节,更以买宴为名,别奉珍玩为献。吉凶大礼,皆别修贡。"

四月,泉州副史陈洪进废张汉思,自称权知军府,来告,即以洪进为节度使。陆纪三。

十一月,贡宋贺南郊礼银一万两,绢一万匹,贺册尊号,绢万匹。周注三引《金陵新志》。

十二月,上表于宋,乞罢诏书不名之礼。不从。陆纪三。

宋使至,始去鸱吻。

马书五:"初,金陵台阁殿庭皆用鸱吻,自乾德后,朝廷使至则去之,使还复设。"(彭乘《墨客挥犀》五:"汉以宫殿多灾,术者言天上有鱼尾星,宜为其象冠于室,以禳之。今自唐以来,寺观旧殿宇尚有飞鱼形尾指上者,不知何物,易名为鸱吻。状亦不类鱼尾。"陆友仁《研北杂志》上:"宋制,太庙及宫殿,皆四阿施鸱尾。")

大周后作《霓裳羽衣》曲。

马书六《女宪传》:"唐之盛时,《霓裳羽衣》最为大曲。罹乱,瞽师旷职,其音遂绝。后主独得其谱。乐工曹生亦善琵琶,按谱粗得其声而未尽善也。后辄变易讹谬,颇去洼淫,繁手新声,清越可听。节中书舍人徐铉闻《霓裳羽衣》曰,法曲终慢,而此声太急何耶。曹生曰,其本实慢,而宫中有人易之,然非吉征也。岁余,周后子母继死。"周后母子卒于此后一年,则作曲本年事。

案《十国春秋》三十七《前蜀后主本纪》云:"乾德五年三月,帝(王衍)以上巳节宴怡神亭,自执板唱《霓裳羽衣》。内臣严凝月等竞歌《后庭花》。"前蜀之乾德五年,即唐庄宗同光元年,在此前四十年。其时霓裳犹未失坠,故后主犹得其遗谱。

后主《玉楼春》词云:"重拍霓裳歌遍彻。"《徐公文集》五,《又听霓裳羽衣曲送陈君》诗云:"清商一曲远人行,桃李津头月正明。此是开元太平曲,莫教偏作别离声。"《江南余载》上:"陈致雍熟于开元礼,官太常博士。国之大礼,皆折衷焉。与韩熙载最善。家无担石之储,然妾妓至数百,暇奏《霓裳羽衣》之声。颇以帷薄取讥于时。"凡此当皆是昭惠新谱。一时流传之盛如此。

马书《女宪传》:"后主尝演《念家山》旧曲,后复作《邀醉舞》,《恨来迟新破》,皆行于时。"陆书十六《昭惠后传》:"尝雪夜酣燕,举杯请后主起舞。后主曰,汝能创为新声则可矣。后即命笺缀谱,喉无滞音,笔无停思,俄顷谱成,所谓《邀醉舞破》也。又有《恨来迟破》,亦后所制。"(《南唐拾遗》:"昭惠后善音律,能为小词。其所用笔曰点青螺。")

马书六载后主《昭惠诔》曰:"曲演来迟,破传邀舞。利拨迅手,吟商逞羽。制革常调,法移往度。翦遏繁态,蔿成新矩。《霓裳》旧曲,韬音沦世。失味齐音,犹伤孔氏。故国遗声,忍乎湮坠。我稽其美,尔扬其秘。程度余律,重新雅制。非子则谁,诚吾有类。今也则亡,永从遐逝。"王灼《碧鸡漫志》三:"李后主作《昭惠后诔》云,《霓裳羽衣曲》,绵兹丧乱,世罕闻者,获其旧谱,残缺颇甚。暇日与后详定,去彼淫繁,定其缺坠。盖唐末始不全。"刘氏《补注》十六谓此"似是诔后注文,今失传"。陆书八《徐游传》:"昭惠后好音律,时出新声,或得唐盛时遗曲,游辄从旁称美,有三阆狎客之风。"

监察御史张宪谏耽音律。

陆书十六《后妃传》:"后主以后好音律,因亦耽嗜,废政事。监察御史张宪切谏。赐帛三十匹,以旌敢言,然不为辍也。"

《续通鉴长编》:"唐主既纳周后,颇留情乐府。监察御史张宪上疏,其略曰,大展教坊,广开第宅。下条制则教人廉隅,处宫苑则多方奇巧。道路皆言以户部侍郎孟拱辰宅,《江南余载》一作孟拱宸与教坊使袁承进。昔高祖欲拜舞胡安叱奴为散骑侍郎,举朝皆笑。今虽不拜承进为侍郎,而赐以侍郎居宅,事亦相类矣。"《续长编》系此事于开宝元年,以为纳小周后时事,误。

宋凿大池教水战。

《玉海》:"乾德元年,凿大池于京师之内,在玉津园东,抵宣化门外。引蔡水注之。其年六年月之讹既成,名教船池。造楼船百艘,选精卒号水虎捷,习战池中。开宝六年三月甲午,以教船池为讲武池。七年,将有事于江南,是岁凡五临幸,观习水战。"刘注三引。案本年宋取南平,遂有意并南唐矣。

乾德二年甲子　　九六四

二十八岁。　二月,贡宋安葬银一万两,绫绢各万匹。别贡银二万两,金器龙凤茶酒器数百事。周注三引《金陵新志》。

五月,贺宋文明殿成,进银万两。《十国春秋》十七。

七月,以国用匮乏,始行铁钱。陆纪三。

中主时屡起兵事,德昌宫所藏泉布遂竭。显德六年锺谟请铸大钱,曰永通泉货,一当十。又铸唐国通宝,一当开通钱之二。至是又铸铁钱。因韩熙载建议,每十钱以铁钱六杂铜钱四。既而不用铜钱,民间但以铁钱贸易,物价增涌。至末年铜钱一当铁钱十。

见马书四及五、《十国春秋》十七、周注三引《燕翼贻谋录》。《癸巳类稿》十五《韩文靖公事辑》,谓熙载建议行铁钱在交泰元年,误。

陆书八《陆昭符传》:"后主数贡宋,帑藏空竭,昭符市于富民石守信家,得绢十万。"又十五《刘承勋传》:"德昌宫簿烦委,无由句校。承勋独任其事,盗用无算。保大后贡奉事兴,仓猝取办,愈得为奸利。畜妓乐数十百人,每置一妓,价数十万,教以艺又费数十万,而服饰珠犀金翠称之。又厚以宝货略遗权要,故终无发其罪者。"《邵氏见闻录》:"李土国用不足,民间鹅生双子,柳条结絮皆税之。"周注三引。

《独醒杂志》一:"予里中有僧寺曰南华,藏杨〔行密〕李〔煜〕二氏税帖,今尚无恙。予观行密时所征产钱,较之李氏轻数倍。故老相传云,煜在位时,纵侈无度,故增赋至是。节"

十月二日甲辰,次子仲宣卒,四岁。陆纪三。

《玉壶清话》十:"后主煜幼子宣城郡公仲宣,周后所生。敏慧特异,眉目神采若图画。三岁能诵孝经及古杂文。煜置膝上,授之以数万言。闻作乐,尽别其节。宫中燕侍,自然知事亲之礼。见士大夫,揖让进退皆如成人。五岁,忽自言曰,儿不能久居,今将去矣。因瞑目逝。"案陆书十六《诸王列传》:"后主四年,仲宣才四岁。一日,戏佛前,有大琉璃灯为猫触堕地,划然作声,仲宣因惊痫得疾,竟卒。追封岐王。"《徐公文集》十七《岐王墓志铭》亦云:"甲子岁冬十月二日,薨于闼内,年四岁。"

十一月二日甲戌。大周后卒。二十九岁。

马书六《昭惠后传》:"后生三子皆秀嶷,其季仲宣,儇宁清峻,后尤钟爱,自鞠视之。后既病,仲宣甫四岁,保育于别院,忽遘暴疾,数日卒。后闻之,哀号颠仆,遂致大渐。后主朝夕视食,药非亲尝不进,衣不解带者累夕。后病虽亟,爽迈如常。谓后主曰。婢子多幸,托质君门,冒宠乘华,凡十载矣。女子之荣,莫过于此。所不足者,子殇身殁,无以报德。遂以元宗所赐琵琶及常臂玉环亲遗后主。又自为书请薄葬。越三日,沐浴正衣妆,自内含玉,殂于瑶光殿之西室。时乾德二年十一月甲戌也。享年二十九。节后主哀苦骨立,杖而后起。"《玉壶清话》十:"煜悼息痛伤,悲哽几蹶绝者数四,将赴井,救之获免。"

陆书十六《昭惠传》:"后主哀甚,自制诔刻之石,与后所爱金屑檀槽琵琶同葬。又作书燔之与诀,自称鳏夫煜。辞数千言,皆极酸楚。"诔辞载马书六后传。又,载后主诗"又见桐花发旧枝"二首,《瑶光殿梅花》二首,《书灵筵手巾》一首,《书琵琶背》一首。《全唐诗》一函有挽辞二首,悼诗一首。

陆书十六后传:"通书史,善歌舞,尤工琵琶。节至于采戏弈棋,靡不绝妙。节创为高髻纤裳及首翘鬓朵之妆,人皆效之。"

《宋史·艺文志》,周后有《击蒙小叶子格》一卷,《编金叶子格》一卷,《小叶子例》一卷。周注十六引。《佩文斋书画谱》,昭惠后附见帝王书后。刘注十六引。

《徐公文集》九有《昭惠后议谥文》。

时小周后已入宫。

陆书十六《后传》:"初后寝疾,小周后已入宫。后偶褰幔见之,惊曰,汝何日来。小周后尚幼,未知嫌疑,对曰,既数日矣。后恚,至死,面不外向。后主过哀,以掩其迹云。"

宋太祖遣作坊副使魏丕来吊周后丧。登升元阁作诗讽后主。陆纪三。

《宋史》:"魏丕字齐物,相州人。南唐国后卒,遣丕充吊祭使,且使观其意趣。后主邀丕登升元阁赋诗,有朝宗海浪拱星辰句以风动之。"周注三引陆游《入蜀记》二:"戒坛寺古谓之瓦棺寺。节南唐后主时,朝廷遣武人魏丕来使,南唐意其不能文。即宴于是阁,因求赋诗。丕揽笔成篇,末句云,莫教雷雨损基局。后主君臣皆失色。"瓦官阁即升元阁也。刘注三。

案南唐国力不足,而屡欲以文字口舌求胜。后主之于魏丕,即韩熙载对陶穀故智也。韩事见前。及末年大兵压境,徐铉犹思以其主风月之诗解围。《桯史》记其事曰:"二徐名著江左,皆以博洽闻中朝。而骑省铉又其白眉也。会修述职之贡,骑省实来。未及境,例差官押伴,朝臣皆以辞令不及为惮,宰相亦艰其选,请于艺祖。玉音曰,姑退朝,朕自择之。有顷,左珰传宣殿前司,具殿侍中不识字者十人以名入,宸笔点其中一人曰,此人可。在廷皆惊。中书不敢请,趣使行。殿侍者慌不知所由,薄弗获已,径往渡江。始宴,骑省词锋如云,旁观骇愕。其人不能答,徒唯唯。骑省叵测,强聒而与之言。居数日,既无与之酬,骑省亦倦且默矣。其不战而屈人之上策欤。"刘注三引,彭注六十二引《步里客谈》,云是宋平江南时事。

十一月,宋命王全斌伐蜀。

乾德三年乙丑　九六五

二十九岁。　正月壬午,宋灭后蜀。葬昭惠后于懿陵。《十国春秋》十七。

二月癸卯,贡宋长春节,御衣金银器锦绮以千计。《宋史》世家。

四月癸丑,贺宋收蜀,银绢以万计。同上。

九月,母圣尊后锺氏殂。陆书三马书五。

正月,宋灭蜀。六月孟昶卒于汴,年四十七。《十国春秋》四十九《后蜀纪》。

孟昶卒,其母李太后不哭,以酒酹地,祝昶不死社稷。亦不食死。《十国春秋》。昶被害无疑。后来后主钱俶诸降王皆同此死法也。

乾德四年丙寅　　九六六

三十岁。　八月,受宋命,令知制诰潘佑作书与南汉主刘鋹,约与俱事宋。

《续通鉴长编》:"南汉主得书大怒,遂囚慎仪。驿书答唐主甚不逊。唐主以其书上,上始决意伐之。"《十国春秋》六十《南汉纪》:"大宝十三年秋九月,帝刘鋹兵侵道州。宋道州刺史王继勋言我国肆为暴虐,数出盗边,请师南发。宋帝欲举兵,未决。诏江南国主以书喻我称臣,归江南旧地。帝不从,江南国主乃遣给事中龚慎仪持书遣帝,节帝得书囚慎仪,驿书答江南国主,词多不屈。宋帝乃命潘美为桂州道行营都部署,尹珂为副。以入寇。"陆书三记此事在乾德四年,而卷十三《龚慎仪传》作开宝三年。马书五作开宝二年。《十国春秋》云大宝十三年,则即开宝三年。案南汉亡于开宝四年,此似从龚传及《十国春秋》作开宝三年近是。然陆书十三《龚慎仪传》云:"开宝三年,太祖欲讨南汉,未决,诏后主谕刘鋹。令奉正朔,后主乃遣慎仪持书使南汉,节史馆修撰潘佑辞也。"案马书十九陆书十三佑传,皆谓佑以议纳小周后礼合旨,由史馆修撰迁知制诰。纳小周后在开宝元年,则龚传称佑为史馆修撰,当在开宝以前。兹仍陆纪系之本年。原文见《宋史》四八一《南汉世家》、《全唐文》八七六潘佑下。

乾德五年丁卯　　九六七

三十一岁。　三月丁卯,命两省侍郎、谏议大夫、给事中、中书舍人、集贤勤政殿学士,分夕于光政殿宿直,与之剧谈,或至夜分乃罢。《钓矶立谈》。

开宝元年戊辰　九六八

三十二岁。　三月,以韩熙载为中书侍郎百胜军节度使兼中书令。《续长编》。

《侯鲭录》:"熙载相江南。后主即位,颇疑北人,有鸩死者。熙载惧祸,因肆情坦率,不遵礼法。破其家财,售妓乐数百人,荒淫为乐,无所不致。所受月俸,至不能给,遂弊衣破履作瞽者持弦琴,俾门生舒雅执板挽之,随房乞丐,以足日膳。后人因画《夜宴图》以讥之。其情亦可哀矣。"

《钓矶立谈》:"后主即位,适会朱元反叛,颇有疑北客之意。惟待熙载不衰。"案朱元反在保大十五年。见陆纪二,《立谈》谓在后主即位时,非是。

六月己丑,遣弟吉王从谦贡宋。《续长编》。

作诗序送弟从镒出镇宣州。

马书七《邓王从益传》:"开宝初,出镇宣州,后主率近臣饯绮霞阁,自为诗序以送之。其略云,秋山滴翠,暮壑澄空。爱公此行,畅乎遐览。其诗有咫尺烟江几多地,不须怀抱重凄凄之句。君臣赓赋,可为盛事。节"《全唐诗》十一函汤悦有"《奉和圣制送邓王牧宣城》"一首。徐铉和云:"满座清风天子送,随车甘雨郡人迎。"

十一月,立小周后为国后。陆纪三。

陆书十六《后妃传》:"后主国后周氏,昭惠后妹也。昭惠卒未几,后主居圣尊后丧,故中宫久虚。宋开宝元年,始议立后为继室。节后少以戚里闲入宫掖,圣尊后爱之,故立焉。"

马书六后传:"警敏有才思,神彩端静。节昭惠殂,后木胜礼服,待年宫中。"

命陈致雍、徐铉、潘佑、徐游定婚礼。

马书后传:"南唐享国日浅,而三世皆娶于藩邸,故国主婚礼,议者不一。诏中书舍人徐铉、知制诰潘佑与礼官参议。铉曰,婚礼吉疑是古之讹不用乐。佑以为今古不相沿袭,固请用乐。铉曰,案古房乐无钟鼓。俗曲引诗窈窕淑女钟鼓乐之,则房乐宜有钟鼓。后初见君,《后魏书》有后先拜后起,帝后拜先起之文。铉因此以为夫妇之礼,人伦之本,承祖宗,主祭祀,请答拜。佑以为王者婚礼不可与庶人同,请不答拜。又车服之制,互有矛盾,议久不决。后主令文安郡公徐游评其是非。时佑方宠用,游希旨奏佑为是。既而游病疽陆书十六后传作'疽',铉戏谓人曰,周孔亦有祟乎。将纳采,后主先令校鹅代白雁,被以文绣,使衔书。侈靡不经类如此。及亲迎,民庶观者,或登屋极,至有坠瓦而毙者。"《江南野史》三:"自是士庶婚姻,寖成风俗。"陆书十三,《潘佑传》:"后主嗣立,迁虞部员外郎,议纳后礼,援据精博,合旨,迁知制诰。"《江南别录》谓"诏知制诰潘佑与礼官参议",误。

韩熙载、徐铉以下皆献诗以讽。

马书后传:"后自昭惠殂,常在宫中。后主乐府词有衩襪下香阶,手提金缕鞋之类,多传于外。至纳后,乃成礼而已。翌日大燕,群臣韩熙载以下皆为诗以讽焉。而后主不之谴。"后主《菩萨蛮》"潜来珠琐动,惊觉银屏梦",又"雨云深绣户,未便谐衷素",似亦为小周后作。

徐铉《徐公文集》五,有《纳后夕侍宴诗》云:"天上轩星正,云开疑间之讹湛露垂。礼容过渭水,宴喜胜瑶池。节帟卷银河转,香凝玉漏迟。华封倾祝意,觞酒与声诗。"又三绝云:"时平物茂岁功成,重翟排云到玉京。四海未知春色至,今宵先入九重城。""银烛金炉禁漏移,月轮初照万年枝。造舟已似文王事,卜世应同八百期。"

"汉主承乾帝道光,天家花烛宴昭阳。六衣盛礼如金屋,彩笔分题似柏梁。"

《十国春秋》十八后传,引《古今风谣》:"后主时,江南童谣曰,索得娘来忘却家,后园桃李不生花。猪儿狗儿都死尽,养得猫儿患赤瘕。"娘来谓再娶周后也。猪狗死,谓尽戌亥年也。赤瘕目病,猫有目病则不能捕鼠,谓不见丙子之年也。

自是颇好豪侈,耽声色。

陆书十六后传:"〔小周后〕被宠过于昭惠时,后主于群花间作亭,雕镂华丽而极迫小。仅容二人。每与后酣饮其中。"《五国故事》上:"尝于宫中以销金红罗幕其壁,以白银钉玳瑁以押之。又以绿钿刷隔眼,糊以红罗,种梅花于其外。又于花间设彩画小木亭子,才容二人。煜与爱姬周氏对酌于其中,如是数处。每七夕延巧,必命红白罗百匹以为月宫天河之状,一夕而罢,乃散之。"《江宁府志》:"红罗亭在上元县。《古今诗话》云,南唐后主建。四面栽红梅,作艳曲歌之。《景定志》作罗江亭。又不受暑亭在上元县清凉寺后,南唐主避暑宫内有是亭。"刘注十六引。《江邻几杂志》,李后主"作红罗亭子,四面栽红梅花,作艳曲歌之。韩熙载和云,桃李不须夸烂漫,已失了春风一半。时已割淮南与周矣"。彭注六十二引。杨慎《词品》二谓词语潘佑作。周注十三引。陶毂《清异录》:"李后主每春盛时,梁栋窗壁柱栱阶砌,并隔筒密插杂花,榜曰锦洞天。""李煜伪长秋周氏,居柔仪殿,有主香宫女。其焚香之器曰把子莲,三云凤,折腰狮子,小三神,卐字金,凤口罂,玉太古,容华鼎,凡数十种。金玉为之。"《说郛》六十一引。

《五代史记》六十二,称后主"性骄侈,好声色"。《默记》中:"小说载江南大将获李后主宠姬者,见灯辄闭目,云烟气。易以蜡烛,亦闭目云,烟气愈甚。曰,宫中未尝点烛耶。云宫中本阁至夜则悬大宝珠,光照一室如日中也。"见《南唐拾遗记》。王士禛《南唐宫词》云:"花下投签漏滴壶,秦淮宫殿浸虚无。从兹明月无颜色,御阁新悬照夜珠。"《儒林公议》下:"马亮尚书典金陵,于牙城艮隅,掘地得汞数百斤,鬻之以备供帐。其地乃伪国德昌宫遗〔址〕。此铅华之灰积也。"《方舆胜览》亦云:"本朝修李氏宫,掘地得水银数十斛,宫娥弃粉腻所积也。"彭注六十二引。洪刍《香谱》:"江南李主帐中香法,用丁香馢香檀香麝香各一两,甲香三两,细剉,加以鹅梨十枚,研取汁,于银器内盛却,蒸三次,梨汁乾,即用之。"曾慥《类苑》卷三十一引《续世说》,记唐太宗与萧后宫中观灯事,殆《默记》所本。《拜经堂诗话》三谓出《贤愚因缘经》)。

案马书十一《周宗传》,谓二周后"侈靡之盛,冠于当时"。又谓宗"赀产巨亿,俭啬愈甚,论者鄙之"。《五国故事》上云:"伪侍中周宗,既阜于财而贩易,每自淮上通商以市中国羊马。及世宗将谋渡淮,乃使军中人蒙一羊皮,人执一马,伪为商旅,以渡浮桥而守,继以兵甲,遂入临淮。虽金陵弛于边防,亦周宗务为贪黩。破国之衅有若此者,为臣之咎,不亦深乎。"周后家世如此。后主好奢,殆与二后有关。

小周后善妒,后宫多遇害者。

马书六《后主保仪黄氏传》:"黄氏服勤降体以事小周后。故同时美女率多遇害,而黄氏独不遭谴,以其事之尽〔礼〕也。"后主后宫今可考者,黄保仪外有流珠、乔氏、庆奴、薛九、宜爱、意可、窅娘、秋水、小花蕊诸人。连记如后,以见后主宫禁女宠之盛。

陆书十六:"后主保仪黄氏,江夏人,父守忠,事湖南马氏为偏裨。边镐入长沙,得黄氏,纳后宫。后主见其美,选为保仪。以工书札,使专掌宫中书籍。二周后相继专房,故保仪虽见赏识,终不得数御幸也。元宗、后主皆善书法,节购藏锺王以来墨帖至多。保仪实掌之。城将陷,后主谓曰,此皆先帝所宝,城若不守,汝即焚之,无为他人得。及城陷,悉焚无遗。保仪亦从此北迁,卒于大梁。"马书《女宪传》略同。

同上:"宫人流珠,性通慧,工琵琶。后主演《念家山破》,及昭惠后所作《邀醉舞》、《恨来迟》二破,久而忘之。后主追念昭惠,问左右无知者。流珠独能追忆无所忘失。后主大喜。不知所终。"

《默记》中:"李后主手书金字心经一卷,赐其宫人乔氏。后入太宗禁中,闻后主薨,自内廷出其经舍在相国寺西塔以资荐。且自书于后曰,故李氏国主宫人乔氏,伏遇国主百日,谨舍昔时赐妾所书般若心经一卷在相国寺西塔院。伏愿弥勒尊前,持一花而见佛。云云。节乔氏所书在经后,字极整洁,而词甚凄惋。节《徐锴集》,南唐制诰,有《宫人乔氏出家诰》,岂斯人也。"案今徐集无此诰。

《墨庄漫录》二:"江南李后主常于黄罗扇上书赐宫人庆奴云,风情渐老见春羞,到处消魂感旧游。多谢长条似相识,强垂烟穗拂人头。想见其风流也。扇至今在贵人家。"亦见《西溪丛话》、《六砚斋三笔》。

《补侍儿小名录》:"后主妾薛九,善歌舞稽康。稽康,江南曲名也。建业破,零落江北,一日,于洛阳坊赵春舍歌稽康,坐人皆泣。春举酒请舞。曰,老矣,腰腕生硬,无复旧态。乃强起小舞,曲终而罢。"刘注十六引。

《海录碎事》:"江南宫中有香名宜爱。因美人字宜爱也。黄山谷易其名曰意可香。意可亦后主宫人也。"同上。

《浩然斋雅谈》中:"《道山新闻》云,李后主宫嫔窅娘,纤丽善舞。后主作金莲,高六尺,饰以宝物,细带缨络。莲中作五色瑞云。令窅娘以帛绕脚令纤小屈上作新月状,素袜,舞云中回旋,有凌云之态。唐镐诗曰,莲中花更好,云里月长新,是。人皆效之,以弓纤为妙,盖亦有所自也。又有金莲步诗云,金陵佳丽不虚传,浦浦疑上之误荷花水上仙,未会与民同乐意,却于宫里看金莲。"以《辍耕录》校。

《十国春秋》十八,南唐宫人又有秋水:"喜簪异花,芳香拂鬓。尝有蝶绕其上,扑之不去。"

《十国春秋》四十九《后蜀后主本纪论》:"前后蜀有两花蕊夫人,王蜀则导江费氏,孟蜀则徐国璋女。又有南唐宫人雅能诗,归宋后,目为小花蕊。其称名皆从同云。"

《清异录》:"江南晚季,建阳进茶油花子,大小形制各别,极可爱。宫嫔缕金于面,背以淡妆,以此花饼施于额上,时号北苑妆。"《说郛》六十一引。

是年宋伐北汉,契丹救之。

开宝二年己巳　　九六九

三十三岁。　仲春,游北苑作诗。命徐铉为序。

《徐公文集》十八《北苑侍宴诗序》:"岁躔己巳,月属仲春,主上御龙舟游北苑。新王旧相,至于近臣,并俨华缨,同参曲宴。节乃命即席分题赋诗。云云。"徐集五,有《北苑侍宴杂咏诗》五首,《柳枝词》十首座中应制。

北苑在澄心堂前,见《江表志》。

冬,校猎青龙山,归录大理寺囚,原贷甚众。

马书五:"冬,较猎于青龙山,还憩大理寺,亲录囚徒,原贷甚众。韩熙载奏,狱讼有司之事,囹圄之中,非车驾所至。请捐内帑钱三百万充军资库用。国主从之,曰,绳愆纠谬,其熙载之谓乎。"

《湘山野录》中:"江南李后主节十二月,猎于青龙山。"陆书三及林坤《诚斋杂记》下、李昌龄《乐善录》记此互有详略。《江南野史》三记此事在开宝三年冬。与韩同奏者有给事中萧俨。

普度诸郡僧。《十国春秋》十七。

《江南野史》三:"后主罔恤政务,晓于禁中卧听内道场童行疑误撞钟有节数。喜而召之,与剃度为僧。而童子奸猾,对曰,不敢独受恩泽,愿陛下如佛慈悲,广覃诸郡。于是普度焉。"

陆书十八《浮屠列传》,后主时"宫中造佛寺十余,出余钱募民及道士为僧。都城至万僧。悉取给县官"。

马书二十六《浮屠传》:"募道士愿为僧者予二金。"王栐《燕翼贻谋录》:"江南李后主度人为僧,不可数计。太祖既下江南,重行沙汰,其数尚多,太宗乃为之禁,至道元年六月己丑,诏江南两浙福建等处诸州,僧三百人岁度一人,尼百人岁度一人。节"《说郛》九十六引。贾似道《悦生随抄》引《胡旦传》:"江南初平,汰李氏时所度僧,十减六七。胡旦曰,彼无田庐可归,将聚而为盗。悉黥为兵。"《说郛》十二引。

北僧小长老等南来。

陆书十八《浮屠传》:"开宝初,有北僧号小长老者,自言募化而至,多持珍宝怪物,赂贵要为奥助。朝夕入论天宫地狱果报之说。后主大悦,谓之一佛出世。服饰皆缕金绛罗。后主疑其非法。答曰,陛下不读《华严经》,安知佛富贵。因说后主多造塔像,以耗其帑庾。又请于牛头山造寺千余间,聚徒千人。日给盛馔。有食不尽者,明旦再具,谓之折倒。盖欲造不祥语以摇人心。及宋师渡江,即其寺为营。又有北僧立石塔于采石矶,草衣藿食,后主及国人施遗之皆拒不取。及宋师下池州,系浮桥于石塔。然后知其为间也。"《江南野史》三，谓"北朝闻李后主崇奉释氏，阴选少年有经业口辩者往化之，谓之一佛出世，号为小长老"。又谓采石立塔僧亦宋人所遣。陆传即据此。《挥麈后录》五引宋咸《笑谈录》："李煜有国日，樊若水与江氏子共谋，江年少而黠，时李主重佛法，即削发投法眼禅师为弟子，随逐出入禁苑，因遂得幸。法眼示寂，代其住持建康清凉寺，号曰小长老。眷渥无间。凡国中虚实尽得之。先令若水走阙下献下江南之策。江为内应。"此与前说微异。

案樊若水献策在明年。又本年韩熙载撰《重立头陀寺碑阴》，称"今皇上鼎新文物，教被华夷。如来妙旨，悉已遍穷；百代文章，罔不备举。故是寺之碑，不言而兴"。见《入蜀记》四，明年崇修佛寺，见马书五。小长老南来，当在此时，兹系于本年。

《挥麈后录》五，又引郑毅夫《江氏书目记》："江氏名正，字元叔，江南人。太祖时同樊若水献策取李氏。仕至比部郎中。尝为越州刺史。节老为安陆刺史，遂家焉。"其人尝得江南及吴越书数万卷。即小长老也。宋氏《笑谈录》亦谓"李主既俘，各命以官，累典名州，家于安陆"。陆书十八又云："金陵受围，后主召小长老求助。对曰，北兵虽强，岂能当我佛力。登城一麾，围城之师为之小却。后主真以为佛力，合掌叹异，厚赐之。下令军民，皆诵救苦菩萨，声如江涛。未几梯冲坏城，矢石乱下如雨。仓皇复召小长老，称疾不至。始悟其奸，杀之。《挥麈录》作'鸩而杀之'。群僧惧并坐诛，乃共乞受甲出斗死国难。后主曰，教法其可毁乎。弗许。"与宋郑所记异。《挥麈后录》谓"观宋郑所记，则知李氏国破之际，所鸩者非真，又以计免而归"。此殆得实也。

《独醒杂志》一："庐山圆通寺，在马耳峰下，江左之名刹也。南唐时，赐田千顷，其徒数百众，养之极其丰厚。王师渡江，寺僧相率为前锋以抗。未几,金陵城陷,其众乃遁去。"然则南唐僧亦有能报国者,非尽小长老之流也。

宋主自将击北汉,三月,围太原。四月,辽救北汉,宋师败之。五月,宋主引还。

开宝三年庚午　九七〇

三十四岁。　命境内崇修佛寺,又于禁中广署僧尼精舍,多聚徒众。与后顶僧伽帽,衣袈裟,诵佛经,拜跪顿颡至为瘤赘。由是建康城中僧徒迨至数千,给廪米缯帛以供之。马书五。

《江南余载》下:"后主笃信佛法,于宫中建永慕宫,又于苑中建静德僧寺,钟山亦建精舍,御笔题为报慈道场。日供千僧,所费皆后宫玩用。"

歙州进士汪涣上封事谏佞佛,擢为校书郎。

陆书十八《浮屠传》:"〔后主佞佛〕,有谏者辄被罪。歙州进士汪涣上封事,言梁武惑浮屠而亡,陛下所知也,奈何效之。后主虽擢为校书郎,终不能用其言。"《容斋续笔》十六"忠臣名不传"条:"南唐后主泽于浮图氏,二人继踵而谏,一获徒,一获流。歙人汪焕为第三谏,极言请死,云,梁武帝事佛,刺血写佛经,散发与僧践,舍身为佛奴,屈膝礼和尚,及其终也,饿死于台城。今陛下事佛,未见刺血践发舍身屈膝,臣恐他日犹不得如梁武之事。后主览书,赦而官之。"人名涣焕不同,事在何年无考,并系于此。

案南唐崇佛,始于先主。初,先主在建业,大筑其居,既成,用浮屠说作无遮大斋七会,为工匠役夫死者荐福。又曾召豫章龙兴寺僧智玄译胡僧经。末年迎溧水大兴寺桑生木人于宫中,奉事甚谨。皆见陆书十八《浮屠传》。中主亦尝供佛度僧。见周注八引《唐余纪传》。陆书十六先主子景逿传,谓"元宗、后主皆酷好浮屠,群臣化之,政事日弛。景逊独尊六经名教,排斥浮屠不少挠"。今考后主臣工,韩熙载好为僧作碑铭。《江南野史》谓其"常上疏云,诸佛慈悲,尚容悔过。言多类此。任成祸胎,见危是幸"。此其一。边镐为漳州节度使,日饭沙门希福,纪纲颓弛不之问。见陆书五镐传。在闽号边罗汉。在楚号边菩萨,又号边和尚。见马书十一镐传。每出皆载佛而行。周注五引《三楚新录》。《玉壶清话》二亦记镐是谢灵运转身,具有凤根。此其二。张洎为中书舍人,以唐主事佛甚谨,洎每见辄谈佛法,由是骤有宠。彭注六十二引《续长编》。此其三。《续通鉴》谓"当时大臣亦多蔬食斋戒以奉佛"。上下相化成风如此,虽有景逊、徐铉辈三数人,何能为力哉。铉不奉佛,见《续通鉴长编》。

《全唐诗》载后主《病中诗》云:"赖问空门知气味,不然烦恼万涂侵。"《悼诗》云:"空王应念我,穷子正迷家。"《病中感怀》云:"前缘竟何似,谁与问空王。"窥其辞情,似由叠遘国忧家难,故发逃世之思,虽迹同梁武,初心殆有殊也。

后主奉佛,宋人记载,颇多过辞。陆书《浮屠传》谓:"僧尼犯奸淫,狱成。后主每曰,此等毁戒,本图婚嫁。若冠笄之,是中其所欲。命礼佛百而舍之。"又曰:"奏死刑日,适遇其后主斋,则于宫中佛前然灯以达旦为验,谓之命灯,未旦而灭,则论如律,不然率贷死。富人赂宦官窃续膏油,往往获免。"出《江南野史》三马书《浮屠传》谓后主"亲削僧徒厕简,试之以颊,少有芒刺,则再加修治",此等皆委巷之谈。《钓矶立谈》谓:"〔南唐〕国亡之际,举朝持禄,相与沉沦,往往争言其君之短长,以自媒炫。"《宋史》二九六《潘慎修传》亦谓:"先是江南旧臣多言后主暗懦,事多过实。真宗一日以问慎修。对曰,渠或惛理若此,何享国十余年。"则削厕简、决囚灯等事,不足信明矣。南宋曾极《金陵百咏》一卷有云:"可惜当年杀严续,无人为益决囚灯。"又误以决囚灯为中主事,《四库提要》一六〇《金陵百咏》下已辨之。王仲闻先生见告:元刘埙《隐居通议》卷十已辨其无杀严续事。

七月二十七日,**韩熙载卒**,六十九岁。《徐公文集》十六《韩公墓志铭》。马书传作"年六十三"。

陆书十二韩传:"后主谓侍臣曰,吾竟不得相熙载,欲赠平章事,尚有是否。或对曰,晋刘穆之赠开府仪同三司,即故事也,乃赠右仆射同平章事。废朝三日。"徐铉作《墓志》:"上省奏震悼,为之涕流。有司奏当辍朝三日。手批天不慭遗,碎我瑚琏,辞章乍览,痛切孤心。嗟乎,抗直之言,而今而后,迨不得其过半闻听者乎。疑误。可别辍朝一日。赠右仆射平章事,仍官给葬事。"《玉壶清话》十:"主遣人选葬陇,曰,惟须山峰秀绝,灵仙胜境,或与古贤丘表相近,使为泉台雅游。果选得梅鼎冈谢安墓侧。命集贤殿学士徐锴,集遗文藏之书殿。"

樊若冰奔宋上书,言江南可取状。

《宋史》一七六《樊知古传》:"知古尝举进士不第,遂谋北归。乃渔钓采石江上数月,乘小舟载丝绳维南岸。疾棹抵北岸,以度江之广狭。开宝三年,诣阙上书,言江南可取状,以求进用。"

《入蜀记》二:"初若冰不得志于李氏,诈祝发为僧,庐于采石山,凿石为窍,及疑误建石浮图。又月夜系绳于浮图,棹小舟急渡,引绳至江北,以度江面。既习知不谬,即亡走京师上书。其后王师南渡,浮梁果不差尺寸。节方若冰之北走也,江南皆知其献南征之策,或请诛其母妻。李煜不敢,但羁置池州而已。其后若冰自陈母妻在江南。朝廷命煜护送。煜虽愤切,终不敢违,厚遗而遣之。然若冰所凿石窍及石浮图皆不毁,王师卒用以系浮梁。"知古即若冰,又作若水,见《宋史》传。《清容居士集》七十四《跋玉笥观李后主牒》:"渡江虽功在曹彬,而江面阔狭表里,实一僧图献于太祖。《宋史》特讳不言耳。"陆书《浮屠传》及《挥麈录》亦仅谓北朝遣僧于采石矶立石塔,不云即若冰,与《入蜀记》异。传与记同出于陆游,殆以传说不同,故两存之。

马书十四《郭昭庆传》:"昭庆复走金陵,再献经国治民论各十余篇,大抵皆指述池州采石堤要害备御之处,及东海隅可以拓之之略。后主览而悦之。"当时不早为之备,宜其亡也。

张洎使宋。刘注三据洎所作《贾氏谈录序》。

九月,宋遣潘美伐南汉。

开宝四年辛未 九七一 宋灭南汉

三十五岁。 春,遣使如宋贡占城大食国所送礼物。《十国春秋》十七陆书三引《金陵新志》作七月。又遣弟从谦奉珍宝器用金帛为贡,且买宴。其数皆倍于前。《宋史》世家。

十月,闻宋灭南汉,屯兵于汉阳,大惧,遣弟郑王从善朝贡。去唐号,称江南国主。请罢诏书不名。陆纪三。

陆纪三:"有商人来告,中朝造战舰数千艘在荆南,请密往焚之。国主惧,不敢从。"

《续长编》:"十一月癸巳朔,江南国主煜遣其弟郑王从善来朝贡。于是始去唐号,改印文为江南国印。赐诏乞呼名。从之。先是,国主以银五万两遗宰相赵普。普告于上,上曰,此不可不受,但以书答谢,少赂其使者可也。普叩头辞让。上曰,大国之体不可自为削弱,当使之弗测。及从善入觐,常赐外,密赉白金如遗普之数。江南君臣闻之皆震骇,服上伟度。"彭注六十二引宋祖伐南唐之谋,后即决于赵普。

二月,宋潘美克广州,刘𬬮降,南汉亡。六月,宋封𬬮爵恩赦侯。

《独醒杂志》一:"李国建国,国中无马。岁与刘𬬮市易。太祖既下岭南,市易遂罢。马益艰得。王师南伐,煜遣兵出战,骑兵才三百,至瓜州,尽为曹彬之裨将所获。验其马尚有印文,然后知其为朝廷所赐也。"

开宝五年壬申　九七二

三十六岁。　正月,下令贬损仪制。殿庭始去鸱吻。衣紫袍见宋使,备藩臣礼。马书。陆纪作正月,《十国春秋》作二月。《江南野史》三,贬制度在开宝三年。

马书五:"春,皇朝屯兵汉阳,鄂州杨守忠以闻,人心大恼。乃贬损制度,下书称教。改中书门下省为左右内侍府。陆纪作内史府。尚书省为司会府。御史台为司宪府,翰林为文馆,枢密院为光政院。陆纪又云'大理寺为详刑院,客省为延宾院'。降封韩王从善为南楚国公,陆纪作楚国公。邓王从益为江国公,吉王从谦为鄂国公。其余官号多有改易。"

陆纪三:"宋初金陵殿阙皆设鸱吻。元宗虽臣于周,犹如故。后主立,遇宋使至则去之,还,复设。至是始去不复用。"

二月,贡宋长春节钱三十万,遂以为常。又贡米麦二十万石。《宋史》世家。

闰二月命冯延鲁赴宋谢从善爵命。

陆纪三:"闰月癸巳,宋命进奉使楚国公从善为泰宁军节度使,留京师,赐第汴阳坊。示欲召国主入朝也。国主遣户部尚书冯延鲁谢从善爵命。延鲁至宋,疾病,不能朝而归。"

时宋祖已于汴京造礼贤馆,待后主降。

《石林燕语》一:"太祖英武大度,初取僭伪诸国,皆无甚难之意。节召李煜入朝,复命作礼贤宅于州南,略于昶等。尝亲幸视役。以煜江南嘉山水,令大作园池,导惠民河水注之。会煜请疾,钱俶先请觐,即以赐俶。二居壮丽,制度略侔宫室。是时诸国皆在掌握间矣。"

《玉壶清话》一:"黄夷简在钱忠懿王俶幕中。开宝初,太祖赐俶开吴镇越崇文耀武功臣。遣夷简谢于朝。将归,上谓夷简曰,归语元帅,朕已于薰风门外建离宫,规模华壮,不减江浙,兼赐名礼贤宅,以待李煜与元帅,先朝者即赐之。今煜倔强不朝,吾将讨之,元帅助我乎,无为他谋所惑。"节录。案《十国春秋》八十二《吴越世家》,夷简本年朝宋,则造宅在此时。

召陈彭年入宫,令仲寓与之游。

《宋史》二八七《陈彭年传》:"年十三,著《皇纲论》万余言,为江右名辈所赏。唐主李煜闻之,召入宫,令子仲宣与之游。"案彭年祥符九年卒,年五十七。本年十三岁。仲宣已前卒,当仲寓之误。彭年入宋撰《江南别录》,今存。

开宝六年癸酉　九七三

三十七岁。　夏,宋卢多逊来聘,求江南图经。陆纪三。

《别史》:"多逊舣舟宣化口,使白国主,以朝廷修天下图经独缺江东为言。国主令录一本送之。因得十九州屯戍远近,户口多寡,遂有用兵意。"周注三引。

闻宋主欲兴师,上表愿受封册,不许。陆纪三《十国春秋》作五月。

《钓矶立谈》:"卢多逊来聘,南伐之形见矣。后主亦微知之,因遣使乞受封册,不报。"

鸩杀南都留守林仁肇。马书五。

陆书十四林传:"仁肇沉毅果敢,军中谓之林虎子。周兵南征,率敢死士千人以舟实薪刍举火焚周人正阳浮桥。为南都留守。常密言后主,乘宋师疲于取岭表,出师寿春,渡淮据正阳,因思旧之民,以复故境。兵起曰,请以臣举兵外叛闻。事成国家飨其利,不成族臣家,明陛下不预谋。后主惧不敢从。时皇甫勋、朱全赟掌兵柄,忌仁肇雄略,谋中之。会国使自宋回,言仁肇密通宋,见其画像于境中,且为筑人第以待其至。《宋史》及《雁门野说》,谓太祖忌仁肇,窃其画像以惑江南使。后主惑其言,使人鸩之。陈乔叹曰,国势如此而杀忠臣,吾不知所税驾矣。"有节文。《江南野史》三,谓仁肇卒于开宝四年冬。《十国春秋》十七谓在去年二月。皆与马书不同。案陆传谓"仁肇卒逾年,后主遂见伐,又逾年,国为墟矣"。则从马书卒于本年近是也。(陆书十四《卢绛传》:"〔绛〕开宝中密说后主曰,吴越仇雠,腹心之疾也,他日必为北兵向导以攻我。臣屡与之角,知其易与。不如先事出不意灭之。后主曰,大朝且见讨奈何。绛曰,臣请诈以宣歙叛,陛下声言伐叛,且赂吴越乞兵。吴越之兵势不得不出,俟其来,拒击之,而臣蹑其后,国可覆也。灭吴越则国威大振,北兵不敢动矣。后主不听。"此与仁肇之谋相似。或一事之传闻异辞耶。)

十月杀内史舍人潘佑,户部侍郎李平。陆纪。

陆书十三《潘佑传》:"时国日衰弱,用事者充位无所为。佑愤切上疏,极论时政,历诋大臣将相,词甚激切。后主虽数赐手札嘉叹,终无所施用。佑七疏不止,且请归田庐。乃命佑专修国史,悉罢他职。而佑复上疏曰,三军可夺帅也,匹夫不可夺志也。臣乃者继上表章凡数万言,词穷理尽,忠邪洞分。陛下力蔽奸邪,曲容谄伪,遂使国家愔愔如日暮。古有桀纣孙皓者,破国亡家,自已而作,尚为千古所笑。今陛下取则奸回,败乱国家,不及桀纣孙皓远矣。臣终不能与奸臣杂处,事亡国之主。陛下必以臣为罪,则请赐诛戮,以谢中外。词既过切,张洎从而挤之。后主遂发怒,以佑素与李平善,意佑狂直多平激之,而平又以建白造民籍为此处疑脱'人'所排。乃先收平属吏,并使收佑。佑闻命自刭,年三十六。徙其家饶州。处士刘洞赋诗吊之,国中人人传诵,为泣下。及宋师南侵,数后主杀忠臣,盖谓佑也。"《续长编》,佑上表言"陛下既不能强,又不能弱,不如以兵十万助收河东,因率官朝觐,此亦保国家之良策也。国主始恨之"。彭注六十二引。《宋史》世家佑"抗疏请诛宰相汤悦等数十人,煜手书教戒之,佑不复朝谒,乃于家上书。节自缢死"。《江南野录》三记潘李死于开宝四年,误。

《江南野录》九:"刘洞尝以诗百余首献李煜,首篇乃《石城怀古》云,石城古岸头,一望思悠悠。几许六朝事,不禁江水流。煜览之掩卷改容。金陵将危,为七言诗大榜于路傍曰,千里长江皆渡马,十年养士得何人。又云,翻忆潘郎章奏内,愔愔日暮好沾巾。盖潘佑表云,国家愔愔如日将暮也。"《江南余载》下:"张洎、潘佑俱为忘形交,其后俱为中书舍人,乃两相持,佑之死也,洎盖有力。"《钓矶立谈》谓徐铉尝与张洎合力挤佑:"及潘以直谏死,士大夫仰其得高名,为争作诗诔以哀之。是时铉方从容持禄,与国俱亡。故主公论者少贬其所为。"马书十七《陈乔传》:"〔乔〕总持国事,政由己出,李平、潘佑之死,亦因乔间焉。"是佑之死,张洎、徐铉、陈乔皆与其事。田况《儒林公议》下,谓"潘佑以直谏被诛,铉深毁短之"。《钓矶立谈》亦云:"比闻铉及汤悦奉诏书江南事,节妄意深疑徐尚有枝心,或将幸潘之殁,诬佑泉下。"陆书佑传亦谓佑"不幸既死,同时诸臣已默默为降虏矣,犹丑正嫉言,视之如仇,诬以狂愚惑溺淫祀左道之罪,至斥为人妖"。殆谓铉、悦辈也。王安石《临川文集》七《读江南录》,谓"徐氏录言佑死颇似妖妄"。又斥铉"耻其善不及于佑,故匿其忠而污以他罪"。

《江南别录》,后主谓左右曰:"吾诛佑、平,思之逾月不决,盖不获已也。"《钓矶立谈》:"后主既已诛佑,而察其无他肠,意甚悔之,厚抚其家。语及佑事,则往往投馈,为作感伤之文。"《江南别录》:"李平初与朱元自北来。元已叛去,平深厚难测。后主虑其同搆大奸,乃暴其罪而诛之。"陆书十三《李平传》:"会佑以直谏得罪,因坐与平淫祀鬼神事,系平大理狱缢死狱中。"后主素忌北人,此殆杀李之一因。陆书九《廖居素传》:"将乐人。仕烈祖元宗间。节后主屏而群臣方充位保富贵,国益削。居素独慷慨骤谏,冀后主一悟。终不见听,乃闭门却食,服朝衣冠,立死井中。已而得手书大字于笥曰,吾之死,不忍见国破也。徐锴为文吊之。以比屈原、伍员。"此亦一潘佑也,附记于此。

开宝七年甲戌 九七四

三十八岁。 秋,上宋祖表,求从善归国。不许。陆纪三作《却登高赋》。

《通鉴》,遣常州刺史陆昭符入贡,奉手疏求从善归国。在本年五月,与陆纪异。

《江南别录》:"后主天性友爱,自从善不还,岁时宴会皆罢,惟作《登高赋》以见意曰,原有鸰兮相从飞,嗟我季兮不来归。"载在卢多逊来聘之前。案陆书十六《从善传》云:"后主手疏求从善归国,太祖不许。以疏示从善,加恩慰抚,幕府将吏皆授常参官以宠之。而后主愈悲,每登高北望,泣下沾襟,左右不敢仰视。由是岁时游宴多罢不讲。尝制《却登高文》。云云。"文当作于本年。马书三叙在四年,非。全文见陆书《从善传》,别录脱"却"字,作《登高赋》,误。

陆书十六《从善传》:"初从善与锺谟相附结,谟辄请以从善为嗣。节元宗殂,未御梓宫,从善辄从徐游求遗诏。游厉色拒之。至金陵,具以事闻。后主素友爱,略不介意。愈加辑睦。"

宋遣阁门使梁迥来使,谓天子今冬行柴燎礼,讽往助祭。国主不答。饯送不敢登北使船。_{陆书三。}

《江南野史》三:"初流言共谓北使窃伺后主饯送入船,必载之北渡。自是后主惧,不敢登使者船。"

九月丁卯,宋复遣知制诰李穆为国信使,持诏来曰,朕将以仲冬有事圜丘,思与卿同阅牺牲。且谕以将出师,宜早入朝之意。国主辞以疾。且曰,臣事大朝,冀全宗祀,不意如是,今有死而已。_{陆书三。}

《玉海》:"先是,李煜外示恭俭,内怀观望。太祖虑其难制。遣李穆谕旨召赴阙。果称病不朝,而全茸城垒,教习战棹,为自固之计。帝怒,命彬等进讨。"周注三引。

马书十七《陈乔传》:"开宝中,太祖皇帝遣使召后主入朝。后主欲往,以乔为介。乔曰,陛下与臣俱受先帝顾命,委以社稷大计。今往而见留,则国非己有,悔将何及。臣虽死,实觍面于先帝。后主曰,苟不得已而入,其如稽缓之让何。乔曰,臣请坐之。由是连年拒命,皆乔为之谋也。"

《江南野史》三:"初,后主既拒朝命不行,常谓人曰,他日王师见讨,孤当躬擐戎服,亲督士卒,背城一战,以存社稷。如其不获,乃聚宝自焚,终不作他国之鬼。太祖闻之,谓左右曰,此措大语耳。徒有其口,必无其志。渠能如是,孙皓、叔宝不为降虏矣。至后果然。"

《冷斋夜话》一:"太祖将问罪江南。〔后主〕用谋臣计,欲拒王师。法眼禅师观牡丹于大内,作偈讽之云,拥毳对芳丛,由来趣不同。发从今日白,花是去年红。艳色随朝露,馨香逐晚风。何须待零落,然后始知空。后主不省。王师旋渡江。"

时宋已遣曹翰率师先出江陵,曹彬、李汉琼、田兴祚率舟师继发。及是,又命潘美、刘遇、梁迥率师水陆并进,与国信使李穆同日行。_{陆纪三。}

十月,遣江国公从镒贡宋,帛二十万匹,白银二十万两。又遣潘慎修贡买宴,帛万匹,钱五百万。筑城聚粮,大为守备。_{同上。}

闻十月,宋拔池州。下戒严令。去开宝纪年,称甲戌岁。_{同上。}

《清容居士集》四十七,《跋玉笥观李后主牒》:"节李重光以蕞尔小邦,当开宝末年,兵势侵迫,奉宋正朔不暇给,而犹曰御批。此殆终身不去帝号之消。所行文又曰准教,则王制也。节"案牒必此二年间物。

马书三:"江南自周世宗后不复用兵,仅二十年,老将已死,主兵者皆新进少年,以功名自负,辄抗王师。闻兵兴,踊跃言利害者日有十数。及遇,辄败北。中外夺气。"

辛未,芜湖及雄远军陷。吴越王亦大举兵遣将犯常、润。后主贻之书曰,"今日无我,明日岂有君,一旦明天子_{三字当非原文}易地赏功,王亦大梁一布衣耳。"吴越王表其书于宋。_{同上。}

曹彬败采石师二万,获战马三百匹。_{同上。}

《宋史》世家:"江表无战马,朝廷岁赐之。及是所获,观其印文,皆岁赐之马也。"参开宝四年谱引《独醒杂志》。

宋师作浮桥成,长驱渡江,遂至金陵。

《宋史》世家:"煜初闻朝廷作浮桥,语其臣张洎。洎对曰,载籍以来,长江无为梁之事。煜曰,吾亦以为儿戏耳。"

陆纪三:"后主以军旅委皇甫继勋,机事委陈乔、张洎,又以徐元玗、刁衎为内殿传诏。而遽书警奏日夜狎至,元玗等辄屏不以闻。王师屯城南十里,闭门守陴,后主犹不知也。"

陆纪三:"初烈祖有国,凡民产二千以上,出一卒,号义军。分籍者又出一卒,号生军。新置产亦出一卒,号新拟军。客户有三丁者出一卒,号拔山军。元宗时许郡县村社竞渡,每岁重午日,官阅试之,胜者给彩帛银碗,皆籍姓名。至是尽取为卒,号凌波军。民奴及赘婿号义勇军。以私财招聚无赖亡命,号自在军。至是又大搜境内,自老弱外,皆募为卒,号排门军。民间又有自相率拒敌,以纸为甲,农器为兵者,号白甲军。凡十三等,皆使捍御。然实皆不可用,奔溃相踵。"

七月,徐锴卒,五十五岁。_{陆书五本传。}

杨亿生。

亿有书纪江南事,见无名氏《江南余载序》。今佚。

开宝八年乙亥　九七五

三十九岁。　二月壬戌朔,宋师拔金陵城关。_{陆纪三。}

命户部员外郎伍乔知贡举,放进士孙确等二十八人及第。_{陆纪三。}

陆书纪谓后主于围城中放进士,误。围城在本年六月,贡举在二月。见《续长编》。

三月丁巳,吴越攻常州,禹万诚以城降。_{同上。}

诛皇甫继勋。_{同上。}

陆书十《皇甫继勋传》:"继勋保惜富贵,无效死意,第欲后主亟降。节偏裨有募死士谋夜出奋击者,辄鞭而囚之。自度罪恶日闻,稀复朝请。后主召议事,亦辞以军务不至。内结传诏使,一切蔽塞。及后主登城见王师旌旗垒栅弥遍四郊,始大骇失色。继勋从还至宫,乃以属吏。始出宫门,军士云集脔之,斯须皆尽。"

陆纪三:"置澄心堂于内苑,引能文士及徐元机、元榆、元枢兄弟居其间,中旨由之出。中书、密院乃同散地。兵兴降御札,移易将帅,大臣无知者。皇甫继勋诛死后,夜出万人斫营,招讨使但署牒遣兵,竟不知何往。皆澄心常直承宣命也。"

六月,宋吴越围润州,刘澄以城降。同上。

《江南别录》:"兵初兴,议者以京口要害,当得良将。侍卫厢虞候刘澄,旧事藩邸,后主尤信任之,乃擢为润州留后。临行谓曰,卿本未合离孤,孤亦难与卿别,但此非卿不可,勉副孤心。澄涕泣奉别。归家尽辇金玉以往,谓人曰,此皆前后所赐,今国家有难,当散此以图勋业。后主闻之益喜。及钱唐兵初至,节率将吏开门请降。"

宋吴越会师围金陵。宋主遣李穆送从镒还本国,谕后主降。《宋史》世家后主命陈大雅突围召洪州节度使朱令赟佑赴难,令赟帅胜兵十五万与宋师遇,大溃。金陵益危蹙,宋师百道攻城,昼夜不休,城中斗米万钱,人病足弱,死者相枕藉。陆纪三、《钓矶立谈》。

《钓矶立谈》:"刘澄以京口降于越,卢绛转入宣歙山间。中外丧沮,始有请降之议。其日,后主悉坐群臣于殿下,问计所从出。丞相徐铉等皆唯唯不得对。陈乔建白,欲遣人冒围悉起上流之兵,背城一战,降固未晚也。卫殿卿陈大雅举笏而言曰,侍郎平日自谓赤心许国,是以陛下悉心相待,名位焄奕,流辈所不敢望。今都城受围,复欲遣何人犯难者耶。后主字大雅而谓之曰,审己儒者也,平时尚欲急人之急,能强为孤一行,所谓疾风知劲草,板荡识诚臣也。大雅再拜而言曰,陛下十许年来,焦心养士,群臣不能报称万分之一,今仓卒之际,至烦玉音反覆如此,臣罪合万死。然臣之愚,以谓覆水之势,殆于难图。臣虽幸承威灵,恐不克办。后主曰,我生平喜耽佛学,其于世味澹如也。先帝弃代,家嫡不疑误夭,越升非次,诚非本心。自割江以来,亡形已见,屈身以奉中朝,唯恐获罪。尝思脱屣,顾无计耳。竟烦天讨,蹙促如是,孤亦安能惜一日之辱。正以城围淹时,旅拒既久,暴输降款,将不见纳。是以欲起上江征戍,共相影答,然后投诚请命,于是亦或为允。大雅曰,陛下乏使令,不以下臣为不佞,臣请死生以之。然敢问上江主帅谁可委以集事。后主曰,洪州朱令赟,志不营私,其庶几分孤之忧。大雅曰,臣顷经与同事,至悉令赟之为人虽断断顾国,而无远谋,颇愎谏而自用,臣惧非解纷之才也。后主曰,人有言,中流失船,一壶千金,今日之急,奚暇于择。大雅曰,臣请得奉将明命,都护诸军进止,臣虽不武,愿竭驽骞,或有千虑之一得。若与令赟共事,必无益也。后主作色不怿曰,诸人平时高谈禹稷,眼前但欲为蛮奴计,孤亦何所托命也。因歔欷而起。晚出诏付大雅,发令赟等军,督促即行。大雅不敢复辞,以其夜三鼓犯围驰出。时令赟亦以疑已之讹团聚江西军马,欲络绎赴难。大雅至,劝令赟倍道星行。令赟不能用。节大雅驰还台城,辛勤冒矢石,才得潜入。君臣相持,喑呜泣下。大雅曰,令赟军必无成。于是使乔草降表焉。其日,令赟节军遂大溃,令赟死之。"

两遣徐铉等厚贡方物求缓兵,皆不得报。陆纪三。

《表》有曰:"今一城生聚,吾君赤子也。微臣躯命,吾君外臣也。忍使一朝,便忘覆露。节臣闻鸟兽微物,依人而人哀之。君臣大义,倾忠能无怜乎。傥令宗社之失不在臣身,臣死生之愿毕矣。"

周注三引。

《五代史记》六十二："太祖皇帝之出师南征也，煜遣其臣徐铉朝于京师，铉居江南以名臣自负。其来也，欲以口舌驰说存其国。竹曰，李煜无罪，陛下师出无名。太祖徐召之升，使毕其说。铉曰，煜以小事大，如子事父，未有过失，奈何见伐。其说累数百言。太祖曰，尔谓父子者为两家可乎。铉无以对而退。"《说郛》三十四引王陶《谈渊》略同。《东都事略》："铉等既还，煜复遣入奏。铉言李煜事大之礼甚恭，以病未任朝谒，非敢拒诏。乞缓兵以全一邦之命。太祖怒，按剑谓铉曰，不须多言，江南亦有何罪。但天下一家，卧榻之侧，岂容他人鼾睡。铉皇恐而退。"彭注六十二引。二书不同。《后山诗话》及《谈渊》所记又大异于此。后山云："王师围金陵，唐使徐铉来。铉伐其能，欲以口舌解围。谓太祖不文，盛称其主博学多艺，有圣人之能。使诵其诗，曰秋月之篇，天下传诵之，其句云云。太祖大笑曰，寒士语尔，吾不道也。铉内不服，谓大言无实，可穷也。以请。殿上惊惧相目。太祖曰，微时自秦中归，道华山下，醉卧田间，觉而月出，有句云，未离海底千山黑，才到中天万国明。铉大惊。殿上称寿。"亦见《扪虱新话》。《谈渊》云："太祖一日小宴，顾后主曰，闻卿能诗，可举一联。后主思久之，乃举《咏扇诗》云，揖让月在手，动摇风满怀。太祖曰，满怀之风何足尚。从官叹服。"案后山及《扪虱》所举后主诗，当即指咏扇之篇。后山秋月当风月之误以情理度之，大军压境，而欲以诗句解围，南唐不至若是，《谈渊》谓是后主降后事，近实。《石林燕语》四亦云："他日复宴后主，顾近臣曰，好一个翰林学士。"

与徐铉同使有周惟简。见《宋史·世家》及陆书十四《惟简传》。陆传云："后主思得奇士能使兵间者。张洎荐惟简可以谈笑和解。及授给事中,副徐铉使宋。后主手疏言惟简托志玄门,存心道典,伴臣修养,不预公途。盖为之声价,冀动朝听。比至,太祖召见诘责。铉犹恳奏不已。惟简遑恐,反言臣本野人,未尝仕宦,李煜强遣,未尝预闻使指,愿栖终南山以求灵药。云云。"

陆纪三:"长围既合,内外隔绝,城中人惶怖欲死。后主方幸净居室听沙门德明、云真、义伦、崇节讲《楞严》、《圆觉经》。用鄱阳隐士周惟简为文馆《诗》、《易》侍讲学士,延入后苑,讲《易·否卦》。赐惟简金紫。群臣皆知亡国在旦暮,而张洎犹谓北师已老,将遁。后主甘其言,益自安。命户部员外郎伍乔于围城中放进士孙确等三十八人及第。其施为大抵类此。"惟简讲《易》亦见陆书本传。案围城贡举,前既辨其非实。听经讲《易》,疑亦不可信。《墨庄漫录》一谓:"王师攻金陵垂破,后主仓皇中作一疏祷于释氏,愿兵退后许造佛像若干身,菩萨若干身,斋僧若干万员,建殿宇若干所。数多而字草,盖危窘中书也。"周注十八引。此事容或不虚。若《清容居士集》四十七《跋玉笥观李后主牒》,谓"南唐之亡,城陷犹诵佛不辍"。陆书十八《浮屠传》,谓后主召小长老登城麾师,信为佛力,"下令军民皆诵救苦菩萨,声如江涛。云云"。已疑是过辞。高晦叟《珍席放谈》下,记建康伶人李琵琶语,云"后主喜音艺,选教坊之尤者号别敕都知,日夕侍宴。节王师围城未陷间,后主犹未辍乐"。则不可尽信。

《苕溪渔隐丛话》前集五十九:"《西清诗话》云,南唐后主围城中作长短句,未就而城破。樱桃落尽春归去,蝶翻轻粉双飞。子规啼月小楼西。曲阑金箔,惆怅卷金泥。门巷寂寥人去后,望残烟草低迷。余尝见残稿,点染晦昧,心方危窘,不在书耳。艺祖云,李煜若以作诗工夫治国事,岂为吾虏也。苕溪渔隐曰,余观《太祖实录》

及《三朝正史》云，开宝七年十月诏潘美等率师伐江南，八年十一月拔升州，今后主词乃咏春景，决非十一月城破时作。《西清诗话》云后主作长短句未就而城破，其言非也。然王师围金陵凡一年，后主于围城中春间作此词则不可知。是时其心岂不危窘，于此言之乃可也。"案此辨《西清诗话》之误固是，然疑词在围城中作，则仍未审。观《钓矶立谈》记后主遣陈大雅之辞，及命徐铉上表之语，危窘忧伤，可云极致。其时复何心为词，此犹听经讲《易》，同为宋人谰言耳。葛立方《韵语阳秋》三云："自古文人虽在艰危困踬之中亦不忘制述，盖性之所嗜，虽鼎镬在前不恤也，况下于此者乎。李后主在围城中可谓危矣，犹作长短句，节未就而城破。蔡约之尝亲见其遗稿。东坡在狱中作诗赠子由云，是处青山可藏骨，他年夜雨独伤神，犹有所托而作。李白在狱中作诗上崔相公云，贤相燮元气，再欣海县康，应念覆盆下，雪泣拜天光。犹有所诉而作。是皆出于不得已者。刘长卿在狱中非有所托诉也，而作诗云，斗间谁与看冤气，盆下无由见太阳。一诗云，壮志已怜成白发，余生犹待发青春。一诗云，冶长空得罪，夷甫不言钱。又有狱中见画佛诗。岂性之所嗜则缧绁之苦不能易雕章缋句之乐欤。"案此说亦非。后主负宗社存亡之痛，十倍于长卿诸人，其词之了无所托诉，又甚于长卿诸作。谓出于极困剧哀之中，谁复信之。陈鹄《耆旧续闻》三云："蔡绦作《西清诗话》，载江南李后主围城中书，其尾不全。以余考之殆不然。余家藏李后主《七佛戒经》及杂书二本，皆作梵叶。中有临江仙涂注数字，未尝不全。其后则书李太白诗数章，似平日学书也。本江南中书舍人王克正家物，后归陈魏公之孙世功君懋，余陈氏婿也。其词云，樱桃落尽春归去，蝶翻轻粉双飞。子规啼月小楼西。玉钩罗幕，惆怅暮烟垂。　　别巷寂寥人散后，望残烟草低迷。炉香闲裛凤凰儿,空持罗带,回首恨依依。"据此,乃后主书他人词,非其自作。殆足破此疑矣。《词苑丛谈》六,谓《词统》载此词,后三句云,何时重听玉骢嘶,扑帘飞絮,依约梦回时。为刘延仲补。案延仲殆只见《西清诗话》,未知此词本不阙也。

求救于契丹,不达。

马书二十三《归明传》:"张洎,南谯人。王师围金陵,洎在城中作蜡丸帛书,使间道走契丹求援。为边候所得。及金陵平,太祖皇帝召洎诘责,以书示之。洎曰,汝国称藩事大,何乃反覆如此。汝实为之,咎将谁执。洎曰,当危急之际,望延岁月之命,亦何计不为。臣所作帛书甚多,此特其一尔。"案王辟之《渑水燕谈录》十:"寇莱公与张洎同为给事中,公年少气锐,尝为庭雀诗玩张洎曰,少年挟弹何狂逸,不用金丸用蜡丸。讥洎在金陵围城中尝为其主作诏纳蜡丸追上江救兵也。"此亦洎作帛书之一也。

长围既久,宋师亦疲。

《宋史·侯陟传》:"时江表未拔,南土暑炽,军卒疫死。方议休兵以为后图。陟适从扬州来,知金陵危甚,上急变求见。时被病,令掖入,即大言曰,南唐平在旦夕,陛下奈何欲班师。上屏左右召升殿问状,遂寝前议。"周注三引。

《江表志》:"建康受围二岁,斗米数千,死者相藉,皆无叛心。"

十一月二十七乙未夜半,城陷。《雁门野说》。

马书五:"冬,百姓疫死,士卒乏食,讠宋云,大军决以十有一月乙未破城。国主议遣其子清源公仲寓出通降款。左右以为坚垒如此,天象无变,岂可指日取降。是日城果陷。"陆书十四《陈乔传》:"及城将陷,后主自为降款,命乔与清源郡公仲寓诣曹彬。乔持款归府,投承溜中。复入见云,自古无不亡之国,降亦无由得全,徒取辱耳。请背城一战死。后主握乔手泣，不能从。乔曰，如此，则不如诛臣，归臣以拒命之罪。后主又不从。乃掣手去，至政事堂，召二亲吏，解所服金带与之，曰，善藏吾骨，遂自缢。"

欲尽室自焚，不果，乃帅司空知左右内史事殷崇义等肉袒出降。

《谈苑》："城陷，〔曹彬〕整军成列，至其宫城，后主方开门奉表纳降。彬答拜为之尽礼。先是，宫中预积薪，后主誓言，若社稷不守，当携血属以赴火。既见彬。彬谕以归朝俸赐有限，费用至广，当厚自赍装，既归有司之籍，则无及矣。遣后主入治装。裨将梁迥、田钦祚皆力争，以为苟有不虞，咎将谁执。彬曰，非尔所知。观煜神色，懦夫女子之不若，岂能自引决哉。保煜无他。彬遣五百人为搬致辎重登舟。后主既失国，殊无心问家计，所赍特鲜矣。"周注三引。《谈渊》："建隆中，曹彬、潘美统王师平江南，二将皆知兵善战，曹之识虑尤远，潘所不迨。城既破，国主李煜白衫纱帽见二公。先见潘，设拜。潘答之。次见曹设拜。曹使人明语之曰，介胄在身，下拜不及答。识者善其得体。二公先登舟，召煜饮茶。船前设一独木板道，煜向之国主仪卫甚盛，一旦独登舟，徘徊不能进。曹命左右翼而登焉。既一啜，曹谓李，归办装，诘旦会于此，同赴京师。来晓如期而赴焉。始潘甚惑之，曰，讵可放归。曹曰，适独木板尚不能进，畏死甚也，既许其生赴中国，焉能取死。众方服其识量。"《东原录》、《儒林公议》上，皆同《谈苑》。《后山丛谈》亦差同。

《江南别录》："城陷后主欲自杀。左右泣涕固谏得止。"

《江南野史》三，后主见曹彬，"彬曰，何故负约。后主无辞，惟言人心不一故也。遂令左右奉玺绶上彬"。

所藏文籍及锺王字迹几尽炀。

《江南别录》:"元宗、后主皆妙于笔札,好求古迹。宫中图籍万卷,锺王墨迹尤多。城将陷,谓所幸保仪黄氏曰,此皆吾宝惜,陆书十六《保仪传》作'此皆先帝所宝'。城若不守,尔可焚之,无使散逸。及城陷,黄氏皆焚,时乙亥岁十一月也。"《宋小史》:"太祖命吕龟祥籍煜图书赴阙,得六万余卷,皆焚余也。"周注十六引。

《枫窗小牍》:"余尝见内库书《金楼子》,有李后主手题曰,梁孝元谓王仲宣昔在荆州,著书数十篇,荆州坏,尽焚其书。今在者一篇,知名之士咸重之。见虎一毛,不知其斑。后西魏破江陵,亦尽焚其书,曰,文武之道,今夜尽矣。何荆州坏焚书二语先后一辙也。诗以慨之曰,牙签万轴裹红绡,王粲书同付火烧。云云。"后主悼元帝。不致自焚其书,书焚于城破兵火耳。

《梅磵诗话》中:"宋太祖命诸将征江南,大将曹彬与诸将约,城破之日,誓不妄杀一人。载在史册可考也。尝观曾景建《金陵百咏乐官山诗序》云,南唐初下时,诸将置酒,乐人大恸,杀之,瘗此山,因得名。诗云,城破辕门赏宴频,伶伦执乐泪沾巾。骈头就戮缘家国,愧死南朝结绶人。岂果不妄杀耶。"亦见《五代诗话》三引《紫桃轩杂缀》。又案《雁门野说》:"开宝八年十一月二十七日夜半,金陵城陷,大军将入,予六岁矣。父母昆弟十三人空宅号泣而出,未知匿藏之所。天渐明,行至广济仓北角姑之子张成家,见父母泣且言曰,兵至矣,去将焉适。此有梯,可逾垣入仓。大军若来,必不烧仓。节至卯辰间,大军既入,火照台城。节二十八日,招安,城中固多杀戮,惟此间老幼近二千人获全云。"又云:"建康瓦官寺阁,晋哀时造,逶迤精巧,甲于江左。节大宋开宝八年十一月二十七日,克复之际,为兵火所焚,时已五百八十余载矣。"《说郛》四十引马书五、谓升元阁越兵所焚。此记当时见闻,最为真确,亦宋破江南不无杀戮之证。

与子弟及官属四十五人随宋师北行。

《玉海》："开宝九年,曹彬奉露布,以李煜及其子弟伪官四十五人来献。"周注三引。

马书五:"煜举族冒雨乘舟,百司官属仅千艘。煜渡中江,望石城泣下,自赋诗云,江南江北旧家乡,三十年来梦一场。吴苑宫闱今冷落,广陵台殿已荒凉。云笼远岫愁千片,雨打归舟泪万行。兄弟四人三百口,不堪闲坐细思量。"《江南野史》三:"后主与二弟太子而下登舟赴阙,百司官属仅千艘。将发,号泣之声溢于水陆。既行,后主于舟中时泣数行下。赋诗云云。"案《江南余载》下及郑文宝《江表志》,以此诗为吴让王杨溥在泰州作。《五国故事》上亦云让王渡江时作。查路振《九国志》及《十国春秋》三,吴让王溥为太祖杨行密第四子,烈祖渥为伯,高祖鸿演为仲。《五国故事》上谓行密四子。正与兄弟四人句合。吴都江都,故诗云广陵台殿。后主兄弟入宋时尚有六人,见《宋史》世家。《四库·江表志提要》,亦谓"郑文宝,亲事后主,所闻当得其真"。此是杨溥诗无疑。马书以属后主,从野史而误也。马书七《宗室·景迁传》谓兄弟四人指元宗景遂景达景逿,尤误。景遂等后主叔也。

《东坡志林》四:"三十余年家国,数千里地山河。几曾惯干戈。一旦归为臣虏,沈腰潘鬓消磨。最是仓皇辞庙日,教坊犹奏别离歌,挥泪对宫娥。后主既为樊若水所卖,举国与人,故当恸哭于九庙之外,谢其民而后行,顾乃挥泪宫娥,听教坊离曲。"《容斋随笔》五引后主此词,以后主与梁武并论,《说郛》十七引《希通录》比为项羽,尤侗《西堂集》谓似明皇迁幸时犹恋恋梨园一曲。《瓮牖闲评》五则云:"此决非后主词,特后人附会为之耳。观曹彬下江南时,后主预令宫中积薪,誓言若社稷失守,当携血肉以赴火。其厉志如此,虽不免归朝,然当是时更有甚教坊,何暇对宫娥也。"

《老学庵笔记》四:"李后主《落花诗》云,莺狂应有恨,蝶舞已无多。未几亡国。"

过临淮,往礼普光王塔,施金帛犹以千计。陆书十八《浮屠传》。

《江南野史》三:"既至汴口,欲登礼普光寺。左右谏止。后主怒而大骂曰,吾自少被汝辈禁制,都不自由,今日家国俱亡,尚如此耶。登之拳拳而礼,叹念久之,散施衣物缯帛。"

《东都事略·郭守文传》:"曹彬等平金陵,守文护送李煜归阙。煜无生意。守文语之曰,国家开拓境土,从禹旧迹,岂责防风之后至乎。煜心遂安。"周注三引。

(《春明退朝录》:"开宝八年,江南平,留汴水以待李国主,舟行盛寒,河流浅涸,诏所在为灞闸潴水以过舟。官吏击冻,督役稍稽,则皆荷校,甚者劾罪,以次被罚。州县降黜而杖之者十余人。")

开宝九年丙子　十二月宋改元太平兴国　九七六

四十岁。　**正月辛未,至汴梁。白衣纱帽至明德楼下待罪。**

《宋史》世家:"彬等上露布,以煜并其宰相汤悦等四十五人上献。太祖御明德楼,以煜尝奉正朔,诏有司勿宣露布,止令煜等白衣纱帽至楼下待罪,诏并释之,赐冠带器币鞍马有差。"《玉海》作正月四日辛未,陆纪作"二月辛未"。查《二十史朔闰表》,本年正月戊辰朔,四日辛未。《玉海》是也。

乙亥,宋封为右千牛卫上将军违命侯。同上。

十一月,加特进,改封陇西公。

《续通鉴》,十月,宋太祖崩,太宗即位。十一月,进封刘铱卫国公,李煜陇西公。

三月，**曹翰屠江州**。《续通鉴》。

胡则为江州指挥使，金陵陷，江南州郡皆降，则杀刺史固守。曹翰围之不克。会则疾革不能起，城始陷。翰于床上执磔之，悉屠其民。见陆书八则传。

《南唐拾遗》："胡则守江州，坚壁不下。曹翰攻之急，忽有旋风吹片纸坠城中，上书一绝句云：'由来秉节世无双，独守孤城死不降。何似知机早回首，免教流血满长江。'后城陷。屠杀殆尽，谓之洗城。"

十月，宋太祖崩，太宗即位。

曾慥《类苑》五十二引《翰府名谈》："江南李主务为长夜饮，内日给酒三石，艺祖敕不与酒，奏曰，不然何计使之度日，乃复给之。"

太平兴国二年丁丑　　九七七

四十一岁。　在汴。

《宋史》世家："太平兴国二年，煜自言其贫，诏增给月奉，仍赐钱三百万。太宗尝幸崇文院观书，召煜及刘鋹令纵观。谓煜曰，闻卿在江南好读书，此简册多卿之旧物。归朝来颇读书否。煜顿首谢。"案《续通鉴》，崇文院立于明年二月。此当非本年事。

王铚《四六话》："豫章潘兴嗣家，有李后主归朝后《乞潘慎修掌记室手表》。慎修李氏之旧臣，而兴嗣之祖也。其表略曰，昨因先皇临御，问臣颇有旧人相伴否。臣即乞徐元楀，元楀方在幼年，于笺表素不谙习。后来因出外，问得刘鋹曾乞得广南旧人洪侃。今来已蒙遣到徐元楀，其潘慎修更不敢陈乞。所有表章，臣俱勉励躬亲。臣亡国残骸，死亡无日。岂敢别生侥觊，干挠天聪。只虑章奏之间，有失恭慎。伏望睿慈察臣心。其衔位称检校太尉右千牛卫上将军上柱国陇西郡公食邑千户。后连劄子云，奉圣旨，光禄寺丞徐元楀，右赞善大夫潘慎修并令往李煜处。_节李后主手表仆尝摹得之，爱其笔札清妙不凡。兵火亡失已久，因记其梗概焉。"_{周注十五引。}潘慎修为后主记室，亦见宋史二九六潘传。据署衔，当在去年十一月后。

《默记》下："韩玉汝家有李国主归朝后与金陵旧宫人书云：'此中日夕只以眼泪洗面。'"_{亦见《避暑漫抄》、《砚北杂志》上。}"郑文宝仕李氏时校书郎，归宋，不复序故官。时煜以环卫奉朝请。文宝欲一见，虑守卫者难之，乃披蓑荷笠作渔者以见，陈圣主宽宥之意，宜谨节奉上，勿为他虑。煜忠之。"_{亦见陆书十五《郑彦华传》及《宋史》二七七文宝传。}参之明年徐铉见后主事，足见降王在宋幽囚之苦。

郑文宝撰《南唐近事》三卷成。

郑书《自序》署"太平兴国二年岁次丁丑，夏五月一日"。

郑氏又有《江表志》，亦记南唐事。其序署"庚戌岁闰二月二十三日"。庚戌乃真宗大中祥符三年。序云："太宗皇帝欲知前事，命汤悦、徐铉撰成《江南录》十卷，事多遗落，无年可编。笔削之际，不无高下，当时好事者往往少之。"《江南录》未详成于何年，汤悦此年三月以少詹事与翰林学士李昉、扈蒙同被诏编《太平御览》，见《玉海》。_{刘注五引。}

宋初人记南唐事者，徐、汤奉诏为《江南录》，文宝为《南唐近事》、《江表志》之外，王举、路振、陈彭年、杨亿、龙衮及史虚白子某皆有著述，见无名氏《江南余载序》。《四库提要》谓《江南余载》二卷实出于《江表志》。合之陆游、马令、胡恢三家《南唐书》，共十二种。今传路振之《九国志》，不专载江南事，体裁同《五国故事》。王举、杨亿、胡恢三书，惜今不传矣。

太平兴国三年戊寅　　九七八

四十二岁。 七月八日,被毒卒。

《宋史·太宗纪》:"七月壬辰,右千牛卫上将军李煜卒。"

王铚《默记》上:"徐铉归朝为左散骑常侍,迁给事中,太宗一日问曾见李煜否。铉对以臣安敢私见之。上曰,卿第往,但言朕令卿往相见可矣。铉遂径往其居,望门下马,但一老卒守门。徐言愿见太尉。卒言有旨不得与人接,岂可见也。铉云,我乃奉旨来见。老卒往报。徐入,立庭下。久之,老卒遂入,取旧椅子相对。铉遥望见,谓卒曰,但正衙一椅足矣。顷间,李主纱帽道服而出。铉方拜,而李主遽下阶引其手以上。铉告辞宾主之礼。主曰,今日岂有此礼。徐引椅少偏乃敢坐。后主相持大哭,乃坐,默不言,忽长吁叹曰,当时悔杀了潘佑、李平。铉既去,乃有旨再对。询后主何言。铉不敢隐。遂有秦王赐牵机药之事。牵机药者,服之前却数十回头足相就如牵机状也。又后主在赐第因七夕命故妓作乐,声闻于外。太宗闻之大怒。又传小楼昨夜又东风及一江春水向东流之句,并坐之,遂被祸云。"《文献通考》二三三《李后主集》下:"江邻几《杂志》云,为秦王廷美所毒而卒。"案《宋史》二四四《宗室·魏王廷美传》略云:"从征太原,封秦王,开宝七年,被告将有阴谋窃发,罢为开封尹,授西京留守,旋勒归私第。雍熙元年<small>九八四</small>安置房州,忧悸而卒,年三十八。"此时殆罢为开封尹之时,年三十左右。《宋史》二四四另有《秦王德芳传》:太祖第四子,太平兴国六年薨,年二十三,是时才二十岁。此秦王当是廷美。

潘佑被徐铉诸人挤死,后主对铉言悔杀潘、李,殆有憾于铉。参开宝六年谱。

陆纪三:"太平兴国三年七月辛卯殂。<small>原作二年六月误。依《九国志》改。</small>是日七夕也。后主盖以是日生。"案《二十史朔闰表》,本年七月甲申朔,辛卯是初八而非七夕。《徐公文集》二十九《陇西公墓志》明云:"太平兴国三年秋七月八日遘疾薨于京师之里第。"盖宋主以其七夕生辰赐药,次日卒。马书云:"公病,命翰林医官视疾,中使慰谕者数四,翌日薨。"可证。河南邵氏《闻见后录》二十二:"李王煜以太平兴国三年七月七日生日,钱王俶以雍熙四年八月二十四日生日,皆与赐器币,中使燕罢暴死。并见国史。"《稗史汇编》:"宋邵伯温曰,二君归宋,奉朝请于京师,其卒之日,俱其始生之辰。太宗于是日遣中使赐以器币,与之燕饮,皆饮毕卒。盖太宗杀之也。"《五代诗话》一引。《书影》八引姚士麟说同此。

《十国春秋》八十二,钱俶端拱元年秋,"宋帝遣皇城使李惠,河州团练使王继恩赐生辰器币,王与使者宴饮极欢。晡时,王于西轩命左右读《唐书》数篇,又令诸子孙诵诗,未讫,风眩复作,至漏四下而薨,年六十。王既以己丑岁八月二十四日诞生,至是复于八月二十四日即世,与文穆王(元瓘)薨日同,人皆异之"。《稗史汇编》云:"李之祸,词语促之也,因记钱邓王(俶)有句云,帝乡烟雨锁春愁,故国山川空泪眼。其感时伤事,不减于李。然则其诞辰之祸,岂亦缘是耶。"据此,二王死法正同。案《十国春秋》六十《南汉世家》:"一日,宋太祖御肩舆从数十骑幸讲武池。从官未集,后主(刘铱)先至。赐以卮酒。后主疑有毒,泣曰,臣承祖父基业,违拒朝廷,劳王师致讨,罪固当诛。陛下既待臣以不死,愿为大梁布衣,观太平之盛,臣未敢饮此酒。"又八十二《吴越世家》:"一日,内臣赵海过王(钱俶),探怀中药百粒以进。王方命茶,尽饵之。海既去,家人皆泣,盖有所疑也。"此足见太祖之待降王。

宋灭六国,后蜀、南唐、吴越三君皆不得良死。南平高继冲开宝六年卒于彭门,南汉刘铱卒于太平兴国五年,北汉刘继元卒于淳化中,则死法不明。《十国春秋》谓"〔宋〕太宗将讨晋阳,召近臣宴,〔南汉〕后主预之。自言朝廷威灵及远,四方僭窃之主今日尽在坐中,旦夕平太原,刘继元又至,臣率先来朝,愿得执梃为诸降王长。太宗大笑,赏赐甚厚。其诙谐皆此类也"。此殆其免祸之道。倘稍怀怨望,鸩毒随之矣。

(《五代诗话》一引《蓉槎蠡说》:"司马问刘禅颇思蜀否。应此间乐,不思蜀。及再问,云云,曰,何乃郤正语。禅惊视,诚如尊命。人笑禅骏,不知禅黠。小楼昨夜又东风,歌声未毕,牵机随至。即善谀如降王长亦不免,宋祖且然,何况司马。禅盖夙奉失箸家法,又渐染于申韩之书,故机警猝发若此。彼嗜驴肉饮尽一石者,伯仲之间见伊吕矣。"此谓刘铱亦不免,未详所据。)

案南唐先主、中主之待杨行密子孙,亦至惨酷。《通鉴》升元四年二月:"唐康化节使兼中书令杨琏谒平陵还,一夕大醉,卒于舟中。"《十国春秋》四云:"或曰,左右承唐主指,实置之死也。"琏为吴睿帝长子,纳先主女为妃,亦不得免。先主迁杨行密之族于泰州,使其男女自相匹耦。中主保大十四年又命尹廷范迁之润州。廷范尽杀其男子六十人。见《南唐书》。《江南余载》下谓:"让皇在泰州数年,每有嗣息,及五岁,必有中使至赐品官章服,然即日告卒。"比较宋帝之待后主,尤已甚矣。《说郛》四十九引蔡絛《金玉诗话》:"南唐后主归朝后,每怀江国,且念嫔妾散落,郁郁不自聊,尝作长短句,帘外雨潺潺云云,含思凄惋,未几下世。"《诗话总龟》三十一引《翰苑名谈》:"李煜暮岁,乘醉书于牖云,万古到头归一死,醉乡葬地有高原。醒而见之,大悔。不久谢世。""万古"二句亦见曾慥《类苑》五十二引,云后主临终作。"归一死醉"误作"为一醉死"。

遣问至江南,父老有巷哭者。陆纪三。

《江表志》:"后主殂于大梁,江左闻之,皆巷为斋。"《江南别录》同。

《金陵新志》:"金陵有李王庙,在城东南十里,俗呼为李帝庙。"周注三引。

宋赠太师,追封吴王。陆纪三。

十月,以王礼葬洛阳之北邙山。徐铉志、马书五。

徐志:"二室南峙,三川东注,瞻上阳之宫阙,望北邙之灵树。"魏泰《东轩笔录》载铉挽词云:"青松洛阳陌。"周注三引。《徐公文集》不载。《砚北杂志》上亦云:"李煜葬北邙。故吏张泌任河南,每清明,亲拜其墓,哭之甚哀。"后主葬北邙无疑。周注三引《湖广总志》:"李后主墓在通山县翠屏山北。以五十二棺同日出葬为疑冢。"此说甚妄。

徐铉作墓志。《徐公文集》二十九。

《东轩笔录》一:"吴王薨,诏侍臣撰神道碑,时有与徐铉争名欲中伤之者,面奏曰,知吴王事者莫若徐铉。太宗召铉撰碑。铉遽请对,泣曰,臣旧事吴王,陛下容臣故主义,乃敢奉诏。太宗悟,许之。故铉之为碑但推言历数有尽天命有归而已。其警句云,东邻搆祸,南箕扇疑,投杼致慈亲之惑,乞火无里妇之辞。始劳因垒之师,终后涂山之会。太宗览读称叹。"《浩然斋雅谈》中,谓徐铉归朝后,乞为煜作墓碑。《武英殿丛书》已引翟耆年《籀史》辨之。

小周后悲不自胜,亦卒。陆书十六《后妃传》。

徐铉志不及后卒,则后殁当在本年十月后。《江表志》云:"〔后主〕葬北邙,郑国夫人周氏袝。"是同穴洛阳也。

《默记》下:"龙衮《江南录》有一本删润稍有伦贯者云云,李国主小周后随后主归朝,封郑国夫人,例随命妇入宫。每一入辄数日而出，必大泣骂。后主多宛转避之。"《莲子居词话》三谓元人有《太宗逼幸小周后图》。又载张宗橚题《小周后提鞋图》云："北征他日记匆匆，无复珠翘鬓朵工。一自宫门随例入，为渠宛转避房栊。"姚士粦《见只编》云："余尝见吾盐名手张纪临元人宋太宗强幸小周后粉本。……有元人题云，江南剩得李花开，也被君王强折来。怪底金风冲地起，御园红紫满龙堆。盖以靖康为报也。"丁传靖《宋人轶事汇编》九一一页引。（明人沈德符《野获编》谓"宋人画《熙陵（太宗）幸小周后图》……有元人冯海粟学士题口：'江南剩有李化开……'"是诗是冯惟敏作。亦见《宋人轶事汇编》一四页。）清初人李清辨此事曰："按后主遣弟从善朝宋，留不遣，从善妃屡诣后主泣，后主闻其至，辄避之。何巧合乃尔。据王铚《默记》所记，谓后事见龙衮《江南野史》。及得《野史》读之，果妃事，后传不载。缘妃事与后传相连，故《默记》因讹也。"案后主避从善妃，见马书七陆书十六《从善传》。又从善妻亦姓周见《徐公文集》二十九《从善墓志》，亦以忧思卒见马陆书《从善传》。或致误之一因。然太宗残暴，有此亦无足怪。不辨可也。留宋乃从善事。《野史》三以为从谦，误。《四库·默记提要》，疑此事或见《野史》佚篇之内。非是。

四月，陈洪进献漳泉二州于宋。

五月，钱俶纳土于宋。

明年五月，北汉刘继元降宋。

后二年太平兴国五年刘铱卒。

中主子入宋者，从善卒于雍熙四年，年四十八。徐铉作《从善墓志》云子十四人，女十四人。周注十六云："〔从善〕子仲翔，大中祥符赐同进士出身。二年复召试，除楚州推官，累迁殿中丞。次子仲猷，景德中特录为三班借职。"从镒宋授左领军卫大将军，子仲偓,举大中祥符八年进士。见周注十六从谦为右神武大将军,淳化五年九月,以本官出为安远行军司马。后失其所终。见陆书十六传。陆书传称从谦"数岁,为《弈棋诗》有思致"。《清异录》载其作《夏清侯传》,又称其"喜书札,学晋二王楷法"。《说郛》六十一引。《骨董琐记》四"解五国梵语"条,谓宋真宗时,有译经光梵大师惟净,江南李王从谦子,解五国梵语。此后主弟侄之可考者。

中主女可考者二人。《渑水燕谈录》六:"丁朱崖当国日,置宴私第,忽语于众曰,尝闻江南国主钟爱一女。一日,谕大臣曰,吾止一女,姿仪性识,特异于人,卿等为择佳婿,须年少美风仪,有才学,门第高者。或曰,洪州刘生为郡参谋,年方弱冠,风骨秀美,大门尝任贰卿,博学有文,可以充选。国主亟令召至,见之大喜,寻尚主,拜驸马都尉。鸣珂锵玉,出入禁闼,良田甲第,珍宝奇玩,豪华富贵,冠于一时。未几,主告殂。国主悲悼不胜,曰吾将不复见刘生。削其官,一物不与,遣还洪州。生恍疑梦觉,触目如失。丁笑曰,某他日不失作刘参谋也。席中莫不失色。未几有海上之行,籍其家,孑然南去,何先兆之著也。"亦见李昌龄《乐善录》。刘注十六曰:"按《刘崇俊传》,以其子节尚太宁公主。"盖即《燕谈》之刘生。此其一。陆游《避暑漫钞》:"李芳仪,江南国主李景女也,纳土后在京师,初嫁供奉官孙某为武强都监。为辽圣宗所获,封芳仪。生公主一人。赵至忠虞部自北归朝,尝仕辽为翰林学士,修《国史》,著《北廷杂记》,载其事。时晁补之为北都教官,览其书而悲之,与颜复长道作《芳仪曲》云云。江州庐山真风观,李主有国日施财修之,刊姓氏于石,有太宁公主永禧公主,皆李景女,不知芳仪者孰是也。"此事亦见《默记》下。刘注十六曰:"按芳仪辽内职名。元宗女太宁公主既适刘节,芳仪疑即永禧公主。《嶤吒集》又作永嘉公主。又厉鄂《辽史拾遗》云,《辽史·公主表》,圣宗十三女赛格,封金乡公主,李氏生。当即是芳仪。"此其二。(晁补之《芳仪怨》见《鸡肋集》卷十。)后主子仲寓"归宋授右千牛卫大将军,拜郢州刺史,在治以宽简为治,士民安之。淳化五年八月卒,年三十七。子正言,亦好学,早卒,无嗣,后主之后遂绝。江南遗民闻之,犹为兴悼"。见陆书十六。

周注十六引明解缙《学士集》曰:"安成李氏,系出南唐。南唐三传至后主煜,以子杰为吉州刺史。开宝乙亥,南唐亡,俱入汴。至太宗太平兴国三年,后主哀请,遣一子归守坟墓。由是杰复归安成。安成西接湖南攸县界,有南唐兴王之墓,前列三十六陂,人以为清道水者,今犹存也。杰字邦特,二子曰坦曰垓,子孙蕃衍。至我明有名宗白者,以永乐甲申擢进士,官翰林庶吉士云。"案后主子侄名皆以仲为行,不应杰而独否。且南唐祖墓亦未闻在安成。此殆出于安成李氏之谰言,与伪钱伪志同不可信。

刘注十六引《江西通志》:"柳国公周广墓,在安福翔鸾乡。相传李后主煜以梅花公主妻广,封柳国公,没葬于此。今杨梅冈复有梅花公主墓,亦莫可考。"《南唐书》谓后主二子,不云有女,《通志》疑亦附会。

《研北杂志》上谓:"煜子孙陵替,〔故吏张泌〕常分俸赒给。"《诗话总龟》一引《丛苑》,刘吉,江左人,事李煜为传诏承旨,仕宋太宗、仁宗。"自受李氏恩,常分禄以济其子孙。朔望必拜李煜真,虽童稚必拜之,执臣僚礼。"陆书十六谓仲寓以族大家贫求治郡,乃拜郢州刺史。仲寓好蒲博饮宴,死郢州。见《宋史》二六七《张洎传》。后主遗裔,在宋初再传即衰微矣。

《宋史》:"煜有土田在常州,官为检校,上(真宗)闻其官属贫甚,命鬻其半,置资产以赡之。"

中主著述无考。歌词之外,《全唐诗》仅存其二诗及断句三件。《全唐文》一二八所录《恤民诏》、《上周世宗表》、《进买宴钱表》等十二篇,当出于词臣。

后主有文集三十卷,见徐铉作《墓志》。铉作《后主杂说序》,亦云"雅颂文赋凡三十卷"。宋时止存《李煜集略》十卷,见《崇文总目》及《通志》七《艺文略》八,《宋史·艺文志》七,今佚。陆书五《徐锴传》、《江南别录》及徐铉《杂说序》,皆云后主集徐锴为序。

马书五,后主"著《杂说》百篇,时人以为可继《典论》"。其书亦佚。《徐公文集》十八有《御制杂说序》,云作于"国步中艰"之后。并载其篇目有《演乐记》、《论享国延促》、《论古今淳薄》、《论儒术》等,"勒成三卷,而三卷之中,文义既广,又分上下焉。凡一百篇"。据此,《通志》六作六卷是,《宋史·艺文志》作二卷误也。《遂初堂书目》有李氏《杂说》,当即此书。《杂说》后主自书,见《皇宋书录》。

《佩文斋书画谱》十引《墨池琐录》,有《李后主书述》,《书苑精华》引其论拨镫法。见谱首。

后主文可考者,有《徐铉质论序》,见《江南别录》。铉著《质论》,见《徐公文集》附李昉作铉墓志。马书十四《徐锴传》谓后主为锴作《质论序》,非。有国时作《祈雨文》,见《说郛》六十一引《清异录》。今皆不传。(《祈雨文》存"向乖龙润之祥"一句。)传者惟《大周后诔》,见马书后传,《却登高赋》,见陆书《从善传》。亡国后上太宗《乞潘慎修掌记室手表》,略具于王铚《四六话》。见太平兴国二年谱。见于《全唐文》一二八者,上举三篇外,尚有《送邓王二十六弟牧宣城序》及《书评》。又有《即位上宋太祖表》、《乞缓师表》,则词臣之笔。

若《研北杂志》下载李仲芳家藏南唐《金铜蟾蜍砚滴铭》,则真赝犹难定也。

《崇文总目》别集类五,有《江南李王诗》一卷。今见于《全唐诗》者共十八首,断句十六件。其《渡江望石城》一首,则实杨溥之作。考在乙亥岁谱。《徐公文集》二十一有《奉和御制雪》、《奉和御制打球》、《奉和御制春雨》等十五题。元唱无一首传矣。

《直斋书录解题》二十一《南唐二主词》一卷,"中主李璟、后主李煜撰。卷首四阕《应天长》、《望远行》各一、《浣溪沙》二,中主所作。重光尝书之,墨迹在旴江晁氏,题云,'先皇御制歌词'。余尝见之,于麦光纸上作拨镫书。有晁景迂题字,今不知何在矣。余词皆重光作"。

今存《南唐二主词》一卷,王国维以其注中引曹功显节度、孟郡王、曾端伯诸人,推定为南宋绍兴间辑本,殆即《直斋书录解题》著录长沙书肆所刊。见王氏《唐五代词辑》。词共三十七首,其出于二主墨迹者十二首。"樱桃落尽春归去"一首,非后主作,参前谱。王国维又从他书补得十二首。二主词辑本,此为最备已。王仲闻先生云:《遂初堂书目》乐曲类有李后主词,此后未见著录。

后主遗事,有可见性情身世而未入谱者,录数则如下。

《避暑漫抄》:"李煜在国,微行倡家,遇一僧张席。煜遂为不速之客。僧酒令讴吟弹吹,莫不高了。见煜明俊酝藉,契合相爱重。煜乘醉大书右壁曰,浅斟低唱偎红倚翠大师,鸳鸯寺主,传持风流教法。久之僧拥妓之屏帷,煜徐步而出,僧妓竟不知。煜尝密谕徐铉,铉言于所亲焉。"

《江邻几杂志》:"南唐一诗僧赋中秋月诗云,此夜一轮满,至来秋方得下句云,清光无处无。喜跃,半夜起撞寺钟。城人尽惊。李后主擒而讯之,具道其事,得释。"案《江南野史》一:"〔先主〕初有禅代之志,忽夜半寺僧撞钟,满城皆惊。逮旦召问,将斩之。云夜来偶得月诗,先主令白。徐徐东海出,渐渐入天衢。此夕一轮满,清光何处无。先主闻之私喜而释之。"《钓矶立谈》一略同,云僧名范志嵩。与江氏《杂志》异。

《杂志》又云:"李后主于清微殿歌'楼上春寒水四面',学士刁衎起奏,陛下未睹其大者远者耳。人疑其有规讽,讯之,云,'风乍起,吹皱一池春水。'"衎事后主为秘书郎,擢直清辉殿,见陆书六《刁彦能传》。此条彭注六十二周注六皆引,而不见于《杂志》。

《玉照新志》,"〔卢多逊窜逐后〕移容州团练副使。未渡巨浸,忽见江南李主衣冠如平生。问曰,相公何以至此。多逊曰,屈。后主斥之曰,汝屈何如我屈。由是感疾而殂。"刘注三引。多逊开宝六年使江南取图经,南唐由此见伐。见谱。

张端义《贵耳集》:"神宗幸秘书省,阅江南李王图,见其人物严雅,再三叹讶。既而徽宗生,所以文采风流过李王百倍。及北狩女真,用江南李王见艺祖时典故。"《说郛》八引。《五代诗话》一引《艮斋杂说》同。蔡绦《西清诗话》亦云徽宗是后主后身。

右二事虽涉诞妄,然足见时人悯后主失国惨死,姑附存之。

后记(一)

二主遗事,清彭元瑞《五代史记》注、周在浚《南唐书》注及近人刘承幹《南唐书补注》,搜罗几备。予曩从杂书辑得百数十事,其为三家所遗,仅十一二耳。兹编凡沿用三家之注,其书为予所未引者,仍注三家书卷数。其出予所获,或三家已引而经予再校者,皆注原书卷数。间有辨证,不避累赘,蕲补三家所未遑也。客夏,富阳夏君朴山,钞示钱俶撰《南唐后主陇西郡公李煜墓志》一通,云出《富阳县志》。记事与史籍大异。谓后主九月初九生,太平兴国五年戊寅七月十三日卒。（或三之笔讹）卒之明年,乞恩归柩于杭之富春山,云云。吴越、南唐世仇,而云俶与后主有姻娅之好。中主在位十九岁,而云三十一年。其人殆未读马、陆《南唐书》者。又有邑人李勉家传原序一首,文尤鄙俚。聊书于此,为谐噱之助,不足辨也。清代张培仁著《妙香室丛话》,有"李后主神道碑"一条,见于日本佐伯富《中国随笔索引》。张书未见。

一九三四年八月属稿,三五年二月写成,五四年十一月重改。

后记(二)

《科学通报》二卷五期(一九五一年出版)所载南京博物院曾昭燏张彬诸君所撰《南京牛首山南唐二陵发掘记》,略云:两陵位于牛首山南祖堂山下,在幽栖寺西南约三里,一九五〇年春间,游民盗发古墓,乃发现二陵。李昪陵内有玉哀册,已残缺,文有"维保大元年,岁次癸卯,十……子嗣皇帝臣瑶,伏以高祖开基,文皇定业,渍之海泽,薰以声教。""……钦陵,礼也。""上尊谥曰光文肃武……""……祖,伏维明灵降格,膺兹典礼"等句,断为昪陵。璟陵有石哀册,刻词残句有"髯断稽山鸟来"语,知为帝陵,(初疑为昪妻宋后陵。)又有"弟居储元"句,殆指璟即位后立母弟齐王景遂为皇太弟事,断为璟陵。按马令、陆游《南唐书》,皆云昪死葬永陵,而玉册称钦陵。又两书皆云中主初名景通,复改名璟,而玉册称"嗣皇帝臣瑶"。若谓玉册误刻,当时治陵臣工不应荒唐至此。且马令书成于北宋末年,陆游书成于南宋中叶,时代距南唐甚近,南唐旧臣多仕宋者,子孙相继,不应传述皆讹。以意度之,昇陵殆本名钦陵,至中主交泰元年(九五八)五月,臣服于周,奉周正朔,乃改名永陵,以郭威尝追尊其父郭简之墓为钦陵,南唐自不敢同名也。至中主原名景通,其改瑶应在即位之后,盖避免与其兄弟景遂、景达、景逷等同排行,此当时专制君主习惯,大概后以"瑶"字太普通,臣下避讳为难,且五代君主,好以带"日"之字为名,取"天子当阳"之意,如朱温改名晃,刘知远改名暠,徐知诰改名昇,故中主取"瑶"之玉旁加于原来"景"字,遂成"璟"字。臣周之后,又因郭威高祖名璟,不敢不避讳,乃去玉作景。(见《旧五代史》一三四《僭伪列传》)但此事距周之亡不及二年,距中主之死亦不过三年,及薛居正撰《五代史》、欧阳修撰《新五化史》,均以周为正统,故均称中主名景,至马、陆两书则仍复璟之旧名。二陵皆久被盗,疑其事在南唐亡后不久,或即在未亡之时,据马氏《南唐书》十《李建勋传》:"临卒,顾谓门人曰:吾死敛以布素,旷野深瘗,任民耕辟,不须封树。暨甲戌之后,公卿坟茔,越人发掘殆尽,而独建勋以不知葬所获免。"公卿坟茔尚且尽掘,则并峙之二陵,何能幸免。马令《南唐书》二六《浮屠传》,谓宋兵渡江,就牛头山下之僧寺为营署。是二陵附近即成兵营,其被掘自是意中事。甲戌(九七四)宋兵会吴越兵攻南唐围金陵时,距李昇钦陵之建造(九四三年)不过三十一年,距李璟顺陵之建造(九六一年)不过十三年耳。

右文唐圭璋君见告,兹约录之。今春尝往南京博物院观南唐二陵出土文物。念中主、后主皆工书法,而遗迹罕见。二陵玉哀册若出二主手,诚书林瑰宝矣。望方家考之。一九五五年八月记。

后记(三)

顷遇启元白教授(功)于北京,启君精法帖鉴别,予问后主手迹,因及《苕溪渔隐》所载围城中作长短句事。承告后主书刻于《淳熙秘阁续帖》;《续帖》十卷,明金坛覆刻八卷,此迹适在缺卷中;而董其昌曾见宋拓,其临本刻在《剑合斋帖》,《临江仙》之后,书太白五古"好鸟巢珍木"、"月色不可扫"、"涉江弄秋水"三首,当即《西清诗话》所见之本。惟不知董氏有不临者否。《临江仙》词与《耆旧续闻》所引又有异同,殆《续闻》板本有经后人臆改处,当以董氏临本为得真也。其词云:"樱桃落尽春归去,蝶翻轻粉双飞。子规啼月小楼西。玉钩谁卷,惆怅暮霞霏。　门巷寂寥人散后,望残烟衰草低迷。炉香闲袅凤凰儿。空持裙带,回首恨依依。"烟下又书衰字,殆即原槁涂改之字,董氏照临之耳。谓其非围城困窘所书,固是;而谓为书他人词,恐亦不然;果书他人词,又何以涂注数字乎。今集本据《丛话》编入,观其后注《西清诗话》一条,又注"案《实录》云云"一条,而删去"苕溪渔隐曰"五字,故知出自《丛话》也。其缺三句者,盖只据《丛话》所引之《西清诗话》,不知《耆旧续闻》所引者固不缺。殆《丛话》偶有脱文,编纂者不知《续闻》中固有全文耳。

启君又谓故宫印本赵幹《江行初雪图卷》,题检云:"《江行初雪》,画院学生赵幹状。"又有韩幹画照夜白题检,疑皆是后主书。并志之待考。一九五六年六月书。

张子野年谱

张先字子野,乌程人。《嘉泰吴兴志》、《湖州府志》。《直斋书录解题》作吴兴人。

祖任。《临川集》卷九十七《张常胜墓志铭》:"曾祖任。"常胜,子野子文刚也。

父维,赠尚书刑部侍郎。《临川集》、《齐东野语》。

子野天圣八年进士,《齐东野语》。为宿州掾,《能改斋漫录》。以秘书丞知吴江县,《中吴纪闻》。嘉禾判官,本集、《宛陵集》、《嘉兴府志》。永兴军通判,《画墁录》、《道山清话》。以屯田员外郎知渝州、虢州。《宛陵集》。以都官郎中致仕。《齐东野语》、《宛陵集》。

尝与晏殊、欧阳修、王安石、宋祁、赵抃、苏轼诸人游。本集、《临川集》、《东坡集》、《过庭录》、《古今词话》。

工诗,而独以歌词闻。《东坡集》。与柳永齐名。《能改斋漫录》。

善戏谑,有风味。《东坡集》。至老不衰,八十余视听尚精健,犹有声妓。《石林诗话》、《侯鲭录》、《东坡集》。

《东都事略·梅尧臣传》,谓子野与刁约"皆有文名而逸其事"。兹钩稽杂书,谱其平生,以补史阙。《宋史翼》引《京口耆旧传》补刁约事颇详,《子野传》则仍甚简略。

宋太宗淳化元年庚寅　九九〇

一岁。

子野生年，宋人有二说。苏轼《书垂虹亭记》云："吾昔自杭移守高密，与杨元素同舟，而陈令举、张子野皆从吾过公择于湖，遂与刘孝叔俱至松江，夜半月出，置酒垂虹亭上。子野年八十五，以歌词闻于天下，作《定风波令》，其略云云。"案轼自杭移高密，在神宗熙宁七年甲寅五月，见《东坡年谱》。访李常公择于湖州，过松江为垂虹之会，在同年九月，见王文诰《苏诗总案》。自熙宁七年逆数八十五年，子野当生于此年，此一说也。《齐东野语》十五"张氏十咏图"条，载孙觉《十咏图序》略云："赠尚书刑部侍郎张公讳维，吴兴人。节公卒十八年，公子尚书都官郎中先亦致仕家居，取公平生所自爱诗十首，写之缣素，号十咏图。节都官字子野，盖其年八十有二云。"陈振孙跋云："时熙宁五年，岁在壬子；逆数而上八十二年，子野之生当在淳化辛卯。"此又一说也。苏、孙皆子野同时人，而所记相差一年。今案赵德麟《侯鲭录》七云："张子野年八十五，尚闻买妾。陈述古作杭守，东坡作倅，述古令东坡作诗云云。"苏集十一诗题亦云："张子野八十五闻尚买妾，述古令作诗。"考陈襄述古自陈州移知杭州，在熙宁五年七月。自杭移南郡，在熙宁七年，与苏轼罢杭州通守知密州同年。若依苏说，熙宁七年，子野正八十五；依孙说则熙宁八年方八十五；而熙宁八年陈襄、苏轼皆已去杭，与赵录苏诗不合。知子野生年，以依苏说为是。孙序"其年八十有二"句，"二"或"三"之讹耳。

父维三十五岁。

陈振孙《十咏图跋》谓维"享年九十一，为守湖州太守马太卿会六老之年，实庆历丙戌，逆数而上九十一年，则周世宗显德丙辰也。"显德丙辰顺数至是，三十五岁。

淳化二年辛卯　九九一

二岁。

晏殊生。

淳化三年壬辰　　九九二

三岁。

博州张先子野生。

据欧阳修《居士集》廿七《张子野墓志铭》。

《道山清话》误合吴兴、博州二子野为一人,《居易录》已辨之。《少室山房笔丛》误谓博州子野亦号"三影"。沈雄《古今词话》上亦已辨之。兹附博州张先之生卒于谱,以资参证。

《宋史》二六八《张逊传》:"逊孙先,进士及第。"逊太宗端拱间九八八—九八九为枢密副使,时代与博州张先相接;惟逊高唐人,知非博州张先之祖。是北宋同时有三张先也。

北宋同时人字子野者四人,二张先外,又有大名人王质,及苏轼之友赵子野。

太宗至道二年丙申　　九九六

七岁。

赵概生。

真宗咸平元年戊戌　　九九八

九岁。

宋祁生。

咸平五年壬寅　　一〇〇二

十三岁。

梅尧臣生。

真宗景德三年丙午　　一〇〇六

十七岁。

祖无择生。

景德四年丁未　一〇〇七

十八岁。

欧阳修生。

真宗大中祥符元年戊申　一〇〇八

十九岁。

赵抃生。

真宗大中祥符五年壬子　一〇一二

二十三岁。

蔡襄生。

真宗天禧二年戊午　一〇一八

二十九岁。

晏殊除知制诰。

天禧五年辛酉　一〇二一

三十二岁。

王安石生。

《临川集》九十七《张常胜墓志铭》，谓"君常胜妻予从父妹也，故君从予学。"常胜乃子野之子，是安石与子野为姻戚，与子野之子同行辈也。

仁宗天圣二年甲子　一〇二四

三十五岁。

博州张先登进士。

见欧阳修撰《墓志》。

天圣六年戊辰　　一〇二八

三十九岁。　作《归安县令戴公生祠记》。

《嘉泰吴兴志》十五《县令题名·归安县》："戴颙,天圣四年七月,以太常博士知县事。临民未期,治具大举。先是,邑人以物产久虚,而茶赋不除,土敝无出,齐民大困。公乃藉数之赢少,第户之丰乏,审地置而均其课。由是乡亭绝追捕之苦。县有崇礼、万岁二乡,人多泽居,罕务力穑,资橘山之盐以冒禁;公喻以理法,民遂革业务农,私室渐实,圜扉荐空。戊辰岁召还,而二乡之民,立祠于射村永兴寺。乡贡进士张先记,石刻在寺。"又卷十九《碑碣》："归安县县令戴公《生祠记》在鹿苑寺,乡贡进士张先述。"案此志文当是节录子野之《戴公生祠记》,故文内两"公"字皆未改易。子野遗文尽佚,此为吉光片羽矣。

林逋卒,六十二岁。

子野有吊逋诗云："湖山隐后家仍在,烟雨词亡草自青。"见《苕溪渔隐丛话后集》卷二十一。

天圣八年庚午　　一〇三〇

四十一岁。　登进士。

子野登第年代,亦有二说:《嘉泰吴兴志》及《齐东野语》"张氏十咏图"条作天圣八年,而《嘉靖湖州府志》、《浙江通志·选举志》俱作"康定元年"。相差十载。今案《能改斋漫录》十七子野明道中为宿州掾,又据《中吴纪闻》三及《吴江县志》,子野康定元年已以秘书丞知吴江,则从《齐东野语》今年登第是也。是年晏殊四十岁,知礼部贡举。欧阳修二十四岁,试礼部第一。刁约亦以是年擢进士。见《宋史翼》引《京口耆旧传》"刁约"条。

仁宗明道元年壬申　　一〇三二

四十三岁,为宿州掾。

《能改斋漫录》十七"吊玉姐温卿宜哥诗"条:"宿州营妓张玉姐,字温卿,技冠一时,见者皆属意。沈子山为狱掾,最所钟爱。节其后明道中,张子野先,黄子思孝先相继为掾,尤赏之。节"近人赵万里《子野词补遗》,于《永乐大典》一四三八一辑得《塞垣春·寄子山》一首,有云:"叹樊川风流灭,旧欢难得重见。"正谓温卿,知《漫录》所载非博州子野事。仁宗明道止二年,掾宿州当在此两年间。《词苑丛谈》八及《词综》,沈子山皆误作波子山。

仁宗景祐元年甲戌　一〇三四

四十五岁。

柳永登第。

《能改斋漫录》十六谓永"景祐元年方及第"。《渑水燕谈录》八作"景祐末登进士"。《石林燕语》六作"景祐中为睦州推官"。兹姑从《漫录》。

晁无咎云:"子野与耆卿齐名,而时以子野不及耆卿,然子野韵高,是耆卿所乏处。"见《能改斋漫录》十六。《诗话总龟》三十二引《艺苑雌黄》:"世传永尝作《轮台子·早行》诗,颇自以为得意。其后张子野见之云:'既言"匆匆策马登途,满目淡烟衰草",则已辨色矣。又言"楚天空阔未晓"何也,何语意颠倒如是。'"张柳交谊,可考者止此。

景祐三年丙子　一〇三六

四十七岁。

苏轼生。

仁宗宝元二年己卯　一〇三九

五十岁。

六月,滕宗谅知湖州。

《嘉泰吴兴志》,滕宗谅宝元二年六月视事,康定元年十二月移知泾州。按《侯鲭录》载子野于滕子京席上见小妓兜娘,当在是年。后十年再见于京口,则皇祐元年父丧服阕入都时也。

博州张先卒,四十八岁。 见欧阳修撰《墓志》。

王安石此时仅十九岁,不及上交博州张先,其集中所称张子野,皆吴兴张先也。

仁宗康定元年庚辰　一〇四〇

五十一岁。　以秘书丞知吴江县。

《中吴纪闻》三"蔡君谟题壁"条:"张子野宰吴江,因吴江旧亭,撤而新之。蔡君谟题壁间云:'苏州吴江之濒,有亭曰如归,隘坏不可居。康定元年冬十月,知县事秘书丞张先治而大之。'节"

苏舜卿《苏学士文集》三有《中秋夜吴江亭上对月怀前宰张子野及寄君谟蔡大》七古一首。

《乾隆吴江县志》十九《职官》:仁宗康定元年、张先。注云:"徐志列李问后。按《图迹篇·松江亭》下云:'康定元年知县张先撤而新之。'则先传所云'康定初进士知吴江者',乃康定元年由进士来知吴江也。"案《湖州府志》、《浙江通志》诸书,定子野康定元年进士,皆由此致误。

集中无吴江词。《中吴纪闻》一载子野《吴江诗》云:"张子野宰吴江日,尝赋诗云:'春后银鱼霜下鲈,远人曾到合思吴。欲图江色不上笔,静觅鸟声深在芦。落日未昏闻市散,青天都净见山孤。桥南水涨虹垂影,清夜澄光合太湖。'为当时绝唱。"《能改斋漫录》四载子野《鲈乡亭诗》云:"霓舟忽舣鲈鱼乡,槎阁却凌云汉域。"又云:"但怪鲈乡一旦成,分却松江半秋色。"案朱长文《吴郡图经续志》下云:"吴江旧有如归亭,节庆历中,县令张先益修饰之。蔡君谟为纪其事。熙宁中,林郎肇出宰,又于如归亭之侧作鲈乡亭,以陈文惠有'秋风斜日鲈鱼乡'之句。节"是鲈乡亭作于熙宁中。后首当子野熙宁后重到吴江作,非此时诗也。《续志》谓子野修亭在"庆历中",误。

仁宗庆历元年辛巳　一〇四一

五十二岁。　为嘉禾判官,约在此年春。

《词集》二《天仙子》题云:"时为嘉禾小倅,以病眠不赴府会。"词无甲子。案梅尧臣《宛陵集》九《送签判张秘丞赴秀州》诗云:"江燕归时君亦归,燕巢未暖君还去。去去溪边杨柳多,正值清明欲飞絮。竞折赠行何所益,时当长养伤嘉树。不如举酒对青山,酒罢移舟须薄暮。嘉禾主人余久知,迹冗不拟强攀附。傥或无忘问姓名,为言懒拙皆如故。"《宛陵集》此诗编在卷八《吊石曼卿》后,曼卿卒于康定二年,是子野倅嘉禾当在康定元年知吴江之后也。

《光绪嘉兴府志·官师表》一:"元丰年知州军事韩瓘,判官张先,乌程人。"《名宦》一亦云:张先"元丰中判秀州"。案子野卒于元丰元年,《府志》误。

《入蜀记》一,"五日早抵秀州。节六日,赴郡集于倅廨中。坐花月亭,有小碑,乃张先子野'云破月来花弄影'乐章,云得句于此亭也"。《嘉兴府志·名宦》一谓花月亭子野自建。《至元嘉禾志》云:"旧府东厅,张时为倅。后更名来月。"

《至元嘉禾志》、《吴兴艺文补》有张先《醉眠亭诗》二首。

《嘉禾志》:"李行中字无悔,筑亭青龙江上,名之曰'醉眠'。"

庆历六年丙戌　一〇四六

五十七岁。　吴兴郡守马寻宴六老于南园,父维九十一,与焉。

陈振孙《张氏十咏图题跋》:"庆历六年,吴兴郡守宴六老于南园,酒酣赋诗,安定胡先生瑗,教授湖学,为叙其事。六人者:工部侍郎郎简,年七十九;司封员外郎范说,年六十八;卫尉寺卿张维,年九十一:俱致仕。刘余庆年九十二,周守中年九十五,吴琰年七十二,皆有弟子列爵于朝;刘殿中丞述之仲父,周大理丞颂之父,吴大理丞知几之父也。节"《齐东野语》十五载张维《太守马太卿会六老于南园》七律一首,即《十咏图》之一。《野语》又云:"南园故址,在今(吴兴)南门内,牟存叟端平所居是也。"《癸辛杂识》前集"吴兴园圃"条:"牟端明园本《郡志》南园,后归李宝谟,其后又归牟存斋。园中有硕果轩、元祐学堂、芳菲二亭、万鹤亭、双杏亭、桴舫斋、岷峨一亩宫,宅前枕大溪,曰南漪小隐。"《嘉泰吴兴志》十八"南园在郡定安门内横塘,隶归安县界,向来沮洳夐隔,仅有慈感寺。吏部侍郎万钟,家世钱塘,其为司农卿时,卜宅于旁,开拓浸广,号曰南园。台阁亭树,四时花卉俱富,为诸园冠。庆元二年,洪迈为之记。"案:子野有《木兰花》词,为南园花事作。

《宏治湖州府志》谓马寻宴六老于南园,在庆历九年,误,庆历无九年也。

《张氏十咏图》,清代尚存内府,陈振孙跋外,尚有鲜于枢、脱脱木儿跋。见阮元《石渠随笔》二。

赵孟頫《松雪斋文集》三十八有《题先贤张公十咏图》诗。

父维卒。

陈振孙《十咏图跋》:"其父享年九十有一,正当为守会六老之年,实庆历丙戌。"

孙觉《十咏图序》:"赠尚书刑部侍郎张公讳维,吴兴人。少年学书,贫不能卒业,去而躬耕以为养。善教其子,致于有成。平居好诗,以吟咏自娱;浮游闾里,上下于溪湖山谷之间,遇物发兴,率然成章,不事雕琢之巧,往往与异时处士能诗者为辈;盖非无忧于中,无求于时者,其言不能若是也。公不出仕,而以子封至四品,亦可谓贵;不治职而受禄养以终其身,亦可谓富;行年九十有一,可谓寿考。……夫享人情之所甚慕,而违其所哀,无忧无求,而见之吟咏,则其自得而无怨怼之辞,萧然而有沉澹之思,其亦宜哉节。"《齐东野语》卷二十"耆英会"条云"维时年九十七",误。

子文刚常胜生。

《临川集》九十七《张常胜墓志铭》:"年二十七,熙宁五年九月九日卒。"当生于此年。案墓志云文刚"女三人",不云有子,子野孙有生于至和初,文刚方七岁,知文刚非子野长子也。有字谦中,著《复古编》者。

墓志称常胜"孝友顺祥",知其有兄弟。常胜无子,谦中当是其兄子。《攻愧集》七十八《跋张谦中篆书金刚经》,谓其追荐亡父张三先生者,是谦中之父,子野第三子也。

皇佑元年己丑　一〇四九

六十岁。　四月,作《转声虞美人》词,送唐询彦猷罢湖州守。

《嘉泰吴兴志》十四唐询以庆历七年四月到任,皇佑元年四月罢,子野此词后半阕云:"日落乱山春后,犹有东城烟柳,青阴长依旧。"正四月景物,其时子野正在父丧服阕后也。

客京口约在此年。

《侯鲭录》二:"张子野云:往岁吴兴守滕子京席上,见小妓兜娘,子京赏其佳色。后十年再见于京口,绝非曩时之容态,感之作诗云:'十载芳洲采白蘋,移舟弄水赏青春。当时自倚青春力,不信青春解误人。'"滕席见兜娘乃子野五十岁事,再见于京口当是此年左右。

词集—有《南乡子》"何处可魂消,京口终朝两信潮"一首,又有同调《南徐中秋》一首,皆别妓词,或即赠兜娘之作。

王安石有《次韵张子野竹林寺二首》云:"京岘城南隐映深,两牛鸣地得禅林。"张元唱已佚。当同客京口时作。

皇佑二年庚寅　一〇五〇

六十一岁。　晏殊知永兴军,辟为通判。

《画墁录》:"晏丞相领京兆,辟张先都官通判。一日,张议事府中,再三未答。晏公作色操楚语曰:'本为辟贤会道"无物似情浓",今日却来此事公事。'""无物似情浓",子野《一丛花》句也。子野为殊知贡举所得士,见四十一岁谱。

《道山清话》记《碧牡丹》词事云:"晏元献为京兆,辟张先为通判;新纳侍儿,公甚属意;先能为诗词,公雅赏之;每张来,令侍儿出侑觞,往往歌子野所为之词。其后王夫人浸不能容,公即出之。一日,子野至,公与之饮,子野作此词,令营妓歌之,至末句,公闻之怃然曰:'人生行乐耳,何自苦如此。'亟命于宅库支钱若干,复取前所出侍儿,既来,夫人亦不复如何也。"案《绿窗新话》引《古今词话》,以此词为子野为晏几道出姬作,当误。参赵万里辑《古今词话》。

晏殊以观文殿大学士知永兴军京兆府宋属永兴军,今长安县,在此年。说在二晏年谱。子野明年知渝州,其被晏辟当此年事。

子野有《木兰花》"晏观文画堂席上"一首。又,集中《玉联环·南郊夜饮》一首,《木兰花·邠州作》三首邠州宋属永兴军,《醉桃源·渭州作》一首渭州宋属陕西秦凤路,在今甘肃平凉,或亦是年左右作。

子野西行游迹,以此为最远矣。

皇祐四年壬辰　一〇五二

六十三岁。　以屯田员外郎知渝州。

梅尧臣《送张子野屯田知渝州》诗云："旧居苕溪上,久客咸阳东。归来得虎符,驰马向巴中。歌将听巴人,舞欲教渝童。况尝美秦声,乐彼渝人风。忠州白使君,竹枝词颇工。行当继其美,贡葛勿匆匆。"此诗在《宛陵集》卷三十九。《宛陵集》三十八《读月石屏》诗注云："自此起皇祐三年五月至京后。"卷四十第一首《宁陵阻风雨寄都下亲旧》云："予生五十二,再解官居忧。"尧臣生咸平四年;皇祐四年正五十二岁;则卷三十九各诗,当皆皇祐三年作。兹据之定子野知渝州在此年。梅诗云"归来得虎符",是先自秦归,后乃入蜀也。

集中《天仙子·别渝州》云"三月柳枝柔似缕",《渔家傲·和程公辟赠别》云"巴子城头春草暮",又有《少年游·渝州席上和韵》,皆春间去渝赠别之作,不知在何年。按《宋史》三三一《程师孟公辟传》,师孟曾提点夔路刑狱,而不著年代。据钱大昕《十驾斋养新录》二十"程师孟无知苏州事"条,谓师孟熙宁六年在广州,《谏议郑公祷雨记》石刻可证。其宦蜀必在熙宁前也。

据近人吴廷燮《北宋经抚年表》,皇祐二年杨察知益州,四年十二月丁丑迁开封。察为晏殊女夫,子野仕蜀,殆亦由殊耶。

察本年冬即离蜀,子野当不久于任,故皇祐五年即返永兴军晏幕。

范仲淹卒,六十四岁。

皇祐五年癸巳　一〇五三

六十四岁。　重游长安。

集有《玉联环·送临淄相公》云："叶落灞陵如翦,泪沾歌扇。

无由重肯日边来,上马便长安远。"又云"不须多爱洛阳春,黄花讶归来晚。"案晏殊此年十月自永兴军徙知河南,封临淄公。据词,子野此年重游长安也。

晁补之生。

仁宗至和元年甲午　一〇五四

六十五岁。　孙有生。

《四库·复古编提要》:"宋张有撰,有字谦中,湖州人,张先之孙,出家为道士。"案政和三年癸巳,程俱为《复古编序》,谓"有四十而学成,六十而其书成,复古之编是也"。晁公武《郡斋读书志》亦云:"年六十成此书。"又案《夷坚甲志》六"张谦中篆"条,谓有"宜和中年已七十余"。政和三年六十岁,则宣和末七十二岁,志与序合。以此互推,有当生于今年。《宋史翼》二十八《张有传》,引李焘《说文解字后序》,云"年五十余成此书"。与程、晁说异,不知何据。有为子野第三子之子,考在五十九岁谱。

仁宗至和二年乙未　一〇五五

六十六岁。

晏殊卒,六十五岁。

《四库提要》引《名臣录》,谓殊"词名《珠玉集》,张子野为之序"。今本《珠玉词》无张序。

仁宗嘉祐元年丙申　一〇五六

六十七岁。

周邦彦生。

王国维《清真先生遗事》作嘉祐二年,陈思《清真居士年谱稿》作嘉祐三年,皆偶误。

嘉祐四年己亥　一〇五九

七十岁。　秋,暂还吴兴,出知虢州。

《宛陵集》二一《送张子野知虢州先归湖州》诗云:"来赴虢太守,暂归吴兴家。吴兴近洞庭,橘林正吹花。君当橘柚时,摘包带霜华,清甘不楚齿,若酒倾残霞。黟山小女儿,姹姹两发丫,袅袅上氍毹,嘈嘈弄琵琶。是时与之醉,何以走尘沙。"案梅集此诗编在《次韵和永叔赠别择之赴陕郊》及《次韵和永叔夜闻风雨声有感》二首之间,检欧公《居士集》八,二诗皆注"嘉祐四年",知子野知虢州在此年。诗云"君当橘柚时",知秋间还吴兴。《宛陵集》三有《送张子野赴官郑州》一首,卷五有《送张子野秘丞知鹿邑》一首,皆谓博州张先。欧阳修博州张子野墓志谓曾监郑州酒税,知亳州鹿邑,可证。此诗及前引《送张子野屯田知渝州》,则皆赠吴兴子野;博州子野已前卒于宝元二年也。

嘉祐五年庚子　一〇六〇

七十一岁。　春离虢州任。

《宛陵集》二十六有《送雷太简知虢》诗,编在《送刁经臣归润州》之后、《次韵永叔二月雪》之前。考欧阳修《居士集》亦有《送刁约推官归润州》诗,注"嘉祐四年",《二月雪》诗注"嘉祐五年"。知子野离虢在此年春。雷盖代子野者。雷字简夫,曾为雅州,最早荐苏洵于韩、张、欧阳,三苏始以得名,见《邵氏闻见后录》。《宋人轶事汇编》五三八引。

在杭州,作《山亭宴慢》送唐询。

集一《山亭宴慢·有美堂赠彦猷主人》一首云:"新欢宁似旧欢浓,此会几时还聚。"乃送唐询彦猷离杭词。集二又有《转调虞美人·雪上送彦猷》一首。《咸淳临安志》四十六《郡守表》:"唐询嘉祐三年九月丙辰自知苏州知,五年九月甲辰除吏部郎中。"按子野此词作于春夏时,当在解虢州任之后。

梅尧臣卒,五十九岁。

嘉祐六年辛丑　一○六一

七十二岁。　入京见宋祁、欧阳修,或在此时。

《古今词话》:"景文过子野家,将命者曰:'尚书欲见"云破月来花弄影"郎中。'子野内应云:'得非"红杏枝头春意闹"尚书耶。'"亦见《遁斋闲览》。考《宋景文集》,祁嘉祐四年四月知郑州,五年七月还台,再任群牧使,六月《唐书》成,迁左丞,进工部尚书,六年五月丁酉卒。参《宋景文集》卷三十八,卷七及《续通鉴长编》。是为尚书时日不久,即卒于本年夏间。二人相见,或在此时。虽称宋为尚书,不必在其官尚书时,然以下文《过庭录》一事纪年推之,当去此不远。

《过庭录》:"张先子野郎中《一丛花》词云:'沉恨细思,不如桃杏,犹解嫁东风。'一时盛传。欧阳永叔尤爱之,恨未识其人。子野家南地,以故至都,谒永叔;阍者以通,永叔倒屣迎之曰:'此乃"红杏嫁东风"郎中。'"考欧阳修嘉祐初为翰林学士,次年参知政事,皆在京;熙宁元年乃出知亳州,子野见修,当亦在此年前后。

王安石《寄张先郎中》诗曰:"留连山水住多时,年比冯唐未觉衰。篝火尚能书细字,邮筒还肯寄新诗。胡床月下知谁对,蛮樯花前想自随。投老主恩聊欲报,每瞻高躅恨归迟。"安石此年方以度支判官改知制诰,此诗年代无考。

嘉祐八年癸卯　一○六三

七十四岁。

《能改斋漫录》十七"吊玉姐温卿宜哥诗"条,载陈师之妾温卿,黄子思妾爱哥,"二人皆葬于宿州柳岸之东;子野嘉祐中过而题诗云:'好物难留古亦嗟,人生无物不尘沙,何时宰树连双冢,结作人间并蒂花?'"此诗不详年月,附于嘉祐末年。陈师之字求古,见本事词上。

英宗治平元年甲辰　　一〇六四

七十五。　　为父维作《十咏图》,时已致仕家居。

孙觉《十咏图序》:"公卒十八年,公子尚书都官郎中先亦致仕家居,取公平生自爱诗十首,写之缣素,号《十咏图》。"陈振孙跋:"自庆历丙戌后十八年,子野为《十咏图》,当治平甲辰。"

《东坡居士集·祭张子野文》曰:"仕而忘归,人所共蔽,有志不果,日月其逝;惟予子野,归及强锐。优游故乡,若复一世。"又云:"坐此而穷,米盐不继,啸歌自得,有酒辄诣。"足见子野致仕后情况。

治平三年丙午　　一〇六六

七十七岁。　　在杭,作《喜朝天》送蔡襄于清暑堂。

《喜朝天·清暑堂赠蔡君谟》结云:"睢社朝京非远,正和羹民口渴盐梅。佳景在吴侬,还望分阃重来。"

案《咸淳临安志郡守表》:蔡襄治平二年,以端明殿学士礼部侍郎知,三年五月甲寅,徙知应天府。应天府即睢阳。故子野词云"睢社朝京非远"。据《成化杭州志》,蔡襄建清暑堂在此年。

《骨董续记》三"钱唐古迹"条,引《玉几山房听雨录》,问水亭,有子野先人故居。姑附记于此。

治平四年丁未　　一〇六七

七十八岁。

郑獬拜翰林学士。

《宋史》三三獬传:"神宗初,召獬夕对内东门,命草吴奎知青州及张方平赵抃参知政事三制,赐双烛送归舍人院,外廷无知者,遂拜翰林学士。"考《宋史·宰辅表》:吴奎知青州,张方平、赵抃参知政事,在此年九月。

集一有《好事近·和毅夫内翰梅花》二首。毅夫,獬字。《花草粹编》三有獬作《好事近》一首,用韵悉同张词,子野所和必此词(此词亦见《梅苑》,无作者姓名)。王仲闻见告。

蔡襄卒。

神宗熙宁二年己酉　一○六九

八十岁。　在杭州。孟秋晦日,与祖无择等游定山慈严院。

《两浙金石志》六定山慈严院题名:"祖无择、沈振、元居中、张先,熙宁己酉孟秋晦偕游。"《咸淳临安志》有子野和元居《中风水洞上祖龙坟韵》一绝,或此时作。

作《醉垂鞭》词送祖无择。

《成化杭州志》:无择治平四年,以谏议大夫加龙图阁学士知杭州。《浙江通志·职官志》四谓在郑獬前。考《神宗纪》,獬以翰林学士罢知杭州,在此年五月;无择去杭,当在今年。

熙宁三年庚戌　一○七○

八十一岁。　在杭州。夏,作《天仙子·送郑獬移青州》。

《咸淳临安志·郡守表》,郑獬以熙宁三年四月己卯徙知青州。子野此词有"庭下花空罗绮散"句,正是夏景。

熙宁五年壬子　一○七二

八十三岁。　子文刚卒,年二十七。

《临川集》九十七《张常胜墓志铭》:"文刚字常胜,好学能文,孝友顺祥。再举进士不第,年二十七,熙宁五年九月九日卒,以六年二月十日葬于凤凰山。"《吴兴掌故集》+"凤凰山":"乌程西北九里,在卞山东尽处,上有张常胜墓,王安石为之志。"

孙觉为《十咏图序》。

陈振孙《十咏图跋》:"子野为《十咏图》,当治平甲辰,又后八年,孙莘老〔觉〕为〔湖州〕太守,为之作序,当熙宁壬子。"《嘉泰吴兴志》:孙觉熙宁四年十一月到任,六年三月移知庐州。

《醉落魄·吴兴莘老席上》一首,当此时作。

五月,**陈襄自陈州移知杭州**。《咸淳临安志》。十二月,苏轼过湖州作《和致仕张郎中春昼》诗。

郑獬卒,五十一岁。欧阳修卒,年六十六。

熙宁六年癸丑　一〇七三

八十四岁。　在杭州。作《望江南》词赠龙靓,《雨中花令》赠胡楚。

陈襄判杭州,营妓周韶落籍,其同辈胡楚、龙靓皆有诗送之,详见苏子瞻《天际乌云帖》。又子瞻《熙宁七年常润道中寄述古》诗云,"去年柳絮飞时节,记得金笼放雪衣",知陈襄放营妓事在六年春。《后山诗话》有记胡楚、龙靓事。

苏轼作《元日次韵张先子野见和七夕寄孙莘老之作》,王文诰编在此年。

熙宁七年甲寅　一〇七四

八十五岁。　六月,葬子。见去年谱。七月,作《虞美人·述古**陈襄**移南郡》、《熙州慢·赠述古》。

苏轼亦有《虞美人·有美堂赠述古》一首,《苏诗总案》云:"甲寅七月陈襄将罢任,宴僚佐于有美堂作。"或与子野同作。《熙州慢》结云,"离情尽寄芳草"。亦别词也。(葬子移去年谱,见《承教录》)《经抚年表》:陈襄七年六月己巳改应天,是日以知应天府翰林侍读学士礼部侍郎杨绘知杭州,入为翰学,九月丙申,沈起知杭州。

九月,与杭守杨绘,饯苏轼于中和堂。作《劝金船》及《更漏子·流杯堂席上作》。

苏轼有《泛金船·流杯亭和杨元素》,毛本调作"劝金船",与张词同。《苏诗总案》:"甲寅九月,公以太常博士权知密州军事,罢杭州通守任,杨绘饯别于中和堂,和韵作。"苏轼又有《浣溪沙·自杭移密守,席上别杨元素,时重阳前一日》。

与苏轼、杨绘、陈舜俞过李常于湖州,遂与刘述俱至松江,夜半月出,置酒垂虹亭,作《定风波令》,座客甚欢,有醉倒者。苏轼书《游垂虹亭记》。

《嘉泰吴兴志》十三,六客堂在湖州郡圃中,熙宁中,知州事李常作《六客词》:"元祐中,知州事张询复为六客之集,苏子瞻、陈令举过之,会于碧澜堂。子野作《六客词》,传于四方。今仆守是郡,子瞻与曹子方、刘景文、苏伯固、张秉道来过,与仆为六。而向之六客,独子瞻在。复继前作,子野为前《六客词》,子瞻为后《六客词》,与赓和篇并刻墨妙亭。"案:子野《六客词》即《定风波》,今载鲍刻本补遗上,其词结句所谓"尽道贤人聚吴分,试问,也应傍有老人星"也。苏轼之后《六客词》,作于元祐六年三月,《苏诗总案》漏载其事。子野此词自注,"雪溪席上";轼书《游垂虹亭》,则谓"在松江垂虹亭上所作",疑为轼事后误记。轼书此事,在此后十七年矣。

《观林诗话》九页:"东坡在湖州,甲寅年,与杨元素、张子野、陈令举,由苕霅泛舟至吴兴;东坡家尚疑误出琵琶并沈冲宅犀玉三面胡琴;又州妓一姓周一姓邵,呼为'二南';子野赋《六客辞》。后子野、令举、孝叔化去,唯东坡与元素、公择在尔,元素因作诗寄坡云:'二南社里知谁在,六客堂中半已空。'"今子野词补遗有《木兰花·席上赠同邵二生》一首,"同"盖"周"之误。

《江南通志》:"垂虹亭在吴江县东门外长桥,宋庆历中县令李间建。案垂虹亭盖取子野'桥南水涨虹垂影'之句,与鲈香词同为吴江嘉话。"

苏轼《祭张子野文》:"我官于杭,始获拥彗;欢欣忘年,脱略苛细;送我北归,屈指默记,死生一诀,流涕挽袂。"盖指此时事。

作《定风波令·次于瞻韵送元素内翰》、《再次韵送子瞻》。

《咸淳临安志》:杨绘熙宁七年六月己巳自应天府徙知,九月,再入为翰林学士兼侍读。

《东坡乐府》有《江城子·湖上与张先同赋,时弹筝》、《南乡子·沈强辅席上,出犀丽玉作胡琴,送元素还朝,同子野各赋一首》。今子野集中无此题,盖佚之矣。

苏轼赠诗,嘲老年娶妾。

苏诗十一题云:"张子野八十五,尚闻买妾,述古令作诗。"案陈襄述古以此年七月去杭,是买妾秋前事也。

《苏诗编年》此首在熙宁六年,《苏诗总案》本之,如熙宁六年子野八十五,则与书《游垂虹亭》所记不合,疑编诗误前一年,否则"五"字乃"四"之误也。

《韵语阳秋》十九:"张子野八十五犹聘妾;东坡作诗,所谓'诗人老去莺莺在,公子归来燕燕忙'是也。荆公亦有诗云:'篝火尚能书细字,邮筒还肯寄新诗。'其精力如此,……坡复有《赠刁张二老》

诗,有'共成一百七十岁'之句,则子野年益高矣。故其末章云:'惟有词人被磨折,金钗零落不成行。'"案元丰二年轼守湖州作《祭子野文》云"堂有遗像,室无留嬖",似不久又遭去矣。

《古今词话》:"子野晚年,风韵未已,尝宠一姬,颇艳丽;但姬亦士族,不肯立名,子野以六娘呼之。而子野闺中性严,坚使立名,子野不得已,以绿杨呼之,盖取其声音与六娘相近也。既而不相容,将欲逐去之,子野乃作《蝶恋花》一曲,以写惓惓之意。案词载鲍刻本卷二。绿杨将行,子野更作《浪淘沙令》以送别。"词载鲍刻本补遗下。

此见《湖录经籍考》五引,不见于沈雄《古今词话》,或出宋人杨湜书。近赵万里辑杨湜《古今词话》未引。其事信否不可知。案苏轼《和致仕张郎中春昼》云:"投绂归来万事轻,消磨未尽只风情。旧因莼菜求长假,新为杨枝作短行。"《元日次韵张先子野见和七夕寄莘老之作》云:"小蛮知在否,试问噎嚅翁。"《苏诗集成》上首编在卷八熙宁五年八月后,下首编卷九熙宁六年,皆在《咏子野买妾》一首之前。诗云杨枝、小蛮,不知是否指绿杨。

(陈文述《西泠闺咏》二《张子野旧居怀莺莺、燕燕》诗,据苏诗,以莺莺、燕燕为子野二妾名。借之为吟料耳,当非信为事实也。《书录解题》谓苏轼此诗用张姓故事。《侯鲭录》云"诗人"谓张籍,"公子"谓张祜。)

时居吴兴仁寿桥。

苏轼《赠张刁二老》诗云:"藏春坞里莺花闹,仁寿桥边日月长。"《苏诗集注》引赵尧卿春说谓"张"指子野、"刁"指景纯,景纯,约字也。

《嘉泰吴兴志》二:仁寿坊在城东望州桥。同书十九,望州桥在湖州府迎春门内,亦跨运河,视众桥为高,故名。案子野所居当在仁寿坊望州桥左近。冯应榴《苏诗合注》引《湖州府志》略同。

熙宁八年乙卯　一〇七五

八十六岁。　春,在吴兴,作《木兰花·乙卯吴兴寒食》。同调《去春自湖归杭,今岁还乡》,《泛青苕·与公择吴兴泛舟》。(参明年谱。)

作《三绝句寄苏轼密州》,轼有和作。一过旧游,二见题壁,三竹阁。见王文诰《苏诗集成》十三。是为二人最后唱酬。张诗今佚。

熙宁九年丙辰　一〇七六

八十七岁。　作词送李常公择离湖州。

《天仙子·公择将行》云:"坐治吴州成乐土,诏卷风飞来圣语。"《离亭燕·公择别吴兴》句云:"此去济南非久,惟有凤池鸾殿。"据《嘉泰吴兴志》,李常熙宁七年三月到任,九年三月移知齐州。

作《小重山·徐铎状元》。

《宋史》三二九《徐铎传》,"熙宁进士第一",《浙江通志》在此年。词云:"华轩承大对,见经纶。"盖贺登第作。又云:"同时棠棣萼,一家春。"谓铎与兄锐同榜进士也。

陈舜俞卒。

《东坡集·祭陈令举文》:"余与令举别二年,而令举没。"谓熙宁七年松江之会后二年也。

神宗元丰元年戊午　一〇七八

八十九岁。　在杭。从赵槩、赵抃游,作《小重山·安车少师访阅道同游湖山》。

案：阅道赵抃字。《咸淳临安志》四十六《郡守表》：郑润甫元丰二年正月己丑知，赵抃则以旧职加太子太保致仕。《东坡集》三十七《赵清献神道碑》："元丰二年二月，加太子少保致仕，时年七十二矣。"盖自杭致仕。

《万历杭州府志》，赵抃阅道再知杭州在熙宁十年。元丰二年己未尚在杭，《咸淳临安志·法雨院法堂题名》及《西湖志》引《石迹记·韬光庵题名》可证。子野词结云："武林佳话几时穷，元丰际，德星聚，照江东。"子野卒于此年，词云"元丰际"，殆词集纪年最后之作矣。

《西湖志》载赵抃《陪赵少师游西湖兼呈座客》诗云："一尊各尽十分酒，四老共成三百年。"子野词云："欲知宾主与谁同？宗枝内，黄阁旧，有三公。"考当时赵姓以少师致仕者，惟有赵概。《宋史》三一八概传云："熙宁初，拜观文殿学士知徐州，自左丞转吏部尚书；前此执政迁官未有也。以太子少师致仕。"概曾知徐州。故张词云："睢陵千里远，约过从。"《苏轼诗集》八有《和欧阳修寄赵概》数首。记概自睢阳访修于汝阴，与张词合。少师是概无疑。

是年卒。

《嘉泰吴兴志》"卒年八十九"，李堂《湖州府志》同。《莲子居词话》一谓熙宁十年卒，误。

《吴兴志》称子野晚年渔钓自适，至今号张公钓鱼湾。按《梅磵诗话》下谓吴兴西门外张钓鱼湾，即张志和钓游处。与《吴兴志》不同。

《齐东野语》十五"张氏十咏图"条："子野之墓，在弁山多宝寺。今其后影响不存矣。"《直斋书录解题》："死葬弁山下。在今多宝寺。"《宏治湖州府志》作"弁山，多宝寺西"。

案子野孙有,生于子野六十五岁,此时已二十余。《攻愧集·跋张谦中有篆书金刚经》云:"坡公有《与赵清献抃帖》云:'表忠观额可用张子野之孙有书之'。"是有于其时已有书声。《野语》谓"今其后影响不存",殆有出家入道,家泽遂斩耶。

子野著述:《嘉泰吴兴志》谓"有集一百卷,唯乐府传于世"。绍兴续编到四库阙书目:"张子野集十二卷。"《宋史·艺文志》:"张先诗二十卷。"《通志·艺文略》:"《湖州碧澜堂》诗一卷。"《绍兴书目》此书不著撰人,或非子野一人诗。苏轼《跋子野诗集后》曰:"子野诗笔老妙,歌诗乃其余技耳。"案子野诗今存于《至元嘉禾志》、《咸淳临安志》、《宋文鉴》、《吴兴艺文补》、《侯鲭录》、《能改斋漫录》者不逾十首,文则一篇不传。《齐东野语》十五谓:"余家又偶藏子野诗一帙,名《安陆集》,旧京本也。乡守杨嗣翁见之,因取刻之郡斋。"是子野诗宋时有汴京本与湖州郡斋本。旧京本名《安陆集》,《野语》"陆"作"六",当误。不得其义;子野有《木兰花·和孙公素别安陆》词,殆尝宦游其地耶。

子野词《直斋书录解题》、《文献通考》皆作 卷,清乾隆间鲍廷博得绿斐轩钞本二卷,区分宫调,盖当时歌本。子野能歌,尝从乐工花日新度《小重山》谱,见李之仪题跋。(参贺方回年谱一一〇五年)子野行迹见于集中者,尚有安陆《木兰花》郴阳《醉桃源》潮沟在金陵西《长相思》玉仙观《谢池春》诸处;年代皆无考。

交游自苏轼、宋祁诸人外,尚有李阁使,见《宴春台慢》、《清平乐》;张中行见《木兰花》;孙公素见《木兰花》;皆未入谱。案公素名贲,与苏轼交游,见《东坡集》五,曾为衢州守,见毛滂《东堂词》。张、李二人,则无从详其籍历矣。

《升庵合集》一六一《词品拾遗》云:"李师师汴京名妓,张子野为制新词,名《师师令》。"鲍刻《子野词》卷一,此调注题"春兴,一作赠美人"。案子野不及下见宣和李师师。秦观《淮海长短句》上有《一丛花》云:"年时今夜见师师,双颊酒红滋。"晏几道《小山词》有《生查子》云:"偏看颍川花,不似师师好。""醉后莫思家,借取师师宿。"皆非宣和李师师。唐人孙棨为《北里志》,记平康妓亦有李师师。师师盖不仅一人也。友人任铭善云,《李师师传》:"汴俗,凡男女生,父母爱之,必为舍身佛寺,节为佛弟子者,俗呼为师,故名之曰师师。"据此,词调中之《师师令》殆与《女冠子》同类。(丁绍仪《听秋声馆词话》十七已谓晏、秦词中之师师非宣和李师师。)

一九三二年冬写初稿,一九五四年秋改定。

二晏年谱

晏殊字同叔，抚州临川人。《宋史》三一一传。

《六一居士集》二十二《晏公神道碑铭》："其世次晦显，迁徙不常。自其高祖讳墉，唐咸通中举进士，卒官江西，始著籍于高安。其后三世不显。曾祖讳延昌，又徙其籍于临川。"

《临川县志》："元献曾祖自高安居临川。郜子固，固生三子，元献与弟颖举神童，入秘阁，而颖夭。"

幼孤独学。《郡斋读书志》四中。《名臣言行录》六：同叔父固"本抚州手力节级"。节级盖唐宋吏役之职。

景德初，以神童荐，赐同进士出身，历仕翰林学士、枢密使、同平章事、西京留守。欧碑。

体貌清瘦。

《归田录》一："晏元献公清瘦如削，其饮食甚微。每析半饼，以箸卷之，抽去其箸，内捻头一茎而食，此亦异于恒人也。"《青箱杂记》五："公风骨清羸，不喜食肉，尤嫌肥膻。每读韦应物诗，爱之曰：'全没些脂腻气。'"捻头见高似孙《纬略》十"寒具"条。盖葱蒜之类。"内"即"纳"字。

自奉若寒士，而豪俊好客。

《能改斋漫录》十二"晏元献节俭"条："公以书规兄嫂，守官必曰廉，曰：'官下不可营私，当以魏四工部为戒。'首尾大约本于节俭，至引古人非亲耕不食，亲织不衣。节曾南丰与公同乡里，元丰间,神宗命以史事。其传公云:'虽少富贵,奉养若寒士。'考公手帖,则曾传可谓得实。"

《后村大全集》一〇三《跋富郑公简》:"旧说晏元献公清俭,凡书简首尾空纸皆手翦熨,置几案备用。富公此简仅阔三寸,而布置七行百余字,若书生灯下作蝇头者,意者二公性相似欤。谚云,党进用纸一幅写一姜字不尽。惜不令见此字。"

《归田录》一:"晏元献公以文章名誉,少年居富贵,性豪俊,所至延宾客,一时名士,多出其门。"《石林避暑录话》二:"晏元献虽早富贵,而奉养极约。惟喜宾客,未尝一日不燕饮。而盘馔皆不预办,客至旋营之。顷见苏丞相子容尝在公幕府,见每有嘉宾必留,但人设一空案一杯。既命酒,果实蔬茹渐至。亦必以歌乐相佐,谈笑杂出。数行之后,案上已粲然矣。稍阑即罢遣歌乐,曰:'汝曹呈艺已遍,吾当呈艺。'乃具笔札,相与赋诗,率以为常。前辈风流,未之有比也。"

性刚峻悁急。

《六一居士集》七十三《跋晏元献公书》:"公为人真率,其词翰亦如其性。"《宋景文笔记》上:"相国不自重其文,凡门下客及官属能声韵者悉与酬唱。"

《五朝名臣言行录》六之三:"公刚峻简率。盗入其第,执而榜之。既委顿,以送官,扶至门即死。累典州,吏民颇畏其悁急云。"

歌词特婉丽,尤喜江南冯延巳之作。

《中山诗话》:"晏元献尤喜江南冯延巳歌词,其所自作,亦不减延巳。"

《宾退录》:"晏叔原见蒲传正曰:'先君平日小词虽多,未尝作妇人语也。'传正曰:'绿杨芳草长亭路,年少抛人容易去,岂非妇人语乎?'叔原曰:'公谓年少为所欢乎?因公言,遂解得乐天诗两句,欲留所欢待富贵,富贵不来所欢去。'传正笑而悟。"《苕溪渔隐丛话》二十六引作诗眼。

几道字叔原,号小山,殊第七子;仕太常寺太祝,欧碑。监颍昌许田镇。《邵氏闻见后录》十九。黄庭坚称其"磊隗隽奇,疏于顾忌。文章翰墨,自立规模,常欲轩轾人,而不受世之轻重"。又称其平生有四痴,其目曰:"仕宦连蹇,而不能一傍贵人之门,是一痴也。论文自有体,不肯作一新进士语,又一痴也。费资千百万,家人寒饥,而面有孺子之色,此又一痴也。人百负之而不恨,已信人终不疑其欺己,此又一痴也。"《小山词序》。

纵弛不羁,尚气磊落。《直斋书录解题》。

其词盛为当时所推,王灼《碧鸡漫志》谓:"如金陵王谢子弟,秀气胜韵,得之天然,将不可学。"

《直斋书录解题》谓同叔五世孙正大曾为《元献年谱》,惜已久佚,无从参验。钱大昕《补元史艺文志》有《晏氏家谱》,则并不知作者。兹排比同叔行实为谱,以叔原附焉。

世系表　据欧碑、《临川志》、《默志》、《梁谿漫志》诸书,考在谱后。

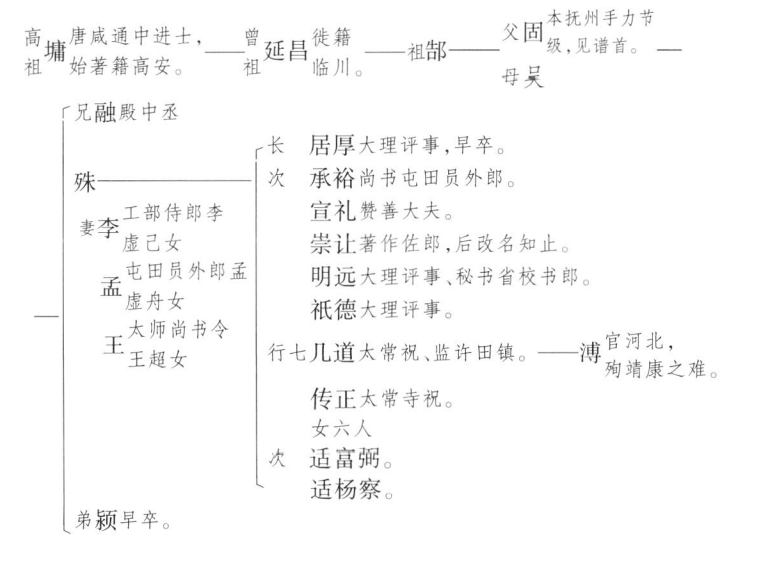

高祖墉　唐咸通中进士,始著籍高安。——曾祖延昌　徙籍临川。——祖郜——父固　本抚州手力节级,见谱首。——母吴

```
┌ 兄融殿中丞
│
│ 殊────────────┬ 长 居厚 大理评事,早卒。
│ 妻李 工部侍郎李虚己女         │ 次 承裕 尚书屯田员外郎。
│     孟 屯田员外郎孟虚舟女       │   宣礼 赞善大夫。
│     王 太师尚书令王超女         │   崇让 著作佐郎,后改名知止。
│                               │   明远 大理评事、秘书省校书郎。
│                               │   祗德 大理评事。
│                               │ 行七 几道 太常祝、监许田镇。——溥 官河北,殉靖康之难。
│                               │   传正 太常寺祝。
│                               │   女六人
│                               │ 次 适富弼。
│                               └   适杨察。
│
└ 弟颖 早卒。
```

宋太宗淳化二年辛卯　九九一

一岁。

据碑：至和二年薨，年六十有五，当生此年。《春明退朝录》一云："枢密副使晏元献公三十五。"据《宋史·宰辅表》及《翰苑群书》下《学士年表》，迁枢密副使在仁宗天圣三年，正三十五岁。

曾致尧四十五岁。寇准三十一岁。杨亿十八岁。夏竦八岁。范仲淹三岁。张先二岁。冯延巳卒已三十一年。孙光宪卒已二十三年。欧阳炯卒已二十年。李煜卒已十三年。

太宗至道二年丙申　九九六

六岁。

宋庠生。

至道三年丁酉　九九七

七岁。　能属文。

碑："公生七岁，知学问，为文章，乡里号为神童。"

《渑水燕谈录》六："晏元献公七岁，文章敏妙，张文节公荐之，真宗召见，赐出身，后二日又召试赋，公徐曰：'臣尝私为此赋，不敢隐，乞易题。'真宗益叹异之，乃易以他题。"案：张知白以神童荐，与廷试，在景德初十四岁，非此年事。此涉欧碑七岁号神童而误。

《续湘山野录》："晏殊相年七岁，自临川诣都下，求举神童。时寇莱公出镇金陵，殊以所业求见。莱公一见器之。既辞，命所乘赐马鞍辔送还旅邸。复谕之曰：'马即还之，鞍辔奉资桂玉之费。'知人之鉴，今鲜其比。"案《宋史》二八一《寇准传》及《宰辅年表》，准以淳化五年九月除参知政事，至道二年去年七月罢知郑州，此年三月真宗即位，迁工部尚书。《野录》云"镇金陵"，非是。其事并不见于碑传,疑不可信。

《挥麈后录》五:"《真宗实录》,召试神童蔡伯俙,授官之后,寂无所传。"节后阅朱兴仲《续归田录》云:伯俙字景蕃,与晏元献俱五六岁以神童侍仁宗于东宫。元献自初梗介。蔡最柔媚,每太子过门阑高者,蔡伏地令太子履其背而登。既践祚,元献被知遇,至宰相,蔡竟不大用。"案《后录》谓俙"元符初致仕,已八十岁矣"。又云:"元丰初,计其年尚未七十。"则当生于真宗天禧间,少同叔二十余岁,断无五六岁同侍东宫之理,《续归田录》所载不可信。

真宗咸平元年戊戌　九九八

八岁。

宋祁生。

咸平五年壬寅　一〇〇二

十二岁。

梅尧臣生。

咸平六年癸卯　一〇〇三

十三岁。　李虚己许妻以女,因荐于杨大年。

《五朝名臣言行录》六之三引《温公日录》:"李虚己知滁州,一见奇之,许妻以女,因荐于杨大年,大年以闻,时年十三。"案:《宋史》三〇〇《虚己传》,曾知遂州、洪州、池州、河中府,通判洪州。未尝知滁,滁字疑讹。同叔幼家临川,未闻至滁也。

李字公受,建安人,官至尚书工部侍郎。史称其"喜为诗,数与同年进士曾致尧及其婿晏殊唱和。初致尧谓之曰:'子之词诗虽工,而音韵犹哑。'虚己未悟。后得沈休文所谓'前有浮声,则后须切响',遂精于格律。有《雅正集》十卷"。《老学庵笔记》五:"虚己以诗法授同叔。"案《六一居士集》二十一《曾公神道碑》,致尧太平兴国八年举进士,大中祥符五年卒,六十六岁,本年五十七。虚己与曾同年进士,齿或相若。

案《宋史·杨亿传》,真宗咸平初,拜左司谏,知制诰,在此前五年。景德初,与王钦若修《册府元龟》,在此后一年。拜翰林学士,在此后三年。明年张知白之荐,或杨为先容也。

《却扫编》上:"本朝公卿多有知人之明,见于择婿与辟客。节李侍郎虚己之婿为晏元献殊,晏元献之婿为富文忠弼、杨尚书察,富文忠之婿为冯宣徽京。"

真宗景德元年甲辰　　一〇〇四

十四岁。　张知白安抚江南,以神童荐。传作"景德初"。

碑:"年始十四,一日起田里,进见天子。"又"故丞相张文节公安抚江西,得公以闻。真宗召见,赐进士出身"。案《宋史》三一〇《知白传》:"江南旱,与李防分路安抚。"据《真宗本纪》,此年"闰九月壬申,江南旱,遣使决狱,访民病苦"。是被荐在闰九月后。沈括《梦溪笔谈》九:"张文节荐之于朝廷,召至阙下,适值御试进士,便令公就试。"盖明年三月事。

查《北宋经抚年表》,景德元二年知洪州为盛度,咸平五年为栾崇吉,六年阙,无知白名。知白知洪州当在咸平六年、景德元年间。《临川县志·选举》:"弟颖,景德初以童子召试,与兄殊同留秘阁,赐出身。"

王超罢三路帅为崇信军节度使。

《宋史》二七八超传:赵州人。以征澶渊会师缓期罢,徙知河阳,又移镇建雄,知青州卒。案征澶渊在此年十二月。超,同叔妇翁也。

富弼生。

景德二年乙巳　　一〇〇五

十五岁。　三月,廷试,赐同进士出身,擢秘书省正字。

碑:"真宗召见,既赐进士出身,后二日,又召试诗赋。公徐启曰:'臣尝私习此赋,不敢隐。'真宗益嗟异之,因试以他题。以为秘书省正字,置之秘阁,使得悉读秘书。命故仆射陈文僖公视其学。"案本纪,此年"三月甲辰,御试礼部贡举人。夏四月,赐进士李迪等琼林宴"。《宋史》三八七《陈彭年传》:景德初,自金州代还直秘阁,杜镐、刁衎荐其该博,命直史馆,兼崇文院检讨,预修《册府元龟》。三年,迁右正言,充龙图阁待制。彭年卒于天禧元年,五十七岁,本年四十五。

传:"帝召殊与进士千余人并试廷中,殊神气不慑,援笔立成。帝嘉赏,赐同进士出身。宰相寇准曰:'殊江外人。'帝顾曰:'张九龄非江外人邪?'"此欧碑不载,并与前引《续湘山野录》不合。案《云麓漫钞》,艺祖御笔:"用南人为相,杀谏官,非吾子孙。"石刻在东京。宋初南人为相,惟丁谓、晏殊、章得象、曾公亮四人,自王安石以后,南人入相者浸多矣。见《廿二史考异》七十七。

《石林避暑录话》二:"节晏元献、杨文公皆神童,元献十四岁,文公十一岁,真宗皆亲试以九经,不遗一字,此岂人力可至哉。神童不试文字,二公既警绝,乃复命试以诗赋。元献题出,适其素习者,自陈请易之。文公初试一赋立成,继又请至五赋乃已,皆古所未闻。"文公即杨亿也。同叔请易题事,彭乘《墨客挥犀》十、《渑水燕谈》六、《梦溪笔谈》九皆同。

(《石林避暑录话》二:"饶州自元丰末朱天锡以神童得官,俚俗争慕之。小儿不问如何,粗能念书,自五六岁,即以次教之五经。以竹篮坐之木杪,绝其视听。教者预为价,终一经,偿钱若干。昼夜苦之。中间此科久废,政和后稍复,于是亦有偶中者,流俗因言饶州出神童。然儿非其质,苦之以至于死者,盖多于中也。"案宋代神童始于杨、晏,且饶、抚连境,此风殆不由天锡。)

石介生。《疑年续录》二。

景德三年丙午　　一〇〇六

十六岁。　迁太常寺奉礼郎。

碑:赐出身之明年,"献其所为文,召试中书,迁太常寺奉礼郎。"传同。

《东轩笔录》三:"节曾谏议致尧,性刚介,少许可。一日,在李侍郎虚己坐上,见晏元献公。晏,李之婿也,初为奉礼郎。曾熟视之曰:'晏奉礼他日贵甚,但老夫耄矣,不及见子为相也。'"致尧,巩之祖也。

景德四年丁未　　一〇〇七

十七岁。

《西崑酬唱集》结集。

杨亿序署衔:"翰林学士左司谏知制诰。"查《学士年表》及《宋史·亿传》,亿以左司谏知制诰拜翰林学士,在去年十一月。明年加兵部员外郎,户部郎中。序当作于此年。集中十七人,无同叔名,殆年齿尚少,未与唱酬也。当时田况作《儒林公议》上曰:"杨亿在两禁,变文章之体,刘筠、钱惟演辈皆从而效之,时号'杨刘'。三公以新诗更相属和,极一时之盛。亿复编叙之,题曰《西崑酬唱集》。据此,集乃亿所编,《四库提要》未引。当时佻薄者谓之'西崑体'。"此止云杨、钱、刘,不及同叔。又晁说之《景迂生集》五《报郑掞论诗三首》有云:"刘杨名一代,可惜义山穷。"注:"西崑体方盛时,梨园伶人作一穷士,云是李商隐,褴褛甚,云近日为人偷尽。"亦止云刘、杨。惟刘攽《中山诗话》载优伶挦扯之戏,谓"祥符、天禧中,杨大年、钱文僖、晏元献、刘子仪以文章立朝,皆宗尚李义山,号西崑体"。牵连同叔,缘未考《西崑》结集年代也。晁云"西崑方盛时",而刘云"祥符天禧中",亦误。案石介作《怪说》,极诋杨亿,而为《庆历圣德诗》,则颂扬同叔。梅圣俞作诗首反西崑,而集中于同叔特致推挹。亦足见同叔与西崑无涉。

欧阳修生。

真宗大中祥符元年戊申　一〇八

十八岁。　十月,迁光禄寺丞。

碑:"封祀太山,推恩迁光禄寺丞。数月,充集贤校理。"案《本纪》,封太山在本年十月,文武并进秩。李之鼎辑晏元献遗文,有《东封圣哲颂序》引《玉海》二十八。案《本纪》,真宗幸曲阜孔庙,分奠七十二弟子,在本年十一月。丁谓等上《大中祥符封禅记》,则在大中祥符三年。案同叔《颂序》云:"皇帝御极之十二载,受灵贶,对休命云云。"当作于此年。

《玉海》一九七有同叔《连理木赞》,注此年作。

韩琦生。

大中祥符二年己酉　一〇九

十九岁。　四月癸巳,献《大酺赋》,召试学士院,为集贤校理。

《玉海》七三:"祥符二年三月十六日辛未,御乾元楼观酺。壬申,上作观酺五言诗赐百官。四月癸巳,晏殊献《大酺赋》,召试学士院,命为集贤校理。"

正月,真宗下诏禁读非圣之书,及属辞浮靡者。《本纪》。

(《四库·西崑酬唱集提要》,谓石介作《怪说》以刺西崑,而祥符中遂下诏禁文体浮艳。案石介生景德二年,此时才五岁,《提要》说误。)

大中祥符三年庚戌　一〇一〇

二十岁。　为集贤校理。十二月庚戌,献《河清颂》。

《本纪》:"十二月,陕州黄河再清,庚戌,集贤校理晏殊献《河清颂》。"《玉海》六十同。

迁著作佐郎。

碑云:为集贤校理之明年,当在十二月庚戌献《河清颂》后。

四月,宋仁宗生。

大中祥符五年壬子　一〇一二

二十二岁。

蔡襄生。

五月,曾致尧卒,六十六岁。《居士集》二十一《曾公神道碑》。王超卒。《临川集·王德用行状》。超,同叔妇翁也。

大中祥符六年癸丑　一〇一三

二十三岁。　丧父,归临川,真宗夺服起之。

碑:"丁父忧去官,已而真宗思之,即其家起复,命淮南发运使具舟送至京师。"传:"丧父归临川,夺服起之。"皆叙在为集贤校理之后,从祀太清宫之前。案《本纪》明年正月,祀太清宫,则丧父在此年左右也。

大中祥符七年甲庚　一〇一四

二十四岁。　正月,从真宗祀亳州太清宫。同判太常礼院。碑传本纪。

案传:"从祀太清宫,诏修宝训,同判太常礼院。丧母,求终丧,不许,再任太常寺丞。"丧母当在此年正月之后,大中祥符九年五月之前。

大中祥符八年乙卯　一〇一五

二十五岁。

范仲淹第进士,二十七岁。范谱。

大中祥符九年丙辰　一〇一六

二十六岁。　五月,献景灵宫、会灵观二赋,迁太常寺丞。

《玉海》一〇〇:"祥符九年五月戊午,晏殊献景灵宫、会灵观二赋,上嘉之,迁太常寺丞。"《徐骑省集》有同叔后序,题"大中祥符九年八月,太常寺丞集贤校理晏殊序"。

真宗之世,天书屡降,祥瑞沓至,文人惟以应制颂德为事。同叔词亦多祝祷之作。

真宗天禧元年丁巳　一〇一七

二十七岁。　十月丁卯,献《维德动天颂》。《玉海》六十。

劳辑遗文三引《岁时杂咏》,有《丁巳上元灯夕》二首,又有《正月十九日京邑上元收灯日》一首、《元夕》一首、《上元日诣昭应宫分献凝命殿以宪职不预班健独归书事》一首,当皆此年作。

韩维生。

二月,陈彭年卒。《本纪》。

天禧二年戊午　一〇一八

二十八岁。　二月,为升王府记室参军,再迁左正言,擢史馆。

碑:"今天子始封昇王,公以选为府记室参军,再迁左正言,直史馆。"案《本纪》,仁宗本年二月丁卯封昇王。

传叙"擢左正言直史馆",在为王府参军前,与碑异。案《梦溪笔谈》九"晏元献"条:"及为馆职,时天下无事,许臣僚择胜燕饮。当时侍从文馆士大夫为燕集,以至市楼酒肆,皆供帐为游息之地。

公是时贫甚,不能出,独家居与昆弟讲习。一日选东宫官,忽自中批除晏殊。执政莫论所因。次日进覆,上谕之曰:'近闻馆阁臣僚,无不嬉游燕赏,弥日继夕,唯殊杜门与兄弟读书。如此谨厚,正可为东宫官。'公既受命得对,上面谕除授之意。公语言质野,则曰:'臣非不乐燕游者,直以贫,无可为之。臣若有钱,亦须往,但无钱不能出耳。'上益嘉其诚实,知事君体,眷注日深。仁宗朝,卒至大用。"《名臣言行录》六、《墨客挥犀》十同。亦谓任馆职在为东宫官前。《本纪》大中祥符二年四月:"诏禁中外群臣,非休暇无得群饮废职。"《笔谈》谓许臣僚择胜燕饮,似误。《能改斋漫录》十二,谓《笔谈》此条,为"后生晚进,好道听涂说,以诬大贤"。

《困学纪闻》有同叔《谢昇王记室表》,当此年作。

八月,以户部员外郎,充太子舍人,知制诰,判集贤院。

碑谓在仁宗为皇太子时。案《真宗纪》,立昇王为皇太子,在本年八月甲辰。《春明退朝录》一:"知制诰:卢相、杨文公、晏元献皆二十八。"

《玉海》二十七:"天禧二年十一月辛未,召近臣至后苑太清楼观太宗御书,及圣制群书。𭩮上作《太清楼阅书歌》,𭩮从臣皆和。晏殊《和阅书歌》:'琼宇金扉迥倚天,南齐七志罕遗逸,西汉九流咸粲然。'"宛书城君引。

劳辑遗文一,引《播芳大全文粹》八,有同叔《代皇太子辞升储表》二首,当此年作。

江休复《江邻几杂志》:"晏相言:'昨知制诰,误宣入禁中,真宗已不豫。出一纸文字,视之,乃拜除数大臣。奏:"臣是外制,不敢越职领之。"须臾,召到学士钱惟演。晏奏:"臣恐泄漏,乞宿学士院。"翌日麻出,皆非向所见者,深骇之,不敢言。'"案《学士年表》,

惟演拜翰林学士，在本年正月，此或本年事。

冬，杨亿拜工部侍郎。史传。

三月，**凌策**卒，年六十二。

劳辑《晏元献遗文》二引《事文类聚》十，曹氏《历代诗选》，有《送凌侍郎归乡》诗。案《宋史》三〇七《策传》，迁工部侍郎，在天禧元年后。策字子奇，雍熙二年进士，宣州泾人。晏诗云："江南藩郡古宣城。"

天禧三年己未 一〇一九

二十九岁。

司马光、曾巩、韩缜、宋敏求生。

天禧四年庚申 一〇二〇

三十岁。　八月，**拜翰林学士**。《学士年表》。

《春明退朝录》一："学士：晏元献公、宣徽王公皆三十。"案《学士年表》，此年八月，钱惟演以翰林学士除枢密副使，同叔或代钱任。又据表，此年四月，晁迥罢，同月杨亿复拜。七月，盛度罢，八月刘筠以兵部员外郎知制诰拜。

劳辑遗文补编一引《洛阳九老祖龙学文集》十四，有祖士衡起居舍人告词，末署"臣晏殊行，天禧四年四月日下"。

十一月戊辰，为太子左庶子。《本纪》。

碑："迁翰林学士，充景灵宫判官，太子左庶子，兼判太常寺，知礼仪院。公既以道德文章佐佑东宫，真宗每所咨访，多以方寸小纸细书问之。由是参与机密，凡所对必以其稿进，示不泄。其后悉阅真宗阁中遗书，得公所进稿，类为八十卷，藏之禁中，人莫之见也。"

《湘山野录》中："真宗欲择臣僚中善弓矢，美仪彩，伴虏使射。时双备者，惟陈康肃公尧咨可焉。陈方以词职进用，时以晏元献为翰林学士太左庶子,事无巨细,皆咨访之。上谓晏曰:'陈某若肯换武,当授与节钺,卿可谕之。'时康肃母燕国马太夫人尚在,门范严毅。陈曰:'当白老母,不敢自专。'既白之,燕国命杖挞之曰:'汝策名第一,父子以文章立朝为名臣。汝欲叨窃厚禄,贻羞于阀阅,忍乎。'因而无报。真宗遣小珰以方寸小纸细书问曼曰:'主皮之议如何?'小珰误送中书,大臣茫然不喻。次日禀奏,真宗不免笑而就之,'朕为不晓此一句经义,因问卿等'。"宛书城曰:"考《真宗本纪》天禧五年,戊寅,唃厮啰请降,是岁高丽又遣使来贡,则欲使陈尧咨伴房使,当在天禧五年。"兹姑连记于此。

草丁谓复相制。

《宋史》三〇五《刘筠传》:"初,筠尝草丁谓与李迪罢相制,既而谓复留,令别草制,筠不奉诏。乃更召晏殊。筠自院出,遇殊枢密院南门,殊侧面而过,不敢揖,盖内有所愧也。"考《本纪》,丁谓、李迪忿争于上前,谓以户部尚书知河南府,迪以户部侍郎知郓州,在本年十一月丙寅。同月己巳,诏谓赴中书视事如故,甲午,以谓兼太子少师。详《宋史》二八三《谓传》,三一〇《迪传》。时同叔在学士任,与筠传合。苏辙《龙川别志》上记此事云:"二相皆以郡罢,节谓因直入中书,节道过学士院,问院吏:'今日学士谁直'。曰:'刘学士筠。'谓呼筠出,口传圣旨,令谓复相,可草麻。筠曰:'命相必面得旨,果尔,今日必有宣召,麻乃可为也。'谓无如之何。它日,再奏事,复少留,退过学士院,复问'谁直'。曰:'钱学士惟演。'谓复以圣旨语之,惟演即从命。"《涑水纪闻》六亦云:丁、李二人斗阋,上命翰林学士钱惟演草制罢谓政事,惟演遂出迪而留谓。外人先闻其事,制出,无不愕然,上亦不复省也。皆以为草谓复相者是钱惟演,而非同叔。然据《学士年表》及《宰辅表》,惟演此年八月,已自翰林学士除枢密副使,在谓罢相复相之前,同叔实代其任。知草制确是同叔,《刘筠传》是。苏辙、司马光所记,或为同叔回护耳。

作《谢会灵观铭石本表》。

十一月癸丑作,见《玉海》三十一。

十二月,杨亿卒,四十七岁。史传作五十七,误。

《苕溪渔隐丛话》二十六引《钟山语录》:"晏相善作小词,诗篇过于杨大年。大年虽称博学,然颠倒少可取者。"

苏颂生。

天禧五年辛酉　一〇二一

三十一岁。　为翰林学士。《学士年表》。

冯京生。同叔女孙婿也。

王安石生。

真宗乾兴元年壬戌　一〇二二

三十二岁。　为翰林学士《学士年表》。二月,真宗崩,同叔有挽诗:"二龙骖夏服,双鹤纪尧年。"见《困学纪闻》注仁宗即位,拜右谏议大夫,兼侍读学士,迁给事中。碑。

传:"仁宗即位,节迁右谏议大夫,兼侍读学士。太后谓东宫旧恩不称,加给事中。"

碑:"初真宗遗诏,章献明肃太后权听军国事。宰相丁谓、枢密使曹利用,各欲独见奏事,无敢决其议者。公建言:'群臣奏事太后者,垂帘听之,皆毋得见。'议遂定。"案《五朝名臣言行录》五之一"王文正公"条,引《沂公言行录》一:"章献明肃太后权处分军国事,听断仪式,久而未定。节公时判礼仪院,乃采用蔡邕《独断》所述东汉故事,皇帝在左,母后在右,同殿垂帘,中书枢密院以次奏事如仪。人心乃定。"是决此议者,又有王曾也。

《石林避暑录话》三:"仁庙初即位,秋宴百戏,有缘撞竿者,忽坠地碎其首死。上恻然怜之,命以金帛厚赐其家,且诏自是撞竿减去三之一。晏元献作诗纪之曰:'君王特轸推沟念,诏截危竿横赐钱。'余往在从班侍燕,见百戏,撞竿才二丈余,与外间绝不同,一老中贵人为余言。后阅元献诗,果见之。庙号称仁,信哉。"此同叔诗可考年代者。

奉诏撰《天和殿御览》、《真宗实录》。

《玉海》五十四:"乾兴初,命翰林侍读学士晏殊等于《册府元龟》中掇其善美事,得要者四十卷,为二百一十五门,名曰《天和殿御览》。"《临川县志》:"晏元献为侍读学士,天圣中,受诏取《册府元龟》掇其要者分类为一百一十五门。天和者,禁中便殿名也。"宛书城曰:"《玉海》、《县志》所载撰年及门数均不同,疑作于乾兴元年,成于天圣中,待考。"

八月,刘筠拜翰林学士,十一月,除御史中丞罢。《学士年表》。

《翰苑群书》下《翰苑遗事》引《仁宗实录》:"乾兴元年十月,翰林学士晏殊等言:'先朝杨亿再为学士,班在钱惟演之上。今新添学士刘筠,天禧中已入翰林,请如故序班臣等之上。'从之,其后如此例。"

刘攽生。

仁宗天圣元年癸亥　一〇二三

三十三岁。　**作《崇天历序》。**

《宋史》卷七十一《律历志》四:"乾兴初,议改历,至天圣元年八月成,既上奏,诏翰林学士晏殊制序而施行焉,命曰崇天历。历法曰:演纪上元甲子,距天圣二年甲子岁积九千七百五十五万六千三百四十。"据此,历上于天圣元年,实施则在二年甲子,《书录解题》十二云二年上,误。

闰九月,寇准卒于雷州。

天圣二年甲子　一〇二四

三十四岁。　三月，预修《真宗实录》成，迁礼部侍郎知审官院。

传："预修《真宗实录》，进礼部侍郎。"碑："迁礼部侍郎，知审官院。"考《宰辅表》，王钦若此年三月甲辰，以《实录》成，加司徒。同叔迁礼部，当亦在此年。

《真宗实录》，同叔与李维、孙奭、陈尧佐、李绶诸人同修，见《直斋书录》四。

十一月，为郊礼仪仗使。

《梁谿漫志》一："本朝郊礼五使，沿唐五代之制。节仪仗使用御史中丞。节天圣二年亲郊，晏元献以翰林学士为仪仗使，节议者以为非故实。节"《本纪》，本年十一月丁酉，祠天地于圜丘。

宋庠、宋祁第进士。

宋祁《景文集拾遗》二十二《祈福醮文》："行年二十有七，乃始登科。"祁本年二十七岁。庠、祁同岁登科，见《宋史》二八四《祁传》。

宋庠《宋元宪集》五《晚岁感旧寄永兴相国晏公诗》有云："误知三十载，顽鲁寄洪钧。节何日陪师席，孤怀跪自陈。"称永兴晏相公，知皇佑间同叔知永兴军时作。云"三十载"，则此时始受知遇也。《渔隐丛话》二十六引《西清诗话》："二宋俱为晏元献殊门下士，兄弟虽甚贵显，为文必手抄寄公，恳求彫润。节"《老学庵笔记》谓李虚己以其法授同叔，同叔以授二宋，自是遂不传。《青箱杂记》五记同叔诗亦云："公之佳句，宋莒公皆题于斋壁。若'无可奈何花落去，似曾相识燕归来。''静寻啄木藏身处，闲见游丝到地时。''楼台冷落收灯夜，门巷萧条扫雪天。''已定复摇春水色，似红如白野棠花。'莒公谓此数联，使后之诗人，无复措词。"莒公即庠也。

《宋元宪集》十五《因览子京西州诗稿》诗注："子京出麾小集。甚为元献晏公所重,叙以冠篇行于世。"《出麾集》今佚,同叔序亦不见。

天圣三年乙丑　一〇二五

三十五岁。　十月辛酉,自翰林学士礼部侍郎迁枢密副使。《宰辅表》。

《学士年表》作十一月。案劳辑遗文三引《岁时杂咏》、《癸酉岁元日中书致斋感事》诗注云："自天圣三年乙丑十月十四日,由翰林授枢密副使。"与《宰辅表》合,又钱易本年十月以左司朗中知制诰拜翰林学士,亦见《年表》,钱盖代同叔,则《宰辅表》作十月是也。

《春明退朝录》一："枢密副使：节晏元献三十五。"

《宋景文集拾遗》十六有《回晏枢密启》,十七有《代回晏枢密让状》。

十二月,上疏论张耆不可为枢密使,由是忤章献太后旨。碑传。

案《本纪》、《宰辅表》,耆为枢密使,在本年十二月乙丑。

《名臣言行录》六之三引《名臣传》："章圣皇帝判南衙时,章献太后得幸,张耆有力焉。天圣中,太后以耆为枢密使,殊言枢密与中书为两府,亦宜以中材者处之,如耆者但富贵之可也。忤太后旨,坐以笏击仆隶,出守南京。"案《涑水记闻》五："贡父曰：'章献刘后,本蜀人,善播鼗,龚美携之入京。美以锻银为业。时真宗为皇太子,尹开封,美因锻得见。太子语之曰："蜀妇人多才慧,汝为我求一蜀姬。"美因纳后于太子,见之大悦,宠幸专房,太子乳母恶之,太宗节命去之。太子不得已,置于殿侍张耆之家,耆避嫌,遂不敢下直。未几,太宗宴驾,太子即帝位,复召入宫。'"《宋史·后妃传》取此。钞本《记闻》另一条："龚美以锻银为业,纳邻娼妇刘氏为妻,善播鼗,既而家贫,复售之。张耆时为襄王宫指使,言于王,得召入宫。节及王即帝位,刘氏为美人,以其无宗族,更以美为弟,改姓刘云。"又《宋史》二九〇《张耆传》:字元弼,开封人,"章献太后微时,常寓其家,耆事之甚谨。及太后预政,宠遇最厚"。同叔劾耆而忤太后,盖由此也。

宛书城曰:"论张耆疏今佚。《临川县志》载天圣中上殿劄子,论邪正之辨,或亦为张而发。"

天圣四年丙寅 一〇二六

三十六岁。 有《丙寅中秋咏月》诗。劳辑遗文三引《岁时杂咏》。

天圣五年丁卯 一〇二七

三十七岁。 正月庚申,罢枢密副使,以刑部侍郎知宋州原作宣州,误,改应天府。《宰辅表》传。纪庚申作己未,碑叙迁刑部侍郎,在去年上疏论张耆前,似误。景德三年以宋州为太祖旧藩,升为应天府,祥符七年建为南京,今商丘县。

传:"坐从幸玉清昭应宫,从者持笏后至,殊怒,以笏撞之,折齿。御史弹奏,罢知宋(原作宣)州。数月,改应天府。"其实由去年弹张耆忤太后也。《渔隐丛话》"数月"作"数日"。

《本纪》、《宰辅表》,正月戊辰,夏竦自翰林学士龙图阁直学士,除右谏议大夫枢密副使,盖代同叔。《学士年表》作三月。

《宋史纪事本末》二十六"天圣灾议"条,天圣五年,谢绛上疏:"去年京师大水,几冒城郭,今年苦旱,秋成绝望。"正同叔任枢密副使之时。

劳辑遗文有《丁卯上元灯夕》诗二首。

大兴学校,延范仲淹以教生徒。碑传。

范谱:"时公寓南京应天府。按公言行录云:时晏丞相殊为留守,遂请公掌学。公常宿学中,训督学者,皆有法度,勤劳恭谨,以身先之。由是四方学者辐凑。其后以文学有声名于场屋朝廷者,多其所教也。"《涑水记闻》十较详。案范谱列此年,知同叔知南京在此年。《归田录》一谓元献为南京留守时年三十八,误迟一年。

碑:"留守南京,大兴学校,以教诸生。自五代以来,天下学废,兴自公始。"案《皇朝文鉴》一百一十二有同叔《答枢密范给事书》,论兴学之效甚详。给事当是范雍。雍,天圣六年迁枢密副使,丁母忧,起复,迁给事中。见《宋史》二八八雍传及《宰辅表》。

五代戚同文通五经业,将军赵直为筑室聚徒百余人。后祥符时有曹成者,即其旧居建学舍百五十间,聚书千五百余卷,愿以学舍入官,其后遂为应天府书院。晏殊为应天府,以书院为府学,延范仲淹掌教。是为私人讲学渐变为书院之始。

举王琪为府签判。

《石林诗话》上:"晏元献公留守南郡,王君玉时已为馆阁校勘,公特请于朝,以为府签判,朝廷不得已,使带馆职从公。外官带馆职自君玉始。"《能改斋漫录》十:"晏元献公赴杭州,道过维扬,憩大明寺,瞑目徐行,使侍史诵壁间诗板,戒勿言爵里姓名,终篇者无几。又使别诵一诗云云,徐问之,江都尉王琪诗也。召至同饭,又同步游池上。时春晚,已有落花。晏云:'每得句书墙壁间,或弥年未尝强对。且如无可奈何花落去,至今未能也。'王应声曰:'似曾相识燕归来。'自此辟置,又荐馆职,遂跻侍从矣。"《诗人玉屑》十引《遗珠》,《渔隐丛话》后集二十引《复斋漫录》皆同。此纪同叔初知王琪事。然据《宋史》三一二琪传:"起进士,调江都主簿,上时务十二事,请建义仓,置营田,减度僧,罢鬻爵,禁锦绮珠贝,行乡饮籍田,复制科,兴学校。仁宗嘉之,除馆阁校勘,集贤校理。"是琪仁宗时除馆职,由于上书,非以同叔擢。又案《本纪》,天圣四年七月,减两川岁输锦绮;五年三月,罢琼州岁贡玳瑁龟皮紫贝,琪上书当在此年之前。同叔仁宗初至天圣五年,皆官京师,亦无杭扬行迹。《石林》所记较得实;《漫录》载续对事,或臆谈也。《渔隐丛话》二十引《复斋漫录》纪此事,末云:"山谷南迁至南华竹轩,亦令侍史诵史板,有一绝云云,称叹不已,徐视姓名曰:果吾学子葛敏修也。《苕溪渔隐》曰:《昭陵诸臣传》,元献不曾知杭州;《复斋》乃云元献赴杭州,道过维扬。《豫章先生传》,山谷崇宁四年,卒于宜州路。所纪皆误也。"以山谷事连类推之,则《漫录》所云非实,益显然矣。同叔"无可奈何"一联,诗题作示张寺丞王校勘,王校勘即琪,《漫录》或由此附会也。宋人野乘备载同叔与王、张宾主相得状。《石林诗话》上云:琪在幕,"日以赋诗饮酒为乐,佳时胜日,未尝辄废也。尝遇中秋阴晦,斋厨夙为备,公适无命。既至夜,君玉密使人伺公,曰:'已寝矣。'君玉亟为诗以入曰:'只在浮云最深处,试凭弦管一催开。'公枕上得诗,大喜,即索衣起,径召客,治具大合乐,至夜分果月出,遂乐饮达旦"。劳辑遗文三引《岁时杂咏》,有《次韵和王校勘中秋月》一首,有云:"有客正吟星北拱,何人重赋鹊南飞。""趋府逸才过鲍掾,不辞终夕赏清晖。"殆即咏此。《归田录》一云:"晏元献公以文章名鉴,少年居富贵,性豪俊,所至延宾客,一时名士,多出其门。罢枢密副使,为南京留守,时年三十八。幕下王琪、张亢,最为上客。亢体肥大,琪目为牛。琪瘦骨立,亢目为猴。二人以此自相讥诮。琪尝嘲亢曰:'张亢触墙成八字。'亢应声曰:'王琪望月叫三声。'一座为之大笑。"《渑水燕谈录》十云:"王琪、张亢,同在南京晏元献幕下。张肥大,王以太牢目之。王瘦小,张以猕猴目之。一日,水纲至八百里村,水浅当剥。府檄张往督之。王曰:'所谓八百里驳也。'张曰:'未若三千年精矣。'

元献为之启齿。"《孔氏谈苑》云:"晏丞相殊知南京,王琪、张亢为幕客,泛舟湖中,以诸妓随。晏公把柁,王、张操篙。琪是南人,知行舟次第,至桥下,故使船触柱,厉声曰:'晏梢使柁不正也。'"《宋艳》四引《黄妳余话》引。案《老学庵笔记》七:"晏元献为藩郡,率十许日乃一出厅,僚吏旅揖而已。有欲论事,率因亲校转白,校复传可否以出,遂退。节盖祖宗时辅相之尊严如此,时亦不以为非也。"此与前文所记不同,殆同叔于文士特简率也。琪,珪之从兄,成都华阳人,仕至知制诰,加枢密直学士,知杭、扬、润各州。亢字公寿,临濮人,豪迈有奇节,举进士,上疏论西北攻守之计,尝力战败西夏,官至徐州防御使,徐州总管。《宋史》皆有传。《归田录》、《渑水燕谈录》所记虽笑谑事,然可见同叔接纳文士情状,姑连引之。

天圣六年戊辰　一〇二八

三十八岁。　十二月,荐范仲淹为秘阁校理。

《涑水纪闻》十:"晏丞相殊留守南京,仲淹遭母忧,寓居城下。节服除,至京师,上宰相书,言朝政得失,民间利病,凡万余言。王曾见而伟之。时晏殊亦在京师,范谱作枢府,误。荐一人为馆职。曾谓殊曰:'公知范仲淹,舍而不荐,而荐斯人乎。已为置不行,宜更荐仲淹也。'殊从之,遂除馆职。"案范谱,被同叔荐为秘阁校理,在此年十二月甲子。《举范状》略云:"臣伏见大理寺丞范仲淹,为学精勤,属文典雅,略分吏局,亦著清声。前曾任泰州兴华县,兴海堰之利。昨因服制,退处睢阳。日于府学之中,观书肆业。敦劝徒众,讲习艺文。不出户庭,独守贫素。儒者之行,实有可称。(节)欲望试其词学,奖以职名,庶参多士之林,允洽崇丘之咏。"见范谱。

《石林燕语》九:"晏元献喜推引士类,于前世诸公为第一。在枢府时,案此语误。范文正公始自常调荐为秘阁勘校。后为相,范公入拜参知政事,遂与同列。孔道辅微时,亦尝被荐;后元献再为御史中丞,复入为枢府,道辅实代其任。富韩公其婿也,吕许公荐报聘虏,公时在枢府,亦从而荐之,不以为嫌。苏子容为谥议,以比胡广与陈蕃并为三司,谢安引从子玄北伐云。"

时已被召拜御史中丞。

碑:"召拜御史中丞,改兵部侍郎,兼秘书监,资政殿学士,翰林侍读学士。"案荐范在京师,则被召此年事也。

《皇朝文鉴》六十三载侍读学士等《请宫中视学表》有云:"奉长乐之慈颜,缉熙万务。"谓太后垂帘。当为此时作。

张知白卒。《本纪》。

天圣七年己巳　一〇二九

三十九岁。　**以女字富弼。**

《名臣言行录》七之三引《沂公笔录》:"晏元献判南京,范希文以大理寺丞丁忧,权掌西监,一日,晏谓范曰:'吾一女及笄,仗君为我择婿。'范曰:'监中有二举子,富皋、张为善,皆有文行,它日皆至卿辅,并可婿也。'晏曰:'然则孰优?'范曰:'富修谨,张疏俊。'晏曰:'唯。'即取富皋为婿。后改名,即富公弼也。为善后亦更名方平云。"云判南京,则去年事。《石林燕语》九记此,不云在南京。范集《言行拾遗事录》三引《谈丛》:"富彦国幼笃学有大度,范公见而识之,曰:'此王佐才也。'怀其文以示王曾、晏殊,殊即以女妻之。"《宋史》富传同,则似在京师。《孙公谈圃》上记相士王青为富弼说媒事,亦谓在京师。《谈圃》记王青料富"明年状元及第",富以明年中制科,可据以定议婚在本年也。《邵氏闻见录》九谓弼礼部试下第,"时晏元献公为相,求婚于范文正,文正曰:'公之女若嫁官人,某不敢知。必求国士,无如富某者。'元献一见公,大爱重之,遂议婚。公亦继以贤良方正登第"。此云议婚在明年试礼部下第后、中制科前,与前条异。云时"元献为相"亦误,兹不据之。

胡辑元献遗文,有《答中丞兄家书》云:"二娘子已商量与应茂才异等秀才富弼为亲,极有行止文艺。"知嫁弼者是次女。

十一月,范仲淹上疏论上太后寿。

《宋史》三一四《范传》:"天圣七年,章献太后将以冬至受朝,天子率百官上寿。仲淹极言之。节且上疏请太后还政,不报。"《本纪》本年十一月"癸卯冬至,率百官上皇太后寿于会庆殿"。

《儒林公议》上纪其详云:"天圣中,明肃太后垂帘渐久,阉臣用事,竞欲过尊母阁,以征权宠,上势孤弱,中外疑之。节至日,皇帝率百僚上太后寿。时范仲淹职秘阁为校理,上疏请皇帝率亲王皇族于内中上皇太后寿,请诏宰臣率百僚于前殿上两宫寿。太后不怿,遣大阉下仲淹章于政府,问其当否。晏殊方为资政殿学士,居京师。尝荐仲淹于朝,遂贴职秘阁,闻其事,颇忧惧,亟呼仲淹于第,切责之曰:'尔岂忧国之人哉,众或议尔非中直者,第好奇邀名而已。苟率易不已,无乃为言者之累乎。'仲淹方对所以当言之意,殊又折之曰:'勿为强辞也。'仲淹退,移书于殊。书略云:'日者以某好奇为过,则伊尹负鼎,太公置钓,仲尼斩侏儒以尊鲁,夷吾就缧绁以霸齐,此前代圣贤非不奇也,某患好之未至耳。若以某邀名为过,则圣人不必崇名教,而天下始劝,人不爱名,则圣人之权去矣,某患邀之未至耳。某天拙之人,不以富贵屈其身,不以贫贱移其心,傥进用于时,必有甚于今者,庶几报公之清举。如求少言寡过之士,则滔滔天下皆是,何必某之举。'殊甚服。"范谱亦曰:"晏公所疑误荐公为馆职,闻之大惧,召公诘以狂率邀名,且将累朝荐者。公正色抗言曰:'某缘属公举,每惧不称,为知己羞;不意今日,反以忠直获罪门下。'殊不能答。公退,又作书遗殊,申理前奏,不少屈,殊卒愧谢焉。"此用《涑水记闻》十,略有增益。范集八《上资政晏侍郎书》,署天圣八年,盖事在此年,书上于明年也。吕中论仲淹,谓"观其论上寿之仪,虽晏殊有所不晓"。谓此。案仲淹于同叔,虽感知己,终身称门生,见《石林燕语》九,引在后。而论事不以相左为嫌。如本年同叔请停职田,《湘山野录》中:"天圣七年,晏元献公奏朝廷置职田,盖欲稍资俸给,其官吏不务至公,以差遣徇侥竞者极众,屡致讼言,上烦听览,欲乞停罢。时可其奏。云云。"而仲淹明年则上疏论职田不可罢,谓不可以一时之论,废经远之制。见范谱引《通鉴长编》。朱熹尝论韩范诸公不苟同,未及此也。

《景文集拾遗》六《赋成中丞临川侍郎西园杂题》十首。称中丞侍郎,则西园或经始于本年。二宋集有《和同叔西园》诗多首,又有《咏东园》诗;《文鉴》十五有同叔《和王校勘中夏东园》五古。同叔又有《中园赋》,见《文鉴》二。赋云:"朝清阁以独退,饬两骖以独归。"殆皆同叔私邸。

宋祁时为国子监直讲,见《景文集》一。

天圣八年庚午　一〇三〇

四十岁。　正月,知礼部贡举,举欧阳修第一。

碑:"知天圣八年礼部贡举。"欧谱:"正月试礼部,翰林学士晏公殊知贡举,公复为第一。"《默记》中:"晏元献以前两府作御史中丞,知贡举,出司空掌舆地之图赋。既而举人上请者皆不契元献之意,最后一眇瘦弱少年独至廉前上请云:'据赋题出《周礼·司空》,郑康成注云:"如今之司空掌舆地图也。"若周司空不止掌舆地之图而已;若如郑说"今司空掌舆地之图也",汉司空也;不知做周司空与汉司空也。'元献微应曰:'今一场中惟贤一人识题,正谓汉司空也。'盖意欲举人自理会得,寓意于此。少年举人乃欧阳公也,是榜为省元。"案《周礼》以《考工记》补《司空》,无"掌舆地图"之文,惟《夏官·司马·职方氏》:"掌天下之图,以掌天下之地。"郑注:"天下之图,如今司空舆地图也。"此文"据赋题"云云,殆王铚误记。

案张先、刁约、石介皆以此年登第。见《子野年谱》及《四库·徂徕集提要》。

叔原约生于此时。

黄庭坚《小山词序》,称叔原为同叔之暮子,而生卒年岁无考。《宋元宪集》二十五明道二年为同叔第五子明远作《可秘书省校书郎制》,谓明远"率在妙龄";叔原若幼于明远,其时当未成年。又黄升《花庵词选》三叔原《鹧鸪天》注云:"庆历中,开封府与棘寺同日奏狱空,仁宗于宫中宴乐,宣晏叔原作此,大称上意。"是庆历中叔原至少已十余岁。以此互推,当生此年左右。熙宁中,为郑侠事系狱,四十余岁;元丰中,监许田镇,五十余岁,录所为词呈韩维,维时六十余,故报书称叔原为"郎君",自称"门下老吏"。见元丰五年谱。《小山词》结集于建中靖国之前,年七十左右,若卒于崇宁间蔡京执政时,则已七十以外,参后谱。生年必不可再提前。惜晁说之所为墓志不传,无从确定其年月矣。《碧鸡漫志》二谓叔原"年未至乞身,退居京城赐第",予考其时在元祐间,参一〇八八年谱。

沈括生。

富弼中制科。《范文正公年谱》引《登科记》。

天圣九年辛未　一〇三一

四十一岁。　为三司使。碑谓天圣八年之明年。

仁宗明道元年壬申　一〇三二

四十二岁。　八月辛丑,自守刑部侍郎复为枢密副使,未拜。丙午改参知政事,迁尚书左丞。碑、传、《本纪》、《宰辅表》。

刘恕生。

二月丁卯,李宸妃薨。《本纪》。

明道二年癸酉 一〇三三

四十三岁。 二月,谏太后服衮冕飨太庙。

碑:"太后谒太庙,有请服衮冕者,太后以问公,公以《周官》后服对。"案《本纪》,此年二月,"皇太后服衮衣仪天冠,飨太庙"。《后妃传》同,是谏而不从也。案谏太后服衮冕者,尚有薛奎、吕夷简,见《名臣言行录》五及六。

三月甲午,章献太后崩。四月己未,罢参加政事,以礼部尚书知亳州。碑、传、《本纪》。亳州今安徽亳县。

《龙川别志》上:"章懿之崩,李淑护葬,晏殊撰志文,只言生女一人早卒,无子。仁宗恨之。及亲政,出志文以示宰相曰:'先后诞育朕躬,殊为侍从,安得不知,乃言生一公主又不育,此何意也。'吕文靖夷简曰:'殊固有罪。然宫省事秘,臣备位宰相,是时虽略知之,而不得其详。殊之不审,理容有之。然方章献临御,若明言先后实生圣躬,事得安否。'上默然良久,出殊守金陵,明日以为远,改守南都。节"《名臣言行录》六之二引同。《宰辅表》亦云:"以礼部尚书知江宁府。"《旧闻证误》二辨此曰:"按国史,明道二年三月,章献崩。四月乙未,宰相吕夷简判澶渊,执政晏殊等五人皆迁一官罢,恐非缘作文章事也。是时许公例罢去,去前得救解元献耶。"案《宋史·后妃传》:"章献太后崩,燕王为仁宗言,陛下乃李宸妃所生,妃死以非命。仁宗号恸顿毁,不视朝累日,下哀痛之诏自责。"又《本纪》:"三月甲午,皇太后崩。四月壬寅,追尊宸妃李氏为皇太后。是时帝始知为宸妃所生,癸卯,召还宋绶、范仲淹。己未,吕夷简、张耆、夏竦、陈尧佐、范雍、赵稹、晏殊皆罢。案《宰辅表》,夷简门下侍郎同平章事,耆枢密使,竦、雍、积皆枢密使,尧佐与殊皆参知政事。八月甲辰,诏中外毋避庄献明肃太后父讳。九月甲戌,幸洪福院,临庄懿太后梓宫,丙子壬午临如之。"观此,仁宗于宸妃之丧,怀恨甚深。其召还宋绶、范仲淹,以二人曾以谏垂帘事忤章献者。见《宋史》二九一《绶传》。所罢张耆,则章献恩人也。赵积则以厚结刘氏家婢以得官者见《宋史》二八八《积传》;同叔作志文,正逢其怒,情所当然。证之《避暑录话》四所记蜩蛙事,见下。则同叔罢官,不得谓非缘做文章事也。又《名臣言行录》六之一谓章献崩,仁宗始即位,吕夷简曾手疏为治之本以讽于上,其目有正朝纲、节冗费等,条奏甚详。然则夷简去官之前,犹得从容解救同叔,亦事理所可能。心传之说,皆未允也。《湘山野录》上云:"晏元献公撰章懿太后神道碑,破题云:'五岳峥嵘,崑山出玉。四溟浩渺,丽水生金。'盖言诞育圣君,实系懿后;奈仁宗夙以母仪事明肃刘太后,膺先帝拥佑之托,难为直致;然才者爱其善比也。独仁宗不悦,谓晏曰:'何不直言诞育朕躬,使天下知之。'晏公具以前意奏之。上曰:'此等事卿宜置之,当更别改。'晏曰:'已焚草于神寝。'上终不悦。"亦见《耆旧续闻》,可与别志参观。《孙公谈圃》上所记,则多讹谬。

《石林避暑录话》四:"晏元献为参知政事,后仁宗亲政,与同列皆罢,知亳州。先有摘其为章懿太后墓志不言帝所生以自结者,然亦不免俱去。一日游涡水,见蛙有跃而登木捕蝉者,既得之,口不能容,乃相与坠地。遂作《蜩蛙赋》,略云:'匿蘙质以潜进,跳轻躯而猛噬。虽多口而连获,终扼腕而弗制。'"又《宋景文集》四十《代晏尚书亳州谢表》云:"但以孤特少助,依违取容。独木不林,众怨如府。积为拱默之罪,上孤振拔之私。"亦谓被挤排。《录话》谓潜者亦与俱去,殆夏竦、赵积辈也。

《景文集》五十二有《回晏尚书到任启》云:"伏自尚书暂辞机

轴,近抚藩垣。"当此年作。欧阳修《居士集》五十六有《寄谢晏尚书》二绝,目录注此年作。

劳辑遗文三,有《癸酉岁元日中书致斋感事诗》一律。《西清诗话》载守亳时,作吊营妓刘苏哥诗,见五十四岁谱。

张耒《张右史文集》四十七《记外祖李公诗卷后》:"晏元献镇亳,外祖李公以著作佐郎实为谯令,元献虽以故相守藩位尊贵,而与外祖友,赋诗饮酒,朝夕不舍,忘其位之有尊卑也。云云。"李公未详名字。

孔道辅召为谏议大夫。《宋史》二九七《孔传》。

道辅微时亦尝被同叔荐。见前引《石林燕语》九。案《儒林公议》下,道辅大中祥符中为宁州军事推官。被荐未详何年。

十一月,范仲淹、孔道辅以谏废郭后贬睦州、秦州。范谱、《本纪》。

程颐生。

仁宗景祐元年甲戌　一〇三四

四十四岁。　在亳州。

宋庠《宋元宪集》二十五《礼部尚书知亳州晏殊男明远可秘书省校书郎制》有云:"率在妙龄,未参初仕。适因诞节,旅集庆仪。节愿延赏典,以启荣阶。"考《本纪》,仁宗四月四日生,据诞节云云,则今年四月事也。

《范文正尺牍·与晏尚书书》云:"四月既望,至于桐庐,回首大亳,忽数千里。"又范集四有《依韵奉酬晏尚书见寄》诗云:"徽音来景亳,盛事耸吴乡。节感知心似雪,思报鬓成霜。新定惭无惠,姑苏惜未康。节"又《用前韵谢晏尚书以近著示及》云:"日星图舜禹,金石颂成康。原注:'谓真庙神御颂也。'涡曲风骚盛,原注:'谓游涡之作也。'营丘学校光。原注:'谓青社州学记也。'"案范谱,仲淹此年四月至睦州,六月移知苏州,明年冬召还。书诗当皆此年作。

欧阳修《居士集》五十六有《和晏尚书夏日偶至郊亭》一律,《和晏尚书自嘲》一绝,目录注此年。

杨察举进士甲科。《宋史》三九五《察传》。

《珍席放谈》下:"富文忠、杨隐甫,皆晏元献婿也。公在二府日,二人已升贵仕。富每诣谒,则书室中会话竟日,家膳而去。杨或来见,坐堂上置酒,从容出姬侍奏弦管按歌舞以相娱乐。人以是知公之待二婿之重轻也。二婿之功名年位,亦自不相伦矣。"次女字察,未详何年。案《汉书》:张禹有弟子彭宣、戴崇。崇至,禹邀入后堂饮食,妇女相对,优人弦索,昏夜乃罢。宣来,禹于便坐议论经义,未尝得至后堂。同叔待婿,用禹法也。

察字隐甫,合肥人,历知颍、寿二州,江南东路转运使,时年尚少,数挞奸隐,众始畏服。知制诰,拜翰林学士,敏于属文。其为制诰,初若不用意,及稿成,皆雅致有体,当世称之。遇事明决,勤于吏职,仕至权三司使卒。有文集二十卷,见史传。

柳永登第。《能改斋漫录》十六。

《画墁录》:"柳三变既以调词忤仁庙,吏部不放改官,三变不能堪,诣政府。晏公曰:'贤俊作曲子么。'三变曰:'只如相公亦作曲子。'公曰:'殊虽作曲子,不曾道彩线慵拈伴伊坐。'柳遂退。"《宋艳》五引。

景祐二年乙亥　一〇三五

四十五岁。　二月,自亳州徙知陈州。

徙陈州碑传无年月。案《宰辅表》,此年"二月戊辰,李迪自集贤殿大学士工部尚书平章事以刑部尚书知亳州",则同叔徙陈,在此年二月也。《渔隐丛话后集》二十引《蔡宽夫诗话》:"元献公守亳,始至，尝梦赋诗云：'一年为客不归去，笑杀城东桃李花。'初莫省谓何。已而因春出游，则州之园馆，皆在城东，公留亳逾年，而后移睢阳，无不合者。"《渔隐》疑宽夫云移睢阳，与本传不合。今案：陈州宋初曰淮阳郡。"睢阳"必"淮阳"之讹也。

《能改斋漫录》十六："晏元献早入政府，迨出镇，皆近畿名藩，未尝远去王室。自南都移陈，离席，官奴有歌'千里伤行客'之词。公怒曰：'予平生守官，未尝去王畿五百里，是何千里伤行客耶。'"《渔隐丛话后集》二十引《复斋漫录》同。《渔隐》又云："永兴军乃长安也，去王畿不有余里，疑复斋有误。"今案知永兴在此年后，复斋不误。

《景文集》五十一《上陈州晏尚书书》有云："比华从事至，具道执事因视政余景，必置酒极欢。图书在前，箫笳参左。剧谈虚疑误往，遒句暮传。第养园吏天倪之和，不恤汉人淮阳之薄。非天宇泰定，国爵屏荣，畴及是耶。"此足见在陈宦况。

同书五十二《上陈州晏尚书启》云："入对光华之辰，亟扬久大之业。微言茂藻，贲尧思之安安。嘉话远猷，赞皋谟之采采。节逮景风之赏期，进白云之官纪。露陈赐冕，聊夸六枳之藩。驰执觐圭，行正三槐之位。"碑传谓"徙陈州，迁刑部尚书"，故有"白云官纪"句。刑部古称白云司。同卷有上许州张相公、陈州晏尚书启，皆未详何年。宋祁此时为太常博士，见《景文集》三十五。

景祐三年丙子　一〇三六

四十六岁。　在陈州。

十二月。苏轼生。

仁宗宝元元年戊寅　一〇三八

四十八岁。　自陈州召还为御史中丞三司使，与宋绶详定李照新乐。（应参《承教录》清水茂先生说增改）

碑传叙召为御史中丞三司使在知陈州后、知枢密院事前。案《宋史纪事本末》二十八,"正雅乐"条宝元元年五月,韩琦言李照所造乐不依古法,今将亲祀南郊,不可重用违古之乐,请复用太常旧乐。诏资政殿大学士宋绶、三司使晏殊同两制官详定以闻。既而绶等言李照新乐,比旧乐下三律,众论以为无所考据,愿如琦议,郊庙仍用和岘所定旧乐。有节文是召还在此年五月前也。又碑谓:"自公复召用,而赵元昊反,师出陕西,天下弊于兵。公数建利害,请罢监军,兼以阵图授诸将,使得应敌为攻守,及制财用为出入之要。天子悉为施行。自宫禁先,以率天下,而财赋之职悉归有司。卒能以谋臣元昊,使听约束,乃还其王号。"传亦谓殊请"募弓箭手教之以备战斗,又请出宫中长物助边费,凡他司之领财利者悉罢还度支。悉为施行"。查《本纪》宝元二年正月,赵元昊称帝,十一月,出内库珠易缗钱三十万籴边储。五月,命近臣同三司议节省浮费。三年二月,出库珠偿民马直。六月,增置陕西、河北、河东、京东西弓。皆与碑合。罢宦官监军,吕夷简、富弼亦有此请,见《五朝名臣言行录》六之一,及《宋史》弼传。不以阵图授诸将,出王德用之谋,见《宋史》二七八《德用传》及《石林燕语》九。德用,超之子,同叔妻兄也。

《宋元宪集》有《和中丞晏尚书木芙蓉金菊追忆谯郡旧花》、《和杨学士和答中丞晏尚书西园玩菊》诸诗。《宋景文集》有《贺中丞晏尚书春阴》、《和中丞晏尚书忆谯涡》诸诗,又有《和三司晏尚书西园暇日》、《和三司晏尚书秋咏》、《和三司晏尚书宣德门侍宴观灯》诸诗。当皆此时作。

《珠玉词》有《诉衷情》"芙蓉金菊斗馨香"、"数枝金菊对芙蓉"二首,据二宋诗题,知二词皆此年作。

王曾卒。

仁宗康定元年庚辰　一〇四〇

五十岁。　三月戊寅,自三司使刑部尚书除知枢密院事。九月戊辰,加检校太尉枢密使。传、纪、表。

《宰辅表》作"检校太傅"。宛书城曰:"查《宋史》谓唐制太尉在太傅下,宋改在太傅上。同叔所拜为太尉,欧集诗题可证。"

《宰辅表》:"三月戊寅,知枢院事王鬷、同知枢密院事陈执中、张观,并以西兵不利,又议乡兵不决,鬷知河南府,执中知青州,观知相州。"同叔盖代鬷任。

正月,元昊寇延州,五月,陷塞门砦、安远砦,九月,陷乾沟、乾河、赵福三保。纪。

二月,知制诰韩琦安抚陕西。纪。

三月,范仲淹知永兴军,改陕西都运使。七月,除龙图阁直学士,与韩琦并为陕西经略安抚副使。八月,兼知延州。范谱。

《后山集》二十《谈丛》:"范文正公帅鄜延,答元昊书不请。宋元宪请斩,云'度必擅以土地金帛许之'。晏元献、郑文肃请验其书:'仲淹素直,必不隐。'书既上,乃免。"

仁宗庆历元年辛巳　一〇四一

五十一岁。　为枢密使。与陆经、欧阳修等西园宴雪咏诗,以此与修不协。

《能改斋漫录》十一"刘莘老和王定国雪中绝句"条:"晏元献为枢密使时,西师未解严。会天雪,陆子履与欧公同谒之。晏置酒西园,欧即席赋诗,有'主人与国同休戚,不惟喜悦将丰登。须怜铁甲冷彻骨,四十余万屯边兵'。晏由是衔之,语人曰:'韩愈亦能作言语,赴裴令公宴集,但云"园林穷胜事,钟鼓乐清时"。〔不曾如此合闹。〕'"《苕溪渔隐丛话前集》二六、引《隐居诗话》,陆子履作陆学士经。

《诗人玉屑》九，引《谈苑》较略，兹据补末句。《侯鲭录》四亦记此事，而谓"次日蔡襄遂言其事，晏坐此罢相"。案《欧公居士集》五十三，此诗目录注此年作。同书五十六有《和晏尚书对雪招饮》一绝，目录亦注此年。同叔罢相，则在此后三年，与欧诗无涉。《侯鲭录》说误。宋祁《景文集》十三，有《和枢密晏太尉元日雪》一律，乃和此后一年壬午岁元日雪诗，非此年事。

《嵩山集》十八《题陆子履帖》："陆子履少有书名，而晚年名减何也。惟欧阳公始终眷眷于斯人耳。"子履名经，越州人，仁宗朝官至集贤殿修撰，善真行书，坐谪流落，欧阳修怜其贫，每与人作碑志，必先约令经书之，书名遂盛。有《寓山集》。

《邵氏闻见后录》十五："晏公不喜欧阳公，故欧阳公自分镇叙谢，有曰：'曩者相公始掌贡举，修以进士而被选抡；及当钧衡，又以谏官而蒙奖擢。四句据欧集补。出门下不为不旧，受恩知不为不深。然足迹不及于宾阶，书问不通于执事。岂非飘流之质，逾远而弥疏；孤拙之心，易危而多畏。动常得咎，举辄累人。故于退藏，非止自便。偶因天幸，得请郡符。问遗老之所思，流风未远；瞻大邦之为殿，接壤相交。'晏公得之，对宾客占十数语，授书史作报。客曰：'欧阳公有文声，似太草草。'晏公曰：'答一知举时门生已过矣。'"《渔隐丛话》二十六引《潘子真诗话》略同。案此书在欧集九十六，注皇祐元年知颍县时作。在此后八年。观书辞，欧晏交谊，不无芥蒂。启嫌一诗，或有其事。其后庆历间，既擢修为谏官，旋又苦其论事烦数，出之为河北都转运。亦可见两人终不沉瀣也。

十一月，欧阳修摄太常博士。十二月，《崇文总目》成，改集贤校理。欧谱。

正月，元昊请和。二月，韩琦与元昊战于好水川，兵败，贬知秦州。《续通鉴》七月,元昊寇麟府州。八月寇金明砦。纪。

郑侠生。

庆历二年壬午 一〇四二

五十二岁。 七月戊午,自枢密使加同平章事。表、纪。

正月,作《壬午岁元日雪》诗。劳辑遗文三,引《岁时杂咏》。十月,作《五云观记》,劳辑遗文一,引《茅山志》五。

闰九月,作《次韵和司空相公闰秋重九中书对菊》一首、《闰九月九日》一首。劳辑遗文三,引《岁时杂咏》。

天圣元年及本年,皆闰九月。二诗当本年作。

四月,富弼报使契丹,七月再使。纪。十月,以左正言知制诰,拜翰林学士,固辞。《学士年表》,弼传。

《邵氏闻见录》九:"庆历三年,当作二年。大辽以重兵压境,汛使刘六符再至,求关南十县之地。虏意不测,在廷之臣,无敢行者。富韩公往聘,面折虏之君臣。虏辞屈,增币二十万而和。方富公再使也,受国书及口传之词于政府。既行,谓其副曰:'吾为使者而不见国书,万一书辞与口传异,则吾事败矣。'发书视之,果不同。公驰还见仁宗,具论之。公曰:'政府故为此,欲置臣于死地。臣死不足惜,奈国命何!'仁宗召宰相吕夷简面问之。夷简从容袖其书曰:'恐是误,当令改定。'富公益辨论不平。仁宗问枢密使晏殊曰:'如何。'殊曰:'夷简决不肯如此,真恐'真'疑'直'误误耳。'富公怒曰:'晏殊奸邪,党吕夷简以欺陛下。'富公,晏公之婿也。富公忠直如此。节"《石林避暑录话》三:"吕许公初荐富韩公使虏,晏元献为枢密使,富公不以嫌辞,晏公不以亲避,爱憎议论之际,无秋毫窥其间者,其直道自信不疑,诚难能也。及使还,连除资政殿学士,富公始以死辞不拜,虽义固当然,其志亦有在矣。节"《石林燕语》九亦谓吕许公荐富聘房,晏在枢府,亦从而荐之,不以为嫌。苏子子容为谧议,以比谢安引从子玄北伐云。案夷简荐弼使契丹,盖由不悦弼纠堂吏僧牒之狱,欲以此陷之。当时欧阳修曾引颜真卿使李希烈事请留之。其事详于弼传。同叔未尝"从而荐之"。《石林》之说疑非。

庆历三年癸未　一〇四三

五十三岁。　三月戊子,自检校太尉刑部尚书同平章事,加同中书门下平章事,集贤殿学士,兼枢密使。表、纪。

案《本纪》,此年"三月戊子,吕夷简罢〔相〕为司徒。以章得象为昭文馆大学士。晏殊为集贤殿大学士,并兼枢密使。夏竦为枢密使。贾昌朝参知政事"。同叔盖代夷简。

范仲淹、韩琦、富弼为执政。《宰辅表》。

碑:"公为人刚简,遇人必以诚,虽处富贵如寒士,樽酒相对欢如也。得一善,称之如己出。当世知名之士,如范仲淹、孔道辅等皆出其门。及为相,益务进贤材。当公居相府时,范仲淹、韩琦、富弼皆进用至于台阁,多一时之贤。"传:"善知人,富弼、杨察,皆其婿也。殊为宰相兼枢密使,而弼为副使,辞所兼,诏不许,其信遇如此。"《石林避暑录话》三曰:"晏公为相,富公除枢密副使,晏公方力陈求去,不肯并立。仁宗不可,遂同处二府。前盖未有比也。"求去,谓辞枢密使也。

欧阳修、余靖、蔡襄等为谏官。

《龙川别志》上:"许公免相,晏元献为政。富郑公自西都留守入参知政事,深疾许公,乞多置谏官,以广主听。上方向之,而晏公深为之助。乃用欧阳修、余靖、蔡襄、孙沔等并为谏官。"此谓欧、余诸人由富弼来。然欧、余知谏院,在此年三月癸亥。蔡襄在四月己西。富弼八月始复枢密院使,在诸人后。孙沔则庆历元年已知谏院,此时出为两浙提刑。《龙川》误说,《旧闻证误》二已辨之。《能改斋漫录》十谓晏元献喜荐士,得人最多。范蜀公作公挽词云:"平生欲报国,所得是知人。"诸贤起用,或同叔力也。

石介作《庆历圣德诗》。

《宋史》四三二《石介传》:"会吕夷简罢相。夏竦既除枢密使,复夺之。以〔杜〕衍代。章得象、晏殊、贾昌朝、范仲淹、富弼及〔韩〕琦同时执政。欧阳修、余靖、王素、蔡襄并为谏官。介喜曰:'此盛事也。歌颂吾职,其可已乎!'作《庆历圣德诗》。"案诗本年作,见原诗。

四月,遣使如夏州。元昊亦遣使来议和。《续通鉴》。

碑:"自公复召用,而赵元昊反。师出陕西,天下弊于兵。公数建利害。节卒能以谋臣元昊,使听约束。乃还其王号。"《宋史》三一二《韩琦传》:"元昊称臣,〔琦〕召为枢密副使。元昊介契丹为援,强邀索无厌。宰相晏殊等厌兵,将一切从之。琦陈其不便,条所宜先行者七事。节又陈救弊八事。"案《本纪》,此年八月癸丑,韩琦代范仲淹宣抚陕西。琦陈不便,当八月前事也。

王安石及第,来谒。

《默记》中:"王荆公于杨寘榜下第四人及第。是时晏元献为枢密使。上令十人往谢。晏公俟众人退,独留荆公,再三谓曰:'廷评乃殊乡里,久闻德行乡评之美,况殊备位执政,而乡人之贤者取高科,实预荣焉。'又曰:'休沐日相邀一饭。'荆公唯唯。既出,又使直省官相约饭会,甚慇勤也。比往时,待遇极至。饭罢又延坐,谓荆公曰:'乡人他日名位如殊坐处,为之有余矣。'且叹慕之义数十百言。最后曰:'然有二语欲奉闻,不知敢言否?'晏公言至此,语欲出而拟议久之。晏公泛谓荆公曰：'能容于物，物亦容矣。'荆公但微应之，遂散。公归至旅舍，叹曰：'晏公为大臣，而教人者以此，何其卑也。'心颇不平。荆公后罢相，其弟和甫知金陵时说此事。且曰：'当时我不大以为然。我在政府，平生交友，人人与之为敌，不保其终。今日思之，不知晏公何以知之。复不知能容于物物亦容矣二句有出处，或公自为之言也。'"《清波杂志》四记此较略。案安石尝笑同叔"为宰相而作小词"。魏泰《东轩笔录》五载其详曰："王安国性亮直，嫉恶太甚。王荆公初为参知政事，闲日因读晏元献公小词而笑曰：'为宰相而作小词可乎。'平甫曰：'彼亦偶然自喜而为尔，顾其事业岂止如是耶。'时吕惠卿为馆职，亦在坐，遽曰：'为政必先放郑声，况自为之乎。'平甫正色曰：'放郑声不若远佞人也。'吕大以为议己，自是尤与平甫相失也。"安石拜相在同叔卒后。二人平生交谊，《默记》以外，他无考矣。

荆王曦卒。

《默记》上记王迥遇女仙周瑶英事，时仁宗以皇子屡夭，属同叔遣人请召迥之父郎官王璐至私第，密问早晚能得皇子。迥告"若以族从为嗣，即圣祚绵久，未见诞育之期。云云"。"后富公为宰相，皇子犹未降，故与文潞公、刘丞相、王文忠首进建储之议，盖本诸此。"案《宋史》二四五《宗室传》，仁宗三子，长扬王昉，次雍王昕，次荆王曦。皆早卒。又案《本纪》，昉卒于景祐四年，昕卒于庆历元年，曦卒于本年正月。《默记》所载，当本年荆王卒后事也。王迥字子开，《玉照新志》、《云麓漫钞》、《蓣洲可谈》、及《避暑录话》，皆载其遇芙蓉仙事。《玉照新志》谓迥时年十八九。案《老学庵笔记》谓迥大观己丑卒于江阴。《玉照新志》谓其年八十余，康健无疾。则生当天圣间，本年十八九岁，正所谓遇仙时也。

宋祁以龙图阁学士知杭州，留为翰林学士。《景文集》十四注。

《景文集》十四，有《将到都先献枢密太尉相公》云："相车问罢同牛喘，大厦成时共燕来。"注"守寿春日，方闻爰立之拜"。结云："西园闻道余春在，尚及花前滟滟杯。"必本年夏作。同书五十四《上晏太尉启》，去秋到寿春任作，有云："尚赖仁人持衡，至公御侮。纳之德宇，非有他肠。幸终大庇之私，使无中道之弃。"祁本年重留翰苑，或同叔力也。

庆历四年甲申　一〇四四

五十四岁。　元日会两禁于私邸，作《木兰花》词。

杨湜《古今词话》："庆历癸未十二月十九日立春，甲申元日，丞相元献公会两禁于私第。丞相席上自作《木兰花》以侑觞曰：'东风昨夜回梁苑。'节于时坐客皆和，亦不敢改首句东风昨夜四字。今得三阕，皆失姓名。其一曰：'东风昨夜吹春昼。'节其二曰：'东风昨夜传归耗。'节其三曰：'东风昨夜归来后。'节。"赵万里辑本引《岁时广记》七。《珠玉词》调作《玉楼春》，即《木兰花》也。

刘恕来问事。

《宋史》四四四《刘恕传》："年十三，应制科。从人假汉唐书，阅月皆归之。诣丞相晏殊问以事，反覆诘难，殊不能对。"案恕生明道元年，此年十三岁。恕传又云："恕在巨鹿时，召至府，重德之。使讲《春秋》，殊亲帅官属往听。"恕未冠举进士，调巨鹿主簿。讲《春秋》不知何年事。

《东轩笔录》七："苗振以第四人及第，既而召试馆职。一日谒晏丞相，晏语之曰：'君久从吏事，必疏笔砚，今将就试，宜稍温习也。'振卒然对曰：'岂有三十年为老娘，而倒绷孩儿者乎。'晏公俛而哂之。既而试泽宫选士赋，韵叶有王字。振叶之曰：'率土之滨莫非王。'由是不中选。晏公闻而笑曰：'苗君竟倒绷孩儿矣。'"此亦不详何年事，以足见同叔好善直谅，并录于此。

九月庚午，为孙甫、蔡襄所论，罢相，以工部尚书知颍州。表。颍州今安徽阜阳。

传："及为相，益务进贤材，而仲淹与韩琦、富弼皆进用至于台阁，多一时之贤。帝亦奋然有意欲因群材以更治，而小人权幸皆不便。殊出欧阳修为河北都转运，谏官奏留不许。孙甫、蔡襄言宸妃生圣躬为天下主，而殊尝被诏志宸妃墓，没而不言。又奏论殊役官兵治僦舍以规利。坐是降工部尚书知颍州。然殊以章献太后方临朝，故志不敢斥言，而所役兵乃辅臣例宣借者，时以谓非殊罪。"《涑水纪闻》三："庆历五年正月一日，见任两制以上官，尚书刑部晏殊。"刑疑工之误。不然，明年改刑部也。案本年，范、富之去，以为夏竦飞语所撼。范谱："先是石介奏记于弼，责以伊周之事。夏竦怨介斥己。（介作《庆历圣德诗》，斥竦为大奸。）又欲因是倾弼等。乃使女奴阴习介书，久之习成，遂改'伊、周'曰'伊、霍'，而伪作介为弼撰废立诏草，飞语上闻。上虽不信，而公与弼恐惧不敢自安于朝，皆请出按西北边。"《宋史·弼传》："夏竦不得志，中弼以飞语，弼惧，求宣抚河北。"案去年三月，竦被召为枢密使，夏至京师，为谏官欧阳修、蔡襄、王拱宸、余靖所弹而罢，所谓不得志也。传谓"小人"，当指竦辈。欧阳修本由同叔擢为谏官，"既而苦其论事烦数，或面折之。至是修出为河北都转运使。谏官奏留，殊独不许"。《续通鉴》。同叔与修，盖终存介介，皇祐初修上晏书可见也。孙甫、蔡襄当时以危言谠论，称名一时。其论同叔"役官兵治邸舍，怀安苟且，无向公之心"，盖非有所媕阿。观其既弹罢同叔，而又荐其婿富弼为代，并以去就争陈执中之不可相。见《名臣言行录》九之九，引《南丰杂识》。足见其持正不挠。惟传载孙、蔡论李宸妃墓志，据《龙川别志》上，乃明道二年同叔罢参知政事知亳州事，与此无涉。章献太后崩，距此已十余年，仁宗既召还同叔为相，当已泯旧怨。碑及《南丰杂识》记罢相事，皆不云为墓志，盖史传误合前后两事也。《龙川别志》上，又记罢相事曰："殊作相，八王疾革。八王仁宗叔荆王俨，太宗第八子也。见《宋史》二四五传。上亲往问。王曰：'叔久不见官家，不知今谁作相。'上曰：'晏殊也。'王曰：'此人名在图谶，胡为用之。'上归阅图谶，得成败之语，并记志文事，欲重黜之。宋祁为学士，当草白麻，争之，乃降二官知颍州。词曰，'广营产以殖货，多役兵而规利'。以他罪罪之。殊免深谴，祁之力也。"案此不云孙、蔡腾章，而谓仁宗因图谶而记志文，又与碑传不同。然八王之薨在本年正月，而同叔九月乃罢，云因问疾而及图谶，《旧闻证误》二已辨其妄。案《宋史》二四五《元俨传》："〔俨〕尝问翊善王涣曰：'元昊平未。'对曰：'未。'曰：'如此，安用宰相为。'闻者畏其言。既而元俨病甚，上忧形于色，亲至卧内调药，屏人与语久之，所对多忠言。"《别志》殆因此附会。总之，同叔此年之罢，实由孙、蔡弹章。不留欧公，役兵治邸，及怀安苟且，盖其主罪。"怀安"殆指去年厌兵，将一切从元昊之求，韩琦陈其不便。详去年谱。不关八王图谶，尤无涉宸妃志文也。

前引《龙川别志》，宋祁解救同叔事，宋人颇有异说。《东轩笔录》引曾布语云："昔晏元献当国，子京为翰苑。晏爱宋之才，雅欲旦夕相见，遂税一第于旁近，延居之，其亲密如此。遇中秋，晏启燕召宋，出妓饮酒赋诗，达旦方罢。翌日罢相，当草词，颇极诋斥，至有'广营产以殖货，多役兵以规利'，之语。方子京挥毫，昨夕余醒尚在，左右观者亦骇叹。"《苕溪渔隐丛话前集》二十六引。又《西清诗话》云："元献初罢政事，守亳社，每叹上凤彫落。一日，营妓刘苏哥有约终身而寒盟者，方春物暄妍，驰骏马出郊，登高冢旷望，长恸遂卒。元献谓士大夫受人眄睐,随燥湿变渝如翻覆手,曾狂女士不若,为序其事,以诗吊之云:'苏哥风味逼天真,恐是文君向上人;何日九原芳草绿,大家携酒哭青春。'"同上。《渔隐丛话》申之曰:"元献《吊刘苏哥诗序》,盖指宋子京而言也。"案此二说与《龙川别志》不同,而皆失实。曾布所云,《旧闻证误》二已辨之,谓"'殖私窥利',〔蔡、孙〕章疏中语也。元献实以九月十二日罢,去中秋远矣"。今案吊苏姑诗,《西清诗话》既明云守亳时作,则明道二年事,在此前十一年。中秋宴饮达旦,乃同叔待王琪事,见《石林诗话》。引在三十七岁谱。皆与祁无关。刘苏哥事亦见于《侯鲭录》七,作曹苏姑,情节微异。止云,"晏元献闻之为戏题绝句"。无"士大夫受人眄睐"诸语。宋祁前岁上同叔书,方有"幸终大庇之私,无使中道之弃"之语。其集中诗文,于同叔皆极推敬。以情理度之,龙川解救之说,最为合实。《东轩》、《西清》所记,皆不可信。惜其罢同叔制词,集中不见,殆自删去矣。祁去年拜翰林学士,明年罢。见《学士年表》。

同叔治邸可考者,《能改斋漫录》十二"晏元献节俭"条,载其与兄书,有云:"果置得一两好庄及第宅,免于茫然,此最良图。"书又有"今虽位极人臣"语,知置宅在为相时。又《漫录》十一"钱思公寄晏元献牡丹绝句"条云:"元献晏公为丞相时,作新第于城南,时钱思公镇西洛,晏求牡丹于思公,公以绝句并花寄晏云云。"《诗话总龟》二十七引《西清诗话》亦云:"红梅清艳两绝,昔独盛于姑苏,晏元献始移植西冈第中。节"是邸在城南之西冈也。案钱惟演天圣中为西京留守,在此前十余年,见欧公年谱。《漫录》十一,谓当晏公为丞相时,似误。然同叔好俭,与兄书自述家况云:"殊家间仆使等,直至令两日内破一顿猪肉。或买他鱼肉,亦祇约猪肉钱数。以此可久。此持久之术,是以常为宗亲及相知交游言之。节古今贤哲有识知耻者,量力度德,常忧不能任者不妄当负,以重愧责。其更识高者,非亲耕不食,非亲蚕不衣。阙坏数字孺子之类是也。盖功利不能及人,而坐受窃其膏血,纵无祸亦须愧报也。"此可觇其处富贵之情状。制词云云,宋祁沿用孙、蔡弹章语耳。

六月,范仲淹自参知政事出为陕西河东宣抚使。表。

八月,富弼自枢密副使出为河北宣抚使。表。

碑:"公居相位,范仲淹、韩琦、富弼皆进用。节明年秋,会公以事罢,而仲淹等相次皆去。"案范、富皆去于九月同叔罢相之前。惟韩琦去于明年三月。碑微误。

九月,吕夷简卒。

九月甲申,杜衍同平章事,兼枢密使,集贤殿大学士。表代同叔也。

庆历五年乙酉　一〇四五

五十五岁。　在颍州。改刑部尚书。

《阜阳县志》:同叔谪居颍州,饮酒赋诗自若。曾于西湖建清涟阁,又手植双柳于阁前。其后欧阳修守颍,为建双柳亭,而清涟阁亦改为去思堂。欧有《答杜相公宠示去思堂诗》云:"西溪水色春长绿,北渚花光暖自薰。"注云:"去思堂在北渚之北。临西溪,溪晏公所开也。"《西清诗话》:"晏元献庆历中罢相守颍,以惠山泉烹茗,日惟从容置酒赋诗。"

《涑水纪闻》:"庆历五年正月一日,见任两制以上官,尚书刑部晏殊。"案宋制,工部尚书例转礼部尚书,但两府得转刑部尚书。同叔以皇祐二年迁户部,依叙迁之例,必先改刑部。传、碑俱漏叙,兹从《涑水纪闻》。上二条宛节城云。

正月乙酉,范仲淹罢知邠州,富弼罢知郓州。表。

正月，宋庠参知政事。表。

三月，韩琦罢知扬州。表。

黄庭坚生。

庆历七年丁亥　一○四七

五十七岁。　在颍，与梅尧臣唱和。

《宛陵集》二十八有《八日就湖上饮呈晏相公》、《九日撷芳园会呈晏相公》、《以近诗贽晏相公忽有酬赠之什称之甚过》、《途中寄上尚书晏相公二十韵》诸诗，次在二十七卷《丙戌五月二十二日昼寝梦亡妻》之后。又《和江邻几见寄》注云："自此许州，起庆历六年夏，尽其年终。"亦编在丙戌五月之后。是尧臣庆历六年在许州，来颍当在此年，明年同叔移陈州矣。

尧臣《以近诗贽晏一首》云："尝记论诗语，辞卑名亦沦。原注："公曰：名不盛者辞亦不高。"宁从陶令野，"公曰：彭泽多野逸田舍语。"不取孟郊新。"公曰：郊诗有五言一句全用新字。"琢砾难希宝，嘘枯强费春。今将风雅什，付与二南陈。"《诗人玉屑》二，"五仄体"条引《西清诗话》："晏元献守汝阴，颍州唐改汝阴郡。梅圣俞往见之。将行，公置酒颍河上，因言古人章句中全用平声，制字稳帖，如'枯桑知天风'是也；恨未见侧字诗。圣俞既引舟，遂作五侧体寄公云云。"此同叔论诗语，并附记之。同叔赏尧臣"寒鱼犹着底，白鹭已飞前"二句，尧臣谓"此非我之极致"。见欧公《诗话》、《耆旧续闻》九、《扪虱新话》五。

时已着手撰集选。《丞相魏公谭训》卷四："晏元献编类选，由黄庠去取，晏公一手编定。""类选"当是集选或类要之误。

圣俞《途中寄上晏相公二十韵》有云："颍川相公秉道德，一见不以论高卑。久调元化费精力，犹且未倦删书诗。唐之文章别芜秽，纤悉宁有差毫厘。"此当指同叔所撰之集选，此时已着手矣。

欧阳修在滁州。

是年有《与晏元献公书》，介荥阳主簿魏广。见《欧集·书简》二。

庆历八年戊子　一〇四八

五十八岁。　春，自颍州移陈州。今河南淮阳县。

自颍徙陈，碑传无年月。今案《宛陵集》三十二《依韵朱学士廉叔忆颍川西湖春色寄献尚书晏公且将有宛丘之命》，结云："喜公移幕府，连赏二州春。"编在卷三十一《戊子正月二十六日夜梦》及卷三十二《戊子三月二十一日殇小女称称》三首之间，知同叔移陈在此年春。《宛陵集》三十二《杂诗绝句》十七首，注"自此宝应道中起庆历七年夏"，七乃八之误。卷三十三《五月二十四日过高邮三沟》诗云："戊子夏再过，感昔涕交流。"正谓本年夏在宝应道中也。

《词林纪事》三，引庞元英《文昌杂录》："鲁郎中言，昔年陈州有女妖，自云孔大娘，每深夜于鼓腔中与人语言，尤知未来事。故相晏元献守陈，方制小词一阕，修改未定，而大娘已能歌矣，又何怪也。"案此与《独醒杂志》，载徐州张建封庙鬼唱苏轼燕子楼乐章事相类。虽诞妄不经，然足见二家词当时传唱之盛。

范仲淹过陈来谒。

范集《言行拾遗·遗事录》一，"公以晏元献荐入馆，终身以门生事之。后虽名位相亚，亦不敢少变。庆历末，晏公守宛丘，文正过南阳，道过，特留欢饮数日。其书题门状犹称'门生'。将别投诗云：'曾入黄扉陪国论，却来绛帐受师资'之句，闻者皆叹服。"案此诗在范集四，同卷又有《献百花洲图上陈州晏相公》一首。百花洲在郑州，范本年正月自郑移杭，道过陈州也。仲淹长同叔二岁。

辟梅圣俞。

《宛陵集》三十三《泊姑熟江口邀刁景纯相见》诗，注云："时陈州晏相公辟。"诗有"尾生信女子，抱柱死不疑，吾与丞相约，安得不顾期"句。以上下诗按之，盖在此年秋夏之间。

闰正月，文彦博拜相。表。

唐子方谓文彦博曾与同叔同相，《旧闻证误》二已驳之。

十月，宋祁知许州。《学士年表》。

仁宗皇祐元年己丑　一〇四九

五十九岁。　八月，自陈州徙知许州。今河南许昌县。

自陈徙许，碑传无年月。案《宰辅表》，本年八月壬戌，陈执中自工部侍郎平章事，以兵部尚书出知陈州，当即代同叔。知同叔徙许，在此年八月。据《学士年表》，宋祁去年十月知许州，据《北宋经抚年表》，张观今年五月代宋祁知许州。是同叔今年八月知许，乃代张观也。《宋史·宋祁传》，祁以张贵妃封告事，"出知许州，甫数月，复召为侍读学士"。祁有《寄献许昌晏相公诗》一律，见《景文集》十五。《复斋漫录》六"太液池网索"条，载同叔和祁召还学士院诗，当皆此年作。

《渔隐丛话后集》二十，引《昭陵诸臣传》云："徙陈州，复徙应天府，未赴任，改许州。"徙应天府，碑传不载。

正月，欧阳修自滁州移知颍州。欧谱。

《渔隐丛话》二十六引《潘子真诗话》："永叔颇闻晏因赋雪诗有语，其后欧守青社，晏亦出殿宛丘，欧乃作启叙生平出处以致谢悃，其略云云。晏得书，即于纸尾作数语授书记誊本答之，甚灭裂，坐客怪而问焉。晏徐曰：'作答知举时一门生书也。'意终不平。"此与五十一岁谱引《闻见后录》十五同。惟赋雪在此前八年。中间庆历三年，同叔曾擢欧为谏官。子真谓欧闻晏因诗有语而致书，微失欧阳修在滁州。

是年有《与晏元献公书》，介荥阳主簿魏广。见《欧集·书简》二。

庆历八年戊子　一〇四八

五十八岁。　春，自颍州移陈州。今河南淮阳县。

自颍徙陈，碑传无年月。今案《宛陵集》三十二《依韵朱学士廉叔忆颍川西湖春色寄献尚书晏公且将有宛丘之命》，结云："喜公移幕府，连赏二州春。"编在卷三十一《戊子正月二十八日夜梦》及卷三十二《戊子三月二十一日殇小女称称》三首之间，知同叔移陈在此年春。《宛陵集》三十二《杂诗绝句》十七首，注"自此宝应道中起庆历七年夏"，七乃八之误。卷三十三《五月二十四日过高邮三沟》诗云："戊子夏再过，感昔涕交流。"正谓本年夏在宝应道中也。

《词林纪事》三，引庞元英《文昌杂录》："鲁郎中言，昔年陈州有女妖，自云孔大娘，每深夜于鼓腔中与人语言，尤知未来事。故相晏元献守陈，方制小词一阕，修改未定，而大娘已能歌矣，又何怪也。"案此与《独醒杂志》，载徐州张建封庙鬼唱苏轼燕子楼乐章事相类。虽诞妄不经，然足见二家词当时传唱之盛。

范仲淹过陈来谒。

范集《言行拾遗·遗事录》一，"公以晏元献荐入馆，终身以门生事之。后虽名位相亚，亦不敢少变。庆历末，晏公守宛丘，文正过南阳，道过，特留欢饮数日。其书题门状犹称'门生'。将别投诗云：'曾入黄扉陪国论，却来绛帐受师资'之句，闻者皆叹服。"案此诗在范集四，同卷又有《献百花洲图上陈州晏相公》一首。百花洲在郑州，范本年正月自郑移杭，道过陈州也。仲淹长同叔二岁。

辟梅圣俞。

《宛陵集》三十三《泊姑熟江口邀刁景纯相见》诗，注云："时陈州晏相公辟。"诗有"尾生信女子，抱柱死不疑，吾与丞相约，安得不顾期"句。以上下诗按之，盖在此年秋夏之间。

闰正月，文彦博拜相。表。

唐子方谓文彦博曾与同叔同相，《旧闻证误》二已驳之。

十月，宋祁知许州。《学士年表》。

仁宗皇祐元年己丑 一〇四九

五十九岁。 八月，自陈州徙知许州。今河南许昌县。

自陈徙许，碑传无年月。案《宰辅表》，本年八月壬戌，陈执中自工部侍郎平章事，以兵部尚书出知陈州，当即代同叔。知同叔徙许，在此年八月。据《学士年表》，宋祁去年十月知许州，据《北宋经抚年表》，张观今年五月代宋祁知许州。是同叔今年八月知许，乃代张观也。《宋史·宋祁传》，祁以张贵妃封告事，"出知许州，甫数月，复召为侍读学士"。祁有《寄献许昌晏相公诗》一律，见《景文集》十五。《复斋漫录》六"太液池网索"条，载同叔和祁召还学士院诗，当皆此年作。

《渔隐丛话后集》二十，引《昭陵诸臣传》云："徙陈州，复徙应天府，未赴任，改许州。"徙应天府，碑传不载。

正月，欧阳修自滁州移知颍州。欧谱。

《渔隐丛话》二十六引《潘子真诗话》："永叔颇闻晏因赋雪诗有语，其后欧守青社，晏亦出殿宛丘，欧乃作启叙生平出处以致谢悃，其略云云。晏得书，即于纸尾作数语授书记誊本答之，甚灭裂，坐客怪而问焉。晏徐曰：'作答知举时一门生书也。'意终不平。"此与五十一岁谱引《闻见后录》十五同。惟赋雪在此前八年。中间庆历三年，同叔曾擢欧为谏官。子真谓欧闻晏因诗有语而致书，微失实耳。

四子崇让中冯京榜进士。《临川县志》三十六《选举》。

八月壬戌，宋庠拜相。纪。

秦观生。

皇祐二年庚寅 一〇五〇

六十岁。 秋，迁户部尚书，以观文殿大学士知永兴军。今西安。

传："徙许州，稍复礼部刑部尚书，祀明堂，迁户部，以观文殿大学士知永兴军。"碑："知永兴军，充一路都部署安抚使。"案《本纪》，祀明堂在此年九月。《景文集》三十五，《明堂颂》同。又《宛陵集》三八，有《送张推官洞赴晏相公辟》云："送子居大梁，关中乃关外。"欧阳修《居士集》，亦有《送张洞推官赴永兴经略使司》一首，编在此年。可定同叔知永兴军在此年无疑。《北宋经抚年表》亦定在本年。

《宛陵集》三十七又有《十月二十一日得许昌晏相公书》诗一首，在三十八卷《读月石屏诗》之前，盖本年作。《读月石屏诗》注云："自此皇祐三年五月至京后作。"又同卷《观王介夫蒙泉亭纪》云："吾年将五十。"圣俞本年四十九岁。是同叔十月尚在许也。

《陕西通志》二十一《职官》二，知京兆府（即永兴军）同叔在程琳之前。案《涑水纪闻》四，琳自永兴军移青州，叶清臣自青州移永兴军，在庆历七年夏，时同叔方知颍州。《陕志》晏、程次序误倒。《北宋经抚年表》亦定琳知永兴在庆历六七年。

观文殿大学士，去年始置，见《宋史·本纪》。

宋制，宰辅以言罢，除职不易。同叔罢政后，历三州始除大观文。庞籍罢政后二年始除节度使知并州。杜衍终身不除职。惟梁适至和元年七月罢相,八月即除大观文,盖由内降。《旧闻证误》二有考。

辟张先为通判。考在张谱。

《道山清话》记张先《碧牡丹》词事,同叔此年尚纳侍儿,为王夫人所不容。《绿窗新话》引《古今词话》,误以为晏叔原事。详见张子野年谱。

《四库提要》引《名臣录》:《珠玉集》,张子野为之序。张序今佚。

皇祐三年辛卯　一〇五一

六十一岁。　在永兴军任。辟张洞。

《北宋经抚年表》引《周益公集·跋欧阳文忠公与张洞书》:"张洞字仲通,皇祐三年,以晏元献公辟于长安。文忠时守南京。"案洞祥符人,遇事慷慨有为,仁宗时以布衣上方略,寻举进士,累官工部郎中。仁宗以为知经,因赐飞白"善经"字宠之。《宋史》二九九有传。

王德用以太子太师致仕。《宋史》二七八传。

三月,宋庠罢相知河南府。表。

欧阳修《答杜相公宠示去思堂诗》,此年作。去思堂,同叔所建颍州清涟阁也。

皇祐四年壬辰　一〇五二

六十二岁。　在永兴军任。

五月,范仲淹卒于徐州。六十四岁。范谱。

贺铸生。

皇祐五年癸巳　一〇五三

六十三岁。　秋,自永兴军徙知河南,兼西京留守,迁兵部尚书,封临淄公。碑、传。

徙河南，碑传无年月。案《宋元宪集》十五《晏公丧过州北哭罢成篇》二首，注云："癸巳秋，公自长安代余守洛。"张子野词有《玉联环·送临淄相公》云："不须多爱洛城春，黄花讶归来晚。"又云："叶落灞陵如剪。"亦记秋景，与宋集合。《北宋经抚年表》，本年闰月（七月）孙忭奏请以文彦博代同叔知永兴，十月文自秦州来代。

碑："兼西京留守，累进阶至开府仪同三司，勋上柱国，爵临淄公，食邑万二千户，实封三千七百户。"欧集《书简》二，有致同叔书云："孟春犹寒，伏维留守相公大学士动止万福。某罪逆不孝，犹存喘息，自齿人曹。近者辄以哀诚，具之号疏，召慈轸恻，怜念孤穷，亟遣府兵，赐以慰答。有以见厚德载物，无所不容，求旧拾遗，虽敝不弃云云。"宛书城曰：按欧谱，欧去年三月丁母忧，此年八月，自颍州护丧归。书首言孟春，当作于本年。同叔遣唁，殆去年事也。

仁宗至和元年甲午　一〇五四

六十四岁。　六月，以疾归京师。八月，疾少间，侍讲迩英阁。碑。

《春明退朝录》一"天圣七年"条："至和初，晏元献公以旧相为观文殿大学士，提举万寿观。"原书寿作龄，注"避家讳也"。宋敏求绶子，"绶""寿"同音也。此碑传不载。

三月，王德用为枢密使。表。

九月，杨察以翰林学士为承旨。《翰苑群书》下。

九月，欧阳修迁翰林学士，兼史馆修撰。欧谱。

张耒生。

至和二年乙未　一〇五五

六十五岁。　正月丁亥，卒。碑、纪。

《默记》上："晏元献自西京以久病归京师，留寘讲筵。病既革，上将临问之。甥杨文仲谋,谓凡问疾大臣者,车驾既出,必携纸钱,盖已膏肓,或遂不起,即以吊之,免万乘再临也。遂奏臣病稍安,不足仰烦临问。仁宗然之,实久病,忌携奠礼以行。然后数日即薨。故欧公作神道碑,言明年正月疾作不能朝,饬太医朝夕视,有司除道,将幸其家。叹曰:'吾无状,乃以疾病忧吾君。即奏臣疾少间,行愈矣。'乃止。丁亥以公薨闻。以不即视公为恨。盖此意也。"

三月,葬于许州阳翟县麦秀乡之北原。碑。

谥元献,苏颂为谥议。

《石林燕语》:颂为同叔谥议,以其能荐范仲淹、富弼,比之胡广、谢安。其议今在《苏魏公集》。

欧阳修为神道碑,王洙书,仁宗篆碑首。

碑:"既葬,赐其墓隧之碑首,曰'旧学之碑'。既又敕史臣修,次公事具书于碑下。"

欧集,晏碑铭跋:"今晏公碑乃王洙奉敕书,洙于字学最精云云。"

《渑水燕谈录》九:"仁宗天纵多能,尤精书学,节勋贤神道,率赐篆螭首。节晏殊曰'旧学'。节。"

欧集五十六、王安石《临川集》三十五及韩维《南阳集钞》,皆有挽同叔辞。《宛陵集》四十四有《闻临川公薨》,《宋元宪集》十五有《晏公丧过州北哭罢成篇》诗。

六月,富弼与文彦博同拜相。表。

仁宗嘉祐元年丙申　一〇五六

杨察卒。

《能改斋漫录》十八,"元献杨侍郎梦"条,记察卒于同叔卒之次年。《宋史》本传谓察权三司使时,病痈卒。兹据《漫录》,定为此年。

周邦彦生。

嘉祐二年丁酉　一〇五七

王洙卒。

嘉祐三年戊戌　一〇五八

陈世修辑冯延巳《阳春集》。原序作"嘉祐戊戌"。同叔甚好冯词，参谱首。

嘉祐五年庚子　一〇六〇

梅尧臣卒。

嘉祐六年辛丑　一〇六一

宋祁卒。

嘉祐八年癸卯　一〇六三

仁宗崩。

英宗治平三年丙午　一〇六六

宋庠卒。

神宗熙宁二年己酉　一〇六九

王安石为参知政事，行新法。

熙宁五年壬子　一〇七二

欧阳修卒。

富弼致仕。

熙宁六年癸丑　一〇七三

郑侠自光州司法参军秩满入京，见安石，言新法非便。

熙宁七年甲寅　一〇七四

叔原以郑侠事下狱。

《侯鲭录》四："熙宁中，郑侠上书，事作下狱，悉治平时往还厚善者。晏几道叔原皆疑亦之误在数中。侠家搜得叔原与侠诗云：
'小白长红又满枝，筑球场外独支颐。春风自是人间客，主张繁华
得几时。'裕陵称之，即令释出。"《耆旧续闻》八，李之鼎《遗文增辑》引
《事文类聚前集》八，皆以此为同叔诗，非。案侠上书请罢新法下狱，在
本年四月。十一月窜侠汀州，究治其亲朋。见侠《西塘集自记》。
《涑水纪闻》十六载其详曰："侠上书几五千言。请黜吕惠卿，进用
冯京。御史知杂张琥闻之，阴访求当世亰字与侠通交状。惠卿乃使
其党知制诰邓润甫，与御史台同按问，遣选人舒亶乘驿追侠诣台，
索其箧笥中文书，悉封上之。僧晓容善相，多出入当世家，亦收系
按验。取当世门历阅视，宾客无侠名。节润甫等深探侠狱，多所连
引，久系不决。上以其枝蔓，令岁前必令狱具，台官皆不得归家。
狱成。〔侠〕移英州编管。当世罢政事，以谏议大夫知亳州。王克
臣夺一官。丁讽落职监无为军酒税。王安国追出身以来敕诰，放
归田里。晓容勒归本贯。其余吏名有与侠交游及馈送者皆杖臀二
十，远州编管。"当时株连如此，宜叔原亦不免。冯京，富弼之女夫，
叔原甥婿也。叔原此时约四五十岁。《耆旧续闻》卷八引叔原与郑侠
诗"主张繁华"句，注张字去声。

神宗元丰元年戊午　一〇七八

知止（崇让）为吴郡太守。

《吴县志》七《职官表》六："晏知止，临淄人，元丰元年以尚书司
封郎中任。朱长文诗云：'三见元丰大有年。'则任满三载始去也。"
案朱长文《吴郡图经续志自序》："元丰初，朝请大夫临淄晏公出守
是邦。公乃故相元献公之子，好古博学，世济其美。"《宋史》同叔
传："子知止，为朝请大夫。"曾巩《南丰类稿》同叔《类要》序，亦云：
"公之子知止，能守其家者也。以书属余序。"然神道碑同叔八子，

无知止。宛书城曰："《临川县志·选举》，晏崇让以皇祐元年己丑冯京榜中进士，名下注云：'殊子，改名知崇，朝请大夫。'知崇疑知止之误，即同叔四子崇让也。"《默访》中亦有"晏知止作府推"一条。案崇让元祐进士，本年守吴郡正合。知止与让，字义亦相应。宛君说是也。

同叔墓被盗。

《曲洧旧闻》七："元丰元年，盗发阳翟，而元献晏公墓最被其酷。节"《邵氏闻见后录》二十二亦曰："张侍中耆遗言厚葬，晏丞相殊遗言薄葬。二公俱葬阳翟。元祐中，同为盗所发。侍中圹中金玉犀珠充塞，盗不近其棺，所得已不胜负，皆列拜而去。丞相圹中但瓦器数十，盗怒不酬其劳，斲棺取金带，亦无也。遂以斧碎其骨。厚葬免祸，薄葬致祸，杨王孙之计疏矣。"元丰、元祐二说不同。《旧闻》明载"元丰元年"殆近实也。《东轩笔录》七，记此事较详，惟无盗墓年月。

张先卒。张谱。

刘恕卒。

元丰四年辛酉 一〇八一

曾巩作同叔传。

韩维《曾子固神道碑》："元丰节四年，手诏中书门下曰：'曾巩史学，见称士类，宜典五朝史学。'遂以为史馆修撰。"考《能改斋漫录》"跋同叔手帖"云："曾南丰与公同乡里。元丰间，神宗命以史笔，其传公云：'虽少富贵，奉养若寒士。'考公手帖，则曾传可谓得实。"按巩卒于元丰六年，为晏传非此年则明年也。宛书城说。

李清照生。

清照评同叔小词为句读不葺之诗，往往不协音律。又评小山词苦无铺叙。见《苕溪渔隐丛话》。

元丰五年壬戌　一〇八二

叔原监颍昌许田镇,写新词献韩维,约在此时。

《邵氏闻见后录》十九:"晏叔原临淄公晚子,监颍昌府许田镇,手写自作长短句,上府帅韩少师。少师报书:'得新词盈卷,盖才有余,而德不足者。愿郎君捐有余之才,补不足之德,不胜门下老吏之望云。'一监镇官敢以杯酒自作长短句示本道大帅,以大帅之严,犹尽门生忠于郎君之意。在叔原为甚豪,在韩公为甚德也。"《砚北杂志》上引此,韩少师作韩持国,盖韩维字。案《宋史》三一五《维传》,以太子少傅致仕,转少师。又《南游纪闻》谓"持国祖述同叔"。《说郛》四十九引。持国《南阳集》有和同叔诗,《和晏相公湖上遇雨》,《和晏相公湖上》四首,《陪晏相公游韩王水硔园》等。盖从同叔游甚久。此府帅是维无疑。《清波杂志》八,记叔原献词于"韩宫师玉汝"。玉汝乃维弟缜字。缜虽亦曾知颍昌府,而以太子太保致仕,无少师衔。当非是也。

考维知许州即颍昌府见于本传者二次:一在熙宁六年四月文彦博罢枢密使后,维为王安石所恶,出知襄州,改许州;一在熙宁七年四月韩绛拜相时,维加端明殿学士知河阳,复知许州。又《涑水纪闻》十三,载元丰五年,持国知颍昌府官满,有旨许令持国再仕。中书舍人曾巩草诰词,不合帝旨,赎铜十斤。《续通鉴》曾巩元丰五年四月为中书舍人,与此合。是维先后三知许州。案《宰辅表》,熙宁八年,韩绛罢相知许州。知维熙宁六七年非连任。熙宁间,叔原方以郑侠事系狱。当无监镇事。兹定监许田在此年前后,叔原约五十余岁。韩维六十五,亦与门下老吏之语合也。宛书城曰:"许州元丰三年方升颍昌府。"

晁说之第进士。《四库提要》九十二"儒言"下。

说之曾为叔原墓志。卒于建炎三年,见《直斋书录》十八,年辈后于叔原也。

元丰六年癸亥 一○八三

曾巩卒。

富弼卒。

哲宗元祐元年丙寅 一○八六

王安石卒。

司马光卒。

元祐三年戊辰 一○八八

苏轼欲因黄庭坚见叔原,叔原辞之。

《砚北杂志》上引邵泽民云:"元祐中,叔原以长短句行,苏子瞻因鲁直欲见之。则谢曰:'今日政事堂中半吾家旧客,亦未暇见也。'"案轼自元丰八年十月登州召还,元祐元年迁中书舍人翰林学士,至元祐四年三月,乃出知杭州,六年五月还京,八月又出知颍州,从此终元祐之世未还朝。黄庭坚元祐初在京师。此年二月二十一日苏、黄与蔡天启会于京邸。见苏谱。苏欲因黄见叔原,或在此时。

庭坚为《小山词序》:"诸公虽爱之,而又以小谨望之,遂陆沉于下位。"又云:"仕宦连蹇而不能一傍贵人之门。"王灼《碧鸡漫志》二亦谓:"叔原年未至乞身,退居京城赐第,不践诸贵之门。"叔原此时五十余岁,与《漫志》"年未至乞身"句合,亦予定叔原生天圣末之一证。

哲宗绍圣四年丁丑 一○九七

韩缜卒。

哲宗元符元年戊寅　一〇九八

韩维卒。

徽宗建中靖国元年辛巳　一一〇一

《小山词》结集约在此年前。

《小山词》自序："七月己巳，为高平公缀辑成编。"范姓望出高平，宋人称范仲淹纯仁父子为高平公。梅尧臣《宛陵集》有《闻高平公殂谢述哀》三首，皇祐四年作，盖挽仲淹之诗。仲淹卒时，叔原方二十左右，词序所称高平公，殆指纯仁。宛书城谓"纯仁元祐四年知颍昌府，见《宰辅表》，盖代韩缜任。是年七月，适有己巳日，或小山初写稿献缜，至是复编集献范"。案叔原写词上府帅韩少师，是韩维而非缜，已辨于元丰五年谱。据《宋史》三一四《范仲淹传》及曾肇《范忠宣公墓志铭》，纯仁卒于此年。小山词如为纯仁"缀辑成编"，则必在此年之前，其时叔原已六七十岁矣。

词序谓"为高平公缀辑成编"殆谓由范敦促，非以此献范。叔原不肯见政事堂中人，此时已高年，或不致以小词求贵人顾盼耶。

苏轼卒。

崇宁四年乙酉　一一〇五

黄庭坚卒。

崇宁五年丙戌　一一〇六

叔原约卒于此时。

叔原卒年无征。小山集中《临江仙》词云："东野亡来无丽句，于君去后少交亲，追思往事好沾巾。白头王建在，犹见咏诗人。"此隐括张籍诗，原不足以为考据；然其《泛清波摘遍》有"吴霜鬓华，自悲清晓"句,《浪淘沙》有"霜鬓知他从此去,几度春风"句,合之前文考结集之年,叔原盖得老寿者。《碧鸡漫志》二:"蔡京重九冬至日,遣客求〔叔原〕长短句,欣然为作《鹧鸪天》'九日悲欢不到心',云云。'晓日迎长岁岁同',云云。竟无一语及蔡者。"二词今在集中。考蔡京以元符元年一〇九八为翰林承旨,崇宁元年一一〇二守尚书右仆射兼中书侍郎,崇宁五年一一〇六罢政。《碧鸡漫志》所云,当谓蔡崇宁间初当权时;依予所推,叔原若生于天圣末年一〇三〇,则此时已七十四五岁;若太观、宣和间京屡起屡罢,政和七年始勒令致仕,叔原当不及见矣。

《邵氏闻见后录》十九:"程叔微云:伊川闻诵晏叔原'梦魂惯得无拘束,又踏杨花过谢桥'长短句,笑曰:'鬼语也。'意亦赏之。程、晏二家有连云。"《砚北杂志》上引同。同叔曾孙敦复"少学于程颐",见《宋史》三八一敦复传。程颐卒于后此一年大观元年一一〇七,七十五岁,盖与小山同年辈也。

叔原行年可考者止此。《四库提要》"词林万选"条云:"几道死靖康之难。"此不见于他书。叔原生天圣末,下推至靖康,已九十左右,此说当不可信。案翟耆年《籀史》,叔原之子溥,靖康初守河北,御金人战死,见谱后。《提要》以误属叔原耳。

《小山词》有《生查子》:"看遍颖川花,不及师师好。""醉后莫思家,借取师师宿。"前二句亦见淮海词。叔原不及见宣和李师师,此师师是另一妓,已辨于张子野谱后。

同叔李夫人聘于十三岁。续婚孟、王,则未详甲子。《道山清话》记张先《碧牡丹》词事,其时皇祐二年,同叔六十岁,犹与王偕老。其宝元初论边防,请无以地图授诸将,据《宋史·王超传》同叔实用王德用之谋。德用,王夫人兄也。其时同叔四十九岁,当已娶王夫人。王超卒于大中祥符五年,同叔二十二岁时,见《临川集·鲁国公王公德用行状》。李、孟卒于何年,亦无可考。《十驾斋养新余录》下,引《挥麈前录》二:"晏元献夫人王氏,国初勋臣超之女,枢密使德用之妹也;元献婿,富郑公也;郑公婿冯文简,文简孙婿蔡彦清、朱圣予。大昕案,朱谔字圣予。圣予女适滕子济:俱为执政。元献有古砚一,奇甚,王氏旧物也,诸女相授,号传婿砚,今藏滕氏。朱之孙女适洪景严,近又登二府,亦盛事也。"同叔女字富弼,乃天圣七年事,时同叔三十九岁;女若王夫人出,则娶王当在大中祥符间同叔二十左右,李、孟殆皆不永年也。

《临川县志》谓元献父"固生三子,元献与弟颖举神童入秘阁而颖夭"。其另一子,不详名字。《县志》又载宋真宗《除晏融殿中丞敕》,题下注云:"元献兄,字华叔。"敕云:"具官晏融,三陟御史,是为耳目之官,节可依前赞善加殿中丞。"是元献有兄名融字华叔。胡辑元献遗文有《答中丞兄家书》云:"殊再拜,三哥廷评、三嫂座前。节寄物甚多,倍烦神明,骨肉不必如此。"函称"中丞"称"骨肉",当即谓华叔。《临川志》。劳辑遗文三引《岁时杂咏》,《和三兄除夜》诗一首,有"埙篪集上都"句,或亦谓华叔。

《能改斋漫录》十二,载同叔在相位时与兄手帖,称"十一哥赞善"。起结有"大事礼毕,日月迅速,哀痛无极"。"希顺变善居"语,盖唁丁忧函。同叔丁内外忧皆在二十余岁,当拜相之前数十年,此"十一哥"必非同怀。

《默记》上谓同叔有甥杨文仲。王明清《挥麈前录》谓:"李定字仲求,洪州人,晏元献之甥,文亦奇。"是同叔有姊妹适杨适李,两甥皆以文学称。

同叔子能以文学承家者,叔原之外有崇让。崇让后改名知止,字处善;尝刊李白集,见王琦注李集卷三十一。《元丰类稿·类要序》,乃为知止作,见元丰元年一〇七八谱。冒广生辑《小山词补》引《花草粹编》有小山《满江红·寿大山兄》一首,谓小山之字疑沿大山而来。案大山乃萧泰来字,此小山非几道。

同叔之孙死国难者二人。《临川县志·人物志》:孝广政和七年以荐补扬州尉,建炎三年与金人战死。《宋史翼》三十引翟耆年《籀史》:"晏溥字慧开,丞相元献公之孙,叔厚之子,豪杰不羁之士也。好古文,邃于籀学,作《晏氏鼎彝谱》一卷,载所亲见三代鼎彝及器欵。靖康初,官河北。金贼犯顺,散家财,募兵扞贼,与妻玉牒赵氏戎服率义士力战而死。"叔厚乃叔原之笔误。《宋诗纪事》二十五,亦云,溥,叔原子也。

《梁谿漫志》八,"烈女死节"条:"晏元献公四世孙女,其父孝广,为邓州南阳县尉。女小字师姑,年十五,从叔孝纯官于广陵。建炎三年陷于虏,系以北去。每欲侵陵之,辄掷身于地,僵仆气绝,或自经,或投井,皆救而获免。其主母爱之,抚育如己出,虏中争传夸焉。节朱少章弁奉使归奏之。"同叔曾孙,敦复最闻名,《宋史》三八一有传:"迁吏部,以守法忤史浩,出知贵溪县。权吏部侍郎,除给事中,居右省两月,论驳凡二十四事,议者惮之。帝尝谓之曰:'卿鲠峭敢言,可谓无忝汝祖矣。'"

敦复弟敦临,政和五年及第,为余姚县丞;《资治通鉴》末卷、记绍兴二年余姚刊板,校勘监视官有左宣教郎知绍兴府余姚县丞晏敦临。敦临弟肃,宣和三年及第;又有绍休者,绍圣四年及第,皆见《临川志》。

《张右史集》六十有王夫人墓志,乃同叔子虞部君之妻,"生三子,长某,朝散郎,次藻,先夫人卒,季佺疑误左班殿直、监黄州酒税。

三女,孙男十一人。"虞部君名无考。

《四库全书提要》-《类要》下,有同叔四世孙知雅州袤,开禧二年《进书表》。

《直斋书录解题》十七,同叔五世孙大正作年谱。

宛书城引萧智汉《历代名贤列女姓谱》,同叔有侄曰防,字宗武,曾官崇仁主簿,转万载丞。宽厚好学,著有《侯门集》十卷,《俱眠集》一卷。亦见《直斋书录》。同叔子姓可考者,附具于此。

劳辑遗文二引《会稽掇英总集》,有《留题越州石氏山斋》诗一首;李之鼎遗文增补亦引《掇英集》,有《忆越州》二首;又引《天台续集》有《麻姑山》一首:皆同叔行迹未见于谱者。《麻姑山》诗起云:"昔年权暂领军城,静爱仙山咏过春。"当即指宣城之花姑山也。

欧碑称同叔"自少笃学,至其病亟,犹手不释卷,有文集二百四十卷"。《东都事略》同。此当指总集,其目见于《宋史·艺文志》诸书者有:

《晏殊集》二十八卷。《艺文志》。《临川县志》同。

《临川集》三十卷。《艺文志》。《文献通考·临川县志》同。《书录解题》云:"其五世孙大正为年谱一卷。言先元献自差次起儒馆至学士为《临川集》三十卷。"

《三州集》十五卷。《艺文志》。《临川县志》作二州集。《挥麈后录》卷一"宋太祖醉卧阏伯庙"条注,又有晏元献《五州集》。宛书城谓同叔历守宣、亳、颍、陈、许诸州,或先有二州,后增为五州也。

《二府别集》十二卷。《艺文志》。《临川县志》同。《书录解题》云:"起枢庭至宰席为《二府集》二十五卷";《困学纪闻》十九翁元圻注作二十卷,皆与此不同。

《紫微集》一卷。《郡斋读书志》、《文献通考》、《临川县志》。

《北海新编》六卷。《艺文志》。

《庐山四游诗》一卷。李之鼎《元献遗文跋》。

《平台集》一卷。《艺文志》。《临川县志》同。

诗集二卷。《艺文志》。《临川县志》作三卷。

《珠玉词》一卷。《临川县志》。

《类要》七十六卷。《书录解题》。《临川县志·艺文》作八十卷。

《集选》一百卷。《宋史》传。欧碑作二百卷。

各书卷数虽有异同，合计与二百四十之数不远。《中兴书目》作九十四卷，或除《类要》及《集选》而言耳。又《宋史》传谓真宗时有所问，辄奏答，并封草进，示不泄，后仁宗类为八十卷。不知收入集否。其非一手独撰者，有《真宗实录》一百五十卷，《宋史·艺文志》二注："晏殊等同修。"《临川县志》注："学士晏殊与肥乡李维同撰。"《天和殿御览》四十卷，见《玉海》五十四及《临川县志》。《笑台诗》一卷，晏殊张士逊撰。《内制》六卷，晏殊以下撰。皆见《艺文志·总集》。

同叔文集已佚，清康熙间慈谿胡亦堂辑得一卷，诗余之外，仅文六首，诗七首，即《四库》所收本也。道光间，仁和劳格复据《玉海》、《事文类聚》、《播芳大全》、《茅山志》等增文十二首，诗一百三十余首，单词断文十余件。文倍于胡辑，诗视胡辑几二十倍，同叔遗文此为最备矣。（宋人诗话野乘盛称同叔诗，宋子京谓胜石延年、苏舜卿、梅尧臣。《钟山语录》谓过杨大年。《宛陵集》及六一、后山《诗话》，亦屡记其论诗话。）《宋景文笔记》上谓同叔诗"末年编集者乃过万篇，唐人以来所未有，然相国不自重其文，凡门下客及官属能声韵者悉与酬唱"。则劳氏所辑，亦存什一于千百耳。

叔原惟传《小山词》，其余著述，皆不可考。《宋诗纪事》载其诗仅六首。《事文类聚》前集三十九有《〈列子〉有〈力命〉,王充〈论衡〉有〈命录〉,览之有感》一首属叔原,而《宋文鉴》则属同叔,不知孰是。

《直斋书录》十四载同叔《类要》,《四库》以入类书存目。《石林避暑录话》二,记其著书情状曰:"晏元献平居书简及公家文牒,未尝弃一纸,皆积以传书。虽封皮亦十百为沓,暇时手自持熨斗,贮火于旁,炙香匙亲熨之,以铁界尺镇案上。每读书得一事,则书以一封皮。后批门类授书吏传录。盖今《类要》也。王莘乐道尚有数十纸,余及见之。"《墨庄漫录》七,"东坡作梅花词"条谓于《类要》中得唐王建《梦看梨花云》诗,乃世行王建诗集所无云云。其富备可见。《提要》称其与《太平御览》同为宋代类书之善本。其书卷数,《直斋书录》作七十六卷,《元丰类稿》十三《类要序》作上中下帙七十四篇。比《直斋书录》少二篇。《四库提要》据开禧二年同叔四世孙知雅州袤《进书表》,知南渡后已有阙佚,多出袤补编。四库馆臣所见天一阁本,共阙四十三卷,另有两淮所进本,仅存三十七卷。闻往年北平图书馆得一部,不知其为何本也。

欧碑称"《集选》二百卷",而《宋史》作一百卷。《直斋书录》十五,止载其《目录》二卷,谓莆田李氏有此书凡一百卷。似碑作二百卷者误也。《集选》撰于五十八岁以前,已见前谱。

《四库提要》误合《类要》与《集选》为一书,谓《类要》"自宋代名目卷帙已多互异"。今案《青箱杂记》五,谓"公于文章尤负赏识,集梁《文选》以后迄于唐,别为《集选》五卷,而诗之选尤精,凡格调猥俗而脂腻者皆不载也。"云五卷,断非。'五'盖'百'字之讹。《直斋书录》亦谓,"大略欲续《文选》,故亦及于庾信、何逊、阴铿诸人,而云唐人文者亦非也"。此谓《集选》也。曾巩《元丰类稿》十三《类要序》,谓"得公所为《类要》上中下帙,总七十四篇,凡若干门,皆公所手抄。乃知公于六艺太史百家之言,骚人墨客之文章,至于地志族谱佛老方伎之众说,旁及九州之外,蛮夷荒忽诡变奇迹之序录,公皆披寻细绎,而于三才万物变化情伪是非兴坏之理,显隐巨细之委曲,莫不究尽"。此谓《类要》也。二书体例各殊,不容混同。且直斋于二书分列于《书录解题》第十四第十五两卷,《提要》并未细检,可谓失之眉睫矣。《七修类稿》四,"虎林"条,引晏元献《舆地志》。今案此书不见于碑传史志及《解题》、《通考》,疑不可信。又《涧泉日记》下引同叔语,谓龙泓洞在福建汀州灵隐山下。案龙泓洞在杭州。武英殿本《涧泉日记》已辨其误。此若出于同叔所著《舆地志》,不当谬误若此;或后人托名伪造也。王仲闻曰:现存三种《临安志》引《舆地志》颇多,而《舆地纪胜》则多引元献《类要》,疑即《类要》中一部分。

《耆旧续闻》六:"本朝名公四六,多称王元之、杨文公、范文正公、晏元献、夏文庄、二宋、王岐公、王荆公、元厚之、王履道。"欧公集七十三《跋晏元献公书》云:"右观文殿大学士兵部尚书晏元献公二帖。公为人真率,其词翰亦如其性,是可佳也。"又《石刻铺叙》下"续帖"条,淳祐间接续前帖,有"东都宰相张文懿、晏元献、庞庄敏节书翰十三卷",是同叔又善四六与书法也。

《景迂生集》六《报通叟同年兄示柳侯庙》诗有云:"文坛兴旧学,诗价重东坡。"上句注云,"子厚文集因晏公乃大备"。案《四库提要》:《柳宗元集》在宋时已有四本,其一为晏元献家本。云"因公大备",则必非传刻而已矣。

《直斋书录解题》"世说新语"条:"此本董弅升刻之严州,以为晏元献手自校订删去重复者。"案刘义庆《世说》八卷,刘孝标续十卷，见《唐艺文志》；直斋作三卷，与今本合。《四库提要》谓陆游所刊本每卷析为上下，自明以来，世俗所行，凡二本：一为王世贞刊，一为袁褧刊，袁本即从陆本翻雕云云。无一语及同叔校订本。今行世三卷本若始于同叔，则同叔与此书关系甚大，惜其删订义例不可考矣。

《瓮牖闲评》五："余尝见《虢国夫人夜游图》，乃晏元献公家物，后归于内府，徽宗亲题其上云'张萱所作'。苏东坡诸公有诗，皆在其后。而黄太史跋东坡此诗，乃云周昉所作《虢国夫人夜游图》。疑太史未尝见此图，以意而言之耳。"晏藏虢国出行图，亦见《诗话总龟》廿八。《默记》下："《达奚盈盈传》，晏元献家有之，盖唐人所撰也。传文繁不录。此传晏元献手书，在其甥杨文仲家。其间叙妇人姿色及情好曲折甚详，然大意若此。"以上记同叔藏画。叔原好皮书，《墨庄漫录》三，记其赠妻诗云："晏叔原聚书甚多，每有迁徙，其妻厌之，谓叔原有类乞儿搬漆椀。叔原戏作诗云：'生计惟兹椀，般擎岂惮劳。造虽从假合，成不自埏陶。阮杓非同调，颜瓢庶共操。朝盛负余米，暮贮籍残糟。幸免墙间乞，终甘泽畔逃。挑宜笻作杖，捧称葛为袍。傥受桑间饷，何堪井上螬。绰然徒自许，呼尔未应饕。世久轻原宪，人方逐子敖。愿君同此器，珍重到霜毛。'"叔原子溥又好罗鼎彝，著《鼎彝谱》，盖三世称藏家矣。

《容斋四笔》七，"县尉为少仙"条云："《随笔》载县尉为'少公'，予后得晏几道叔原一帖，与通叟少公者，正用此也。"通叟姓周，见《景迂生集》，即前引作柳侯庙诗者，非王观也。此叔原交游不见于集者，得附记之。一九三四年八月写初稿。五七年九月重改。

读《临川县志》，有数事可补订世系表及遗事：同叔从孙有升卿，皇祐五年进士;朋,嘉祐四年进士;中,元丰二年进士;绍休,绍圣四年进士。曾孙有敦复、敦临、肃、孝广、孝纯。五世孙有大正。又《县志》四十:"晏防字宗武,殊侄,初学于王安石,奏为崇仁主簿,转万载丞,行李萧然,家僮致米乃得归。赴调卒于京。著有《侯门集》十卷,《俱胝集》一卷。"《县志》九"晏元献故居在城东隅大臣巷"。

汤显祖《玉茗堂诗》九:"《送晏礼垣陪都》,公临川沙河元献后,徙寓南昌云云。"诗云:"千年相国风流在,长向沙河问濯龙。"沙河在临川县北,同叔祖墓所在也。

贺方回年谱

贺铸字方回,卫州人。石林居士《建康集》卷八《贺铸传》。《宋史》卷四四三《文苑传》。

《东都事略》一二六《文艺传》作"开封人",盖谓贺氏宋初以外戚赐第开封;《宋史》二四二《孝惠贺皇后传》亦云"开封人"。《中吴纪闻》三作"本山阴人",则据方回《庆湖遗老集自序》自称"越人"。

自言唐谏议大夫知章之后,且推本出王子庆忌,以庆为姓,居越之湖泽所谓镜湖者,本庆湖也;避汉安帝父清河王讳,改为贺氏,庆湖亦转为"镜",当时不知何据,故铸自称"庆湖遗老"。《宋史》。

《庆湖遗老集自序》:"庆湖遗老者,越人贺铸方回也。贺本庆氏,后稷之裔;太伯始居吴,至王僚遇公子光之祸,王子庆忌挺身犇卫,妻子进度溮水,隐会稽上;越人哀之,予湖泽之田,俾擅其利,表其族曰庆氏,名其田曰庆湖。今为'镜湖',传讹也。汉孝安帝时,避帝本生讳,改贺氏,水亦号贺家湖焉。铸十五代祖秘书外监之从祖弟讳知止,少昧《老》《易》,躬耕不仕。开元末,兴崇玄学,本道三以道举荐送,不赴;会有闻于朝者,起家拜上虞丞,秩满,试任城令;久之,迁阳谷令,卒官。民怀其惠,遮留丧车,不得时发,因权窆县之北原。三孤即圹为庐,免丧。按安史之乱,县又改隶东平,寻为李正己巢据之,浸用非法,游民浮浮字据《丽宋楼藏书志》补。房,禁不听还。以上疑有误字。伯仲定居阳谷,俾季阴归会稽,以持先业,皆力田自洁,不复为仕宦计。季实吾祖也。岁一北走,省展存殁,且自誓约,生虽居□,四库本阙一格,当是越字。死当祔骨先垅之次。逮七世孙,遵约不坠。后属董昌盗越,民罹其毒,因弃业北迁合族焉。国朝缘外戚赐第开封隆和里。六代祖广平王,始别葬于浚仪固子陂之高原。高门平州府君,受命北征,即诰其冢嗣曰:'吾家本庆氏,昔王子常寓于卫,而子必以旧氏名之,吾死必封树卫郊,示不忘本。'府君竟死事朔野;曾门以哀毁废于家,但名其子而重诰之。程俱《宋故朝奉郎贺公墓志铭》:'曾祖继能,左侍禁。'天圣初,大门总伯四库本作北。道垌牧之正,《墓志》'祖惟庆,东头供奉官,阁门祗候,赠左千牛卫将军'。遂卜府君之新阡于卫属邑共城东原,仍徙贯焉,行先志也。铸少有狂疾,且慕外监之为人,顾迁北已久,常以北宗狂客自况。《诗集》卷一三《乌咏》注:"北宗狂客,方回自号也。"今浸老且疾,念归何时,而亟更旧称者,亦首丘之义耳。"

《珩璜新论》:"贺姓本庆氏,汉安帝父讳庆,贺纯改焉。见《晋书·贺纯传》。"亦见《齐东野语》四"避讳"条。叶梦得作传称"鉴湖遗老",程俱《北山小集》十五《贺方回诗序》云:"鉴湖遗老诗凡四百七十二篇。"同书五《九日与方回游章公山林》诗注云"方回自号鉴湖遗老",杨时序诗集亦云《鉴湖集》。方回自跋所校《吕氏春秋》署镜湖遗老,《瀛奎律髓》二十四亦称"镜湖遗老",又不专称庆湖也。

宋太祖孝惠后之族孙。《东都事略》、《宋史》。

《宋史·后妃传》上:"太祖孝惠贺皇后,开封人,右千牛卫率府率景思长女也。"《诗集》补遗,《铸年五十八因病废得旨休致一绝》注云:"铸六代祖广平郡王,在五代间,久从宣祖皇帝游,因纳女事太祖皇帝,封孝惠皇后。"是方回孝惠之五代族孙也。

长七尺,眉目耸拔,面铁色。 叶传、《宋史》。

《老学庵笔记》八:"贺方回貌奇丑,色青黑而有英气,俗谓之'贺鬼头'。"

《竹坡诗话》:方回寡发,郭祥正谓之"贺梅子"。详见崇宁元年谱。

喜剧谈天下事,可否不略少假借;虽贵要权倾一时,少不中意,极口诋无遗词,故人以为近侠。 叶传、《宋史》。

《蒙斋笔谈》下:"贺铸最有口才,好雌黄人物。"

博学强记,工语言,深婉丽密,如次组绣。尤长于度曲,掇拾前人所遗弃,少加隐括,皆为新奇,尝言"吾笔端驱使李商隐、温庭筠,常奔命不暇"。 叶传、《宋史》。

《浩然斋雅谈》下:"贺方回尝言:'吾笔端驱使李商隐、温庭筠,常奔命不暇。'"

《词源》下:"贺方回、吴梦窗皆善于炼字面,多于温庭筠、李长吉诗中来。"

《默记》:"贺方回遍读唐人遗集。取其意以为诗词。"

案贺词用唐人诗句几十二三,其《太平时》之"晚云高"、"爱孤云"、"替人愁"诸阕,皆径袭杜牧诗全首,不特多用温、李字面也。

诸公贵人多客致之,方回有从与不从;其所不欲见,终《宋史》误"中"**不贬也。** 叶传、《宋史》。

程俱曰:"方回为人,盖有不可解者:方回少时,侠气盖一座,驰马走狗,饮酒如长鲸;然遇空无有时,俛首北窗下,作牛毛小楷,雌黄不去手,反如寒苦一书生;方回仪观甚伟,如羽人剑客;然戏为长短句,皆雍容妙丽,极幽闲思怨之情;方回忼慨感激,其言理财治剧之方,亹亹有绪,似非无意于世者;然遇轩裳角逐之会,常如怯夫处女:余以为不可解者此也。"《北山小集·贺方回诗序》。

又曰:"方回豪爽精悍,书无所不读;哆口竦眉目,面铁色,与人语不少降色词,喜面刺人过,遇贵势不肯为从谀;然为吏极谨细,在筦库,常手自会计,其于窒罅漏,逆奸欺无遗察;治戎器,坚利为诸路第一;为巡检日夜行所部,岁裁一再过家,盗不得发;摄临城令,三日决滞狱数百,邑人骇叹;监两郡,狡吏不得措其私;盖仕无大小不苟,要使人不能欺;而用不极其才老。"《墓志》。

又曰:"观其抗脏任气,若无顾忌者,然临仕进之会,常如临不测渊,觑觑视不敢前,竟疾走不顾;其虑患乃如此,与蹈污险徼幸不为明日计者殊科。"《墓志》。

历仕右班殿直,监军器库门,临城酒税,磁州都作院,徐州宝丰监,和州管界巡检,鄂州宝泉监,泗州太平州通判,以承议郎致仕。晚年退居吴下,卒于常州。《墓志》。

世系:据《庆湖遗老集自序》及《墓志》。

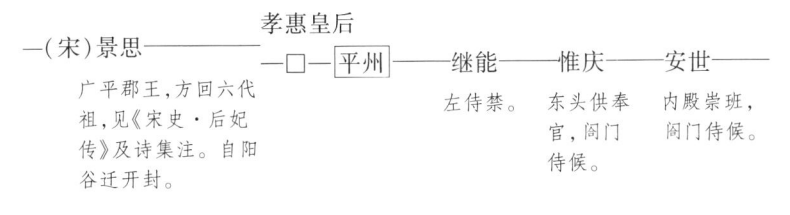

(吴)王子庆忌……(唐)贺知章
自吴犇卫徙越

知止————□……□————
方回十五代祖,自阳谷 董昌乱时,自 越复迁阳谷。
卒葬阳谷   返越。

孝惠皇后
—(宋)景思———□—平州———继能———惟庆———安世———
广平郡王,方回六代   左侍禁。 东头供奉 内殿崇班,
祖,见《宋史·后妃   官,阁门 阁门侍候。
传》及诗集注。自阳   侍候。
谷迁开封。

　　　　　　　房承节郎,监
　　　　　　　保州酒税。
———铸———｛   　　方回二子二女,孙男女五人,见《墓志》。
　　　　　　　廪将仕郎。   承祖名承祖者,见寇翼《庆湖遗老集序》,不知
　　　　　　　　　　　　　为房抑廪之子。

宋仁宗皇祐四年壬辰　一〇五二

一岁。

《庆湖遗老集自序》："铸生于皇祐壬辰。"《直斋书录解题》二十同。诗集三元祐丙寅作《人生七十稀》云："人生七十稀，行年今已半。"程俱作墓志云："年七十四，以宣和七年二月甲寅卒。"皆与此合。《疑年补录》二及《历代名人年谱》五作嘉祐八年生，误迟十一载矣。

《直斋书录解题》二十："铸后居吴下，叶少蕴为作传，详其出处，且言与米芾齐名；然铸生皇祐壬辰，视米芾犹为前辈也。"案：《宝晋英光集》三《太师行》云："我生辛卯。"辛卯，皇祐三年；是芾长方回一岁；芾集四有《别贺方回弟诗》。直斋说非也。

诗集二元丰甲子作《田园乐》云："昔我未去国，幽栖淇上村。"同卷《食芡实作》云："引领鄘卫西，百泉乃吾乡。"是生长于卫之百泉也。

张耒生。

至和二年乙未　一〇五五

四岁。

晏殊卒，六十五岁。

嘉祐元年丙申　一〇五六

五岁。

周邦彦生。

嘉祐三年戊戌　一〇五八

七岁。　始学诗。

《庆湖遗老集自序》："始七龄，蒙先子专授五七言律，日以章句自课。"

《诗集》三《人生七十稀》云："嗟我夙多负,失怙在童卯。"丧父年月无考。

神宗熙宁元年戊申　一〇六八

十七岁。　始离卫州,宦游汴京。

《诗集》九元丰三年庚申在溢阳作《局中归》云："心火成灰不复然,故园笑别十三年。"庚申逆数至此十三载,别故园当在此年。《诗集》二庚申作《对酒》云："自笑十年仕,尚迷天下津。"同年《食荠实作》云："十年去国仕,遇得才微芒。"同卷元丰七年甲子作《三月二十日游南台》云："二十起丁籍,一官初为贫。"皆举成数而言。惟《诗集》二《邯郸郡楼晚望》注："庚申九月赋。"诗云："去国亦已久,己年今复庚。"则去国当在明年己酉;然己酉至庚申止十二年,与《局中归》云"十三年"不合;且《诗集》六《寄王岐》注云:"王钜野人,熙宁初京师朋游也。"云"熙宁初",知诗云"己年"者误也。友人钱南扬云:"'己年'似不误,'熙宁初'不定是元年,诗'十三年'当云十二年,以调平仄取十三年之约数耳。入京当在明年己酉。"

寇翼《庆湖遗老集序》："公娶济良恪公之女。"《墓志》："方回幼孤立不群,济良恪公克彰择妻以女。授右班殿直,贫迫于养,非其好也。监军器库门,临城县酒税。"为右班殿直,监军器库门,当在二十四岁官临城之前。克彰赵氏,宗室。

《石林燕语》卷五:"唐五代末,武选有东西头供奉,左右侍班殿直,本朝又增内殿承制崇班,皆禁廷奉至尊之名;然执宰及戚里当得奏乞给使恩泽,皆例授此官。"元丰以后,三班例员,总万二千余人,见同书卷八。

《梦溪笔谈》一:"东西头供奉官本唐从官之名:自永徽以后,人主多居大明宫,别置从官,谓之东头供奉;西内具员不废,谓之西头供奉。"

《诗集》三《人生七十稀》云:"嗟吾夙多负,失怙在童卯。诗礼思有闻,飘飘辞祖贯。慈亲念衰绪,猝猝营婚宦。名姓系西班,星霜亟徂换。"婚于赵氏,不详何年。

熙宁五年壬子　一〇七二

二十一岁。

欧阳修卒,六十六岁。

熙宁八年乙卯　一〇七五

二十四岁。　监临城属大名酒税。《墓志》。

《诗集》六《上巳怀金明池游赏》注"熙宁乙卯临城赋",《诗集》纪年始此。"金明池汴京四园之一,岁以二月开,命庶士纵观,谓之开池。"见《石林燕语》卷一。

《玉照新志》一载方回大观三年《挽王子开》诗:"我昔官房子,尝闻忠穆贤。"房子即临城也。

熙宁九年丙辰　一〇七六

二十五岁。　在临城。

五月有《雨余晚望》一首,卷五。有《六月赠张士元》一首,卷六。皆临城作。集中诗始此。方回每诗皆自注时地,无烦索索。以后月举一首,以见行迹,余不具引。

熙宁十年丁巳　一〇七七

二十六岁。　罢官临城。

《诗集》一《赠僧孚》注:"熙宁末,予罢官赵郡即临城,日与侨人窦了然游。"案《诗集》六《寄周文清》注"丁巳八月赵郡赋",是秋间尚在临城也。

《诗集》四元祐六年作《送表侄赵子亿之官沧州》云:"昔我游浮阳即沧州,童心初办狂。节几序忽再周,此图竟莫偿。"游沧州约在此时。

叶梦得生。

元丰元年戊午　一〇七八

二十七岁。　改官滏阳_{河北磁县}都作院。《墓志》。

《诗集》十《留别田书》注:"元丰初滏阳同官也。"

九月。独游邺下。

《诗集》二《故邺》注。

桯俱生。

张先卒,八十九岁。

元丰二年己未　一〇七九

二十八岁。　在滏阳。

四月有《喜雨》,卷二。七月有《秋风登城楼》,卷九。八月有《老槐》,九月有《过晁掾端智》,卷二。十月有《待晓朝谒天庆作》,卷五。十一月有《和田录事君义咏雪》,卷六。皆滏阳诗。

元丰三年庚申　一〇八〇

二十九岁。　在滏阳,两游邯郸。

三月有《和田录事新燕》,卷六。四月有《同田参军至明作闲情》,五月有《咀蚊》,六月有《病暑》,卷二。七月有《野步》,八月有《和崔容拙田家诗》,卷六。十月有《冬夜寓直》,卷二。皆滏阳诗。

《六月食芡实作》注:"庚申六月邯郸郡从事钱景菜席上作。"《九月邯郸楼晚望》,皆邯郸诗。

《诗集》六《初见白发示内》,三月滏阳作。明年《冠氏县斋书事》亦云:"秋鬓先于怀县会,春愁多似乂城公。"卷六。此年又有《问内》一首,卷二。知携家在客。

五月作《局中归》云："晚凉退食无余事,坐与儿曹挽纸鸢。"卷九。明年作《除夜叹》亦云："稚子供樵汲,壮妻兼织纴。"当是指长子房。

元丰四年辛酉　一〇八一

三十岁。　二月,罢官澶阳,过元城、成安。皆属大名。

《诗集》六《寄杜仲观》注："辛酉二月,予罢官澶阳。"《诗集》九《魏东城、成安道中寄怀冯惟逸》,皆二月作。

四月,客冠氏山东冠县。病肺。

《诗集》六《冠氏县斋书事寄澶阳旧游》,四月作。《冠氏寺居书怀》云："更堪愁肺经春病。"五月作。

七月,游邯郸,旋返冠氏。

《诗集》一《丛台歌》七月邯郸作。同月《送武□之安阳》,冠氏作。

八月,杜俨自邯郸以诗见招,属大河北徙,不果往。

《诗集》二《寄杜邯郸》注："余寓居魏之冠氏,杜仲观以诗见招,属大河北徙,莫知其津,竟不果赴。但赋此答之,时辛酉八月也。"仲观名俨,见《诗集》一《丛台歌》。

《诗集》九《再涉南罗渡》注："是夏大河西徙,遂可徒涉。"又有《过金隄客舍》、《过澶魏被水居民》诗,皆八月作。

《宋史》十六《神宗纪》："元丰四年四月乙酉,河决澶州河北濮阳小吴埽。"

十月,离冠氏,入汴京度岁。

《诗集》二《访周沉郭忱》注："仲冬,自魏趋阙。"诗云："前日去薄宦,驱车望城阙。"《诗集》九有《离冠氏道中》,十月作。

《诗集》二《除夜欢》："病肺厌斟酌,疲筋谢过从。闲坊税老屋,车马无来踪。日俸才百钱,盐虀犹不供。节出门欲乞贷,羞汗难为容。安得一扁舟,浮家乘兴东。"足见罢官后贫况。

陈克生。

《直斋书录解题》二十《天台集》"〔克〕有甲午岁所作诗云'三十四'",则其生当在元丰辛酉。

元丰五年壬戌 一〇八二

三十一岁。 正月在京。

《诗集》九《病告中答王锜见招》注:正月京师作。

七月,赴徐州,领宝丰监钱官,八月到徐。

《诗集》九《舣舟广津门外》《晚泊会亭》,皆七月自京赴徐道中作。《诗集》二《寄杜仲观》注:"八月彭城作。"《诗集》三《送李主簿夷行之官河阴》注:"李字易初,节元丰壬戌任东平户曹,兼摄彭城钱官,余实为代。"《诗集》六《答陈传道》注:"陈以余领宝丰钱官,每有'贺监'之呼。节乙丑九月彭城赋。"

《诗集》三《元丰甲子夜行邹县道中遇雨作》云:"安能叱吾驭,亲闻寄西楚。"知携家赴徐。

八月,作诗怀苏轼。

《诗集》二《登黄楼有怀苏眉山》注:"时公谪居黄冈,壬戌八月彭城作。"

元丰六年癸亥 一〇八三

三十二岁。 在徐州。

正月,有《送李易初还汶阳》,卷五。二月,有《春昼》,卷五。皆徐州诗。

五月,往汲郡,经永城属开封,六月返徐。

《诗集》九《题承天寺竹轩》,五月永城作。《杨柳枝》词,五月汲郡作。《自卫即汲郡还徐憩永城王氏园》,六月作。

六月,有《快哉亭》,卷二。十二月有《飞鸿亭》,卷二。皆徐州诗。

十月,作诗怀苏轼。

《诗集》六《题彭城南台寺苏眉山诗刻后》注:"癸亥十月,徐之走卒还自京师,误传苏黄州被召;南台寺旧题公数诗,先摹刻诸石,因赋此书其左。"案东坡年谱,此年在黄州。

元丰七年甲子　一〇八四

三十三岁。　在徐州。

二月有《春怀》,卷六。三月有《登快哉亭有属》,卷六。四月有《和彭城王生悼歌人眗眗》,卷六。七月有《拟温飞卿》,卷五。八月有《田园乐》,卷二。九月有《此日足可惜》,卷二。冬至有《赋得枕上闻雁》,卷五。皆徐州诗。

十二月,部兵之狄邱。

《诗集·部兵之狄邱道中怀寄彭城社友》,十二月作。

元丰八年乙丑　一〇八五

三十四岁。　在徐州,六七月病,寓东禅佛寺。

正月有《和人游白云庄》,卷五。二月有《席上分韵寄陈传道》,卷九。三月有《三月二十日游南台》,卷二。四月有《早夏》,卷五。六月有《感兴》六首,序云:"乙丑六月寓居彭城东禅佛寺。"卷六。《送陈传道摄官双沟》注:"乙丑六月,陈发彭城,节余方抱疾,不遑出饯。"卷五,七月有《送彭城周主簿》注:"予方抱疾。"八月有《病后登快哉亭》,皆徐州诗。

八月被外计檄,自徐趋郓。山东郓城。

《诗集》三《夜行邹县道中遇雨作行路难》注:"乙丑八月,被外计檄召,徐郓往返千二百里。"卷五。《游滕县时氏园池》、《早发王村道中寄李智父》《暮投葛墟马上》,卷六。《汶上别李智父》,卷九。《东平周村驿观临川吴公题》,卷五。《自郓还徐道中》,皆八月作。

九月有《招寇元弼》,卷六。十月有《题渊明轩》,卷六。皆徐州诗。

与杨时为同僚友。

杨时《龟山集》三十六《跋贺方回鉴湖集》:"元丰末年,予始筮仕,与方回俱在彭城,为同僚友。"诗集一《寄墨代书赠杨时》注:"杨字中立,彭城僚友也。"

哲宗元祐元年丙寅　一〇八六

三十五岁。　正月,解宝丰钱官,离徐州。

《诗集》六《丙寅正月将发彭城作》云:"四年冷笑老东徐,满眼溪山不负渠。得米竟须偿酒债,有田便拟卜吾庐。节"《诗集补遗·送时適归彭城》云:"壮年客宦乐徐州,五见黄花戏马周。"方回自元丰五年八月到徐,至此五度秋月。《诗集》六《留别张谋父》云:"三年官局冷如冰,炙手权门我未能。"云"三年",非纪实也。

《词集·玉京秋》云:"破台荒草,西楚霸图冥漠。记登临事,九日胜游,千载如昨。"谓戏马台。徐州词可考者止此。

二月,泊永城,闰二月至汴京。送赵德麟官陈州。

《诗集》五《汴渠夜泛示毕绍彦祖》注:"元祐丙寅二月永城赋。"卷六。《将发永城留题李氏斋壁》,同卷。《京居春日遣怀》,皆注:"丙寅闰月",闰二月也。

三月有《马上重经旧游六言》,卷八。四月有《游夷门资福寺园》,卷九。九月有《答陈传道》,卷八。十月有《寒宵叹》,卷八。十一月有《汴下晚归》,卷九。十二月有《送赵令畤之官陈州兼简周文清》,卷八。皆汴京诗。

四月,王安石卒,六十六岁。

《诗集》六《元祐三年寓泊金陵寻王荆公陈迹》结云:"可须尊酒平生约,长望西州泪满巾。"卷一。《绍圣元年六月送王安节赴武康尉》注云:"荆国公族弟也。"集中关连安石者,止此二事。《中吴纪闻》三记"方回尝游定力_{当作'林'}寺,访僧不遇,因题一绝云:'破冰泉脉漱篱根,坏衲犹疑挂树猿;蜡屐旧痕浑不见,东风先为我开门。'王荆公极爱之,自此声价愈重。"《诗话总龟》十一引《直方诗话》亦云:"贺方回题一绝于定林,_{诗略}。舒王见之大称赏,缘此知名。"《诗人玉屑》卷十引同。案定林寺在金陵,而方回元祐三年始游金陵,在安石卒后之二年;此诗在《诗集补遗》题作《重游钟山定林寺》,注:"辛未正月金陵赋。"辛未元祐六年,在安石卒后之五年,安石不得见方回此诗,《中吴纪闻》、《直方诗话》皆误也。李壁《王荆文公诗笺注》卷四十一注《竹里绝句》,引方回《题定林寺》诗谓安石"见之大称赏",亦同此误。

元祐二年丁卯　一○八七

三十六岁。　正月,在京领将作属。

《诗集》五《京居感兴》注:"丁卯正月赋,时领将作属。"

二月,治事至雍邱。_{河南杞县。}

《诗集》三《游雍邱燕溪馆分韵作》注:"丁卯二月,领大匠属,治事至雍邱。"卷九。《陈留道中》,二月十九作。

三月,请罢大匠属为淮南行,不果。

《诗集》五《怀李易初》注:"丁卯三月,京师赋,时余请罢大匠属为淮南之行。"案是年四月有《拟王少伯新兴》,_{卷三}。五月有《登兴国寺楼》,_{卷九}。九月有《京居病中送陈传道之官下邳》,_{卷三}。皆在京作;又卷五《四城有怀旧游》注云:"丁卯七月,余以将作属,日至琼林、金明督察营缮。"是秋间仍在京领大匠属,不果往淮南也。

叶传:"初仕监太原工作,有贵人子适同事,骄倨不相下,方回微廉得其盗工作物若干,一日,屏侍吏闭之密室,以杖数之曰:'来,若某时盗某物为某用,某时盗某物入某家,然乎。'贵人子惶骇,谢有之。方回曰:'能从吾治,免白发。'即起自袒其肤,杖数十下,贵人子叩头祈哀,即大笑释去。自是诸挟气力颉颃者皆侧目不敢仰视。"集中无太原行迹。或即此年领将作属事。

十一月,抱病赴和州安徽和县为管界巡检。

《诗集》三《东畿舟居阻雪寄怀二三知旧》注:"仲冬抱病之官历阳,舟次陈留。"《墓志》:"和州管界巡检。"《诗集》五《庚午五月乌江赋高望道中》云:"马革非吾愿,鱼餐厌此乡。"同卷《丙子四月赋舟发金陵望历阳作》云:"谁怜跃马客,衰病再投闲。"卷七戊辰九月乌江作《度黄叶岭》云:"会解腰间斩马剑,肯寻江上钓鱼矶。"皆谓不愿任武职也。

元祐三年戊辰 一〇八八

三十七岁。 二月,发陈留,经灵璧属凤阳盱眙。

《诗集》五《陈留南城马上简李公年》注:"戊辰二月赋。"卷三《游灵璧兰皋园》注:"戊辰二月,舟行次灵璧。"《诗集补遗·寄有捷上人》注:"戊辰二月与吾相际于盱眙。"去冬阻雪陈留,开岁方行也。

三月,过金陵,到历阳石迹戍官任。

《诗集》六《寓泊金陵寻王荆公陈迹》,卷三《游雨花台》,卷六《同王克慎宿清凉寺》诸首皆三月作。词集《掩萧斋》云:"落日逢迎朱雀街,共乘青舫渡秦淮,笑拈飞絮胃金钗。"《金凤钩》云:"江南又叹流寓,指芳物伴人迟暮。搅睛风絮,弄寒烟雨,春去更无寻处。石城楼观青霞举,想艇子寄谁容与。断云荆渚,限潮溢浦,不见莫愁归路。"方回明年三月,又游金陵,二词皆记暮春时令,必此一二年间作,《台城游》一首记秋景,则难考年代矣。

《诗集》一《三乌咏》注:"戊辰三月,之官历阳石迹戍,日从事田野间。"案此年四月有《苦竹村马上》,卷五。七月,有《晚度黄叶岭》,卷三。九月有《度黄叶岭》,卷七。《茆店马上》,卷九。《题诸葛馘田家壁》,卷五。十月有《腰疼山浮图下作》,卷三。皆在官行役诗也。

自七岁至此年,得诗五六千篇。

《诗集·自序》:"始七龄,蒙先子专授五七言律,日以章句自课,迄元祐戊辰,中间盖半甲子,凡著之稿者,何啻五六千篇。"

元祐四年己巳　一〇八九

三十八岁。　在历阳任。三月游金陵。

《诗集》四《始□金陵》,注:三月作。

十二月游六合。

《诗集》五《游六合定山真如寺》注:十二月作。

元祐五年庚午　一〇九〇

三十九岁。　在历阳。九月,迁家历阳。

《诗集》七《迁家历阳》注:九月作。

秋,解历阳任,十二月五日,放舟往金陵。

《诗集》五《留别王掾元胥》注:"庚午十二月历阳赋。"卷七《放舟下江留寄王元胥》注:"庚午十二月五日。"卷五《重别王掾》注:"庚午十二月六日自历阳当利口放舟至沙夹。"卷一《舟次金陵寄历阳王掾相》,亦十二月作。案去年《东华马上作》云"我亦明年及瓜代",卷一。又此年八月有《罢官有期怀寄历阳朋好》诗,卷□。五月《高望道中》云"归期知近在,犹待菊花黄",是今秋满任也。

元祐六年辛未　一〇九一

四十岁。　正月,客金陵

《诗集》一《留别僧讷》,《留别道士许自然》,卷五《酬别法云彦上人》,皆注正月金陵作。

跋张氏藏兰亭叙。

《兰亭续考》一:"兰亭叙世本极多,惟定武本者最佳,且有东坡先生跋证,可为双宝。张氏其珍藏之。辛未孟春中休日贺方回云。"此跋后有田昼跋,亦署"元祐辛未"。

二月,舟次广陵,夜集金山,招米芾不至。

《诗集》四《金山游》注:"辛未二月,舟次广陵作。"《诗集补遗》有《约十客同集金山,米芾元章约而不至,坐中分题以"元章未至"分韵作诗,拈阄韵应口便作,滞思即罚巨觥,余得"章"字》一首,《诗集》四亦有《金山化成阁望焦山》注:"金山夜集,招米芾元章不至作。"贺、米交游可考者始此。案《宝晋英光集》三有《元祐辛未上元后一日同周文之、刘瑞莲、章纵矩游浮玉》诗云:"昨夕净名天,结客涌不留。"米此年春盖居北固山之净名斋。

游扬州。

《诗集》八《扬州叙游》,二月作,诗云:"杜紫微灵应相笑,青楼薄幸不知名。"扬州行迹始此。《词集·鹧鸪天》云:"京口瓜洲记梦阑,朱扉犹想映花关;东风大是无情思,不许扁舟兴尽还。　春水漫,夕阳间。乌樯几转绿杨湾。红尘十里扬州路,更上迷楼一借山。"此与《鸳鸯语》"京江抵海边吴楚"一首,《问歌颦》"清滑京江人物秀"一首,皆记春景,或此时作。若《南乡子》"秋半雨凉天,望后清蟾未破圆;二十四桥游冶处,留连,携手娇娆步步莲",及《雨中花》"回首扬州,猖狂十载,依然一梦归来",则晚年重游之词。

过高邮。

《诗集》一《赠赵参军滂》注：辛未二月高邮作。

上巳，泊泗州。

《诗集》六《上巳晚泊龟山》，注："元祐辛未赋。"龟山在泗州。

二月在京师。

《诗集补遗·题贾氏园》注："辛未二月京师赋。"

六月，欲为衡阳之行，不果。

《诗集》一《调北邻刘生》注："辛未六月京师赋，时将为衡阳之行。"案《诗集》八《和钱德循书怀》注："辛未四月京师赋。"五月有《和钱德循古意》，卷八。六月有《题崇胜寺无心庵》，七月有《和钱适德循寓怀》，注云："时与钱邻居。"八月有《题天清寺安上人北轩》，卷四。九月有《易官后呈旧交》，卷五。十月有《送表侄赵子亿之官沧州》，卷四。皆在京诗，知不果赴衡阳。

嫁女。

《诗集》一《亡女胜璋哀辞》，绍圣元年甲戌作，注云："适汶阳邴氏子彦脩，三年而死。"

以李清臣、范百禄、苏轼荐，改西头供奉，入文资，为承事郎，请监北岳庙。《职源撮要》：唐永徽之后，人主多居大明宫，别置从官，谓之东西头供奉官。

方回以右选易文阶，《东都事略》作"元祐中"，《宋史》作"元祐中李清臣执政，奏换通直郎"。案《宋史·宰辅表》：清臣以元祐元年守尚书右丞，除尚书左丞，元祐二年四月即罢知河阳。元祐二年方回方领将作属，无易官事。《中吴纪闻》三云："初，方回为武弁，李邦直为执政，邦直，清臣字。力荐之，其略谓：'切见西头供奉贺某，老于为学，泛观古今词章，辨道议论，迥出流辈。欲望改换，合入文资，以示圣代育材进善之意。'上可其奏，因入文阶，积官至正郎,终于常侍。"《纪闻》载此较详,而亦谓当清臣执政之时,则误。《墓志》云:"元祐七年,学士清臣、百禄、轼荐于朝,改承事郎,请监北岳庙。"此定为元祐七年,当甚可据。然《诗集》五《易官后呈交旧》云:"当年笔漫投,说剑气横秋。自负虎头相,谁封龙额侯。聊辞哙等伍,滥作诗家流。少待高常侍,功名晚岁收。"正谓易文阶;而注云"辛未六年京师赋",比《墓志》早一年。今案《墓志》称李、范、苏为学士;考《东坡年谱》,轼以此年四月自杭州还朝,除翰林承旨,八月出知颍州。则方回易官,当依诗集定为此年八月以前近是,《墓志》殆偶误也。《宋史·宰辅表》,元祐七年六月范百禄自翰林学士除中书侍郎。

《墓志》又云:"自右选易文阶,荐者皆有大名,且当路,顾愿岳祠吏,退居海上三年,乃复就筦库。""居海上"谓元祐八年客海陵,"复就筦库"谓绍圣二年监宝泉。据《诗集》八明年十月作《寄和清凉和上人》云:"吾家无儋石之储,朝四暮三如有余。北岳官粮饱妻子,南朝僧寺寓图书。"是监北岳在此年或明年十月前也。官观之职,始终神宗,监岳庙则官观之次等,见《朝野类要》五。

《墓志》又云:"辞所当迁东头供奉官,封其母永年县太君。"叙在被荐之前。

元祐七年壬申　一〇九二

四十一岁。　居汴京春明门东大道边。

《诗集》一正月作《答靳生》:"访吾之居在何所,春明门东大道边。"

秋冬间校《吕氏春秋》。(参《承教录》)八月久病。

《诗集》五《久病寄二三亲友》注:"壬申八月京师赋。"诗云:"早昧摄生理,百劳戕至真。药灵翻体病,诗癖竟穷人。终有黄垆恨,长违白发亲。一囊安所得,四壁未应贫。灯下陈编泪,风前墓草春。傥忘鸡酒设,腹痛勿多瞋。"朝露之惧,足知其膏肓之深矣。

苏轼词有《青玉案·和贺方回韵送苏伯固归吴中》一首,朱彊村先生《编年东坡乐府》以此年有《生查子》送伯固词,又据《青玉案》首句"三年枕上吴中路",谓"伯固于己巳年从公杭州,至壬申三年未归,故首句云然"。定《青玉案》为此年轼在颍州作。今案《中吴纪闻》三谓贺词首句"凌波不过横塘路",横塘在吴下;叶传程序皆谓方回居吴在晚年:诗集结集于四十九岁,集中无吴下行迹。是方回《青玉案》必非此时之作,苏轼不应此年先有和章。胡仔《苕溪渔隐丛话》五十九引《桐江诗话》、《四库·东坡全集提要》引《扪虱新话》,皆谓苏氏和词,实华亭姚晋进道作,《乐府雅词拾遗》上作蒋宣卿灿,朱先生偶失考也。

元祐八年癸酉　一〇九三

四十二岁。　在京师。二月,遇李之仪。

《诗集》七《呈李之仪》,注:"癸酉二月赋。"贺李交谊可考者始此。

春夏间病瘵。居望春门东牛行街。

《诗集》四《夏夜雨晴遣怀》注:"癸酉岁,京师春夏厌雨,吾居望春门东牛行街,故西枢渤海公之高斋,嘉树清风,殊不知暑湿,时卧病杜门,每把书自适。五月望,雨始收霁,疾亦少间,因赋是诗。"诗云:"闭关养尪瘵,乐石收良工。"

八月,米芾来会。

《诗集》五《谢米雍邱元章见过》注:"八月京师赋。"

案芾去年知雍邱,见《宝晋英光集》六《章圣天临殿铭》。

秋冬间,扶病携家,欲东归山阴。

《诗集》四《寄题栗亭县名嘉亭》注:"癸酉九月,将扶病东下。"

诗云："狂客屡尪废,驽筋难强鞭。苦苦八口累,依稀同曩贤。江淮米价平,一舸去悠然。"卷七载《病东归山阴别京都旧交》,十月作。案方回前此未尝入越,兹云"归"者,谓祖籍山阴也。卷六此年十二月《宝应夜泊》云:"劳生我其分,十口亦飘然。"知携家以行。

十月,过雍邱,访米芾。

《诗集》五《留别米雍邱》二首注:"米博辩有才具,著《山林集》数十卷,为人知者特水淫书学而已。清狂多忤,尝上章援余祠吏之请,不报辄已,因以激之。癸酉十月雍邱赋。"

叶传:"是时江淮间有米芾元章,以魁岸奇谲知名,而方回以气侠雄爽适相后先。二人每相遇,瞋目抵掌,论辩锋起,终日各不能屈。谈者传为口实。"

十一月,过泗州。

《诗集》四《留别龟山白禅老兼简杨居士介》注:"癸酉十一月癸巳,避风下淮晚次龟山。"

过盱眙,闻扬子江潮不应,辍山阴之行,改之海陵(泰县)访亲。

《诗集》四《游盱眙南山示杨介》注:"癸酉十一月与之同游。"诗云:"多年困腰板,未立中人产;沉痼迫衰迟,求田咄何晚。"同卷《酬别盱眙杜舆》注:"时闻扬子江潮不应,辍浙右之游,将访亲于海陵,因赋此告别,癸酉十一月也。"诗云:"难从京口渡,且转广陵湾。"

冬至,过淮阴。

《诗集》七《舟次淮阴呈邑令田望》注:"癸酉冬至日。"

十二月,过宝应高邮广陵而抵海陵。

《诗集》六《宝应夜泊》,卷七《高邮舟居对雪》,《舟次广陵》,皆十二月作。卷七《题杜仲观南康遗编后》注:"十二月海陵赋。"

哲宗绍圣元年甲戌　一〇九四

四十三岁。　在海陵。三月,丧女。

《诗集》一《亡女胜璋哀辞》,甲戌三月作,诗云:"托非其人死失所,父屏母嚚犹弃汝。"

正月有《题海陵寓舍》二首,卷八。二月有《酬别曾忱》,三月有《送张师常之官南雄》,《补遗》。四月有《追和亡友杜仲观古黄生曲》三首,卷八。五月有《闻苏眉山谪守英州》,《补遗》。六月有《送王安节赴武康尉》,卷一。七月有《送僧还嘉兴》,卷一。皆海陵诗。

九月晦,过京口。作诗寄米芾雍邱。

《诗集》五《题甘露寺净名斋兼寄米元章》注:"米旧尝居此斋,甲戌九月晦京口赋。"

《宝晋英光集》六有《净名斋记》。

四月,苏轼贬英州。

绍圣二年乙亥　一〇九五

四十四岁。　离海陵赴京师,正月过淮阴,二月过盱眙、泗州,三月过永城。

《诗集补遗·酬别道士许自然》注"乙亥正月山阳赋",《补遗·留别僧永》注"乙亥二月盱眙赋",《诗集》五《龟山晚泊》注"乙亥二月赋",《补遗·题任氏传德集》注:三月永城作。

夏秋间,在京师。

《诗集补遗·折中仓观米元章题字》注:"时米客扬州,乙亥六月京师赋。"《诗集》八《京居感兴》五首注:"乙亥八月,食贫京师。"诗云:"扰扰尘笼下,容身亦是贤;节谩赋芳草篇,长安居不易。"

九月后,赴江夏宝泉监任。

《诗集》□九月作《答许景亮》注:"时予将为江夏之行。"

十二月,过盱眙卧病。

《诗集》五《岁暮舟居卧病,怀寄金陵和上人》注:"乙亥十二月盱眙淮上赋。"

黄庭坚贬涪州别驾,黔州安置。

绍圣三年丙子　一○九六

四十五岁。　二月,过泗州。即临淮。

《诗集》五《寓泊临淮有怀杜修撰》注:"丙子三月赋。杜公名纮,去岁总漕于此,屡开宴宝训堂。"《词集·临江仙》:"暂假临淮东道主,每逃歌舞华筵。节行拥一舟称浪士,五湖春水如天。节"或此时作。

三月经金陵,五月到江夏宝泉监任。

《诗集》一《赠僧孚》注:三月之官江夏作。《诗集补遗·赠僧彦》序:"丙子三月,再游金陵。"同卷《五月有泊小孤山作》。到江夏当在五月。《诗集》五《题宝泉监官舍》注:"宝泉监在夏郡城东三里黄鹄山之阴。丙子八月到官后赋。"诗云:"偶著强名仕,非才且铸金。不妨称外监,况复住山阴。"

七月卧病,手校陶集。

《诗集》四《送周寿元翁西上》注:"丙子七月赋,余时卧病汉阳。"诗云:"衰迟积尪弊,未死人事缺。"十月作《怀寄周元翁》十首,有云:"妄爱温柔乡,荡然不回首;坐令松桂姿,凋脆等蒲柳。幸勿易斯言,前车镜湖叟。"卷四是自述病根。元翁,周敦颐子也。

《诗集》四《题陶靖节集后》注:"丙子七月,寓居汉阳,手校陶集,因题其后。"

十月,作诗寄别秦观。

《诗集补遗·寄别秦观少游》注:"秦南迁桂阳,再过沔上,隔江不及见,因寄是诗。余三为钱官。丙子十月江夏赋。"《淮海年谱》:此年自处州坐谒告写佛书,削秩徙郴州,岁暮抵郴。桂阳郡即郴州。

十一月,在江夏编《庆湖遗老集》前集九卷。

《自序》:"节前此率三数年一阅故稿,为妄作也,即投诸炀灶灰灭后已者屡矣。年发过壮,志气日衰落,吟讽虽夙所嗜,亦颇厌调声俪句之烦。计后日所赋益寡,而未必工于前。念前日之爨烬为妄弃也,始哀拾其余而缮写之。后八年仅得成集。节谓元祐戊辰之后八年。随篇叙其岁月与所赋之地者,异时开卷,回想陈迹,喟然而叹,莞尔而笑,犹足以起予狂也。倘梦幻身未遽坏灭,嗣有所赋,断自己卯岁,别为后集云。丙子子月庚戌十一月二十四日江夏宝泉监阿堵斋序。"案集中有丁丑戊寅诗,在此年后,作序时盖未结集也。

绍圣四年丁丑　一〇九七

四十六岁。　在江夏。交潘大临。

《诗集》四《题潘大临东轩》注:"潘字邠老,随亲官汉阳,辟公舍之东轩,著书名左史,赋诗见寄,因答之。丁丑八月江夏作。"卷五《九月十日寄潘邠老》注:"丁丑江夏赋。潘常许中秋重九渡江见过,竟不至,因以诮之。"卷八《和邠老郎官湖怀古》五首,八月作。

《老学庵笔记》八载潘邠老赠方回诗云:"诗束牛腰藏旧稿,书讹马尾辨新雠。"方回去年校陶集,据潘诗,知其校书不始于晚年居吴下也。

张耒《张右史集》五十《真阳素丝堂记》:"耒绍圣初,忝守是郡,节而四年谪齐安。"又四十八《东坡书卷跋》:"余再官于黄,首尾且三年,尝假此书于(潘)奉议之子大临,以为书法。庚辰孟秋蒙恩守鲁。"是耒自绍圣四年至元符三年庚辰官黄州,与方回同时,且并交潘大临。其为《东山词序》,不知在何年。又《右史集》五十一《潘大临文集序》:"崇宁中,予以罪谪黄州,与邠老为邻。"此云崇宁,与前文异。末崇宁间行迹无考。

作诗怀苏轼、黄庭坚。

《诗集补遗·潘邠老出诗十数首皆有怀苏儋州者,因赋二首》,丁丑四月江夏作。同卷有《僧自峡中来,持黄黔州手制茶,兼能道其动静,与潘邠老赋二首》,丁丑五月江夏作。

清明有《和吴达夫见过留题》,卷九。六月有《送鄂州刑狱王懋元功罢官还海陵兼简金陵和上人》,卷一。八月有《中秋怀寄潘邠老》,《诗集补遗》。九月有《江夏八咏》,卷八。十月有《送咸宁陈令完夫移官吴郡》,卷□。十一月有《答致仕吴朝请潜登黄鹤楼见招》,十二月有《同吴达夫慎献登黄鹤楼》,皆江夏诗。

叶梦得第进士,《宋史》四四五传。

元符元年戊寅　一〇九八

四十七岁。　在江夏。

二月有《曹永州哀词》,《诗集补遗》。三月有《南楼歌送武昌慎太守还朝》,卷一。四月有《和潘邠老汉上属目》,卷四。五月有《登黄鹤楼怀古》,《诗集补遗》。六月有《题黄冈东坡潘氏亦颜斋》。卷一。

《诗集》九有《题诗卷后》一绝,注戊寅三月,盖结集时作。然卷五《寄题盱眙杜子师东山草堂》注云:"丙子二月临淮赋,偶亡之,庚辰十月,再道临淮,复得于子师,因附卷末。"庚辰在此后二年,诗集当写定于庚辰后也。

丁母忧约在此年六月后。

《墓志》:"监鄂州宝泉监,丁母忧;服除,以宣议郎通判泗州。"通判泗州,在建中靖国元年;考在后。丁忧当在此年。集中诗以此年六月《题黄冈东坡潘氏亦颜斋》一首为最后,居丧必六月后也。

元符三年庚辰　一一〇〇

四十九岁。　再道临淮。

《诗集》五《丙子寄题东山草堂》诗注。是时殆罢江夏宝泉监任矣。

在仪真,与米芾见蔡京。

蔡绦《铁围山丛谈》四:"元符末,鲁公蔡京自翰苑谪香火祠,因东下,无所归止,拟将卜仪真以居焉,徘徊久之,因舣舟于亭下。米元章、贺方回来见,俄一恶客亦至,且曰'承旨书大字世举无两,然某私意若不过藉灯烛光影以成其大,不然,安得运笔如椽哉'。公哂曰:'当对子作之也。'二君亦喜,俱曰:'愿与观。'公因命具饭磨墨,时适有张两幅素者,食竟,左右传呼舟中取公大笔来,即睹一筒道帘下出,筒有笔六七枝,多大如椽臂,三人已愕然相视,公乃徐徐调笔而操之,顾谓客:'子欲何字?'恶客即拱而答:'某愿作"龟山"字尔。'公乃大笑,因一挥而成,莫不叹息。墨甫乾,方将共取视,方回独先以两手作势,如欲张图状,忽长揖卷而急趋出矣。于是元章大怒,坐此二人告绝者数岁而始讲解。乃刻石于龟山寺中,米老自书其侧曰:'山阴贺铸刻石也。'故鲁公大字,自唐人以来至今独为第一也。"案《宋史》:蔡京元符元年为翰林学士承旨,此年有罪免。游仪真当在此年。米芾绍圣四年在涟水任,建中靖国元年为发运司属官,在江淮间。《宝晋英光集》四《别贺方回弟》云:"客星熠熠滑稽雄,爱着青衫自作穷;泽国三年笑不死,又拖长袖揖王公。"贺、米相会可考者:一在元祐八年八月居京师,一在其年十月过雍邱,据诗"泽国三年"云云,似非京师雍邱作,此诗若作于是年,则蔡绦所记争字相绝之事不可信矣。

秦观卒,五十二岁。

《诗集补遗》有《题秦观少游写真》一首云:"谁容老芸阁,自谶死藤州。"结云:"湛郎长鬣尔,殊不嗣风流。"谓处度也。《鸡肋编》谓"秦观子湛,大鼻类蕃人,而柔媚舌短,世目为娇波斯"。知为时流所不重。

《四库·淮海集提要》谓秦观《长相思》"铁瓮城高"一首,乃用方回韵,举杨无咎此调亦用贺韵为证。案"铁瓮城高"即方回《望扬州》词而误入秦集者,非秦作也。《老学庵笔记》八谓方回挽王蘧诗亦见于秦集;殆以二家风格相近,故多互误。《提要》说非。

徽宗建中靖国元年辛巳　一一〇一

五十岁。　客杭州,始识程俱。

程俱《北山小集》十五《贺方回诗序》:"季真去后四百二十载,建中辛巳,始识其孙于湖上,盖鉴湖遗老也。"

《词集·渔家傲·游仙咏》:"啸度万松千步岭,钱湖门外非尘境。"杭州词仅此。杭州诗亦止《诗集补遗·钱塘海潮》一首,殆居杭未久。

辞太府光禄寺主簿,以宣义郎通判泗州。

《墓志》:"元符靖国间,除太府光禄寺主簿,辞不赴,卒请补外。"又曰:"丁母忧,服除,以宣义郎通判泗州。"以此互证,丁母忧在元符初,官泗州在此年也。《词集·渔家傲》"莫厌香醪斟绣履"一首注:"临淮席上,节是夜以目病,命幕僚主席。"或此时作。

七月,苏轼卒。

崇宁元年壬午　一一〇二

五十一岁。　过当涂见黄庭坚。

《诗话总龟》三十一引《复斋漫录》:"方回词有《雁后归》云:'巧剪合欢罗胜子,钗头春意翩翩。艳歌浅笑拜嫣然。愿郎宜此酒,行乐驻华年。　　末至文园多病客,幽襟凄断堪怜。旧游梦挂碧云边。人归落雁后,思发在花前。'山谷守当涂,方回过焉,人日席上作也。"案黄𥫁《山谷年谱》:庭坚以是年六月初九日领太平州当涂事,方回见黄当在此时。然庭坚领州事仅九日而罢,八月即离太平州往江州;复斋云"人日",与此不合;词集此阕亦题"人日席上";当非见庭坚时作,复斋误也。

交郭祥正、李之仪于当涂。

《竹坡诗话》:"贺方回常作《青玉案》词,有'梅子黄时雨'之句,人皆服其工,士大夫谓之'贺梅子'。郭功父有《示耿天骘》一诗,王荆公尝为之书其尾云:'庙前古木藏训狐,豪气英风亦何有。'方回晚倅姑熟,与郭功父游正欢;方回寡发,功父指其髻曰:'此真贺梅子也。'方回乃捋其须曰:'君可谓郭训狐。'功父髯而胡,故有是谓。"案《能改斋漫录》十六谓:"山谷守当涂,郭功父寓焉。"《山谷年谱》亦载是年有《书郭功甫家屏上东坡所作竹》诗一首。方回交郭,当在此时。

李之仪《姑溪词》有《怨三三·登姑熟堂寄旧游,用贺方回韵》、《青玉案·用贺方回韵,有所祷而作》、《天门谣·次韵贺方回登采石蛾眉亭》共三首。又《好事近》云:"与黄鲁直于当涂花园石洞听杨妹履霜操,鲁直有词,因次韵。"是之仪此年亦在当涂。之仪以为范纯仁作遗表,得罪编置当涂。即家于当涂,自号姑溪居士,见毛晋《姑溪词跋》。纯仁卒于建中靖国正月,之仪贬当涂在此时无疑。

《词集·天门谣·牛渚天门险》及《潇潇雨·浮骖晚下金牛渚》,二词或皆此年同游作也。

过镇江会陈克、毛友疑在此时。

《能改斋漫录》十一:"毛友达可内翰守镇江,贺方回以过客留寓。一日，陈克继至，同会于郡楼，即席克赋诗，所谓'徘徊临北固，慷慨俯东流'，是也。毛称赏曰：'虽杜子美不是过矣。'翌日贺求去，毛留之，且讶去亟。贺曰：'一郡岂容有两个杜子美。'二公相与大笑。"《宋史翼》二十引《宏治衢州府志》，毛友"崇宁间守镇江"。案此时方回正来往江上，姑系于此。

《梅磵诗话》二谓毛本名龙，字达可，三衢人，后去龙字，止名友。又谓"政和间由礼部出守乡郡"。《挥麈录》十一卷一九七条记其政和初在朝见方允迪对策事。《挥麈余话》又记其尝守杭州，蔡京门下士也。吴廷燮《北宋经抚年表》载其宣和五年知扬州。

崇宁二年癸未　一一〇三

五十二岁。　黄庭坚自鄂州寄诗。

《豫章黄先生文集》十一《寄方回》："少游醉卧古藤下，谁与愁眉唱一杯；解道江南断肠句，只今惟有贺方回。"山谷年谱编在此年。

《诗话总龟》九引《直方诗话》："贺方回初作《青玉案》词，遂知名，其间有云：'彩笔曾题断肠句。'后山谷有诗云云。盖载《青玉案》事。"《诗人玉屑》二十"贺方回"条引《冷斋夜话》："山谷常手写所作《青玉案》者置之几研间，时自玩味，词略山谷云：'此词少游能道之。'作小诗云云。"

叶传："建中靖国间。黄庭坚鲁直自黔中还，得其'江南梅子'之句，以为似谢玄晖。"云"建中靖国间"，谓庭坚放还之年也。

十二月黄庭坚谪宜州。

黄元明有和方回《青玉案》送庭坚谪宜州词。见《能改斋漫录》十六。

崇宁三年甲申　一一〇四

五十三岁。

黄庭坚过湘中,夏至宜州。有和《青玉案》词,题作"至宜州次韵上酬七兄"。

《能改斋漫录》十六洪觉范有和方回《青玉案》送庭坚词。案山谷词《西江月》序:"崇宁甲申,遇惠洪上人于湘中,洪作长短句见赠,词略次韵酬之。"据此,惠洪《青玉案》此年作也。《扪虱新话》云黄词伪作。

崇宁四年乙酉 ——〇五

五十四岁。 冬遇李之仪,传与《小重山》二阕。

李之仪《姑溪题跋》:"长短句《小重山》,是谱不传久矣。张先子野始从梨园乐工花日新度之,然卒无其词。异时秦少游谓其书中有琴韵,将为予写其欲言者,竟亦不逮。崇□_{当作宁}四年冬,予遇故人贺铸方回,遂传两阕,宛转绅绎,能到人所不到处,从而和者凡五六篇。"案张耒《东山词序》,谓方回"大抵倚声而为之词,皆可歌也"。此其一证。

《姑溪集》前集四十有题贺方回调,跋《凌歊引》后。

迁宣德郎,通判太平州,约在此年。

《墓志》叙通判太平州在通判泗州后,而无甲子。或即在此年遇李之仪时,之仪晚年皆居姑熟也。《诗集补遗》有《黄山席上别当涂僚友》一首,其去当涂,当在大观二年居苏州之前。

《词集·宛溪柳》:"尘送征鞭袅袅,醉指长安道。_节明年春杪,宛溪杨柳,依旧青青为谁好。"《蝶恋花》云:"为问宛溪桥畔柳,拂水倡条,几赠行人手。_节今日离亭还对酒,唱断青青,好去休回首。"宛溪在当涂。数词盖去当涂之作。

九月,黄庭坚卒,六十一岁。

大观元年丁亥　一一〇七

五十六岁。

米芾卒，五十七岁。翁方纲《米海岳年谱》。《北山小集》十六《题米元章墓》云："卒于大观之庚寅。"则大观四年也。

大观二年戊子　一一〇八

五十七岁。　客苏州。

《吹网录》"虎邱贺方回题名"条，载虎邱自莲池临水石壁有贺方回等题名云，"贺铸、工防、弟枋、苏京、侄余庆，大观戊子三月辛酉。"

芮挺章《国秀集后》："大观戊子冬，贺方回传于曾氏，名见壬，而诗增一篇。"

大观三年己丑　一一〇九

五十八岁。　以承议郎致仕，卜居苏州、常州。

《墓志》："通判太平州，管句亳州明道宫，再迁至奉议郎，遂请老，以承议郎致仕，时年五十八。"管句明道宫，迁奉议郎，当在崇宁间。

《诗集补遗·铸年五十八因病废得旨休致一绝寄呈姑苏昆陵诸友》云："求田问舍向吴津，欲著衰残老病身。未拜君恩赐剡曲，归来且醉鉴湖春。"附邹柄和作云："鉴湖先生酷志嗜书，挂老持冠告归，满朝荣慕，真汉之二疏也。以诗卜居于姑苏毗陵两郡，亲知和之者皆一时名公。"

《诗集补遗》有《题毗陵僧舍》二首，和《题毗陵荐福寺红梅》一首。词集《鹧鸪天》云："流落吴门□□□，扁舟又入毗陵道。"居常盖在客吴之后。

案《中吴纪闻》三"贺方回"条："本山阴人，徙姑苏之醋坊桥。

节有小筑在盘门之南十余里,地名横塘,方回往来其间,常作《青玉案》词云'凌波不过横塘路'。"案《青玉案》词崇宁初已为黄庭坚所赏,居吴当不始于此年。大抵元符末江夏去官之后,曾客寓苏州也。《碧鸡漫志》二谓"贺方回初在钱塘作《青玉案》"。与《纪闻》异。

《砚北杂志》上:"贺方回故居在吴中升平桥,所居有企鸿轩。吴郡志误作醋坊桥。"《苏州府志》十五:"企鸿轩在升平桥,越人贺铸所居,旧志误作醋坊桥。又有水轩。其亲题书籍云'升平地'。铸字方回,尝作《吴趋曲》,能道吴中景物。又别墅在横塘,常扁舟往来,其《青玉案》词云节。"

叶传:"食宫祠禄,退居吴下,浮沉俗间,稍务远引世故,无复轩轾如平日。家藏书万余卷,手自校雠,无一字脱误。以是杜门,将遂老。家贫甚,贷子钱自给,有负者,辄折券与之。秋毫不以丐人。"

《词集·锦缠头》、《吴门柳》、《书堂空》、《伴登临》、《苗而秀》、《宴齐云》、《东吴乐》诸阕,皆苏州词,而皆无甲子。其《半死桐》云:"重过阊门万事非,同来何事不同归。梧桐半死清霜后,头白鸳鸯失伴飞。 原上草,露初晞。旧栖新垅两依依。空床卧听南窗雨,谁复挑灯夜补衣。"又《画楼空》云:"吴门春水雪初融,触处小桥通。节不堪回首,双板桥东。罨画楼空。"皆吴中悼亡之作。又《寒松叹》云:"寒松半欹涧底,恨女萝先委冰霜。节廉垂窣地,簟竟空床。"则不著时地。《能改斋漫录》十六谓方回眷一姝,别久,姝寄诗,贺演其诗为《石州引》词。亦载于阳春白雪。悼亡诸词,不知即为此姬作否。

作诗挽王蘧。

《老学庵笔记》五:"节贺方回作王子开挽词'和璧终归赵,干将不葬吴'者,见于秦少游集中。子开大观己丑卒于江阴,而返葬临城,故方回此句为工。时少游已殁十年矣。"《放翁题跋》六《跋淮海集后》:"子开名蘧,居江阴,既死,返葬赵州临城,故有和氏干将之句。"案《玉照新志》一及《云麓漫钞》、《蓣洲可谈》,载王子开遇芙蓉仙事甚详,苏轼为作诗。王本名迥,字子高,后以其词遍国中,于是改名蘧,易字子开,赵州人,忠穆驳之孙。《新志》引方回挽词又有"我昔官房子,尝闻忠穆贤"之句。又谓子开服芙蓉仙丹,"年八十余,康健无疾"。是年辈长于方回也。悼王子开诗五首,今误入《淮海后集》上,秦观未尝官房子也。

政和元年辛卯 ----一

六十岁。　管句杭州洞霄宫。

《墓志》:"以承议郎致仕,时年五十八。居二年,从臣起之,以故官管句杭州洞霄宫。"

潘大临此时已卒。

《张右史文集》五十一《潘大临文集序》:"崇宁中,予以罪谪黄州,与邠老为邻。节后余蒙恩去黄,居于淮阴,闻邠老客死蕲春,予为之太息出涕。政和之初,邠老之子懋既免丧,拜予于宛丘,出其先人之文章若干卷,求予为序。"大临当卒于崇宁大观间。

政和二年壬辰 ----二

六十一岁。

张耒卒,六十一岁。

耒作《东山词序》,载《张右史集》五十一。案《东山词·呈纤手》云:"徵韶新谱日边来,倾耳吴娃惊未有。"考《宋史·乐志》,谓:"政和二年,诏令大晟府刊行新徵角二调之已经按试者。"姜夔《白石道人歌曲》五《徵招序》亦云:"徵招角招者政和间大晟府尝制数十曲。"《呈纤手》词必作于政和三年之后;末序或作于绍圣元符间,参四十六岁谱。《东山词》未结集也。

政和三年癸巳 一一一三

六十二岁。　十月,程俱为《鉴湖遗老诗前后集序》。

《北山小集》十五《贺方回诗序》:"鉴湖遗老诗凡四百七十二篇,其五字八句诗,锻炼出入古今,为集中第一,其余大抵名家作也。节政和三年癸巳岁十月朔。"《瀛奎律髓》廿四谓程序作于方回卒后,非。《四库全书提要》一五五《庆湖遗老集》九卷:"节其诗自元祐当作符己卯以前凡九卷,自制序文,是为前集;己卯以后为后集,合前后集二十卷,同时程俱为之序。"

叶传谓:"方回既自哀其生平所为歌词名《东山乐府》,致道程俱字为之序,略道其为人大概矣。"案《北山小集》无《东山乐府序》;叶传盖误谓程氏诗序为词序;诗序记"方回为人有数不可解",所谓"略道其为人大概"也。

居苏州,与程俱、叶梦得往来。

《北山小集》二《秋夜写怀呈常所往来诸公》八首,其二属贺方回云:"外监嗟已远,吾犹识其孙;森然见孤韵,辩作悬河翻。低头向萤窗,有类鹤在樊。雠书五千卷,字字穷根源。颇携未见书,过我樵无烟。"同书五有《九日块坐无聊,越州使君秀野舍人见过敝庐,会方回承议亦至,因游章公山林,登览甚适,越州置酒,暮夜乃归》。同书十六有跋贺方回藏龚高画二条,皆在吴作,称方回曰"承议",与《墓志》合。

程俱作《墓志》:"政和间余居吴,方回病,要余曰:'死以铭诿公矣。'"

叶梦得《石林居士建康集》,《北山小集序》云:"政和间,余自翰苑罢,领宫祠居吴下,致道亦以上书论政治事,与时异籍,不得调,寓家于吴,始相遇。"梦得政和五年,起知蔡州;其与贺、程交游,为方回作传,必在此年左右。《石林词·临江仙·熙春台与王取道、贺方回、曾公衮会别》云:"自笑天涯无定准,飘然到处迟留;兴阑却上五湖舟,鲈莼新有味,碧树已惊秋。"亦吴下词也。

政和四年甲午　———四

六十三岁。　居苏州。冬,杨时作庆湖遗老集序。

《龟山集》三十六《跋贺方回鉴湖集》:"政和秋八月,子还自京师,过平江,谒方回,披腹道旧,相视惘然如昨梦耳。方回之诗,予见之旧矣,复出《鉴湖集》示予,其辞义清远,不见雕绘之迹,浑然天成,殆非前日诗也。是年冬十有二月庚申,延平杨时书。"

政和六年丙申　———六

六十五岁。

周邦彦提举大晟乐府,六十二岁。王国维《清真先生遗事》。

宋人贺周并称,《碧鸡漫志》二"柳耆卿乐章集"条,谓贺之《六州歌头》、《望湘人》、《吴音子》诸曲,周之《大酺》、《兰陵王》诸曲,最奇崛,得《离骚》遗意,为柳氏野狐涎吐不出者。又同卷"江南某氏"条,谓"大抵二公卓然自立,不肯浪下笔,予故谓语意精新,用心甚苦"。

重和元年戊戌　———八

六十七岁。　迁承议郎,赐五品服,以后族恩迁朝奉郎。

《墓志》:"管句杭州洞霄宫,迁承议郎,赐五品服,以后族恩迁朝奉郎,明年复致仕,又六年,年七十四。"

宣和元年己亥　———九

六十八岁。　再致仕。墓志。

《瀛奎律髓》二十四:"再以荐起家,再致仕。"

宣和二年庚子　一一二〇

六十九岁。　在楚州,于叶梦得处得《卢鸿草堂图》。

叶梦得《避暑录话》一记《卢鸿草堂图》云:"此画宣和庚子余在楚州,为贺方回取去不归。当时予方自许昌得请洞霄。云云。"案叶廷琯《吹网录》:"石林公梦得历官年月"条:"重和初,知颍昌。宣和二年庚子,提举鸿庆。是洞霄。"

宣和七年乙巳　一一二五

七十四岁。　春,病甚,见程俱于常州。

《墓志》:"政和间,余居吴,方回病,要余曰:'死以铭诿公矣。'今年春,病甚,见余毗陵,且理前约,且曰:'平生果于退,惧危辱耳,今知免矣。'"

二月甲寅,卒于常州之僧舍。

《墓志》:"年七十四,以宣和七年二月甲寅卒于常州之僧舍。"案诗集补遗《题毗陵僧舍》二首云:"古寺相留跨两年,穷通出处固天然。"又有《题毗陵荐福寺红梅》一首。荐福寺不知即此僧舍否也。

《瀛奎律髓》廿四:"宣和二年,卒于常州,年四十七。葬宜兴县,北山程公俱铭其墓,仍序其诗。"二乃七之讹,四十七乃七十四之倒。《疑年补录》二作宣和二年庚子年五十八,误。

《独醒杂志》三:"秦少游、贺方回相继以歌词知名,少游有词云:'醉卧古藤阴下,了不知南北。'其后迁谪,卒于藤州光华亭上。方回亦有词云:'当年曾到王陵浦,鼓角悲风,千岁辽东,回首人间万事空。'后卒于北门,门外有王陵铺,人皆以为词谶云。"据《麈史》中"神授"条,记王铚语,谓李邦直作门下侍郎。梦人一石室,旁有人曰,此王陵舍也。梦中因为一词,上片曰,"杨花落云云"下片曰"去年今日王陵舍,鼓角悲风,千岁辽东云云"。后李出北都,逾年而卒,王陵舍乃近北都地名也。又《阳春白雪》一贺方回《谒金门序》云:"李黄门梦得一曲。前遍二十言,后遍二十二言,而无其声。余采前遍润一'横'字,已续得二十五字写之云。"案《麈史》所记李词下片正二十二言,与贺序合,足证"去年今日王陵舍"四句确是李邦直词。卒于北门,亦李事,与贺无涉。曾敏行为《杂志》未见方回此词小序,误以属方回,《侯鲭录》七又仍其误。知不足斋刻《侯鲭录》,辨《麈史》所云,亦由未见方回此序也。曾季貍《艇斋诗话》二十六页亦以"去年曾宿王陵铺"四句为李邦直词。

九月甲申,葬于宜兴县清泉乡东筱岭。

《墓志》:"夫人赵氏前葬宜兴县清泉乡东筱岭之原,至是以九月甲申,葬公同穴。"《砚北杂志》:"方回葬义兴之筱岭,其子孙尚有存者。"吴骞《桃溪客话》三:"案筱岭在邑东南五里,三坞前后连亘,有石塔刻所作铭,在墓旁,今无考。"

方回诗集,《宋史》传及《东都事略》皆作《庆湖遗老集》二十卷。《墓志》作《鉴湖遗老前后集》二十卷。《宋史·艺文志》云:有集二十九卷。乾道丙戌寇翼为《庆湖遗老集序》,谓尝就方回孙承祖求遗文,承祖谓"先祖昔寓毗陵,中间扰攘,凡所著文编,皆为虏酋携去,独巾箱有《庆湖诗前集》在。"此即今所存本,胡澄刊于宋,李之鼎以华再云、朱述之两钞本互校刻于清者也。李书比四库本多拾遗一卷、补遗一卷、杨时、寇翼、胡澄诸人题跋及程俱《墓志》,皆四库本所无。《放翁题跋》六《跋秦淮海后集》,谓"方回诗今不多见于世"。绍熙壬戌胡澄题《诗集》,亦谓"今词盛行于世,诗则罕见"。知其《诗集》

南宋时即不盛行,盖为乐章所掩也。《墓志》称方回"它文数十百篇",周辉《清波杂志》八谓"贺方回、柳耆卿为文甚多,皆不传于世,独以乐章脍炙人口"。《老学庵笔记》八亦称方回"诗文皆高,不独工长短句"。今其文无一篇传矣。《墓志》谓"乐府辞五百首",今只存二百八十四阕,盖亡五之二。其集名:张耒序作"东山词",叶传作"东山乐府",皆不著卷数;《直斋书录解题》二十一则作"东山寓声乐府三卷",谓"以旧谱填新词而别为名而易之,故曰寓声"。李冶《敬斋古今黈》八又有"东山乐府别集"之目。知当时传刻甚夥。其结集年代,在晚岁居苏州与叶梦得、程俱往还之时,叶传所记可证。至命名东山,或以谢安李白自命。乐史为《李白序》称:"白客游天下,以声妓自随,效谢安石风流,自号东山。"然据其《丑奴儿》云:"东山未办终焉计,聊尔西来。节车马尘埃,怅望江南雪后梅。"《御街行·别东山》云:"松门石路秋风扫,似不许飞尘到。双携纤手别烟萝,红粉清泉相照。节更逢何处可忘忧,为谢江南芳草。"《凤求皇》云:"坐按吴娃清丽,楚调圆长,节东山胜游在眼,待纫兰撷菊相将。"《惜奴娇》云:"绿绮尊,映花月,东山道。"《定情曲》云:"五云闻道星桥畔,油壁车迎苏小。引领西陵自远,携手东山偕老。"《玉京秋》云:"东山□应笑个侬风味薄。念故园黄花,自有年年约。"曰"江南",曰"吴娃",又备载风月逢迎之盛;以方回行迹考之,殆其晚年将以吴下为退隐之所。考《吴县志》,莫厘峰即东洞庭山,省称东山。方回或有别业在彼耶。

《老学庵笔记》八谓方回"有二子,曰房曰廪";于文"'房'从'方','廪'从'回',盖寓父字于二子名也"。《四库提要》谓《庆湖遗老集》有方回子檁跋。文澜阁本无。今案他书皆作"廪";《砚北杂志》上谓廪字豫登,与廪义相应,则作檁非也。檁,训屋上横木。

叶传谓方回："家藏书万卷，手自校雠，无一字脱误。"《墓志》谓："雠书至万卷，无一字一雠讹阙，老且病，挦撦不置云。"《老学庵笔记》八及前引潘大临、程俱赠诗，亦以此为言，方回晚年，盖以校勘名。《墨庄漫录》五曰："藏书之富，如宋宣献、毕文简、王原叔、钱穆父、王仲至家，及荆南田氏、历阳沈氏各有书。节吴中曾觳彦和、贺铸方回二家书，其子献之朝廷，各命以官，皆经彦和、方回手自雠校，非如田、沈家贪多务得，舛谬讹错也。"《直斋书录解题》十六《润州类集》十卷监润州仓曹曾觳彦和撰，《建炎以来朝野杂记》曰："《中兴馆阁书目》，淳熙中所修也。高宗渡江，书籍散失，绍兴初，有言贺方回子孙鬻故书于道者，上命有司市之。"《系年要录》亦云："绍兴二年正月甲子，诏平江府守臣市贺铸家所鬻书，以实三馆。二月戊午，将仕郎贺廪献书五千卷，诏吏部添差廪监平江府粮料院，仍官其家一人。廪，铸子也。"《云麓漫钞》二："余外舅家收柳公权亲笔启草二十四，皆小楷。节中兴重兴秘省，贺方回之子，首以献书得官，秦太师付以搜访遗逸。外舅之兄张公观言以所〔藏〕托贺纳之秦府，秦进之上。节"据王明清《挥麈前录》，卷一第十七条，秦熺尝提举秘书省，奏请以访书事专委守臣。方回子进书秦府由此。

方回行迹未见于谱者：《阳羡歌》云："山秀芙蓉，溪明罨画，真游洞穴沧波下。节元龙非复少时豪，耳根清净功名话。"《咸淳毗陵志》廿二《荆溪外纪》十二，载此词为苏轼《踏莎行》。《诗集补遗·丹阳客舍示曾纤公衮》云："眼里铅华今日见，胸中冰炭几时休；欲知老子消怀处，静夜春灯一卷书。"客宜兴、丹阳当皆在晚年。方回之于山阴，有"未死定东归"之诗，而诗集无山阴行迹；《词集·忆仙姿》云："梦想山阴游冶。"《诉衷情》云："不堪回首卧云乡，羁宦负清狂。年来镜湖风月，鱼鸟两相忘。"揣其辞意，似未身到越中；殆元祐八年欲行未成,终不果偿首邱之愿也。

集中交游,皆已自注其籍履及交与之时地;米芾、程俱、叶梦得、苏轼、黄庭坚辈,尤彰彰在史册,无待考证。其见于子廪所辑《后集补遗》者,有新安录事何安中、彭城时适、方明古、叶翰林道卿、两浙漕曾纡公衮、晋陵邹柄德久、晋陵孙觌仲益、屯田郎官范云伯达、王铚性之,皆《前集》所未见。又案郑景望《蒙斋笔谈》下云:"正素处士张举,字元厚,毗陵人,治平初试春官,节以第四人登第,既得官归,即不仕终身。节贺铸最有口才,好雌黄人物,于元厚亦无间言,每折节事之,常称曰通隐先生。"又《石林词》有王取道曾与方回同会熙春台,并为《补遗》所未载,得增记之。

一九三三年六月成初稿,五四年十一月重订。

周草窗年谱

周密字公谨,《保母志跋》有印章作公董。**号草窗**、**蘋洲**。

《乐府补题》署蘋洲周密,依卷中"玉田张炎"、"筼房李彭老"之例,知蘋洲亦其别号也。

《宋诗纪事》八十,《绝妙好词笺》七,皆谓草窗"又号萧斋",今案萧斋乃草窗父晋之字。陆行直"词旨警句"条,引"一砚梨花雨"句,注"周萧斋《点绛唇》"。考词乃晋作,见《绝妙好词》卷三。晋字啸斋,"萧""啸"同音,非草窗字。参后引江昱《蘋洲渔笛谱考证》。

其先济南人,为齐望族。

《珊瑚木难》五,载《弁阳老人自铭》,有王英孙填讳云:"六世祖芳,隐历山,熙宁间以孝廉征,不就,赐光禄少卿。五世祖孝恭,吏部郎中,知同州,赠殿中监。高祖立,赠大中大夫。"《齐东野语自序》:"余世为齐人,居历下,或居华不注之阳。五世祖同州府君而上,种学绩文,代有闻人。"

曾祖秘,御史中丞,扈高宗南渡,始居吴兴,遂为湖人。《自铭》。

袁桷《清容居士集》三十三,《先大夫行述》附《师友渊源录》:"周(密),中丞秘曾孙。"

《野语自序》:"曾大父扈跸南来。"戴表元《野语序》:"周子曰:我家中丞公实自齐迁吴,及今四世,于吴为家。"

《癸辛杂识》《后集》，"许占寺院"条："南渡之初，中原士大夫之落南者众，高宗愍之，旸有西北士夫许占寺宇之命。节曾大父少师亦居湖之铁观音寺，后迁天圣寺焉。"

草窗四世居湖，遂为湖人。元石岩《志雅堂杂钞序》，谓以"吴兴章文庄为其外王父，故占籍吴兴"。非是。章良能籍处州，非湖州也。

祖珌，刑部侍郎，赠少傅，《自铭》。以廉俭称。

《杂识》"大父廉俭"条："大父少傅素廉俭，侨居吴兴城西之铁佛寺，既又移寓天圣佛刹者几二十年。杜门萧然，未尝有毛发至官府。时杨伯子长孺守湖，尝投谒造门，至不容五马车，伯子下车顾问曰：'此岂侍郎后门乎。'为之歔叹而去。"《野语》三"诛韩本末"条："当泰、禧间，大夫为棘卿。"是又尝为大理寺卿。

父晋，字明叔，号啸斋。《绝妙好词》笺三。**曾宰富春，监衢州，知汀州。**《癸辛杂识后集》，详后谱。**富收藏，工词。**

《蘋洲渔笛谱》二"先子作堂曰啸咏"。江昱《考证》曰："啸咏雅与啸斋意义相合，或以弁阳啸翁为草窗别号者误也。"

《山中白云疏证》一，引《铁网珊瑚》："山东伧父字公谨，号草窗，枢密之子。"据此，晋尝仕枢府。

《野语》十二"书籍之厄"条："吾家三世积累，先君子尤酷嗜，至鬻负郭之田以供笔札之用。冥搜极讨，不惮劳费。凡有书四万二千余卷，及三代以来金石之刻一千五百余种，皮置书种、志雅二堂，日事校雠，居然籯金之富。"

《绝妙好词》三，载晋三词，《清平乐》云："图书一室，香暖垂帘密。花满翠壶薰研席，睡觉满窗晴日。　手寒不了残棋，篝香细勘唐碑。无酒无诗情绪，欲梅欲雪天时。"

母章,参知政事良能女。

《野语》十六,"文庄公滑稽"条:"外大父章公,自少好雅洁,性滑稽,居一室必泛埽圬饰,陈列琴书。亲朋或讥其龌龊无远志。一日,大书素屏云,陈蕃不事一室而欲埽除天下,吾知其无能为矣。识者知其不凡。间作小词,极有思致。先妣能口诵数阕,《小重山》云:'柳暗花明春事深,小阑红芍药已抽簪,雨余风软碎鸣禽。迟迟日,犹带一分阴。 往事莫沉吟,身闲时序好,且登临。旧游无处不堪寻,无寻处,唯有少年心。'"是草窗母亦解翰墨也。《词林纪事》十一引《癸辛杂识》云:"外大父章文庄公名颖字茂献。"案《杂识》无此语。颖与良能是二人,《纪事》误。《绝妙好词笺》三:"良能字达之,丽水人。淳熙五年进士,除著作佐郎。嘉泰元年为起居舍人。宁宗朝居两制,登政地。谥文庄。有《嘉林集》百卷。"《野语》三,"诛韩本末"条:"当泰、禧间,外大父为兵侍直禁林。"诛韩之役,尝力争不可传侂胄首于金。同书十八,"章氏玉杯"条:"嘉泰间,文庄章公以右史直禁林,时宇文绍节挺臣为司谏,指公为谢深甫子肃丞相之党,出知温陵。既而公入为言官,遍历三院,为中执法。"《嘉林集》失传,今存陆游《致仕制词》一篇于《浩然斋雅谈》上,云载《嘉林外制集》。案《癸辛杂识》《别集》上,"牧羊子"条:"湖州卜者牧羊子,识章文庄于未遇时。"同卷"二章清贫"条:"章文庄参政与其兄宗卿,虽世家五马,而清贫自若。少依乡校,沈丞相该之家学相连,章日过其门。节既而兄弟联登第,骎骎通显,沈氏之屋,适有出售者,宗卿首买之以居焉。"宗卿字翼之,良能兄。沈该归安人。良能盖本籍处州,而寓居湖州。故石岩《志雅堂杂钞序》称吴兴章文庄。《杂识》《前集》"吴兴园圃"条有章参政嘉林园。嘉林名集以此。

《宋史·宰辅表》:宁宗嘉定六年,四月丙子,章良能自同知枢密院事除参知政事。《续通鉴长编》云:"明年二月薨。"

草窗居湖,又字四水潜夫、《武林旧事》。弁阳老人。《志雅堂杂钞》。

朗瑛《七修类稿》"公谨居齐之东,作《齐东野语》,居杭癸辛街,作《癸辛杂识》,泗水出山东,号泗水潜夫,居华不注,号弁阳老人。"案此说误。郑元庆《湖录》谓:"雪溪故名四水。四水者,湖城以苕溪、余不溪、前溪、北流水合流而入于雪溪。唐人诗'四水交流霅霅声'是也。"四水字不作"泗"。《西湖志》二十九及闵元衢《癸辛杂识跋》已辨之。草窗未到齐鲁,郎谓居齐东作《野语》,居华不注号弁阳老人,亦非。牟巘《陵阳集》十六,《跋周公谨自铭后》:"晚更号弁阳老人。"都穆《铁网珊瑚》:"居吴兴,置业弁山,自号弁阳老人。"朱孝臧《梦窗词集小笺》引。《宏治湖州府志》:"卞山在乌程县西北十八里。"

晚年以与杨沂中诸孙大受有连,依之居杭,《剡源集》、《杨氏池堂燕集诗序》,引在后。不复返湖州。

沂中南渡大将,改名存中,代州人。高宗朝以功封和王。《宋史》三六七有传。草窗娶于杨,大受盖其妻党,考在十三岁、五十五岁谱。大受字承之,见《剡源集》。石岩《志雅堂杂钞序》:"又与杨和王有连,故又为杭人。"《辍耕录》十及《浙江通志·文苑》、《义乌县志·官师》,皆云"又为钱唐人"。然草窗晚年居杭之癸辛街作《癸辛杂识》,犹署"弁阳周密",则未尝自承为杭人也。

据《志雅堂杂钞》,草窗晚年留杭,不返湖州。《西湖志》谓"公谨生于湖,中年迁杭,晚仍还弁,号弁阳老人",未允。伍崇曜《跋杂钞》云"晚思归老弁山,故号弁阳老人",得之。

其自署齐人《齐东野语》、《蘋洲渔笛谱》。华不注山人《癸辛杂识续集》上,"宋江三十六赞"条。**示不忘齐也。**

戴表元《齐东野语序》,引草窗语:"先公尝言,我虽居吴,心未尝一饭不在齐也。岂其子孙而遂忘齐哉。"

《铁网珊瑚》:"山东伧父字公谨,号草窗。"似别字"山东伧父"。

《辍耕录》十,"先辈谐谑"条:"赵魏公刻私印曰'水晶宫道人',钱唐周草窗先生密以'玛瑙寺行者'属比之,魏公遂不用此印。"魏公,赵孟頫也。

宋季尝为临安府幕属,监和济药局,充奉礼节、监丰储仓、义乌令。宋亡不仕。《癸辛杂识》、《净慈寺志》。

《郑所南先生文集》附录王行《题周草窗画像卷》云:"宋运既徂,吴有三山郑所南先生,杭有弁阳周草窗先生,皆以无所责守而志节不屈著称。"

体貌豪伟逸秀。

王行题画像:"今获瞻草窗先生像于长洲沈氏。草窗豪伟逸秀,有飘飘迈俗之气,观其自赞之辞,可概见焉。"

书学欧、柳。

《癸辛杂识》《前集》,"笔墨"条:"先君子善书,体兼虞、柳。余所书似学柳不成,学欧又不成。不自知其拙,往往归过笔墨。"《武林旧事》五:"施梅川墓,薛樵飙为志、李篯房书、周草窗题盖。"今传宋刊《草窗韵语》,写刻精工,书法雅近欧、柳,或出草窗手书,见谱后《著述考》。

善画梅竹兰石。《宋史翼》三十四引《图绘宝鉴》。

《净慈寺志》:"善画,得意辄题其上。"《诗苑众芳》十九页有东莱吕胜之《题草窗江村小景扇面》。

戴表元称其诗:少年流丽钟情,壮年典实明赡,晚年感慨激发。

《剡源集》八,《弁阳诗序》。

尤工歌词,出杨缵之门。与王沂孙、张炎齐名。

石岩《志雅堂杂钞序》:"南宋词人,浙东西特盛;翁浸淫乎前辈,商榷乎朋侪,故词为专门。"

与杨、王、张诸人交谊,皆详谱中。

入元以后,抱遗民之痛,以故国文献自任,辑录家乘旧闻为《齐东野语》、《癸辛杂识》诸书,宋代野史,称巨擘焉。

《野语自序》:"曾大父扈跸南来,受高皇帝特知,遍历三院,径跻中司。泰、禧之间,大父从属车,外大父掌帝制,朝野之故,耳闻目接,岁编日记,可信不诬。我先君博极群书,习闻台阁旧事,每对客语,音吐洪畅,缅缅不得休;坐人倾耸敬叹,知为故家文献也。余垂髫侍膝下,窃剽绪余,已有叙次;尝疑某事与世俗之言殊,某事与国史之论异,他日过庭,质之先子;出曾大父大父手泽数十大帙示之曰:'某事与若祖所纪同然也,其世俗之言殊,传讹也;国史之论异,私意也。小子识之。'又曰:'定、哀多微词,有所辟也;牛、李有异议,有所党也;爱憎一衰,议论乃公。国史凡几修,是非凡几易,而吾家乘不可删也。小子识之。'洊遭多故,遗编钜帙,悉皆散亡;老病日至,忽忽漫不省忆为大恨;闲居追念一二于十百,惧复坠逸,为先人羞;乃参之史传绪书,博以近闻脞说,务事之实,不计言之野也。"戴表元《野语序》:"今夫周子之书,其言核,其事确,其询官名,精乎其欲似郯子也;其订舆图,审乎其欲似晋伯宗也;其涉词章礼乐,赡乎其欲似吴公子札也;他所称举,旁闻曲证,如归泰山之巅而记封邱之壝,过虆相之圃而数射夫之序,凡若是不苟然也,而岂齐东云哉。故曰,周子之辞,谦尔非实也。周子曰:'节大父侍郎公践扬六曹,外大父参政文庄章公,出入两制,台阁之旧章,宫府之故事,泛滥淹注,童而受之,白首未忘,失今弗图,恐遂废轶。'节"《野语》五,"诛韩本末"记侂胄之死,谓"李心传蜀人,去天万里,轻信记载"。又谓:"当泰、禧间,大父为棘卿,外大父为兵侍直禁林,皆得之耳目所接,俱有家乘日录可信,用直书之,以告后之秉史笔者。"其以史责自任可见。又卷十一滕茂实、何宏中、姚锡孝诸条,卷二张魏公三战本末略,卷三绍熙内禅,卷五端平入洛,端平襄州本末,卷十四巴陵本末,卷十五曲壮武本末等,皆关系一代兴亡,可补史策。《癸辛杂识》虽多琐言,然若记史嵩之始末、襄阳始末、机速房、置士籍及论宋季道学之弊、太学之横等等,亦皆荦荦大事,与《野语》相表里;《四库提要》退之小说,未必当也。

晚年与谢翱、郑牧游,皆抗节遁迹者。见谱后。

时人又以与郑思肖并称,谓其"介然特立,足以增亡国之光"。王行《题周窗画像卷》,见谱后。

清代顾文斌尝撰《草窗年谱》,附见于其所著《过云楼书画记》卷二,寥寥十纸,未能详其志行;爰寻杂书,重为此编,犹有遗漏,以俟博雅。文斌,道光间元和人。

宋理宗绍定五年壬辰　一二三二

五月廿一日生于富春县斋。

《癸辛杂识》《后集》,"先君出宰"条:"先君子于绍定四年辛卯,出宰富春,九月到任。节壬辰岁,余实生于县斋。"生日据顾文斌《草窗年谱》引朱存理《珊瑚木难》、《弁阳老人自铭》。

《康熙富阳县志》《历官县令》:"绍定初任:张修、钱明德,周晋,谯习、王公遇。"《光绪富阳志》十七,《名宦》:"周晋字明叔,吴兴弁阳老人周密之父也。节绍定四年宰富阳,未几,慈明人后崩,梓宫百色,皆自承办,不以一钱科扰民。民称为周佛子。"案此事见《癸辛杂识》。

《光绪富阳县志》十一，《建置》："县署在城东北，节绍定四年，令周晋辟县圃凿池建塘，有双莲之瑞。见《癸辛杂识》。"

《西湖志》及江昱《山中白云疏证》二《甘州词》注，皆谓草窗生于湖州，非是。

刘过卒已二十六年，开禧二年。辛弃疾卒已二十五年，开禧三年。陆游卒已二十二年，嘉定三年。章良能卒已十八年，嘉定七年。刘克庄四十六岁，淳熙十四年生。元好问四十三岁，绍熙元年生。吴潜三十八岁，庆元元年生。赵孟坚三十四岁，庆元己未生。史宅之二十八岁，开禧元年生。释文珦二十二岁，嘉定四年生。白朴七岁，宝庆二年生。方回六岁，宝庆三年生。牟巘六岁，宝庆三年生。刘辰翁一岁。

理宗端平元年甲午　一二三四

三岁。　侍父离富春。

《癸辛杂识》《后集》，"先君出宰"条："先君子于绍定四年辛卯，出宰富春。节其时李文清方闲居于邑中，其家强干数十，把握县道，难从之请，盖无虚日。先人惟理自循，不能一一尽奉其命也。以此积怨得罪焉。节于是衔之。及入台，先子已满去，乃首章见劾焉。"案《宋史》四〇五《李宗勉传》，字强父，谥文清，富阳人。绍定四年知台州，明年知婺州，六年召赴行在，未行，本年五月面对，拜监察御史。是周晋去任在本年五月前。自绍定四年至此正三年任满也。

嘉熙四年庚子　一二四〇

九岁。　侍父游闽。

《癸辛杂识》《前集》，"闽鄞三庙"条："嘉熙庚子，先子为闽漕干官，时方公大琮为计使，特加敬礼，一台之事，悉委之。"同书《后集》"金龟称瑞"条："余为儿童时，侍老大夫为建宁漕属官。"同书《续集》

上,"戊子地震"条:"余向于庚子岁,侍先子留富沙。"《野语》四,"潘庭坚王实之"条:"庚子辛丑岁,先君子佐闽漕幕,时方壶山大琮为漕,臞轩王迈实之,与方为年家,气谊相好,用此实之留富沙之日多。𝆔同时富沙人紫岩潘牥庭坚亦以豪侠闻。𝆔余少侍先君子,皆尝识之,今转眼五十年矣。"

《四库·铁庵集提要》:方大琮字德润,号壶山,莆田人。开禧元年省试第三人,除右正言,迁起居舍人,知广州,调知隆兴,卒谥忠惠。据《野语》《杂识》,则曾为福建转运使。又《臞轩集提要》:王迈兴化军仙游人,嘉定十年进士,通判漳州,应召直言,为台官所劾,削二秩。淳祐中知邵武军,予祠卒。《宋史》有传。潘牥,闽县人,端平初策进士,牥言最直,殿中侍御史劾其不顺。尝通判潭州。《宋史》有传。

《野语》十四,"姚干父杂文"条:"姚镕字幹父,号秋圃,合沙老儒也,余幼尝师之。记诵甚精,著述不苟。潦倒余六旬,以晚科主天台黄岩学,期年而殂。"合沙地名未详,或富沙之阙文。

理宗淳祐元年辛丑　一二四一

十岁。　侍父自闽还浙。

《野语》四"经验方"条,记喉闭症:"辛丑岁,余侍亲自福建还,沿途多此症,至有阖家十余口一夕并命者,道路萧然,行旅惴惴。及抵南浦,有老医以用鸭嘴胆矾研细,以酽醋调灌,归途恃以无恐。"是草窗自建宁北还过南浦今浦城。《癸辛杂识》《后集》,"故都戏事"条,有"余垂髫时随先君子故都"之语,知此行盖自闽返浙也。

淳祐四年甲辰　一二四四

十三岁。　外舅杨伯岩守衢州。

《齐东野语》十六,"省状元同郡"条:"淳祐甲辰,省元徐霖、状元留梦炎,皆三衢人,一时士林歆羡,以为希阔之事。时外舅杨彦瞻以工部郎守衢,大书状元坊以表其间。"《浙江通志》:"杨彦瞻理宗时知衢州军。"

顾谱:"先生娶杨氏,匠监伯岩女,见《自铭》。"

(《四库全书·九经韵补提要》:"宋杨伯岩撰,伯岩字彦思案当据《野语》,《癸辛杂识》改作瞻。岩,瞻义连。号泳斋。淳祐间以工部郎守衢州。周密《云烟过眼录》载伯岩家所见古器,列高克恭、胡泳之后,似入元尚在矣。"案云烟过眼录记各家收藏,不以年代为序,故次赵孟頫于其父与訾菊坡前,《提要》未。伯岩又有《六帖补》二十卷,吕午序云:"泳斋,和王曾孙。"《剡源集》谓草窗与杨和王诸孙有连,以此。)

戴表元生。

淳祐六年丙午　一二四六

十五岁。　侍父衢州。

《蘋洲渔笛谱》二,《长亭怨慢序》:"岁丙午、丁未,先君子监州太末时,刺史杨泳斋员外、别驾牟存斋、西安令翁浩堂、郡博士洪恕斋,一时名流星聚,视为奇事。俸居据龟阜,下瞰万室,外环四山。先子作堂曰啸咏,撮登览要。蜿蜒入后圃,梅竹清臞,亏蔽风月,后俯官河,相望一水,则小蓬莱在焉。老柳高荷,吹凉竟日。诸公载酒论文,清弹豪吹。笔研琴尊之乐,盖无虚日也。余时甚少。执杖屦供洒埽。诸老绪论,殷殷金石,声犹在耳。"节。《弘治衢州府志》:"龟峰山,府治在其背。"

杨伯岩泳斋,草窗外舅,已见前。牟子才字存斋,井研人,通判衢州,《宋史》有传。牟巘《陵阳集》十六,《跋周公谨自铭后》云:"予始见(公谨)太末时,如川方至之意气,视一世何如也。"巘为子才子,时年二十,亦在衢也。翁甫字景山,崇安人,知西安,有《浩堂类稿》。见《蘋洲渔笛谱考证》。《考证》又引《淳安县志》:洪梦炎号然斋,历官武学博士,知衢州府。谓然斋疑为恕斋之误。陈寿祺跋考证,则引《癸辛杂识》《续集》下,"秦九韶"条,谓"洪恕斋名勋,曾为扬州宪,而非梦炎"。今案梦炎官终衢州知府,而洪勋无太末宦迹,此当是梦炎。然斋与梦炎名字相应,或《笛谱》偶讹为恕斋耳。

淳祐七年丁未 一二四七

十六岁。　随父离衢州,赴柯山。

《癸辛杂识》《续集》下"虹见井中"条:"丁未岁,先君为柯山倅。厅后屏星堂,前有井,夏月雨后,虹见于井中。"来柯山当在春夏间。

同书《后集》,"知州借紫"条:"先子为衢倅时,外舅杨彦瞻知郡,既而除工部郎官。"案《绍兴府志》二十《职官表》,杨伯岩本年为浙东提刑。谢衢任当本年事。周晋倅柯山,殆亦伯岩力。草窗缔婚于杨,或即在此时。

马廷鸾第进士。

唐珏生。

程敏政《宋遗民录》六罗灵卿《唐义士传》:"岁戊寅,杨琏真伽发赵氏诸陵寝,唐时年三十二岁。"发陵年代见至元十五年谱。

淳祐八年戊申　一二四八

十七岁。

张炎生。

《山中白云》八《临江仙序》:"甲寅秋寓吴,时年六十有七。"甲寅延祐元年也。《山中白云疏证》一谓炎生淳祐四年年,误。

白珽生。

王迈卒。

淳祐九年己酉　一二四九

十八岁。

《野语》十,"张氏十咏图"条载陈振孙《跋周晋所藏吴兴张氏十咏图》张先图其父维平生诗十首,有云:"近周明叔史君得古画三幅,号十咏图者,乃维所作诗也。节后一百七十七年,当淳祐己酉,其图为好古博雅君子所得,会余方辑吴兴人物志,见之如获拱璧。"所云好古博雅君子,若指周晋,则晋本年已卸柯山倅返吴兴也。

谢翱生。

淳祐十一年辛亥　一二五一

二十岁。

《癸辛杂识》《后集》有"成均旧规"、"光斋"、"诸斋祠先辈"、"学规"、"太学文变"、"两学暇日"、"学舍燕集"、"三学之横"、"祠神"诸条,叙南宋太学,上自学制试规、对策文体,下至服饰游玩,无不备详。疑草窗少年曾肄业太学。其二十岁前后行迹无考,或即在学时期。《野语》六,"杭学游士聚散"条记郑清之当国,以游士多无检束,令各州自试于学。京尹赵与𥲅移牒游士,限日出学。具载游士所为檄文诗句。即本年七月前事。疑是草窗目击,故能详悉若尔。

宝祐二年甲寅　一二五四

二十三岁。　春,往桐川。杨伯岩卒。

《野语》十三,"祠山应语"条:"甲寅春,往桐川,节是岁外舅捐馆。"桐川未详。

《癸辛杂识》《后集》,"第十三故事"条:"余试吏部铨第十三人。外舅杨泳斋遗书贺先君。"试吏部未详何年,姑系于此。

赵孟𫖯生。

宝祐三年乙卯　一二五五

二十四岁。　春侍父鄞江。

《癸辛杂识》《前集》，"闽鄞三庙"条："乙卯，先子守鄞江。"末云："此二事余所目击。"盖记贡院凿井及为富沙太尉祠丐封额事知草窗是时侍宦在鄞江。《野语》四，"经验方"条，有"先子守临汀"语，《野语》十二，"捕猿戒"条，亦云"先君向守鄞江，属邑武平云云"。今闽汀州府有武平县，则此鄞江乃闽之长汀也。《韵语》二，《三衢道中》云："旧游重到处，倒指七年间。"淳祐七年丁未侍宦衢州，至此正七载。又云"雨声愁夜店，云影□春山。"知在春间。

侍游苍玉洞，作诗。

《草窗韵语》五，《游苍玉洞》诗，题云："昔年游苍玉洞，亲老尝赋诗三十韵，宾从皆有和篇。余时年甚少，亦属卷尾，亲老为一笑。比以少作不入卷，兴怀昔游，感慨特尽，因录于此，以记俛仰古今之情云。"案《嘉庆重修一统志》，苍玉洞在长汀县东五里。侍游必在此年左右。草窗诗可考年代者此为最早，录之以见其少年学力。诗云："去郭仅数里，岩关忽深秀。人工莫窥测，天巧自成就。瑶草覆蓬莱，箭砂藏勾漏。如入万宝山，如坐群玉囿。巑屃撑巨鳌，回翔舞飞鹫。肉醉猛虎卧，雷轰懒蛟走。远绝人世尘，静阅古今宙。或若赴壑蛇，或如回顾兽。喷者如鲸呿，噫者如龙吼。诡然足变幻，不可穷步骤。土清多芝兰，石瘦少薪槱。松柏森古姿，寒暑不得寇。风静柳新梳，云收山免胄。石镜磨古诗，玉钗泻寒溜。郊原遍红紫，川谷成锦绣。玄猿叫老木，石乳滴嵌窦。寺建开平初，亭劫宣和后。客屦踏花香，僧衣卧云绉，碧萝暗雨意，绿阴靓春昼。高吟领景趣，玩物惊节候。晴箔收早蚕，烟蓑正初耨。暇日多胜游，嘉宾从贤守。歌声振林木，妆影摇连甃。鸟啼觉山静，湍急和云漱。清谭杂觞咏，骑竹喧童幼。乌丝扫奇句，碧筒吸春酎。千里嗟漫浪,一醉成解后。莫采西山薇,莫歌南山豆,满泛一盏春,持介百年寿。万窍天籁清,我琴不须奏。"

赵崇嶓时为大宗丞。《野语》七,"洪君畴"条。

《笛谱》二《明月引序》:"赵白云初赋此词,以为自度腔,其实即《梅花引》也。陈君衡、刘养源皆再和之。会予有西州之恨,因用韵以写幽怀。"崇嶓有《白云稿》,南丰人。嘉定十六年进士,草窗先辈也。

宝祐五年丁巳　一二五七

二十六岁。　重过衢州,作《长亭怨慢》。

《词集》二《长亭怨慢序》:"岁丙午丁未,先君子监州太末。节后十年过之,则径草池萍,怃然葵麦之感。一时交从,水逝云飞,无人识令威矣。"丙午丁未为淳祐六七年,在此前十载,重过当在本年左右。宝祐三年侍宦长汀,此行殆自闽还浙也。《韵语》一《仙霞岭次徐意一参政韵》云:"旧游青鬓改,故国白云飞。"或同时作。赵以夫《虚斋乐府》有《燕台春·送徐意一》、《疏影·为意一侍郎赋》。以夫亦淳祐时人也。

鲜于枢生。

理宗开庆元年己未　一二五九

二十八岁。　得薛尚功摹钟鼎款识真迹于外舅泳斋书房。见都穆《铁网珊瑚》。顾谱引。文云:"嘉熙三年冬十一月望后十一日,外孙朝请郎新知临江军事杨伯岩拜观于二十四叔外翁书室。后二十年弁阳周密得之外舅泳斋书房。"

八月,元兵渡淮,九月渡江围鄂州,陷临江军。《理宗纪》。

理宗景定元年庚申　一二六〇

二十九岁。　五月与赵孟坚游湖。

《野语》十九，"子固类元章"条："庚申岁，客辇下，会菖蒲节，余偕一时好事者，邀子固各携所藏，买舟湖上，相与评赏。饮酣，子固脱帽，以酒晞发，箕踞歌《离骚》，旁若无人。薄暮入西泠，掠孤山，舣櫂茂树间，指林麓最幽处，瞪目绝叫曰：'此真洪谷子董北苑得意笔也。'邻舟数十，皆惊骇叹绝，以为真谪仙人。"交孟坚始见于此。时孟坚六十三岁矣。《韵语》三有《水仙谣为赵子固赋》。《笛谱外集》有《国香慢·赋子固浚波图》。皆无甲子。

　　吴文英卒于此年前后。《吴梦窗系年》。

　　文英有《踏莎行·敬赋草窗绝妙词》云："西湖同结杏花盟。"当定交于杭。草窗有《玲珑四犯·戏调梦窗》，《玉漏迟·题吴梦窗词集》两首，下首云"泪眼东风，回首四桥烟草"。乃文英卒后作。

景定二年辛酉　一二六一

　　三十岁。　　为临安府幕僚。

　　《癸辛杂识》《后集》，"马裕斋尹京"条："马裕斋光祖之再京尹也，风采益振，威望凛然。节余时为帅幕，云云。"《宋史翼》三十四《周密传》："案光祖再尹京在景定二年，据《临安志》。"案《理宗纪》，本年十一月丁丑，马光祖提领户部财用，兼知临安府，浙西安抚使，十二月甲午，同知枢密院事，兼太子宾客，知临安府。

　　光祖字华父，号裕斋。任京尹，为三学生所排，出守留都。见《杂识别集》下"马光祖"条。

　　草窗又曾任职和剂局，见《癸辛杂识》《前集》，"误着祭服"条："余为国局，尝祠禖，充奉礼郎兼大祝。"《宋史翼》三十四曰，"案和剂局当时称京局，又称国局。监局者三十人，以士人经任者为之。"案《癸辛杂识》《别集》上，"和剂药局"条："和剂惠民药局，当时制药有官，监造有官，监门又有监。药疑羡成，分之内外，凡七十局。

出售则又各有监官。皆以选人经任者为之,谓之京局官,皆为异时朝士之储,悉属之太府寺。"《理宗纪》淳祐九年,"命临安府创慈幼局,收养道路遗弃初生婴儿。仍置药局疗贫民疾病"。《咸淳临安志》八十八:"慈幼局在楼店务对河,节施药局在慈幼局北。淳祐八年置。节十年,朝廷益以钱十万,令多方措置。"

《弁阳自铭》:"以大父泽,初调建康府都钱库。自是六上辟书,几漕京阃幕府。"国局钱库二职,未详何年,附系于此。《韵语》二有金陵诗数首,皆无甲子。

《野语》四,"经验方"条:"辛酉夏,余足疡发于外臁,初甚微,其后浸淫涉秋徂冬,不良于行。"

仇远生。

景定三年壬戌　一二六二

三十一岁。

正月,贾似道造后乐园。《理宗纪》。参《野语》十九,"贾氏园池"条。

五月,马光祖自京尹改知福州。《理宗纪》。

刘辰翁以廷试对策忤贾似道。《宋史翼》三十五传,引《江西志》。

方回登第。《四库·古今考提要》。

方岳卒,六十四岁。

景定四年癸亥　一二六三

三十二岁。　暮春,沿檄宜兴。作《拜星月慢》。

《词集》一、《拜星月慢序》:"癸亥春,沿檄荆溪。朱墨日宾送,忽忽不知芳事落鹃声草色间。云云。"

(草窗词此首题为"春暮寄梦窗",误。说在《梦窗系年后记》二。)

督毗陵民田,忤时宰意。会母病,即日归养。

《自铭》:"景定限民田,毗陵数最夥,朝命往督之;至则除其浮额十之三,大忤时宰意,祸且不测。会母病,即日归养医药,刲体捐年,再岁,卒罹忧棘。尽心葬礼,辑《慎终篇》五卷。"顾谱定于此年。案《宋史·本纪》:本年"四月丙寅,官田所言知嘉兴县段浚、知宜兴县叶哲佐,买公田不遵元制,诏罢之"。又:"六月庚申,诏平江、江阴、安吉、嘉兴、常州、镇江六郡,已买公田三百十余万亩,今秋成在迩,其荆湖、江西诸道,仍旧和籴。"据此,草窗沿檄宜兴,亦为督公田。其弃官殆在六月前也。

作《木兰花·西湖十景》词,约陈允平同赋。

《词集》一,"《西湖十景》尚矣,张成子尝赋《应天长》十阕夸余曰:'是古今词家未能道者。'余时年少气锐,谓'此人间景,余与子皆人间人;子能道,余顾不能道耶。'冥搜六日而成。成子惊赏敏妙,许放出一头地。"陈允平《日湖渔唱·西湖十咏跋》云:"右十景,先辈寄之歌咏者多矣,雪川周公谨,以所作《木兰花》示予,约同赋,因成。时景定癸亥岁也。"

交允平始见于此,《韵语》六,《与陈君衡别》云:"烟柳绿如此,霜髭白奈何。"当晚年作。《词集》有与允平倡和多首,《外集·高阳台·送陈君衡被召》云:"照野旌旗,朝天车马,平沙万里天低。"王沂孙《花外集》和此词亦云:"驼褐轻装,狨鞯小队,冰河夜渡流澌。"皆入元以后词。允平入元被荐,见《续甬上耆旧诗》)。

景定五年甲子 一二六四

三十三岁。 夏,会杨缵诸人结吟社于西湖杨氏环碧园。

《词集》一《采绿吟序》:"甲子夏,霞翁会吟社诸友逃暑于西湖之环碧。节酒酬采莲叶探题赋词,余得《塞垣春》;翁为翻谱数字,短箫按之,音极谐婉,因易今名云。"霞翁即紫霞翁杨缵,《浩然斋雅谈》下:"杨缵字嗣翁,号守斋,又称紫霞。本鄱阳洪氏,恭圣太后侄杨石之子麟孙早夭,遂祝为嗣。节洞晓律吕,尝自制琴曲二百操,节近世知音无出其右者。仕至司农卿、浙东帅。以女选淑妃,赠少师。"恭圣为宁宗后,杨石次山之子,见《宋史》四六五。《癸辛杂识》《后集》"记方通律"条:"余向登紫小霞翁之门。"张炎《词源》下"近代杨守斋精于琴,故深知音律。节与之游者,周草窗、施梅州、徐雪江、奚秋崖、李商隐,每一聚首,必分题赋曲。但守斋持律甚严,一字不苟作,遂有《作词五要》。"《词序》所谓吟社诸友,或即施、徐诸人。梅川名岳,商隐名彭老,草窗诗词集中皆有酬唱。秋崖名溲。雪江未详。《词集》二《瑞鹤仙》云:"寄闲结吟台节曰湖山绘幅,紫霞领客落成之。初筵,翁俾余赋词,主宾皆赏音,酒方行,寄闲出家姬侑尊,所歌则余所赋也。调闲婉而辞甚习,若素能者。坐客惊诧敏妙,为之尽醉。越日过之,则已大书刻之危栋间矣。"

江昱《考证》,引《咸淳临安志》:"环碧园在丰豫门外柳洲寺侧,杨郡王府园。"《武林旧事》五,北山路:柳洲、环碧园注"杨郡王府"。又有杨和府水阁。杨府廨宇注:"杨郡王府。"郡王,杨沂中,草窗妇翁杨伯岩之曾祖也。

子铸生。

《野语》十三,"祠山应语"条:"戊辰岁,铸子甫五岁。"

丁母忧约在此年。见去年谱。

度宗咸淳元年乙丑　一二六五

三十四岁。　为两浙运司椽,约在此时。

袁桷《清容居士集》三十三,《先大夫行述附师友渊源录》:"周密,湖州人,与陈厚、韩翼甫、李义山咸淳初为运司同僚,俱有吏才。约贵日以字称,禁近俗名号。陈能文,端明存之弟。韩,安阳裔孙,善持守。李豪迈,名吏寿朋之孙。皆早卒。"

楠父洪,字季源,曾佐马光祖京尹幕。马去国,改两浙转运司干办公事。时先后为转运使者,胡太初,潜说友也。见《清容集》三十三《先大夫行述》。

九月,游余杭大涤山。

《洞霄诗集》五草窗《乙丑良月游大涤洞天,书于蓬山堂》,诗云:"太虚灏气浮空濛,烟霞九锁蓬莱宫。崩腾云木竞奇秀,洞芳野实垂青红。何年断鳌立天柱,古洞阴森白鸦舞。玉书宝剑不可寻,老翠封岩滴元乳。光芒灵气干斗牛,遗丹箬底谁能求。黄精紫杞遍岩谷,仙禽夜捣声幽幽。懒蛟千年睡未足,痴涎吼雷喷飞瀑。阴风黑穴吹海腥,石虎当关横地轴。是非万古一笑慨,神仙不死今安在。"此诗作于《草窗韵语》结集之前,而《韵语》不载,兹录于此。《洞霄诗集》又有草窗《送西秦强仲实游大涤洞天》一律云,"旧游曾记劫灰前",《洞霄诗集》列之卷十"国朝名公"中,盖入元后作也。

秋晚有《游湖秋霁》词。

《词集》一《秋霁序》:"乙丑秋晚,同盟载酒为水月游。"词云,"重到西泠"。谓去年自宜兴返杭也。

《志雅堂杂钞》纪年始此。

《杂钞》下:"乙丑六月二十一日,同伯几访乔仲山运判观画。"卷上,"乙丑闰十一月二十一日,至王子庆家见一镜"。交鲜于枢伯几、王子庆、乔仲山始见于此。乔达之箦成,号中山,王子庆号□□,见《云烟过眼录》一,皆当时藏家也。子庆号下,《过眼录》原阙二字。

赵与訔卒。

《韵语》五有《挽菊坡赵待制》二首。菊坡与訔字,孟頫父也。

《松雪斋集》八《先侍郎阡表》："咸淳元年赐进士出身。三月,以疾卒于府治,实二十三日也。节享年五十有三。"草窗挽诗云"杏园新赐金花帖",谓赐进士出身;又云"感怀空抱羊昙恨",是曾从与訔游,与孟頫为世交矣。

赵孟坚知建德府。《建德县志·职官》。

咸淳三年丁卯　一二六七

三十六岁。　正月作《南郊庆成口号二十首》。

《韵语》三,《南郊庆成口号二十首叙》："皇帝即位之三年,当咸淳柔兆摄提格丙寅之岁,节以明年月正正元日有事于南郊。"《度宗纪》："本年正月己丑朔,郊,大赦。"

七月,泛舟湖州三汇,作诗。

《韵语》二:"咸淳丁卯七月既望,会同志避暑于东溪之清赋,泛舟三汇之交。节痛饮狂吟,不觉达旦。云云。"《蘋洲渔笛谱考证》:"《宏治湖州府志》,叠翠亭在白蘋亭北,北为三汇亭,众溪皆汇于此。"

诗有"我年未四十,齿发已憔悴"句。前二年作《秋霁》词,亦云"愁损庾郎,霜点鬓华白。"《野语》十四"食牛报"条:"先妣及余皆禀赋素弱,自少至老多病。"故早衰若是。

冬访李彭老、莱老于余不溪。

《笛谱》一,《三犯渡江云序》:"丁卯岁未除三日,乘兴櫂雪访李商隐、周隐于余不溪之滨,节归途再雪,万山玉立相映发,冰镜晃耀,照人毛发,洒洒清入肝鬲,凛然不自支,疑行清虚府中,奇绝境也。朅来故山,恍然隔岁,慨然怀想,何异神游。云云。"江昱《考证》:"《弘治湖州府志》,余不溪出天目山,经德清县至岘山漾入安定门,至江子汇为苕溪。"诗词集有与二隐酬唱多首,李氏《龟溪二隐集》亦有和草窗词，交谊可考者始此。《笛谱外集·祝英台近·后溪次韵日熙堂主人》。李彭老有和作。朱孝臧《蘋洲渔笛谱考证补》曰："按《草窗韵语》挽李太监仁永诗，次首云：'抠衣犹欠日熙堂，仅拜仪刑振鹭行。'此词与彭老韵合，则主人为彭老，疑彭老为仁永之子也。"案《韵语》四，又有《次李监韵》二首，若是仁永，则草窗与二隐世交也。

赵孟坚此时已卒。《四库·彝斋文编提要》。

袁桷生。

元兵围襄阳。

咸淳四年戊辰　一二六八

三十七岁。　秋再游三汇，作《齐天乐》。

《笛谱》二《齐天乐序》："丁卯七月既望，余偕同志放舟邀凉于三汇之交，远修太白采石、坡仙赤壁数百年故事，游兴甚逸。余尝赋诗三百言以纪清适，坐客和篇交属，意殊快也。越明年秋，复寻前盟于白荷凉月间。云云。"

莫仑第进士。江昱《考证》引《丹徒县志》。

《癸辛杂识》《续集》上，"子山隆吉"条："梁栋镇江人，与莫子山甚稔。一日，偶有客访子山，留饮，作菜元鱼为馔，偶不及栋，栋憾之，遂告子山尝作诗有讥讪语。官捕子山入狱，久之，始得脱而归，未几病死。余尝挽之云，'秦邸狱成杯酒里，乌台祸起一诗间'。纪其实也。后十年，栋之弟投茅山许宗师为黄冠，许待之厚，既而栋又欲挈妻孥而来，许不从。栋遂大骂之。许不能堪，遂告其曾作诗云，'浮云暗不见青天'。指以为罪。于是捕至建康狱，未几病死。此恢恢之明报也。"案《宋遗民录》十二载胡沔《梁先生诗集叙》曰："先生姓梁，讳栋，字隆吉，节以壬寅十二月十六日生于鄂。节弟讳柱,字仲砥,入茅山从老氏学。先生依焉。庚寅遭诗祸,自是名益闻。卜居建康,时往来茅山中。江东人士从学甚众。乙巳岁七月七日,无疾坐逝,寿六十有四。"庚寅梁遭诗祸,为元至元二十七年,乙巳卒为大德九年,相距十六年。莫仑如卒于庚寅之前十年,为至元十七年庚辰;如卒于乙巳之前十年,则为元贞元年乙未。不能确定,附著于此。《绝妙好词》五载仑词四首,《词旨》载其警句,亦宋季一词家也。梁栋亦工词,见《宋遗民录》。本年进士,见胡迺《诗集序》。

仑字子山,号两山。见《绝妙好词笺》。《丹徒县志》谓江都人,寓家丹徒。项纲辑《绝妙好词小传》云吴兴人。案《笛谱外集》有《踏莎行·与莫两山谭邗城旧事》,殆扬州人而流寓丹徒、吴兴也。

咸淳五年己巳　一二六九

三十八岁。

王梀、刘震孙卒。

《癸辛杂识》《别集》上,"刘朔斋再娶"条:"魏鹤山之女初适安子文家,既寡,谋再适人。乡人以其兼二氏之撰,争欲得之,而卒归于朔斋(刘震孙)。以故不得者嫉之,朔斋以是多啧言。晚丧偶于建宁。王茂悦梀自台归雪,继而朔斋亦以口语归,王辂之近郊,既而皆有伉俪之憾,语相泣也。王告别归舟,得疾竟至不起。王、刘所爱也,刘归吴中,未几亦逝。二人皆蜀之隽人,识者无不惜之。时戊辰己巳之间也。"据此,似王卒去年,刘卒本年。《韵语》二《挽王茂悦提舶》二首云,"洛社忘言契,惟公最己知。诵言司马赋,喜说项斯诗"。足见交谊。

王号会溪,初知郴州,就除福建市舶,尝以屏风一幅图贾似道盛事献似道,又为似道撰《家庙记》九歌,见《癸辛杂识》《别集》下,"钿屏十事"条及《后集》"贾廖碑帖"条。其交草窗,以杨缵介,见下条。

震孙嘉熙丁酉守湖州,淳祐己酉间居吴中。见《癸辛杂识》《别集》上,"朔斋小姬"条。《韵语》五有《奉寄朔翁》云,"苕风蘋月隔吴波",似晚年投老于吴。梦窗有《江神子·十日荷塘小隐赏桂呈朔翁》,词云"吴水吴烟,愁里更多诗"。其人亦梦窗在苏州交游也。

杨缵卒于此年前。

《笛谱》二,附编王楙跋《徵招》、《酹江月》云:"昔登霞翁之门,翁为余言草窗乐府妙天下,因请其所赋观之,不宁惟协比律吕,而意味迥不凡,《花间》柳氏,真可为舆台矣。翁之赏音信夫。近观《徵招》、《酹江月》之作,凄凉掩抑,顿挫激昂,此时此意,犹宋玉之悼屈平也欤。一唱三叹,使人泫然增畴昔之感。因为书之,以识余怀云。"《徵招》、《酹江月》,皆悼杨缵词。知缵先楙而卒。《笛谱》一有《大圣乐·东园饯春即席分题》词,《韵语》二有《紫霞翁觞客东园》,卷三有《重过东园兴怀知己》,卷四有《梦游紫霞寝而感怆》诸诗,东园盖缵居。江昱《考证》引《都城纪胜》等书,以富景园当之,非也。

缵以知音名一时。张炎作《词源》自称得乐律之学于缵。盖周邦彦、姜夔以后一声家宗师。惜其自制谱各词,当时即已散佚。《浩然斋雅谈》下。今传《倚风娇》、《被花恼》、《一枝春》自度曲三阕,亦不载旁谱,无从考其法度矣。

刘克庄卒,八十三岁。

咸淳六年庚午　　一二七〇

三十九岁。　在杭,交马廷鸾。

马廷鸾《碧梧玩芳集·题周公谨弁阳集后》:"余庚午辛未,系官中书,公谨数过余。"案《宋史》本纪,廷鸾以咸淳五年拜相,八年罢。

廷鸾字翔仲,饶州乐平人。淳祐进士,迁秘书省正字。初,丁大全雅慕廷鸾,欲钩致之,廷鸾不为动,及当输对,欲劾大全;大全瞯知之,以御史朱熠劾罢;由是名重天下。廷鸾工文辞,著《碧梧玩芳集》、《六经集传》、《楚辞补记》诸书。《宋史》四一四有传,端临之父也。

李莱老以朝请郎知严州。《新定严州续志》。

咸淳七年辛未　一二七一

四十岁。　夏,游湖州苏湾,作《乳燕飞》词。《笛谱》二,《词序》。

仲冬甲子,同郡陈存敬作《草窗韵语序》。

《韵语》六有甲戌三诗,在此后三年。知结集在甲戌。惟一稿之末,附雪林李龚和父题诗,而四稿有《挽雪林李和父》二律,注云"本菏泽人,居吴兴,年八十,自作志。春谷葬之何山"。似六卷非同时写定。全集惟末卷有甲戌诗,前五卷纪年皆在此年前,存敬或仅序其前五卷也。

戴表元登第。《宁波府志·选举表》。

咸淳八年壬申　一二七二

四十一岁。

虞集生。

范椁生。

咸淳九年癸酉　一二七三

四十二岁。　冬,在杭,和杨无咎《柳梢青》梅词四首。

《笛谱》二《柳梢青序》:"余平生爱梅,仅一见逃禅真迹。癸酉冬,会疏清翁孤山下,出所藏《双清图》,节卷尾补之自书《柳梢青》四词。节因次韵载名于后。"逃禅杨无咎号,疏清未详。江昱《考证》谓:"《日湖渔唱》有寿疏清陈别驾词,亦皆言梅花,或即其人。"

正月，蒙古兵陷樊城，二月，陷襄阳。

《齐东野语》有"二张援樊"一则，《癸辛杂识别集》下三十七，有"襄阳始末"一则。

咸淳十年甲戌　一二七四

四十三岁。　为丰储仓检察。

《癸辛杂识》《续集》上，"江西术者奇验"条："咸淳甲戌之春，余为丰储仓，久以病痁不出，忽闻贾师宪丁母忧而出，凡朝绅以至京原作景局，皆往唁奠，送之江干。"同书《前集》，"陈圣观梦"条："咸淳甲戌秋，余为丰储仓，时陈圣观过予，为言边报日急。云云。"《宋史翼》三十四注谓："《杂识》'余为丰储仓'凡二见，不言何官。案丰储仓有检察一员，见《杂识外集》。"今案《杂识》《别集》下，"德佑表诏"条：闽人刘哀然，以丰储仓所检察除太常丞。又同书《别集》下"郑清之"条：丰储仓门赵崇隽上书陈郑清之过失。又《浩然斋雅谈》中：天台赵与振为丰储仓监。此所谓"门"、"监"，殆皆指检察。《新元史》一三四密传亦云"累官丰储仓所检察"，兹依之。

案南宋京仓，共有省仓、丰储仓、端平仓、平粜仓等九处，见《咸淳临安志》。丰储仓在仁和县侧仓桥东。景定四年以公田租浩瀚，诸仓不足受，乃诏丰储增仓，咸淳二年成敖百所。《杭州府志》："通济桥在丰储仓后，葛家桥东，俗名梅家桥。"

夏，送马廷鸾归番阳。

《癸辛杂识》《后集》，"马相去国"条："咸淳甲戌之夏，丞相番阳马公廷鸾字翔仲，以翻胃之病，乞去正苦，凡十余疏始得请。出寓于六和塔。余受公知，间日必出问之。"案《宋史·宰辅表》，廷鸾以咸淳八年十疏乞罢相，提举洞霄宫。九年十二月除浙东安抚使，知绍兴府。是本年乞去，乃求解绍兴职，非求罢相。《杂识》又谓马去而吴坚为相,是冬北军渡江。案表,吴坚拜相在德祐二年丙子正月,北军渡江,则本年事。继马除右丞相者乃章鉴而非坚,草窗偶误也。

冬,与王沂孙别于孤山。

《绝妙好词》王沂孙《淡黄柳序》:"甲戌冬别周公谨丈于孤山中;次冬,公谨游会稽,相会一月;又次冬,公谨自剡还,执手聚别,且复别去;怅然于怀,敬赋此解。"

《草窗韵语》结集。

《韵语》纪年,以本年甲戌为最后。卷六末首甲戌七月云:"闻诏忽号弓。"谓度宗崩于七月癸未。明年乙亥秋,有李莱老、彭老题诗。结集在本年无疑。卷六有《甲戌七月二十七夜大雷雨有感》云:"哀哉昔吾亲,多病易惊悸。节不能抱塚泣,不孝天所弃。"卷一《寄二隐》云"贫无知己老无亲",卷二《写怀偶成》云,"无亲可共耕绵上"。知时已丧亲。

《韵语》有文及翁序云,"书于玉堂之庐",并有"翰林学士院"印,而无年月。查及翁以景定五年为秘书郎。《野语》十七,"景定彗星"条。序在咸淳七年陈存敬序前,或景定咸淳间作。及翁字本心,绵州人,寓乌程。德祐元年签书枢密院事。宋亡隐身著书。见《宋史》本纪及《宋史翼》三十四本传。

及翁以"清丽条鬯"称草窗诗,李莱老、彭老、李龏题句皆称为近中晚唐。莱老云:"学得元和句法真。"彭老云:"吟到元和极盛诗。"李龏云:"一片宫商压晚唐。"案卷二有《拟李长吉十二月乐辞》,卷一有《读李长吉集》,足见其矩矱所在。《读李集》云:"朝薿湘中一尺天,暮薿吴松半江水。陇西风月属王孙,锦襄探取元无底。酒酣呕出明月珠,奚惊驴蹶心自如。骚哀玄涩无足语,天上不读人间书。

新宫铭古玄卿老,定知识字神仙少。窗外谁呼祁孔宾,短梦初回玉楼晓。"此与前引《苍玉洞》诗并观,显然元和韩李两家体也。《自铭》:"作诗少负奇崛雄赡,晚乃寝趣古淡。"

集中行迹未见于前谱者,卷一、卷二有吴中、越中诗,未详何年。至《易水行》、《入塞曲》、《塞下曲》等,则拟古之作,未尝身到朔方也。

马廷鸾《碧梧玩芳集》十五及邓牧《伯牙琴》皆有《蜡屐集序》,亦草窗诗集,今《韵语》无邓序,则非即《蜡屐集》。又草窗诗句见于《癸辛杂识》者二处,《前集》"化蝶"条,《续集》"子山隆吉"条。见于《野语》者一处,卷五"南园香山"条。见于《浩然斋雅谈》者一处,卷中"康与之"条。见于《武林旧事》者六处,卷一"大礼"条、"登门赦"条,卷五"湖山胜概·南园"条、"甘园"条、褒"亲崇寿寺"条、"西太一宫"条。而皆不在《韵语》中,盖晚年弁阳诗集中语也。

《蘋洲渔笛谱》不载入元以后各词,或与《韵语》同时结集。参谱后。

十二月,元伯颜渡江陷鄂州。

恭帝德祐元年乙亥　一二七五

四十四岁。　秋观画馆阁。《野语》十四、《云烟过眼录》三。

冬,游会稽,与王沂孙相会一月。王沂孙《淡黄柳序》,引在去年谱。

二月,贾似道兵败鲁港。七月贬循州,十月被杀漳州。

《陔余丛考》四十一,"叶梦得周草窗"条,谓:"叶梦得与强渊明为蔡京死友,其《石林燕语》诸书凡叙京事皆称鲁公;周密于贾似道曾否造膝,虽不可考,然《癸辛杂识》内凡及似道者无不寓回护之意;如叙演福新碑、叙韩震死,又举其制外戚、抑北司、戢学校诸事,以为其才不可及。是其立论多为似道讼冤,想平日亦尝受似道之盼睐故耳。区区感恩知己之私,本欲为所附者弥缝掩覆,而不知欲盖弥彰,并自露其攀附之迹也。"案《野语》十九"贾氏园池"条记似道家园极详,似道盛时,曾否过从,今不可知。似道早年任事之才,曾为时人所称道,参吴梦窗谱淳祐九年引刘毓崧语。《宋季三朝政要》三,亦称其逐巨珰、勒戚畹归班、使百官守法、门客子弟敛迹为难能。草窗著书,以野史自任,颇持是非之公。杨沂中其妇祖也,暮年又依沂中之孙大受以居,而《野语》二"淮西之变"条直记岳飞斥沂中之语,不为少讳;《野语》三"诛韩本末"条太息韩侂胄之死,谓李心传所记,未可尽信;同书五"南园香山"条,又为诗讼侂胄之诬;侂胄死于草窗生前,固不及盼睐草窗者。草窗于似道过恶亦未尝不直书;如《野语》卷十六"多藏之戒"条,载其籍没之富,卷十七"咸淳三事",载襄阳失守时优待学舍以邀士誉,同卷"景定行公田"条、"景定彗星"条,比公田流毒为随啮汴渠,卷十八"长生酒"条,记其报私怨,《志雅堂杂钞》上,斥其利用伪道学驯致亡国,《野语》十二"贾相寿词"条讥时人寿词为诌词呓语,卷十五"龟溪二女贵"条并记其母之丑行,此岂感私恩者所忍言所敢言。伍崇曜《志雅堂杂钞跋》,尝举《杂钞》"江上奏功"、"祭器铭"及"刻奇奇集"三条,谓据事直书,未尝为似道弥缝,其说颇公,《丛考》云云,由未细读草窗所著书耳。胡应麟《诗薮》五谓草窗"尝为贾似道客,贾悦生堂法书名画悉见之",此由胡氏得其《云烟过眼录》钞本,偶尔涉笔,无他据也。

　　三月,元兵入建康,临安戒严。文及翁等弃官遁。十一月,左丞相留梦炎遁;十二月,元兵入平江,文天祥起兵勤王。

宋端宗景炎元年丙子　一二七六

　　四十五岁。　为义乌令,约在此时。

草窗令义乌年代,各书不同。《四库·武林旧事提要》及厉鹗《宋诗纪事》云淳祐中;元夏文彦《图绘宝鉴》及《净慈寺志》云宝祐间;《浙江通志》、《绝妙好词笺》、《宋史翼》诸书皆用《净慈志》,而《义乌县志·官师》则云"景炎间任,年未详"。案淳祐间草窗才十余岁,方侍父宦衢州,《提要》与《纪事》之误甚显;宝祐共六年,草窗二年往桐川,三年从宦鄞江,五年自闽返,亦不致有令义乌事;《草窗韵语》结集于宝祐之后、德祐之前,亦无一语及义乌;弁阳《自铭》谓"由丰储仓□改秩升朝,出宰婺之义乌"。官丰储仓在四十三岁,官义乌当在此后;知《图绘宝鉴》、《净慈寺志》之说亦不可信。细稽其平生浙东行迹,惟去年冬游会稽,本年冬自剡过会稽北返。以此互推,令义乌以从《义乌志》作景炎间为近是。吴衡照《莲子居词话》四亦云草窗景炎间宰绸州。绸州即义乌。考《宋史》纪,本年正月戊子,知婺州刘怡与知建德军方回、知庐州梁椅、知台州杨必大同降元。同月,元兵至皋亭山时,杨镇等奉端宗走婺州,二月伯颜入临安,遣兵趣婺。八月甲戌,秀王与睪围婺州,闻元兵至,遂解归。草窗未尝仕元,当此俶扰之中,令义乌必时日甚暂。以意度之,去年游会稽殆即赴任道经,今年兵起,乃由剡北归也。《自铭》记宰义乌事有云:"平生及物荣亲之志,至此可谓少酬,而时异数奇,素抱弗展,耄且及之矣,悲夫。"玩其辞,隐有沧桑之痛,亦予说一左证。

冬,自剡过会稽会王沂孙。沂孙赋词为别。沂孙《淡黄柳序》。

《笛谱》《外集》《西江月·怀剡》云:"江潭杨柳几春风,犹忆当年手种。"又云:"非非是是总成空,金谷兰亭同梦。"似草窗有别业在剡。《满江红·寄剡中白醉兄》云"还记得东堂松桂,对床风雨",又似曾依其兄居。《韵语》有《题族伯自醉翁吟稿》,与词题行辈不同。

刘澜卒。

《瀛奎律髓》:"刘澜,天台人,尝为道士,还俗,学唐诗有所悟,干谒无成,丙子年卒。"《词集》有《和刘养源明月引》、《六么令》二首。养源,澜字也。

正月,杭州破,宋亡。

《癸辛杂识》《别集》十五有"德祐表诏"一则。

景炎二年丁丑　一二七七

四十六岁。　弁阳家破,始离湖州,终身寓杭。

牟巘《陵阳集》十,《周公谨复庵记》:"周公谨以复名其山中之庵,间谓予曰:'岁丁丑,吾庐破,始去而寓杭。'"《癸辛杂识》《前集》"寡欲"条有"兵火破家"语。案《宋史》,去年景炎元年正月,元兵入安吉州,知州赵良淳自经死。破家当在去年,今年乃去湖寓杭也。

戴表元《剡源文集》八、《周公谨弁阳诗序》:"公谨盛年,藏书万卷,居饶馆榭,游足僚友。其所居弁阳在吴兴,山水清峭。遇好风佳时,载酒骰,浮扁舟,穷旦夕赋咏于其间;就使失禄不仕,浮沉明时,但如苏子美、沈睿达辈,亦有足乐者;今皆无之,虽其弁阳且不得居;颓颜皤鬓,离乡索居,而歌欹歔如此。"序作于此后十年丙戌。所谓弁阳不得居,谓此时破家也。《韵语》卷四《次韵山庄杂咏》,有《东啸》、《西爽》、《商乐》、《自闲》、《苍翠》、《幽碧》等十首。卷五有《愚隐适兴》一首,以诗语度之,当即弁阳馆榭。

草窗居杭,以三世先墓在湖,岁必一至或再至;晚年于先墓侧得一地,欲构宅曰复庵。见牟巘《复庵记》。

宋端宗景炎三年戊寅　一二七八

四十七岁。

十二月,杨琏真伽发会稽宋帝后陵。

发陵之年，各书不同。《宋遗民录》六载张孟兼及罗灵卿作《唐珏传》，皆云本年戊寅，《续通鉴》定为本年十二月，兹从之。说在予作《乐府补题考》。见附录。

端宗崩，帝昺立，迁崖山。

《癸辛杂识续集》上九有"二王入闽大略"一则。

祥兴二年己卯　一二七九

四十八岁。　与王沂孙、李彭老、张炎、仇远、唐珏、王易简、吕同老、陈恕可等十四人，分咏龙涎香、白莲、莼、蝉、蟹诸题，编为《乐府补题》，隐指去岁六陵被发事。

参附录《乐府补题考》。

与张炎、仇远、唐珏交谊始见于此。

本年珏年三十二，炎年三十一，仇远仅十八岁。《补题》载远词止咏蝉一首，其《无弦琴谱》不收，殆以为少作删去也。

陆行直《词旨》："蕲王孙韩铸，字亦颜，雅有才思。尝学词于乐笑翁。张炎。一旦，与周公谨父买舟西湖，泊荷花而饮，酒半，公谨父举似亦颜学词之意，翁指花云：'莲子结成花自落。'"此草窗与炎交谊可考者，附系于此。草窗与张枢、张横游，于炎为父执也。

元破厓山，帝昺蹈海。

《癸辛杂识续集》下十八有"张世杰死忠"一则。

元世祖至元十八年辛巳　一二八一

五十岁。　始为《癸辛杂识》。

《杂识后集》二记徽宗梓宫，《续集》下记宁宗不慧，皆不为宋讳；记于阗玉佛，称伯颜丞相，《续集》上。《杂识》作于入元以后无疑。案《前集》"寡欲"条，有"余行年五十，已觉四十九之非"之句；其前十余条记至元庚辰维扬炮祸，乃去年事；又《杂识》以居癸辛街得名,自序。明年寓杭,见于《野语》。以此互证,《杂识》着笔于此时也。田汝成《西湖游览志》(十三):"癸辛街,相传杨和王(沂中)建子第于府侧,取癸辛方向,其门巷曰癸辛街。""自井亭桥以北,过甘泉坊、清和桥,其街之西为清和坊、癸辛街。"是草窗所居,杨氏宅也。参后五十一岁谱。

《杂识前集》"寡欲"条:"余少年多病,间有一二执巾栉供绋浣者,或归咎于此。兵火破家,一切散去,近止一小获,亦复不留,然犹未免时时有霜露之疾。好事者不察,复以前说戏之,殊不知散花之室已空久矣。余行年五十,已觉四十九之非,其视秀慧温柔,不啻伐命之斧,鸩毒之杯;一念勇猛,顿绝斯事,以徼晚年清净之福;闭阁焚香,澄怀观道,自此精进不已,亦庶乎其几于道矣。"《词集·齐天乐序》云:"余自入冬多病,吟事尽废,小窗淡月,忽对横枝,恍然空谷之见似人也。泚笔赋情,不复作少年丹白想。或者以东方臬求我,则庶几焉。"此与《杂识》语相应,足见晚年情怀。

许衡卒。

至元十九年壬午　一二八二

五十一岁。　时已依杨氏居,自此终身居杭。

《野语》十三,"祠山应语"条:"壬午五月二十八日,杭城金波桥冯氏火作,次日势益张;虽相去几十里,而人情惶惶不自安。节于是挈家湖滨。是夕四鼓,遂成焦土。'"同书四,"杨府水渠"条谓杨和王清和洪福桥第宅,毁于本年五月,潭潭数百楹,不数刻而尽。此后四年,戴表元作《杨氏池堂燕集诗序》,谓草窗"与杭杨承之大受有连,依之居杭。大受和武恭王诸孙"。又云:"久之,大受昆弟捐其余地之西偏,使营别第以居。公谨遂亦为杭人。"以《野语》两则互推,此年实自洪福桥杨府徙居湖滨杨氏别墅。《咸淳临安志》,洪福桥在清和坊东。草窗外舅杨伯岩为杨沂中和王曾孙,见十三岁谱,大受、大芳或伯岩之子,草窗妻党也。大芳尝为明州高亭盐场,见《杂识续集》上。

柯绍忞《新元史》一三四《周密传》："宋亡,寄杭州,居癸辛街杨沂中之瞰碧园。"

《志雅堂杂钞》上,记杨和王家掠屋钱人沈喜事,谓杨府时已衰微。

文天祥殉国,四十七岁。

至元二十二年乙酉　一二八五

五十四岁。　居杭。

林景熙《霁山集》四,《陶山脩竹书院记》："岁乙酉,予与里人陈用宾,同客公(王英孙)第,一夕,漏过丙,用宾扣予榻,予惊寤问所以。曰：'吾梦侍公武林,访草窗周氏,居庭阒然,中悬画幛,视其景物秀异,不类凡区。下有小楷书凡六十五字,署陆务观,诵其文历历,曰"水声兮激激"。云云。"此事亦见于《齐东野语》。

至元二十三年丙戌　一二八六

五十五岁。　三月五日,招王沂孙、戴表元、仇远、白珽、屠约、张横等燕集杨氏池堂,表元为诗序。

戴表元《剡源文集》十,《杨氏池堂燕集诗序》："丙戌之春,山阴徐天佑斯万、王沂孙圣与、鄞戴表元帅初、台陈方申夫、番洪师中中行,皆客于杭。先是,雪周公谨与杭杨承之大受有连,依之居杭。大受和武恭王诸孙,其居之苑御,多引外湖之泉以为池,泉流环回斗折,涓涓然萦穿径间,松篁覆之,禽鱼飞游,虽在城市而具山溪之观；而流觞曲水者,诸泉之最著也。公谨乐而安之；久之,大受昆弟捐其余地之西偏,使自营别第以居；公谨遂亦为杭人。杭人之有文者,仇远仁近、白珽廷玉、屠约存博、张横仲实、孙晋康侯、曹良史之才、朱莱文芳,从之游。及是,公谨以三月五日,将修兰亭故事,合居游之士凡十有四人,共燕于曲水。节酒半,有作而叹曰:'兹游乐哉,其有思乎;抑亦知夫兹游之所由起乎;盖夫兹游者兰亭之变,兰亭者郑国风《溱洧》之变也;郑之《溱洧》,在当时小人知惭之,而晋之兰亭,在后世君子以为善也。节方晋之未迁,故都之氓,处五方之中而习累世之盛,男袿女袂,春游而祓焉,固甚闾间委巷之所通行也。晋之既迁,名士大夫侨居而露宿,愁苦而嗟咨,有愿为盛时故都之氓不可得矣;故且驾言出游,以写我忧,而何择于禊之有。吾观兰亭一时临流援笔之作,率啜嚅喑嘿,如长沮荷蓧,冥然而远怀。其能言者,不过达生捐累如庄周,翛翛然羡死灰枯骷之适,若是者谓之乐乎非耶。今吾人之集于斯也,宜又不得视晋人,而乐于晋人,何耶。'于是坐中之壮者茫然以思,长者愀然以悲,向之叹者欲幡然以辞,既而欢曰:'事适有所寄也,今日之事,知饮酒而已,非叹所也。且我何用远知古人,盍各为辞以达其志。'辞之达志莫如诗;公谨遂取十四韵析之为筹,使在者探而赋之,不至者授之所探而征之,得其韵为古体诗若干言,得其韵为近体诗若干言,群篇鼎成,咸有伦理,是庶几托晋贤之达而返郑风之变也。因次第联为巨编,而命表元为之序。"篇末感慨兰亭,隐寓遗黎之痛,时距宋亡十年矣。

交戴表元、白珽始见于此。《剡源集》八《白廷玉诗序》:"日余得白廷玉姓氏于周义乌往还书中。"是交戴先于白也。

案《武林旧事》五"湖山胜概"条,杨沂中园宅在西湖者,南山路有杨郡王府上园亭、小麦岭有松庵、西湖三堤路有杨园、北山路有杨和王府水阁、杨府廨宇、聚秀园、云洞园;环碧园亦在北山路,其旁又有养鱼庄。注"杨郡王府"。戴序谓杨氏捐余地使草窗自营别第,当即环碧。石岩《志雅堂杂钞序》,谓"所居癸辛街,即杨氏瞰碧园也"。《大涤洞天记》亦谓"杭城癸辛街杨府瞰碧园,有茂林修竹之趣"。然则,环碧在湖上,瞰碧在城中,非同地也。

草窗所居,浩然斋、志雅堂外,尚有三秀堂见《保母志》后秦川张坰题字。道迹斋,《癸辛杂识序》。皆在西湖。《野语》四,"曝日"条谓家有小阁曰献日轩,同书十,"多蚊"条谓有小楼在临安军椅桥,《浩然斋雅谈》中谓有小廨在杭之曲阜桥,《野语》十六,"马塍艺花"条谓"余向留马塍甚久",殆初到杭时流寓,无从考年代矣。

与会诸客,沂孙、表元、仇远、白珽外,屠约号月汀,官溧水教授,见厉鹗《东城杂记》上、《城东倡和序》婺州学正。见《剡源集》十三,《送屠存博之婺州教序》。张椟字仲实,号菊存,西秦人,俊五世孙,官江阴学正,牟氏《陵阳集》卷七《乔木亭记》,卷十二《张仲实诗稿序》,卷十六《题自静斋与张仲实诗后》,及《东城杂记》上。与枢同辈行,炎之诸父。见《剡源文集》八《张仲实文编序》、诗序,卷十《八月十六夜张园玩月诗序》。《剡源集》谓仲实名模,今据牟氏《陵阳集》十六《题西秦张氏世谱后》,定是椟之误。余未详。

戴表元、马廷鸾为《弁阳诗集序》。

《剡源文集》八《周公谨弁阳诗序》略云:"公谨少年诗流丽钟情,春融雪荡,翘然称其材大夫也;壮年典实明赡,睹之如陈周庭鲁庙遗器,蔚蔚然称其博雅多识君子也;晚年展转荆棘霜露之间,感慨激发,抑郁悲壮,每一篇出,令人百忧生焉,又乌乌然称其为累臣羁客也。节予丙戌春道杭遇之,气貌充然不衰,类有道术者,此又非后生俗子之所可知也。诗凡若干首,犹系之弁阳,示不忘风土云。"

《剡源文集》二十有《周义乌真赞》一首,或亦此时作。

马廷鸾《碧梧玩芳集》十五《题周公谨弁阳集后》,略云:"余庚午辛未,系官中书,公谨数过余,未尝睹其诗。暮年东门西山,相望千里,一日,遗余古句,一日,又饷余行卷,既又橐其平生五大编,曰:'为我评之。'节公谨上世为中兴名从臣,家弁阳,迩京师,开门而仕,则跬步市朝之上,闭门而隐,则俯仰山林之下。其所交皆承平诸王孙,觞咏流行,非丝非竹,致足乐也。而今也乃与文士弄笔墨于枯槎断崖之间,骚客苦吟于衰草斜阳之外,乐之极者伤之尤者乎。"案廷鸾卒于此后三年,此或与戴表元序同时作。

马序又云:"读南郊庆成诸篇,则欢愉之辞难工者尤工;读蓬莱感旧之作,则穷苦之辞易好者尤好。"又记其"凄凉怕问前朝事,老大犹看后世书"之句。今案《韵语》惟载南郊庆成诗,知《弁阳集》乃晚年总集,惜今不可见矣。参五十六岁谱。

《碧梧玩芳集》二十二,有《次韵周公谨见寄》五首云:"十年思美人,渊论抑天飞。"又云:"我生欠一死,不死当语谁。"草窗原诗亦不见于《韵语》。

贯云石生。

至元二十四年丁亥　一二八七

五十六岁。　九月,游阅古泉。

《癸辛杂识》《后集》"游阅古泉"条:"至元丁亥九月四日,余偕钱菊泉至天庆观访褚伯秀,遂同道士王磐隐游宝莲山韩平泉故园。节中有石衖,香而深,泉涓涓自内流出,疑此即所谓阅古泉也。节"褚伯秀字雪巘,杭州天庆观道士,见《志雅堂杂钞》上。清苦自守,尝注庄、老、列三子。见《浩然斋雅谈》。又字焦池道士。见《洞霄诗集》九。

《癸辛杂识前集》成。

《后集》纪年始此。见前条"游阅古泉"。知《前集》毕于此前。

得王献之《保母志》,鲜于枢、仇远、白珽、邓文原、王易简、王沂孙诸人题诗张之。

赵孟頫《保母志跋》:"丙戌冬,伯几得一本,继之公谨丈得此本,令诸人赋诗,然后朋识中知有此本。丁亥八月,仆自燕京来还,亦得一本。"

仇远此年在弁阳山房题诗,白、邓、王诸家诗在草窗诗后、至元戊子鲜于枢题前,当此年作。

《保母志》,嘉泰壬戌钱清王畿得于稽山。当时朱日新疑为伪作,姜夔作跋二千余言辨之,谓志有七美,必非赝品。僧了洪、楼钥、周必大、高文虎诸人,皆有题跋。草窗所得即周姜诸家本,交游题咏,赵、仇、王、鲜于外,尚有秦川张垧、钱唐白珽、巴西邓文原、山阴王易简、王英孙、永嘉俞德邻、淮阴龚开等二十余人。延祐间归方义斋之白云书房,至正间归钱唐张子英之闲止斋,明代归项元汴,清康熙间藏高士奇家。乾隆间鲍廷博刻《知不足斋丛书》,备载其题跋于《四朝闻见录》后。朱彝尊《曝书亭集》亦有跋文。(今归上海徐小圃医师,予尝见之。)

赵孟頫至燕京。《松雪斋集》八《先侍郎阡表》。

鲜于枢在杭为三司史掾。《剡源集》二《困学斋记》。

张翥生。

至元二十五年戊子　一二八八

五十七岁。　《癸辛杂识后集》成。

《杂识续集》上"天花异"条,记本年五月间事,又有"戊子地震"一条,亦本年事,知《后集》毕于本年五月前。

至元二十六年己丑　一二八九

五十八岁。　作《志雅堂杂钞》。

《杂钞》成于《野语》之后。原书上,记赵孟议家长生螺云,"予既载之《野语》矣",可证。原书下记本年七月二十五日及闰十月二十一日访王子庆,为全编纪年之始,或即着手于此时。《杂钞》及

《云烟过眼录》中所记交游王子庆、鲜于枢、赵孟𫖯、姚燧诸人外,又有赵左丞仁荣后为平章、刘浙漕伯益、松江镇守张万户等,皆以访书求画相来往。后文引《杂钞》及《过眼录》记此甚详。袁桷谓草窗"晚年以赏鉴游名公间,稍失雅道"。殆谓此等。然在兵火俶扰之后,关心文物,倘亦遗民报国之深心也。

马廷鸾卒。

《癸辛杂识》《后集》,"马相去国"条,谓廷鸾卒于咸淳甲戌之后十四年。《四库·碧梧玩芳集提要》据《宋史》传,定为是年。

谢枋得卒,六十四岁。

至元二十七年庚寅　一二九〇

五十九岁。　正月,嫁女。

《癸辛杂识》《续集》上,"雷雪"条:"至元庚寅正月二十九日癸酉,是年二月三日春分,余送女子嫁吴氏至博陆。云云。"博陆未详,必非河北之博野县。杭州东北有镇名博鹿,亦作博罗,或即此地。

《志雅堂杂钞》下有"本年八月初三"一条,卷上有"八月廿六"一条、"九月十日"一条。

九月,张炎北游。《山中白云》、《台城路序》。

陈恕可为西湖书院山长。《安雅堂集》墓志。

至元二十八年辛卯　一二九一

六十岁。　《齐东野语》成。

戴表元《野语序》作于此年孟春;书中纪年以卷十九至元丙戌"陈用宾梦放翁诗"一条为最后,在此前五年。又卷四"潘庭坚、王实之"条云:"庚子辛丑,先君子佐闽漕幕。节转眼今五十年矣。"庚子为嘉熙四年,距此五十年。知成书在此时。牟𡼖《陵阳集》十二有《周公谨齐东野语序》,今本《野语》不载。

作《自铭》。

《自铭》云："偷生后死，甲子且一周，是用饰巾治棺，以俟考终。或火或土，随时之宜，归祔先茔，以遂首邱之志。"据"甲子且一周"句，铭当作于今年六十岁之前。

牟𪩘《陵阳集》十六，《跋周公谨自铭后》略云："周君公谨以世旧夙厚，予始见太末时，如川方至之意气，视一世何如也。岁星四环天，余固早衰，君亦华皓，能不为兴感者邪。云云。"案草窗侍宦衢州，在淳祐间十五六岁时，此云岁星四环天（四十八年），则牟跋当作于此年之后。又此文引公孙夏使其徒歌《虞殡》，赵台卿于寿藏图子札、子产、晏婴、叔向像诸事，似草窗此时已自营冢于湖州。证之《复庵记》所云，草窗卒后还葬于湖也。_{参卒年谱。}

草窗于湖州先茔侧为复庵，牟𪩘为作《复庵记》，当亦在此时。《珊瑚木难》五袁桷有《复庵铭》。

《陵阳集》七，《周公谨赞》云："儒而侠其非欤，廛而隐其几欤。违俗而聱牙，玩世而滑稽欤。吾亦不自知。或隐几著书，或狂歌醉墨，是殆见衡气机也。将求之北山之北，忽在乎西湖之西，然已见囿于笔墨矣，失俨幅巾而杖藜。"末句疑有误字。

《武林旧事》成于此年前。

《野语》十五，"玉照堂梅品"条，谓张镃赏心乐事，"已载之《武林旧事》矣"。知《旧事》先《野语》成。

《野语》有元刊本，江阴缪氏曾藏。《旧事》亦有元刊，见忻德用跋；惟据《读书敏求记》云，《旧事》稿藏仇远处，殆非草窗生前自刊者。

《癸辛杂识续集》下，"回回送终"条、"海鳅兆火"条，《别集》上"大仙笔诗"条，皆记本年居杭事。又《志雅堂杂钞》下记本年春送沈府判至北关接待寺,六月十三观书画于镊子井提控家,十二月二十五日观司德用所藏画。

张炎北归,寄《疏影》词。

《山中白云》一,《疏影序》:"余于辛卯岁北归,与西湖诸友夜酌,因有感于旧游,寄周草窗。"

中秋,罗志仁、赵由礽题《保母志》。原跋。

王沂孙卒于此年前。

《志雅堂杂钞》下:"辛卯十二月初六日,[胡]天放降仙,节又问王中仙今何在,云在冥司幽滞未化。"中仙沂孙字也。沂孙殆少于草窗,长于仇远,若生淳祐、宝祐间,卒时才四十左右耳。

至元二十九年壬辰　一二九二

六十一岁。　《癸辛杂识续集》上卷成。

《续集》上卷纪年终于此年,下卷"龙负舟"条记此年事,《志雅堂杂钞》此年正月初三访张受益谦、看唐人画归去来等,正月收灯夜、张齐卿偕尤曾五官人□西牙人者携画来看,三月望至受益处、张万户处看王维渡水僧等,四月十日偕修竹访月涧,看御府所藏兰亭类考百余种,又访郭佑之看吴道子画天王,四月十七,修竹携杂书帖来,九月十六谒费万户拱辰、庄蓼塘肃见张萱弹琴士女等,腊月朝,杨叔大以右军帖石本五轴见惠。

龙仁夫、杜与可跋《保母帖》。原跋。

至元三十年癸巳　一二九三

六十二岁。

《志雅堂杂钞》记本年二月至四月、八月至十二月、往来杭州诸家看书画。

同书下本年十月借君玉买到杂书,中有《充斋视听钞》三卷,乾淳间湖州吴萃商卿作,多言雪中事;今存于《说郛》卷二十。草窗有《浩然斋视听钞》,殆仿吴书而作。

《癸辛杂识》《续集》下,"金钩相士"条,记相者预知文天祥必死难,本年六月闻之文及翁;及翁晚年盖隐居湖州。前引牟巘《复庵记》,草窗居杭,岁必一至或再至湖州;《志雅堂杂钞》此年五月至七月无杭州行迹,殆一度往湖也。

郭天锡题保母帖。原跋。

至元三十一年甲午　一二九四

六十三岁。

《志雅堂杂钞》上本年人日、三月、五月、九月、十二月皆有赏鉴书画古玩语。同观者王子庆、庄肃、鲜于枢、张受益,皆此时杭州交游。

《杂钞》下:"《易·爻词》内难解者,如'先号咷而后笑','公用射隼于高墉之上','见豕负涂,载鬼一车、先张之弧,后脱之弧'之类甚多,诸儒坚欲以理通,或以互体象言之,愈凿愈远不通。以余鄙见观之,此正如今时刘枢斡等卦影一般:或一人射雁,一人射鹿,一妇人哭,一男子笑,一舟遇风,一屋侧仆。在一时卜者,虽亦能解,俟至异时,则其说遂验;盖得此卦及爻则有此象,占者吉凶寓焉,岂区区可以理推哉。此余之缪见如此,特不知前辈曾有与余同此见否;漫书于此,当与前辈订之。《系辞》云:'圣人立象以尽意。'经又曰:'易者象也,象也者像也。'用此像字,其意晓然。甲午夏玩《易》书此。"(案草窗此说,朱熹已发于前;朱作《易本义》,谓易为卜筮书;其《答吕伯恭书》云:"窃疑卦爻之词,本为卜筮者断吉凶,而因以训戒;有本甚平易浅近,而今传注误为高深微妙之说者。"又《朱子语类》:"《易》为卜筮作,非为义理作。伏羲之《易》,

有占而无文，与今人用火珠林起课者相似；文王周公之《易》，爻辞如签诗；孔子之《易》，纯以理言，已非羲、文本意。"《浩然斋雅谈》解《诗》"巧笑倩兮"，解《易》"井谷射鲋"，《四库提要》曾驳之；然此条说《易》则确解也。）此文本年作，系录于此。

邓牧、谢翱定交于会稽。邓牧《伯牙琴·谢皋父传》。

元成宗元贞元年乙未　一二九五

六十四岁。　自杭还霅，省墓杼山。《癸辛杂识》上二，"僧入冥"条。杼山在吴兴西，见《剡源集》五《敷山记》。

《山中白云》三，《甘州·饯草窗归霅》有云："甚相如情倦，少陵怨老，还叹飘零。"玉田在四年前至元辛卯年归自燕京，词当此年作。

赵孟頫自齐州罢守归，作《鹊华秋色图》为赠。

孟頫自题《鹊华秋色图》曰："公谨父齐人也，余通守齐州，罢官来归，为公谨说齐之山川，独华不注最知名，见于左氏，而其状又峻削特立，有足奇者；乃为作此图，其东则鹊山也，命之曰鹊华秋色云。元贞元年十有二月，吴兴赵孟頫制。"张雨《句曲外史集》三有题此图诗曰："弁阳老人公谨父，周之孙子犹怀土。南来寄食弁山阳，梦作齐东野人语。济南别驾平原君，为貌家山入裹楮，鹊华秋色翠可餐，耕稼陶渔在其下。吴侬头白不归去，不如掩卷听秋雨。"

朱彝尊《曝书亭集》五十四，有此图题辞，其略云："图用丹墨淡着色，参合王右丞董北苑法。华不注一峰特立，而鹊山附之。卷有杨仲弘、范德机、虞伯生三跋。明季曾藏董思翁家，思翁爱而屡题之，临摹至数本；康熙间明珠相国藏之，其子纳兰容若尝于渌水亭出示竹垞，其后归入内府。"（此阮元《石渠随笔》不载。）康熙二十六年丁卯，宋荦牧仲官山东按察使，曾以鹊华秋色堂请朱彝尊作隶书额。乾隆季年，阮元督学山东，以"鹊华秋色"命题试士,又尝书扁以榜济南北水门之汇波楼。见近人《爱居阁脞谈》。

《云烟过眼录》三,有"赵孟𫖯乙未自燕回,出所收"廿余条,皆记所见书画古玩。

赵孟𫖯《松雪斋集》三,有《次韵周公谨见赠》云:"池鱼思故渊,槛兽念旧薮。官曹困窘束,卯入常尽酉。简书督期会,何用传不朽。十年从世故,尘土满衣袖。归来忽相见,忘此别离久。缅怀德翁隐,坐羡沮溺偶。新诗使我和,睆里已忘丑。平生知我者,颇亦如公否。山林期晚岁,鸡黍共尊酒。却笑桓公言,凄然汉南柳。"孟𫖯南归见草窗,一在至元廿四年丁亥,见孟𫖯《保母志跋》;一在此年;诗云"归来忽相见",未详何时;考《韵语》六稿中,无此诗原唱,则此会在入元以后也。

(《松雪斋集》五,又有《部中暮归寄周公谨》云:"日暮空阶生白烟,归来羸马不胜鞭;明朝又逐鸡声起,孤负日高花影眠。""三年漫仕尚书郎,梦寐无时不故乡。输与钱唐周老子,浩然斋里坐焚香。"此当在燕鲁时作也。)

谢翱卒,四十七岁。

元贞二年丙申　一二九六

六十五岁。　《癸辛杂识续集》毕于此年。

《杂识续集》下"天雨粟"条,记"至元丙申"事,同条连记乙未事。至元无丙申,盖"元贞"之讹也。《续集》纪年,此为最后。

《别集》上,"陶裴双缢"条,记此年九月事。知《续集》毕于此时,自五十七岁戊子,至此九载,《杂识》各集,此为历时最久矣。

明陈宏绪《寒夜录》卷中,引《癸辛杂识续集》卷上记龚开作《宋江三十六赞》并序,与今本字句颇有出入,如"虽有高如李嵩辈传写"句,《寒夜录》作"虽有高人如李嵩辈传写"。宏绪谓"近《稗海》所刻《癸辛杂识》,此文悉遭删去,遂使残珪断璧,荡然无存,亦搜奇之一恨也。"案毛氏汲古阁刊《杂识》,其《续集》上之目录及卷中,皆空一条,正缺龚开此文。此文有政治愤慨语,当是清人恐触讳刊去。

二月六日,赵孟𫖯跋《保母志》于浩然斋。原跋。

方回七十岁,与仇远以作寿诗成隙。

《癸辛杂识》《别集》上,记方回与仇成隙事甚详,并缕述回之秽行。草窗极不满宋季理学,著书屡及之;如《癸辛杂识》《续集》上"罗椅"条,记庐陵罗椅之好诈,新淦董敬庵、韩秋岩之怪诞;《志雅堂杂钞》上引沈固之言,且谓宋亡于理学。方回以知建德军降元,欲以道学晚盖,著笔好参理语。《四库·古今考提要》。草窗极诋,其或缘此。草窗晚年为《癸辛杂识》,多直笔无回护;如《杂识续集》上,"子山隆吉"条,记梁栋负友;同卷"罗椅"条书黄震行怪;《前集》"真西山入朝诗"条载时人嘲真德秀之诗,《别集》上"髯阉"条,甚至不讳其妇祖杨沂中被诋为髯阉。《周益公日记》及《王梅溪集》,讥沂中为髯阉,谓其形则髯,其所为则阉也。盖不仅于方回为然也。陆心源《仪古堂续跋》卷十一,谓草窗祖孙皆不满道学。

邓牧游山阴,王易简延致于陶山书院。《伯牙琴》附《洞霄宫图志》、《邓文行先生传》。

王应麟卒,七十四岁。

杨维祯生。

元成宗大德元年丁酉　一二九七

六十六岁。　为仇远题《山村图诗》。

阮元《石渠随笔》八,记高克恭本年九月十九日,为仇远作《山村隐居图》。草窗题诗云:"我昔游七闽,百岭争巉巉。白云涨川原,深谷如积雪。又游天姥岑,幽磴原曲折。长林翳寒日,十里行落叶。转头五十年,遐思正愁绝;开图意思动,怳恍生内热,何当架松厂,分我翠一叠。弁阳吾所庐,见谓山水窟。漂零愧楸槚,岁月老薇蕨。平生阮遥集,足痹屐齿折。何年赋归田,初志遂所惬。怀哉复怀哉,清梦绕林樾。弁阳老人周密。"草窗诗可考年代者,此为最后。"弁阳"四句,知其晚年不居湖州。《癸辛杂识》《别集》上,"丁酉异星"条及"彗星改元"条,记本年在杭见异星。然则,郑元庆《湖录》以其号弁阳老人,谓晚仍归老弁山者,必非是也。

张翥十一岁,从仇远游。

《石渠随笔》八,载翥《跋山村图》:"大德初元,年甫十一,常从先生出入诸公间。"未知曾奉手草窗否也。

刘辰翁卒,六十六岁。

辰翁与草窗同岁,而二家集中无唱酬。《癸辛杂识》《别集》上"须溪月诗"条:"刘会孟尝作月诗六言云:'霓裳声里一撷,如今是第几番轮。赤壁黄楼都在,古今多少愁人。'为人所评,几殆。"此必入元后事。辰翁《须溪集·满庭芳序》云:"草窗老仙歌《满庭芳》寿余,勉次其韵。"此草窗乃江万里族子,见须溪《行香子》词序,非公谨也。

大德二年戊戌　一二九八

六十七岁。　二月廿三日,与霍肃、郭天锡、张伯淳、廉希贡、马昫、乔篑成、杨肯堂、李衎、王芝、赵孟頫、邓文原,集鲜于伯机池上,观右军《思想帖》真迹。顾谱引郁逢庆《续书画题跋记》。亦见詹东图《玄览编》卷一。

此年卒。

《疑年录》二吴修注云:"至大戊申年七十七,尚无恙,据《癸辛杂识》。"吴荣光《名人年谱》即定草窗卒于至大元年戊申,七十七岁。今案《杂识》纪年,以本年戊戌七月为最后,《别集》下,"武城蝗"条,并无至大戊申,《续集》下"征日本"条,作"至大十八年",则至元之讹。吴氏盖据《别集》下"银花"条草窗书高文虎炳如七十七岁与姜银花帖后,有"余年及炳如之岁,室中散花之人空也"一语,下推七十七岁为至大戊申。不知草窗姬妾散于宋亡兵火,见《杂识前集》"寡欲"条。时年四十五六。"余年及炳如之岁"一句,"年"字盖"未"字之讹。此说有一左证:赵由衤刃跋草窗《保母帖》于浩然斋,文云:"辛卯之秋,余同寿甫过浩然斋,弁翁俾赋诗题此卷,今已九春秋矣。诗尚未就,良可一笑。今公往矣,寿甫其宝之。"跋作于大德三年子月十一月十日。是草窗确卒于大德三年之前。以此与《杂识》最后纪年互推,必在本年七月之后、明年十一月之前;赵跋"良可一笑"之语,非草窗初亡时所应有,当以卒于本年为近是也。顾谱据赵跋,定大德三年己亥卒,又辨《别集》载《银花帖》云:"其帖始称六十七,继称寿余七十,未必指最后年岁。且以无妾自明,其专指炳如年六十六始有妾时言,情事尤合。"数语辞义亦不了了。总由其未悟"年"为"未"讹,故不得其解。"余年及炳如之岁"一语,"年"、"岁"文义亦复,"年"是"未"误无疑。

鲜于枢后四年大德六年卒。四十六岁。

戴表元后十二年至大三年卒。六十七岁。

牟巘后十三年至大四年卒。八十五岁。

姚燧后十六年延祐元年卒。七十六岁。

赵孟𫖯后廿四年至治二年卒。六十九岁。

袁桷后廿九年泰定四年卒。六十一岁。

白珽后三十年致和元年卒。八十一岁。

牟巘《陵阳集》十《周公谨复庵记》,谓草窗以"先中丞迨先人三世之墓故在霅,岁一至或再至焉,徬徨不忍去。年益老,惧无以还,抱恨没齿。近得吉土先人之茔侧,倘异时营菟裘遂狐首,下从九京,志愿毕矣。云云。"证之《陵阳集》十六《跋周公谨自铭后》,见六十四岁谱。是草窗尝营冢湖州。

《六研斋三笔记》草窗四绝句,谓是残元时咏张氏败亡事。此必非草窗之作。

草窗入元与邓牧、谢翱游,《四库全书·邓牧伯牙琴提要》云:"牧与谢翱、周密等友善,二人皆抗节遁迹者。尝为翱作传,为密作《蜡屐集序》。盖密放浪山水,著《癸辛杂识》诸书,每述宋亡之由,多追咎韩、贾,有《黍离》诗人'彼何人哉'之感。翱《西台恸哭记》诸作,多慷慨悲愤,发变徵之音。"翱与牧年辈皆小于草窗,皆卒草窗后。翱卒于元贞元年,四十七岁,见《疑年续录》;牧卒大德丙午,六十岁,见《洞霄图志》。《提要》谓牧以"至元己亥一二九九入洞霄,止于超然馆,后无疾而逝"。乙亥草窗卒后一年也。王行《题周草窗画像卷》:"宋运即徂,吴有三山郑所南先生、杭有弁阳周草窗先生,皆以无所责守而志节不屈著称。前二十年时,获瞻所南先生立像于吴门唐氏,所南孤劲严峭,有凛然不可犯之色,观其终身未尝北乡而坐,可概见焉。今获瞻草窗先生像于长洲沈氏,草窗豪伟秀逸,有飘飘迈俗之气,观其自赞之辞,可概见焉。二先生姿韵虽殊,要皆介然特立,足以增亡国之光者矣。晚生后学不得亲接其言辞风范于当时,乃独于其遗像以想见其人,可胜其歆慕也哉。沈氏字伯凝,家多法书名迹,而尤宝藏此卷云。重光作噩辛酉月丙午望。"案,《心史·大义集·寄同庚友诗》"淳祐初年同降生",是郑生淳祐元年·二四一,少于草窗。《名人年谱》作生于嘉熙三年,误。

宋亡,草窗才四十五岁。交好如陈允平、赵孟𫖯皆不固晚节;

草窗与邓牧、郑思肖、谢翱诸子,独厉岁寒之操。《癸辛杂识》《后集》有"正闰"条,洋洋千言,引其友陈过圣观之说正统曰:"夫徒以统之幸得而遂界以正,则自今以往,气数运会之参差,凡天下之暴者巧者佞倖者皆可以窃取而安受之,而枭、獍、蛇、豕、豺、狼且将接迹于后世,为人类者亦皆俛首稽厥角以为事理之当然,而人道或几乎灭矣。天地将何赖以为天地乎?"此指斥当时异族之统治尤显。其著作中隐文深义尚多,待后人有能表而出之者。元人杨维桢虞集皆有文论正统,见《辍耕录》。

草窗夫人杨氏。《词集》一、《一枝春序》云:"寄闲次余前韵,且未能忘情于落花飞絮间,因寓去燕杨姓事以寄意。"是草窗有去妾亦杨姓也。

草窗后嗣可考者,子铸,生于三十三岁,女嫁于五十九岁,皆已见前谱。据《齐东野语》八,"小儿疮痘"条,又有次女。《韵语》六《藏书示儿》云:"我家有书种,谨守毋或坠。诗成付吾儿,永以诏来世。"同书二《写怀偶成》云:"有子堪同读善和。"当皆指铸。赵由礽题《保母帖》云,"今公往矣,寿甫其宝之"。"铸"字从"寿",寿甫或即铸字。《保母帖》大德九年二月尚有会稽钱国衡观于浩然斋之跋,而延祐己未汤炳龙跋,谓已归临安方义斋之白云书房。延祐六年己未,上距草窗之卒二十年。其家已不能守此,殆中落矣。

草窗为南宋名藏家。《野语》十二,"书籍之厄"条载其家三世积累,有书四万二千余卷,及三代以来金石之刻一千五百余种。《野语》六,"绍兴御府书画式"条记所得御府书画甚详。《癸辛杂识》《后集》,"向氏书画"条又记收吴兴向氏石刻数千种。其收藏之富可知。《野语》十二云:"余小子遭时多故,不善保藏,善和之书,一旦扫地。因考今昔,有感斯文,为之流涕。"以《韵语》二《写怀偶成》诗"有子堪同读善和",及《韵语》六《次张明叔韵》"传家惟有善和书"之句推之,藏书丧亡,必在宋季兵火破家之时。《韵语》结集于咸淳间,考在前。其晚年为《志雅堂杂钞》、《云烟过眼录》,搜求钞录于浩劫之后,盖亡国遗老保存国故之深意,又非但炫见闻,夸收藏而已。时人乃怪其"以赏鉴游名公间"为失雅道,亦不谅其用心哉。<small>参五十八岁谱。</small>

草窗交游见于《词集》者,江昱《考证》已详。见于《野语》、《杂识》各书者,名公钜卿下逮乡曲朋旧,不胜偻举。其未见于各书,若邓牧、谢翱,已略具于谱。杨瑀《山居新话》,谓曾见草窗家藏徽宗在五国城写归御批数十纸,又见草窗"日抄"一书。瑀杭人,天历间(一三二八至一三二九)擢中瑞司典簿,《四库·新话提要》。《新话》作于元末至正中。当是草窗晚辈小友也。又,元魏初《青崖集》卷一《奉答杨左丞诗序》,载杨镇有《和周公谨韵》一诗云:"村酒黄花九日后,晓霜红叶两山秋。"杨为驸马都尉,入元曾官江西行省左丞。此亦草窗交游之一。<small>王仲闻先生见告。</small>

附录一:草窗著述考

草窗六十岁作《自铭》,云"所著有《经传载异》、《浩然斋可笔》、《齐东野语》、《台阁旧闻》、《澄怀录》、《武林旧事》、《诗词丛谈》及诗文乐章等"。其不及《癸辛杂识》、《云烟过眼录》诸书者,以《杂识》等成于六十后也。今考得其著书三十一种,现存者十三,已佚者十,其为后人裁篇别出,不甚可信者,另列存疑目附后,凡八种。

甲、今存者

一、《草窗韵语》六卷。

此四十三岁以前诗集,结集于咸淳十年甲戌。有文及翁、陈存敬序,李莱老、彭老、李彝题诗。吴昌绶谓《韵语》署名"密"字从三点从"人",与其他种题跋手迹皆同,此必为自写之集。此吴庠先生告予。予验此刻字迹与《保母志》草窗题字手迹无二,吴说可信。赵万里云:南宋杭州刻施注苏诗,与此同版式。决是宋刊。

明胡应麟《诗薮》五,谓曾见《草窗诗集》"于余比部处,钞本也,题曰'草窗',中甚有工语,不类晚宋诸人诗,但气格卑弱耳。《咏琵琶》一首尤可观。"不知即今本《韵语》否?《韵语》中有《琵琶诗》否,待再检。

二、《蘋洲渔笛谱》二卷。

三、《草窗词》二卷。

江昱《山中白云疏证》三,谓"尝得《蘋洲渔笛谱》于武林,其字体从宋椠影钞;又得二本,皆名'草窗词',一为吴氏钞本,一为周亮工藏;前者与后二者互有详略"。今案《笛谱》无入元以后各词,如《乐府补题》诸作及《献仙音·吊雪香亭梅》、《高阳台·送陈君衡被召》、《三姝媚·送圣与还越》等。似与《草窗韵语》同结集于宋季,出于草窗手定。《草窗词》二卷,阮氏《四库未收书目提要》一,疑其出后人掇拾。朱孝臧跋亦以其制题与笛谱详略得失颇相悬异,以阮说为然。案《笛谱·齐天乐序》"放舟邀凉于三汇之交,远修太白采石、坡仙赤壁数百年故事"。《草窗词》改作"赤壁重游",讹舛最甚;其非草窗自定无疑。又,《绝妙好词》自录二十二阕,而十八阕不见于此集,其辑录草率可知。江昱为《笛谱考证》,辑其见于《草窗词》及他书者为外集,可称周词足本矣。

《自铭》:"间作长短句或谓似陈去非、姜尧章。"今存草窗诗词,皆结集于宋亡之前;其入元以后所作,必多国族之痛,遗黎之悲,除《绝妙好词》所录诸首外,今皆不可见矣。

四、《绝妙好词》七卷。

张炎《词源》下:"近代词如《阳春白雪集》、《绝妙词选》,亦有可观,但所取不精,岂若草窗所选《绝妙好词》为精粹。惜此板不存,墨本亦有好事者藏之。"案草窗此书自选其送陈允平被召词及《乐府补题·白莲词》,结集必在宋亡之后。

五、《武林旧事》十卷

自序有"时移物换,忧患飘零,追想昔游,殆如梦寐而感慨系之"之语,又云:"一时朋游沦落如晨星霜叶,而余亦老矣。"必作于宋亡以后。成书则在《齐东野语》之前。见六十岁谱。《野语》第二页"四水潜夫"条谓草窗"著《武林旧事》,以寓黍离之意,故不敢著其名氏,而易其号曰四水潜夫"。元忻德用跋,谓"刊本止第六卷,山村仇先生所藏本终十卷"。是元时已有刊本。

倪灿、卢文弨《补辽金元艺文志》,作《前武林旧事》六卷,《后武林旧事》五卷。

六、《齐东野语》二十卷。

戴表元序作于至元廿八年辛卯,以书中事实考之,盖入元以后所作。自序谓参之曾大父、父手泽数十帙,又有外大父《日录》及诸老杂书等。今案卷十三,"中谢中贺"条云:"近时周益公为相,谢复封表云云。或以为疑,以问公,公答之正如此。"卷十七,"姓名相戏"条云:"近杨平舟栋以枢橼出守莆阳节王臞轩迈戏之云云。"此等"近时"云云，疑即用其先人原文，周王其父若祖同时人也。草窗著述以此书为最经意，记宋季遗事多足补史阙，其考正古义者，亦极典核。在宋元笔记中，允推巨擘矣。

七、《癸辛杂识前集》一卷、《后集》一卷、《续集》二卷、《别集》二卷。

此继《野语》而作，亦网罗宋元间遗事，《四库》列《野语》于杂家，而退此于小说。其《自序》以苏轼强客谈鬼自比，与《野语自序》惧坠先人遗志者意度亦异。全书四集，皆作于五十以后，笔墨懈于《野语》矣。

《补辽金元艺文志》作《癸辛杂识》一卷、《新识》四卷、《后识》四卷、《续识》二卷。与此不同。

八、《浩然斋雅谈》三卷。

《雅谈》作于《野语》及《绝妙好词》之后。其卷中，"赵南仲奇石铭"条云："余尝志其事于《野语》，而阙此文，今详书之。"卷下"张枢李莱老"条，皆云已选其词于《绝妙词》，可证。《千顷堂书目》载此书无卷数，清代于《永乐大典》中辑出，以其考证经史评论文章者为上卷，诗话为中卷，词话为下卷。今案中卷"张枢"条云"出处已略载词话"，查枢事正在下卷。是原书本以诗词分编也。

九、《云烟过眼录》四卷。

此书赏鉴书画古器，略品甲乙，而不甚重考证，作于六十岁之后。参前文著述考下。其书较多于《志雅堂杂钞》，而往往误连叶森注语于正文；如卷三"胡存斋所藏玉花尊"条云："叶森于大德十一年以百一十五锭得之于骨董。"其时草窗已卒九载矣。其他涉及元末者，皆叶氏注也。森称"先师吾真白云云"，盖吾丘衍之徒也。

胡应麟谓得此书钞本于詹东园，见《诗薮》卷五。

十、《志雅堂杂钞》一卷。

是编分九类,其文与《云烟过眼录》《癸辛杂识》诸书相出入,而详略稍殊。《四库提要》疑为初记之稿本,经后人裒缀,别成此书。以其书纪年考之,始于至元廿六年己丑,终于元贞元年乙未卷上"己未正月四日"条,己未乃乙未之误,文在甲午九月之后,可证。大抵作于《野语》之后。有至顺三年石岩序。

十一、《澄怀录》二卷。

此录唐宋人所记登涉之胜与旷达之语,《四库提要》以为明人清谈小品之滥觞。辑录年代未详。《自铭》作《澄怀集》。

十二、《浩然斋意钞》。

十三、《浩然斋视听钞》。

上两种今存《说郛》卷二十,皆止一卷,疑非全书,所记间有与《癸辛杂识》重复者。

乙、已佚

十四、《蜡屐集》。钱大昕《补元史艺文志》作一卷。

此晚年诗集,邓牧《伯牙琴》有此书序,马廷鸾《碧梧玩芳集》有跋,皆不记卷数及结集年代。案廷鸾卒于至元廿六年己丑,时草窗五十八岁,则结集必在己丑前。至顺三年石岩为《志雅堂杂钞序》,谓:"诗有《蜡屐集》,邓牧心为之序;词《𬞟洲渔笛谱》,尚有传本;而《蜡屐集》则久佚,皆散见之作,非本集矣。"是元时已不易见矣。草窗友释文珦《潜山集》四《周草窗吟藁号蜡屐,为赋古语》,有"大玩于词成钜集"句,知篇幅不小;钱氏补志作一卷,不知何据。

近日赵万里从《永乐大典》诸书辑得草窗诗数十首,不知视《草窗韵语》何如。往年赵君告予,其所辑未见。

十五、《弁阳诗集》。《补元史艺文志》作《弁山诗集》五卷。

戴表元《剡源集》八,有《周公谨弁阳诗序》,云丙戌至元廿三年春,遇草窗于杭。时草窗五十五岁。《碧梧玩芳集》亦有《题周公谨弁阳集后》,有"东门西山,相望千里"之语,盖在廷鸾致仕之后。以其时考之,殆与《蜡屐集》同时结集。其分为二集之故,今不可考。廷鸾跋云有五大编;《湖州府志》云五卷,疑即据此。草窗晚年诗,散见于《武林旧事》、《野语》、《杂识》诸书者,当皆在《蜡屐》、《弁阳》两集中也。

十六、《日钞》。

元杨瑀《山居新话》,记至元十三年宋三宫赴北,内人安康朱夫人、安定陈才人以抹胸自缢事,云:"予尝闻之先父枢密,因观周草窗《日钞》,亦载此事,又得祈请使日记官严光大《续史》,所说相同。二书皆写本云云。"案此事不见于《野语》、《杂识》诸书、知《日钞》另为一编。《山居新话》作于至正间,其时《日钞》犹未板行,他书亦罕引录,今无可考见矣。

十七、《经传载异》。《自铭》。

十八、《浩然斋可笔》。同上。

十九、《台阁旧闻》。同上。

二十、《诗词丛谈》。同上。

以上四种见《自铭》,《自铭》作于六十左右,则三书六十前作也。《诗词丛谈》或即《浩然斋雅谈》。

廿一、《慎终篇》五卷。同上。

景定间丁母忧时作,见三十二岁谱。

廿二、《续澄怀录》三卷。《湖州府志》、钱大昕《补元史艺文志》、倪、卢《补辽金元艺文志》并同。

廿三、《弁阳客谈》。石岩《志雅堂杂钞序》。元无名氏《东园客谈》有此书佚文数句,王仲闻云。

丙、存疑

廿四、《乾淳起居注》。《志雅堂杂钞序》。

廿五、《乾淳岁时注》。同上。

廿六、《武林市肆记》。同上。

廿七、《湖山胜概》。同上。

王鹏运《草窗词跋》,谓:"陶宗仪《说郛》从草窗所著书摘出,另立新名,以眩观听,为明人刻书陋习。《南宋杂事诗》所引《乾淳起居注》、《乾淳岁时记》、《武林市肆记》等皆是也。"案此数目见于石岩《志雅堂杂钞序》,是元人已有此名。《武林旧事》七,记乾淳宫中事日月甚详,《自序》谓见陈源家所藏德寿宫起居注及吴居父、甘升所编《逢辰录》,皆乾淳奉亲之事,辑为一卷。又《旧事》六、备载诸市瓦子、勾栏、酒楼、歌馆,下逮小经纪、诸色伎艺人,当即《乾淳起居注》、《岁时记》、《市肆记》所从出。《湖山胜概》本即《旧事》第五卷之名,疑时人拆《旧事》另本单行,故石岩记之如此。不始于《说郛》也。

廿八、《吴兴园林记》。《湖州府志》。

案《癸辛杂识》前集有"吴兴园圃"一条,记吴兴三十六园,此其别出单行者。

廿九、《思陵画图记》。同上。

案《野语》六,有"绍兴御府画式"一条,备载思陵内府所藏书画装褫印识成式,或即此书。

三十、《画鉴》二卷。同上。

案今传《画鉴》一卷,题汤垕君载作;垕与草窗同时,且相过从,《保母帖》有汤垕题。不应著书同名。《湖州府志》所载各种,未详所据,疑不可信。

三十一、《南宋故都宫殿记》一卷。《西湖志》。

此疑后人摘《癸辛杂识》、《浩然斋雅谈》诸书为之。《南宋杂事诗》目录,有《南宋故都宫殿记》,不注撰人姓名,不知是否草窗所著也。

一九三五年三月十二日,着手于月轮楼,七月一日初稿成。

一九五四年十一月重改于月轮楼。

附录二:《乐府补题》考

清代常州词人,好以寄托说词,而往往不厌附会;惟周济《词选》,疑唐珏赋白莲,为杨琏真伽发越陵而作,则确凿无疑;予惜其但善发端,犹未详考《乐府补题》全编,爰寻杂书,为申其说。王、唐诸子,丁桑海之会,国族沦胥之痛,为自来词家所未有;宋人咏物之词,至此编乃别有其深衷新义。表而出之,亦词林一大掌故,不但补《六陵遗事》之遗而已也。

一、考事

厉鹗《论词绝句》曰:"头白遗民涕不禁,补题风物在山阴。残蝉身世香苾兴,一片冬青冢畔心。"注云:"《乐府补题》一卷,唐义士玉潜与焉。"以冬青故事说《补题》,发自厉氏此诗;但犹仅指唐氏一人。归安王树荣跋《补题》曰:"《乐府补题》一卷,知不足斋丛书本。《四库提要》谓皆宋遗民词。荣前读周止庵《宋词选》,于唐玉潜赋白莲曰,'冰魂犹在,翠舆难驻'。曰:'珠房泪湿,明珰恨远。'以为当为元僧杨琏真伽发宋陵而作。又赋蝉曰:'佩玉流空,绡衣剪雾。'曰:'晚妆青镜里,犹记娇鬟。'疑亦指其事。今读此卷,依类求之,此意无不可通。殆即玉潜所谓'只有春风知此意,年年杜宇哭冬青'者也。"(案"春风杜宇"句乃林景熙诗,罗有开为《唐义士传》已误作唐珏。)此始及《补题》全编。今案《补题》所赋凡五:曰龙涎香、曰白莲、曰蝉、曰莼、曰蟹。依周、王之说而详推之,大抵龙涎香、莼、蟹以指宋帝,蝉与白莲则托喻后妃。故赋龙涎香屡曰:"骊宫"、"惊蛰"。

王沂孙曰:"骊宫夜采铅水。"冯应瑞曰:"骊宫夜蛰惊起。"周密曰:"骊宫玉唾谁捣。"

赋莼赋蟹屡曰:"秦宫"、"髯影"。

唐艺孙《咏蟹》曰:"秦宫梦到无肠断。"佚名《莼》曰:"过湘皋碧龙惊起,冰涎犹护髯影。"唐珏《莼》曰:"鲛人夜剪龙髯滑。"

此唐珏《冬青行》所谓"六合忽怪事,蜕龙挂茅宇"也。
赋蝉屡用"齐姬"、"齐宫"、"故宫"、"深宫"。(齐女怨王而死,变为蝉,王悔之,名曰齐女。)

吕同老曰:"惆怅齐姬薄幸。"王易简曰:"翠阴深锁齐姬恨。"唐珏曰:"怨结齐姬,故宫烟树翠阴冷。"仇远曰:"齐宫往事慢省。"王沂孙曰:"梦短宫深。"

赋莲亦屡用"霓裳"、"太液"、"环妃"、"瑶台",其用杨妃、罗袜,寓意尤显。

唐珏曰:"太液池空,霓裳舞倦。"吕同老曰:"太液波翻,霓裳舞倦。"王沂孙曰:"翠云遥拥环妃,夜深按彻霓裳舞。"又曰:"太液荒寒。""步袜空留。""罗袜初停。"王易简曰:"翠裳微护冰肌,夜深暗泣瑶台露。"

此谢翱《古钗叹》所谓"刑徒鬼火去飘忽,息妇堆前殡齐发"也。他若"露盘"、"枯蜕"之辞,不厌稠叠。

周密赋莲曰:"擎露盘深,忆君清夜,暗倾铅水。"王沂孙曰:"铜仙铅泪似洗,叹移盘去远,难贮零露。"王沂孙赋蝉曰:"尚遗枯蜕。"陈恕可曰:"蜕羽难留。"唐珏曰:"蜕痕初染仙茎露。"

朱彝尊仅拟为骚人《橘颂》之遗,犹未详其隐旨也。

周密《癸辛杂识》《别集》上,记杨琏真伽发陵,以理宗含珠有夜明,倒悬其尸树间,沥取水银,如此三日夜,竟失其首。此龙涎香所赋采铅捣唾之本事也。《杂识》又记一村翁于孟后陵得一髻,发长六尺余,其色绀碧。谢翱为作《古钗叹》,有云:"白烟泪湿樵叟来,拾得慈献陵中髻，青长七色光照地，发下宛转金钗二。"此赋蝉十词九用鬟鬓字之本事也。（魏文帝宫人莫琼树，制蝉鬓，缥缈如蝉翼，见《古今注》。）

吕同老曰："见说冰奁，怕翻双鬓影。"王沂孙曰："鬓影参差，断魂青镜里。"又曰："镜暗妆残，为谁娇鬓尚如许。"陈恕可曰："任翻鬓云寒"，"粉奁双鬓好"。唐珏曰："晚妆青镜里，犹记娇鬓。"

又，至元二十四年丁亥，周密于山阴得王献之《保母帖》，作诗赋之，有云："却怪玉匣书，反累昭陵土。"王易简题云："简编无端发汲冢，陵谷有时沉岘碑。"王沂孙题云："陶土或若此，何为沈玉鱼。"至元二十九年龙仁夫跋云："嗟乎，予视数年来故陵玉盌之殉，道山芸阁之藏，永宁金钥之秘，凄然沦化，何可胜道。云云。"（皆见《知不足斋丛书》，《四朝闻见录》后。）周、王即赋《补题》之人，山阴即发陵之地。诗意亦若隐若现，与《补题》相发；参合以观，《补题》寓意，跃然益显矣。观《杂识》《续集》上，记梁栋莫仑诗狱，元初文网之密可知。《补题》托物起兴，而又乱以他辞者，亦犹林景熙冬青之诗，必托为梦中之作也。

以补题各词比附景熙《冬青诗》，吕同老龙涎香曰："蜿蜒梦断瑶岛。"李居仁曰："潜龙睡起清晓。"李彭老曰："谁唤觉鲛人春睡。"何异"珠亡忽震蛟龙睡"乎？冯应瑞龙涎香曰："海市收时，鲛人分处，误入众芳丛里。"仇远蝉曰："满地红霜，浅莎寻蜕羽。"吕同老蟹曰："如今漫与江山兴，更谁怜草泥踪迹。"非即"亲拾寒琼出幽草"乎？前人考六陵事者，仅称景熙及谢翱唐珏之诗，而不及《补题》;《补题》清初方出,万斯同全祖望诸君未尝见耶。

二、考人

《补题》同赋者十四人,中佚名一人。王沂孙、李彭老、张炎、仇远、唐珏、王易简诸人行实,皆见于《绝妙好词笺》、《宋诗纪事》。陈恕可,《词综》误作练恕可,厉鹗《樊榭山房集外文》已辨之。据陈旅《安雅堂集》、《陈行之墓志铭》:恕可本光州固始人,高祖骙,始自台州来居会稽。孔行素《至正直记》三,亦记"陈如心恕可先生间居会稽"。是恕可世代为越寓公。吕同老三齐人,见周密所藏《保母帖》跋,尝与密、沂孙诸人过从,当亦流寓杭、越者。唐珏、沂孙、易简皆越产。其集会之地若宛委山房、天柱山房、紫云山房皆以越山得名,(宛委山即天柱山,亦名玉笥山,在会稽县东南,紫云山在府城东南。)珏又为手植冬青之人。胡僧残行,殆为诸词人所目击,详绎词旨,可想见也。

六陵窆骸之役,不仅唐珏、林景熙二人,唐、林客越居停之王英孙修竹,实主其事。张丁、孔希普为《冬青引注跋》、季本《跋王修竹窆宋遗骸事后》、沈季友《樵李诗系·冬青引小序》,皆尝考其事。英孙字才翁,号修竹,会稽人,少保端明殿克谦之子,豪于财,延致四方宾客,为一时士夫之宗。《万历绍兴府志》及《宋诗纪事》十有传。季氏谓:"唐虽邑人,特一寒士,而林、郑(宗仁、朴翁)谢(翱、皋羽)皆客处异乡,安能动捐百金以图其成哉。"沈氏谓:"盖王本国戚,又世家也,若挺身而前,虑败泄罹祸;时唐玉潜珏、林景熙德旸、谢皋羽诸人皆其馆客;王特捐赀募里少年,挟二士经纪其间;王固自讳,人亦但知唐与林也。"其说皆甚近情理。(罗有开为《唐义士传》，谓"会稽世家林立，岂无一二慷慨仅存者；卓哉斯举，乃出闾里之寒士云云。"盖得之传闻，未悉详情之辞也。）案《补题》佚名一人，王树荣跋尝推定为余闲书院主人；今以季沈二文核之，其人殆即英孙。英孙尝跋周密所藏《保母帖》，见朱存理《铁网珊瑚》五，又为之题诗云："断砖一出人间世，叹惜无人掩夜台。"见《知不足斋丛书·四朝见闻录》后。林景熙《霁山集》五有《修竹诗集序》，比其诗为陆游之拟杜，谓"拜鹃心事，悲惋实同"。同书四又有《陶山修竹书院记》，亦为英孙作。惜修竹诗集已佚，无从知其有无"余闲"之别号耳。元初月泉吟社诸人，多题隐号，如连文凤而题罗文福，白珽而题唐楚友，且间有重复。全祖望谓"当日隐语廋词，务畏人知，不惮缪辞重复以疑之"。余闲之不出真名，当同此也。

三、考年

朱彝尊序《补题》，尝惜其无序跋以志岁月。今案发陵年代，自来有不同之三说：一曰元世祖至元十五年戊寅（宋端宗景炎三年），见张丁、罗有开所为《唐义士传》，及程敏政《宋遗民录》、陶宗仪《辍耕录》、商辂《续通鉴》、万斯同《南宋六陵遗事》及《书唐林二义士传后》、全祖望《冬青义士祭议》、王宾《南宋诸陵复土记》、周广业《会稽六陵考》，亦同此说。其坚证则谢翱《晞发集·冬青树引》有"知君种年星在尾"句，"星在尾"明在寅年也。一曰至元二十一年甲申，见贝琼《穆陵行》，宋濂《书穆陵遗骼》，是在戊寅之后六年。一曰至元二十二年乙酉，见《癸辛杂识》《别集》上"杨髡发陵"条。（同书《续集》上"杨髡发陵"条云，得杨髡之徒互告状，亦作至元二十二年。）此三说以第一说作戊寅者为最确实。陶宗仪谓至元二十二版图已定,法制已明,发陵当在至元戊寅初下江南,庶事草创之时。黄宗羲亦谓谢翱《冬青引》作于丙戌(至元二十三年),发陵若是乙酉,相去不一载,其事方新,不如此作追忆之词矣。(见黄百家《至兰亭寻冬青树记》)周广业引史文证之,谓《元史》载"世祖至元二十一年九月,以江南总摄杨琏真伽发宋陵冢所收金银宝器修天衣寺"。则发陵在二十一年前可知。《元史》又云:"二十二年毁宋郊天台。桑哥言杨琏真伽云:会稽有泰宁寺,宋毁之以建宁宗等攒宫,唐有龙华寺,宋毁之以为郊天台,皆胜地也,宜复为寺,以为皇上东宫祈寿。时宁宗等攒宫已毁建寺,敕毁郊天台亦建寺焉。"然则乙酉之岁(至元二十二年),宋陵久变为寺,岂至八月始议发掘乎?又《元史·董文用传》,载桑哥裒诸帝遗骸建白塔,确在乙酉。周密盖误以建塔之年为发陵之年耳。(以上周氏说,见其所著《循陵纂闻》卷三。)

案周密晚年作《杂识》,记事多失实;即以发陵论:钦宗之丧,金人葬之巩县,并未南归,见《朝野杂记》;而《杂识》乃云发徽、钦、高、孝五陵,钦陵有木灯檠一枚而已。此《野获编》已辨其误。(毕氏《续资治通鉴》云:周氏盖误以邢后之陵为钦陵。)又记陵使中官罗铣事,前既载其姓名矣,下文又云"惜未知其名"。近人陈去病《五石脂》亦指其失。其记发陵年代之不足据,可视此矣。

发陵之年既考定为至元十五年戊寅,合之诸词人行迹,亦复相符:周密其时四十七岁,正当弁阳破家之后,定居杭州之前,或尝流寓越中。(周密丁丑破家,在戊寅前一年,见牟巘《陵阳集》卷十,《周公谨复庵记》;至元十九年依杨大受居杭州西湖别墅,据《齐东野语》及戴表元《剡源集·杨氏池堂诗序》互推。)张炎三十一岁,犹未北行。(《山中白云》有《高阳台·韩平原南园》词,戊寅年作,至元二十七年炎方北游,见其《台城路序》。)陈恕可二十一岁,殆尚居越未仕。仇远最少,才十八岁。据此互推,《补题》年代,约略可知。又诸词人卒年可考者以王沂孙为最早,盖在至元二十八年辛卯之前。(据周密《志雅堂杂钞》卷下。)然则,《补题》诸词,纵或不作于至元戊寅发陵之年,其结集于戊寅辛卯之间则无疑也。(毕氏《续资治通鉴》一八四,定发陵在戊寅之十二月,则《补题》之作,或即在次年己卯耶。)

《补题》不载编集姓名;案《安雅堂集》,有《陈行之恕可墓志铭》,载恕可遗著有《乐府补题》。而倪灿、卢文弨《补辽金元艺文志》,则作仇远《乐府补题》一卷,不知何据。意当时吟社诸人,以陈、仇年辈为最少,辑录之责,或二人分任之,遂各据为已编耳。又卷中各词,见于王沂孙《花外集》、张炎《山中白云》、李彭老《龟溪二隐词》、周密《草窗词》及《绝妙好词》诸书者,皆无羡出。朱彝尊序疑"当日和唱之篇,必不止此",亦未谛也。

后记(一)

写此文成,尝请益于张孟劬先生尔田,先生自北平报书,谓"碧山他词若《庆清朝·榴花》,亦暗寓六陵事;张皋闻谓指乱世尚有人才,殊不得其解"。检《花外集》此词过变云:"谁在旧家殿阁,自太真仙去,扫地春空。朱幡护取,如今应误花工。颠倒绛英满径,想无车马到山中。"末二句用韩愈《榴花诗》语,实与林景熙梦中作"犹忆年时寒食祭,天家一骑捧香来"同意。又余宗琳女士告予:张炎《红情》、《绿意》二首咏荷,有云:"料应太液,三十六宫土花碧。""回首当年汉舞,怕飞去,漫皱留仙裙褶。""盘心清露如铅水,又一夜西风吹折。"亦同《补题》咏白莲之旨。此皆予说一别证,亟附记之。王、张同时诸家之作,容犹有涉此者,可辑之为《补题》外编也。一九四九年五月四日写于西湖罗苑。

后记(二)

《补题》第一首,王沂孙《天香·赋龙涎香》云:"一缕萦帘翠影,依稀海山云气。"或疑是指厓山覆亡事,非咏六陵。予案吕同老此题结云"待寄相思,仙山路杳",李居仁亦云"万里槎程","隐约仙舟路杳",亦皆指厓山;《补题》诸家咏六陵,皆不限于六陵,或故意乱以他辞;其寄慨亡国,涉及厓山,尤情所应有;不能因此疑其与六陵无关。往年予友吴则虞笺沂孙《花外集》,亦以此为疑;尝为书答之,爰补记于此。一九五六年六月,杭州梅东高桥。

温飞卿系年

温庭筠,或作廷筠、庭云,字飞卿,本名岐。

《旧唐书》一九〇《文苑传》、《新唐书》九一《温大雅传》。

《北梦琐言》四:"吴兴沈徽云:'温舅曾于江淮为亲表槚楚,由是改名焉。'"徽,飞卿甥也。

案游江淮在开成四年八三九前,《唐摭言》二"等第罢举"条:开成四年下,载温岐。若岐是本名,则此时实未改。开成四年后之二十载、大中十三年八五九,裴坦作飞卿贬随县制云,"敕乡贡进士温庭筠",岂中年后才改名耶。不然,本名庭筠或庭云;字飞卿,则当作"云";被辱后乃改名岐,旋复本名。飞卿弟名庭皓,其一证也。

《玉谿生诗笺注》四有《有怀在蒙飞卿》诗,冯浩注谓"在蒙无考"。或另一人名,非飞卿号也。

太原祁人。宰相彦博裔孙也。

顾肇仓曰:"《旧书》谓庭筠为太原人,新书谓大雅为并州祁人,盖太原、并州系一地,唐属河东道。唐初为并州,后改称太原,祁其属县也。庭筠传以郡概县,省祁字;大雅传从唐初名:实则所指系一地也。彦博裔孙之说,新书以下无异辞,惟清赵绍祖《新旧唐书互证》十一则云:'案《世系表》不载廷筠、廷皓;《旧书·文苑传》亦不言其为彦博之裔也。'肇仓按:飞卿开成五年《秋呈友人一百韵》

347

诗笺注本卷六有'采地荒遗野,原田失故都'及'奕世参周录,承家学鲁儒'等句,并自注云:'予先祖国朝公相晋阳佐命,食采于并汾也。''采'字,笺注本及《全唐诗》均误作'菜'。《四部丛刊》据述古堂钞本作'采',是。则飞卿为彦博之后,无可置疑。《旧书》偶夺;《世系表》亦以代远支繁,不及备载耳。且细按《新书·宰相世系》温氏表,其失载颇多,并有自相乖违之处。如温曦,传中谓系彦博曾孙,而表中列入玄孙,清沈炳震《唐书宰相世系表订讹》卷五已订正之矣。又如彦博卒年六十四,而新书少一岁。则《世系表》岂可尽信,而据以疑飞卿哉。"下文引顾说,皆见其《新旧唐书温庭筠传订补》及《温飞卿论》。

辞章敏捷,时号为"温八吟"。

《唐摭言》十三:"温庭筠烛下未尝起草,但笼袖凭几,每赋一咏(当作'韵'),一吟而已。故场中号为'温八吟'。"《北梦琐言》四、《五总志》皆云:"凡叉手而八韵成"。《唐诗纪事》作"温八叉"。

《容斋随笔》十三:"案唐以赋取士,其初韵数多寡,平侧次叙无定格,故有三韵者,有四韵者,有五韵六韵七韵八韵者,自太和以后,始以八韵为常。"

与李商隐齐名,号"温李"。

《东观奏记》下。《北梦琐言》四、《唐语林》七、新书传并同。与段成式、商隐号"三才",文号"三十六体"。

《旧书》一九〇下《李商隐传》。《册府元龟·幕府部·才学类》云"时号三才",《文章类》作"三才子"。《小学绀珠》四:"三人皆行十六,故曰'三十六体'。"《四库全书·西昆酬唱集提要》谓"冯武序以商隐诗与庭筠成式并称'西昆三十六体',考唐书但有'三十六体'之说,无'西昆'字,杨亿序是集,称取玉山策府之名,题曰西昆酬唱集。则'三十六'与'西昆'各为一事,武乃合而一之,误矣。"

貌寝,号"温锺馗"。

《北梦琐言》十:"薛侍郎昭纬气貌昏浊,杜紫微唇厚,温庭筠号'温锺馗',不称才名也。"

精音律,能逐弦吹之音,为侧艳之词。

见新、旧《书》本传。

《唐才子传》八:"善鼓琴吹笛,云有弦即弹,有孔即吹,不必爨桐与柯亭也。"

《古今诗话》引《增修诗话总龟》二十一:"裴诚郎中与举子温岐为友,好作歌典。周德华乃刘香女,女子善歌《杨柳词》,有以温、裴歌词令德华唱,则音韵所陈,为浮艳之美,德华终不取,二公恨焉。"

以久被摈抑,好讥诃权贵,多犯忌讳,取憎于时。

《云溪友议》七:"平曾以凭才傲物,多犯忌讳,竟没于县曹。节后温庭筠亦以为赋讥刺,少类于平、贾岛,而谪方城尉。"其讥刺之作今不传矣。

飞卿讥刺权贵,今传令狐绹事最多:

《唐诗纪事》五四:"宣皇爱唱《菩萨蛮》词,丞相令狐绹假其飞卿修撰,密进之,戒令勿泄,而遽言于人,由是疏之。温亦有言云:'中书堂内坐将军',讥相国无学也。"又云:"令狐绹曾以旧事访于廷筠,对曰:'事出《南华》,非僻书也。或冀相公燮理之暇,时宜览古。'绹益怒,奏廷筠有才无行,卒不登第。廷筠有诗曰:'因知此恨人多积,悔读《南华》第二篇。'"案《诗集》卷四有《李羽处士故里》诗,结云,"悔读《南华》第一篇",知《纪事》所云非事实。

《南部新书》庚:"令狐绹以姓氏少,族人有投者,不吝其力,由是远近皆趋之,至有姓胡冒姓令者。进士温庭筠戏为词曰:'自从元老登庸后,天下诸胡悉带令。'"

顾肇仓曰:"按唐时科举,最重荐导,至晚唐为尤滥。观《旧书·武宗纪》:'谏议大夫权知礼部贡举陈商选士三十七人中等,物论以为请托,令翰林学士白敏中覆试,落张渎节七人。'《新书·李商隐传》:'开成二年,高锴知贡举,令狐绹雅善锴,奖誉甚力,故擢进士第。'此皆可见当时科举之滥。今考飞卿应进士试,在大中之时,令狐绹已跻身清要,大中初为翰林学士承旨,旋拜御史中丞,四年,同中书门下平章事。而飞卿遽讥其短,轻启疏衅;奥援既失,无怪累年不第也。《旧书》本传'心怨令狐绹在位时不为成名'之语可证。"案改姓令狐事又见于《北梦琐言》六:"先是令狐相自以单族,每欲繁其宗党,与崔、卢抗衡;凡是富家,率皆引进皇籍;有不得官者欲进状改姓令狐。时以此少之。"当时权贵与世族同把持朝政,垄断科举,飞卿不第,与此有关,故恨绹之所为。

以此益不修边幅,蒲饮酣醉。坎壈终身。

《旧书·李商隐传》:"与太原温庭筠俱无特操,恃才诡激,为当涂者所薄,名宦不进,坎壈终身。"

《旧书》传记与裴诚令狐滈之徒,蒲饮酣醉。见八四七年谱。

《旧书》传记乞索于广陵扬子院,为虞候所击,败面折齿。见八六三年谱。

《玉泉子》记以姚勖钱帛为狭邪费,致被笞逐。见八四〇年谱。

终国子助教。

《唐才子传》八、《花间集》一。

兹参新旧《书》本传、《温大雅传》、《温造传》、及《通鉴》诸书,作世系表。

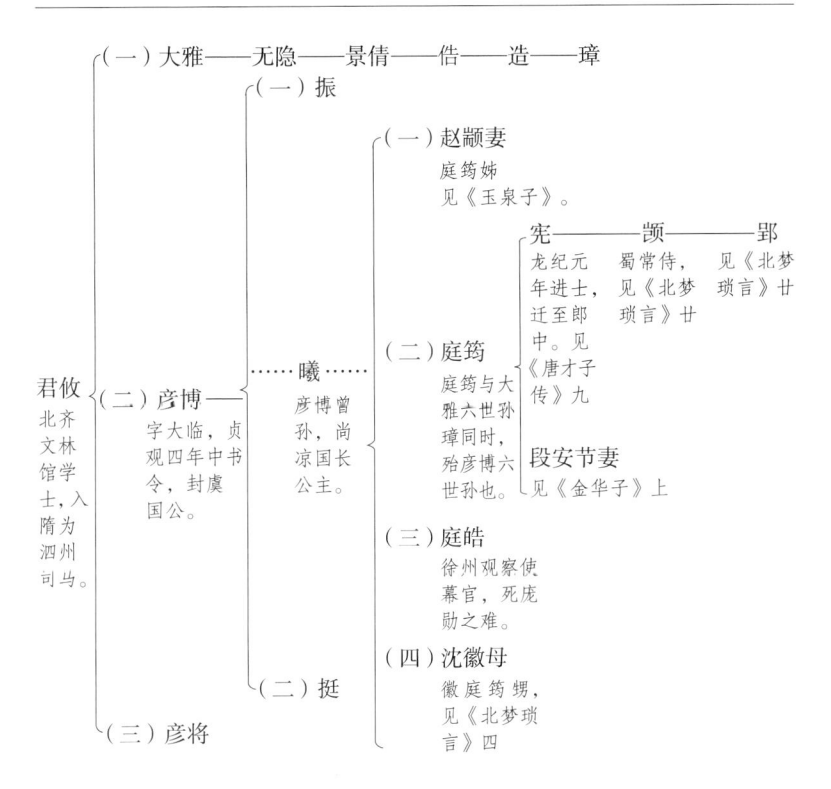

```
                                                              宪────颛────郢
                                                              龙纪元   蜀常侍，  见《北梦
                                                              年进士，  见《北梦   琐言》廿
                                                              迁至郎   琐言》廿
                                     （一）赵颛妻              中。见
                                          庭筠姊              《唐才子
                                          见《玉泉子》。       传》九
         （一）大雅──无隐──景倩──佶──造──璋
                    （一）振
                                     （二）庭筠                段安节妻
                          ┈┈曦┈┈     庭筠与大              见《金华子》上
                          彦博曾       雅六世孙
   君攸  （二）彦博──      孙，尚       璋同时，
   北齐        字大临，贞   凉国长       殆彦博六
   文林        观四年中书   公主。       世孙也。
   馆学        令，封虞
   士，入      国公。      （三）庭皓
   隋为                          徐州观察使
   泗州                          幕官，死庞
   司马。                        勋之难。

                          （二）挺   （四）沈徽母
                                     徽庭筠甥，
                                     见《北梦琐
         （三）彦将                    言》四
```

　　《绩语堂碑录》有《唐故太常丞赠谏议大夫温府君神道碑》，牛僧孺撰。"府君"即温佶。碑云："温氏裔颛顼，为己姓，其后有平，佐夏灭穷，厥用祚土，子孙因食其邑，而仍其侯。"《潜研堂文集》："案《春秋·僖公十年》，狄灭温，温子奔卫。温子即苏子也，有苏氏为己姓，则温出己姓为可据。"案《唐书·宰相世系表》谓："温氏出自姬姓唐叔虞之后，以公族封河内温，因以命氏。"《元和姓纂》、《古今姓氏辨证书》及岑文本《温彦博碑》亦谓温出姬姓。今据牛碑及钱说，则温氏所出是己而非姬也。（吴昌绶《松邻书札》谓有温飞卿之父墓志，见陆氏《补金石萃编》。或即温佶墓志之误耶，记之待考。）

唐宪宗元和七年壬辰　八一二

〔一岁。〕（以下系年各谱，谱主岁数皆加〔〕号，示非确定。）

飞卿生卒，史籍无征。《诗集》六有《感旧陈情五十韵献淮南李仆射》诗起云："嵇绍垂髫日，山涛筮仕年。琴书陈上座，纨绮拜床前。"顾嗣立注，定"淮南李仆射"为李蔚。寻《旧书·李蔚传》："开成末八四〇年进士擢第，释褐，襄阳从事。会昌末调迁，又以书判拔萃拜监察御史。"开成末李蔚入仕之年，庭筠若尚"垂髫"、"纨绮"，则当生于文宗太和中约八三一年。此案之庭筠行实，有不符者三事：

（一）《诗集》三有《庄恪太子挽歌词》。查《旧书》一七五：庄恪太子卒于开成三年八三八年；庭筠若生太和中，则其时才七八岁耳。

（二）庭筠试京兆在开成四年见八三九年谱，依顾注，则才十岁左右。

（三）开成五年即"开成末"《书怀百韵》自叙有云："事迫离幽墅，情牵犯畏途。爱憎防杜挚，悲叹类杨朱。旅食常过卫，羁游欲渡泸。"皆饱更忧患之辞，其非"垂髫"、"纨绮"时之作，尤甚显也。繙新旧《书》及《通鉴》考之，乃知此诗盖献李德裕而非蔚。《旧书》一七四《德裕传》云："开成二年五月，授扬州大都督府长史，淮南节度副大使，知节度事，四年四月，就加检校尚书左仆射。"是德裕亦曾官淮南，官仆射，其时在李蔚前三十余年。以此诗按之德裕行历，"视草丝纶出，持纲雨露悬""白麻红烛夜，清漏紫薇天"一段，乃指其穆宗初召充翰林学士；"冰清临百粤，风靡化三川。委寄崇推毂，威仪压控弦"一段，则指其为郑滑节度使，云南招抚使，在蜀"西拒吐蕃，南平蛮蜑"《旧书》本传，语语皆合。又德裕赵郡人，与庭筠有乡谊。德裕在位喜辟孤寒之路，《云溪友议》载其贬崖州后，失意士子有"八百孤寒齐下泪，一时回首望崖州"之句；庭筠文举不第,陈情干谒,必之德裕,盖亦有由。且集中于德裕另有《首春与丞相赞皇公游止》及《题李相屏风》二首;于李蔚无闻焉。(顾予咸注诗集,引《桂苑丛谈》,定《觱篥歌》为蔚作,非是,说在后。)凡此皆足证"淮南李仆射"必是德裕而非蔚。

再案献李仆射诗次在《书怀百韵》之后,《书怀百韵》题云:"开成五年秋,以抱疾郊野,不得与乡计偕至王府。"而献李仆射诗亦有"稷下期方至,漳滨病未痊"之句,原注云"二年抱疾,不赴乡荐试有司":是二诗必同为开成五年作,正德裕在淮南任就加左仆射之时也。(李蔚其时方擢进士第。)《书怀百韵》有"收述异桑榆"句,意谓未逮老境,然其时至少必已三十左右;自开成五年逆数三十年,当生于宪宗元和间;元和共十五年,兹姑折中定为七年,为公元八一二年。与李商隐同年生。谱中岁数故依此推算。

白居易四十一岁。元稹三十四岁。李德裕二十六岁。李贺二十三岁。杜牧十岁。李商隐一岁。(此据张尔田《玉谿生年谱会笺》。旧作元和八年生。)

顾肇仓作《温庭筠感旧陈情五十韵献淮南李仆射诗旧注辨误》一文,亦定李仆射是李德裕,与予说合,其所取证有足补予说者数事,节录如次:

本诗"空愧《鹿鸣》篇"句下自注云:"余尝忝京兆荐,名居其副。"按飞卿为京兆荐名,在开成四年,见温集笺注本卷六。《开成五年秋,以抱疾郊野,因书怀奉寄一百韵》诗,自注云:"余去秋试京兆,名居其副。"而本诗"漳滨病未痊"句下自注云:"二年,抱疾不赴乡荐试有司。"据此两自注,可知本诗必作于开成之时,而在京兆荐名之后。盖先抱疾,后荐名,然后作本诗。是则"二年"二字,必指开成二年而言。既指开成二年,而又不冠"开成"二字,此诗必作于开成时可知。但开成时,李蔚并未镇淮南,亦未官仆射。若以本诗作于咸通时,(李蔚镇淮南在咸通末。)追叙开成时事,漫以"二年"笼统书之,人将知为咸通二年乎,抑为开成二年乎?盖断无此理也。

本诗有"怀橘更潸然"(《开成五年秋,以抱疾郊野,因书怀奉寄一百韵》诗中亦有"笑语空怀橘"之语,亦可证作此二诗时间甚近)及"婚乏阮修钱"句,若依旧注谓献李蔚,作于咸通末年,则飞卿时已垂老。详见拙作《温飞卿行实考》中。行将就木,又何"橘"之"怀",怀橘奉母,陆绩幼时事。何"婚钱"之"乏"耶。谓系追叙:则一皤然老叟,缕述幼时细事于权贵者之前,不亦不合情理,近于滑稽乎。

《旧唐书》一七四《李德裕传》:"武宗即位,七月,召德裕于淮南。九月,授门下侍郎同平章事。"旧纪开成五年下亦云:"九月,以淮南节度使检校尚书左仆射李德裕为吏部尚书,同中书门下平章事。"据此,本诗盖即开成五年秋季李德裕自淮南任入朝时,飞卿献李德裕之作。是时,李德裕官淮南节度使检校尚书左仆射,与本诗题官正合。故本诗有"既矫排虚翘,将持造物权。万伦思鼓铸,群品待陶甄"之语,言其即将入相也。德裕被召,初至京师,飞卿以通家子弟(见下文)向之陈情乞援引,固人情之常,亦唐俗所许。如此,与本诗自注始合。

开成五年,李德裕年五十四,飞卿约二十四五,二人年龄相差约为三十年。《旧书·李德裕传》:"元和十一年,张弘靖罢相镇太原,辟德裕掌书记。十四年府罢,从弘靖入朝。"是数年中,德裕在太原,时年三十余。而飞卿籍隶太原,又为名公之后。温、李二族,定属通家。髫龄拜谒,或系记在太原时之事。二人年龄相悬且三十岁,则嵇绍、山涛之喻,自甚切合。

复按德裕曾三官西浙观察使,《汉书·地理志》注:"自交趾至会稽七八千里,百粤杂处。"则西浙固可称百粤,而与"冰清临百粤"之语合矣。曾分司东都,即所谓"风靡化三川"也。笺注以三川为河南,说固可通;但唐代,蜀地亦可称三川,而德裕则曾镇西川,且有政绩。又曾为滑州刺史及淮南节度使,即本诗所谓"梁园"、"淮水"也。与德裕宦迹正合。

总之,诗题中之李仆射,若指李蔚,则无一是处;若指德裕,则处处吻合。

元和十三年戊戌　八一八

〔七岁。〕

见李德裕在此年前后。

见前引顾肇仓文。

太和四年庚戌　八三〇

〔十九岁。〕

令狐绹登进士。《旧书》一七二本传。

太和五年辛亥　八三一

〔二十岁。〕

李远登进士。郝天挺《鼓吹》注"太和五年进士"，顾注引。《诗集》七有《春日寄岳州从事李员外》二首云"从少识宾卿，恩深若弟兄"，"尚平婚嫁累，无路逐双旌"。《诗集》八又有《寄李员外远》一律，皆无甲子。

元稹卒。五十三岁。《旧书》一六六本传。

太和六年壬子　八三二

〔廿一岁。〕

《诗集》九有《送渤海王子归本国》一律。案《旧书》一九九下《渤海靺鞨传》：太和六年，大彝震遣王子大明俊等来朝。又七年二月，王子大先晟等六人来朝。又云："开成后亦修职贡不绝。"此王子若是大明俊，则庭筠诗有甲子可考者，以此为最早。

太和七年癸丑　八三三

〔廿二岁。〕

二月，李德裕同平章事。《通鉴》。

太和九年乙卯　八三五

〔廿四岁。〕

六月，温造卒，七十岁。《旧书》一六五本传。案造、璋父子，与庭筠同族，皆位通显；而集中无二人名字。《旧书·造传》谓"造于晚年，积聚财货，一无散施，时颇讥之"。《诗集》六开成五年《书怀百韵》云："浪言辉棣萼，无所托葭莩。乔木能求友，危巢莫吓雏。"或即致慨于造欤。

王涯被杀。

文宗开成元年丙辰　八三六

〔廿五岁。〕

韦庄生。考在《韦端己谱》。

令狐楚卒，七十二岁。

开成二年丁巳　八三七

〔廿六岁。〕

李商隐擢进士第。新旧《书》本传。

开成三年戊午　八三八

〔廿七岁。〕

十月，作《庄恪太子挽歌词》二首。《诗集》三。

《旧唐书》一七五、太子暴卒于此年十月乙酉朔。

案《挽词》云"邺客瞻秦苑"，"西园寄梦思"。又《诗集》三有《太子西池》二首云："莫信张公子，窗间断暗期。"庭筠若曾从太子游，则入京兆必在此年十月前。

韦筹进《史解表》五通。

开成四年己未　八三九

〔廿八岁。〕

秋试京兆，不第，归。

《诗集》六开成五年《书怀百韵》原注云："予去秋试京兆，荐名居其副。"

《唐摭言》二"等第罢举"条下载温岐（开成）四年。又论曰："温岐滥窜于白衣"。

明年作《书怀百韵》诗，谓"抱疾郊野，不得与乡计偕至王府"。据是，此年不第后即归乡里也。

三月，裴度卒。《旧书》本传一七〇。

《集》中三有《中书令裴公挽歌词》二首云："从今虚醉饱，无复污车茵。"似曾从度游。《诗集》四《题裴晋公林亭》一律云："山邱零落闷音徽。"是度卒后作，无甲子。

开成五年庚申　八四〇。

〔廿九岁。〕

秋抱疾，不得随计入京。

冬，作《书怀百韵》诗。《诗集》六。

题云："开成五年秋，以抱疾郊野，不得与乡计偕至王府，将拟遐往；隆冬自伤，因书怀奉寄殿院徐侍御、察院陈李二侍御、回中苏端公、鄠县韦少府，兼呈袁郊、苗绅、李逸三友人，一百韵。"诗有"赋分知前定，寒心畏厚诬。积毁方销骨，微瑕惧掩瑜。欲就欺人事，何能逭鬼诛"等句。庭筠不第，由负"士行尘杂，不修边幅"之谤见《旧书》本传，此诗见其危苦之情。

作《感旧陈情五十韵》献李德裕。《诗集》六。

案德裕此年七月自淮南被召，九月，以淮南节度使授门下侍郎，同平章事；《通鉴》此诗次在《书怀百韵》之后，知必此年之作。

参生年。诗云："有客将谁托,无媒窃自怜。抑扬中散曲,漂泊孝廉船。"又云："郑乡空健羡,陈榻未招延。"盖落第后求乞之作。(庭筠集中,投赠之篇,半关干谒;而《诗集》一《寓怀》云："诚足不顾得,妄矜徒有言;斯语谅未尽,隐显何幽然。"又云："自期尊客卿,非意干王孙。衔知有贞爵,处实非厚颜。苟无海岱气,奚取壶浆恩。"又有《咏兰》一首,亦申贞固之旨。)

《陈情》诗自叙有云："未展干时策,徒抛负郭田。转蓬犹邈尔,怀橘更潸然。"又云："宦无毛义檄,婚乏阮修钱。"知此时尚有亲在而未婚也。(《后村大全集》一八四《诗话新集》："世传飞卿傲妇翁,亦可见其不羁。"此不详何据,姑附系于此。)

游江淮为亲表槚楚,改名庭筠,在此年前。

《玉泉子》记庭筠游江淮事云："温庭筠有词赋盛名,初从乡里举,客游江淮间。扬子留后姚勗厚遗之;庭筠少年,其所得钱帛,多为狎邪所费;勗大怒,笞且逐之。以故庭筠卒不中第。其姊,赵颛之妻也,每以庭筠下第,辄切齿于勗。一日,厅有客,温氏偶问谁氏,左右以勗对,温氏遂出厅事,执勗袖大哭,勗殊惊异,且持袖牢固不可脱,不知所为。移时,温氏方曰:'吾弟年少,宴游人之常情,奈何笞之,迄今遂无有成,安得不由汝致之。'复大哭,久之,方得解脱。勗归愤讶,竟因此得疾而卒。"案《北梦琐言》四谓庭筠"少曾于江淮为亲表槚楚",当即指姚勗事。顾肇仓《温飞卿传论》引《通鉴》二四六开成四年,(此前一年)五月,以监铁推官检校礼部员外郎姚勗,检校礼部郎中。定飞卿游江淮在太和末(八三五)。顾注《书怀百韵》"顽童逃广柳"句,谓似指江淮被辱改名事。亦以游江淮在开成五年作书怀诗之前。兹系于此。

温德彝奏回鹘侵迫西城。《通鉴》二四六。《诗集》五有《伤温德彝》一绝,詹安泰谓当作于会昌三年之后。

武宗会昌二年壬戌　八四二

〔三十一岁。〕

子宪约生于此时。

温宪曾擢进士第,见《旧书·庭筠传》。《全唐诗话》五载其详云:"温宪员外,庭筠长子也。僖昭之间,就试于有司,值郑相延昌掌邦贡,以其父文多刺时,复傲毁朝士,抑而不录。既不第,遂题一绝于崇庆寺壁。后荥阳公登太用,因国忌行香见之,恻然动容;暮归宅,已除赵崇知举,即召之谓曰:'某顷主文衡,以温宪庭筠之子,深嫉怒之,今日见一绝,令人恻然,幸勿遗也。'于是成名。诗曰:'十口沟隍待一身,半年千里绝音尘;鬓毛如雪心如死,犹作长安下第人。'"按宪以龙纪元年八八五年登第,见《唐才子传》九。正赵崇知举之年。据诗云云,时已老大;兹定为庭筠三十左右生宪,龙纪元年宪年五十左右,求与诗语合也。又《非见斋碑录》有温宪撰程修己志谓:"宪尝为咏蛱蝶诗,公(谓程)称其句,因作竹映杏花,画三蝶相从,以写其思。"据志,程卒于咸通四年,其时宪已有诗名;《唐摭言》亦谓其咸通末与张乔等称"十哲":是咸通间宪至少必二十余岁,亦生于此年前后之一证也。《唐摭言》十,谓宪光启中及第,非。

开成五年(八四〇)作《感旧陈情》诗云"婚乏阮修钱",时犹未娶,定宪生于此年,似太迫近;然宪生年若下移,则与龙纪元年"鬓毛如雪"句不合,故系于此。不然,飞卿或尝丧妻再娶也。

作《秘书刘尚书挽歌》二首。乃吊刘禹锡作,刘卒于此年。近岑仲勉先生《唐史余沈》四有考。

会昌三年癸亥　八四三

〔三十二岁。〕

《诗集》五有《伤温德彝》一绝。案德彝曾以河中都将随温造平兴元军乱。见《旧书》一六五《造传》。造平兴元乱在此年二月,见《通鉴》。诗无甲子,姑系于此;《云溪友议》七谓是谪方城时作,非。

赵嘏登进士。

《诗集》八有《和赵嘏题岳寺》一首,无甲子。

贾岛卒,五十六岁。

庭筠与岛齐名,见《剧谈录》。参八四七年谱。

段成式官秘书省。顾肇仓传论引《全唐文》七八七段成式《寺塔记》及《唐诗纪事》五十七。

会昌六年丙寅　　八四六

〔三十五岁。〕

作《会昌丙寅丰岁歌》。诗集二。

四月,李德裕罢为荆南节度使,九月,为东都留守,解平章事。《通鉴》。

《诗集》一有《觱篥歌》,自注:"李相伎人吹。"诗云:"黑头丞相八天归,夜听飞琼吹朔管。"李相指德裕。顾予咸注引《桂苑丛谈》李蔚命浙右小校薛阳陶吹觱篥事,定为李蔚,非是。庭筠《集》中与蔚无交谊,此诗无悼亡语,且"飞琼"一辞,亦不可以拟薛阳陶。诗应行于德裕在相位时,姑系于此。

八月,白居易卒,七十五岁。

宣宗大中元年丁卯　　八四七

〔三十六岁。〕

在京师应进士试,不第。

《旧书》本传:"大中初,应进士,苦心研席,尤长于诗赋。初至京师,人士翕然推重。然士行尘杂,不修边幅,能逐弦吹之音为侧艳之词。公卿无赖子弟裴诚、令狐滈之徒,相与蒱饮酣醉终日,由是累年不第。"

《云溪友议》十:"裴郎中诚,晋国公次子也。(《词苑萃编》卷廿二引《词苑》,作"次弟子",谓侄也。《旧书·度传》,度五子,无名诚与诫者。)足情调,善谈谐。与举子温岐为友。好为歌曲。迄今饮席多是其词焉。"案飞卿词约略可考年代者,惟大中间代令狐绹撰《菩萨蛮》二十阕,见《乐府纪闻》。《友议》谓"迄今饮席多是其词"。传唱之广可知。裴诚今传《南歌子》三阕、《新声杨柳枝》二阕,皆谐笑之词,见《友议》十。

《剧谈录》下"元相国谒李贺"条:"自大中咸通之后,每岁试春官者千余人,其间章句有闻,亹亹不绝。如何植、李玫、皇甫松以文章著美;温庭筠、郑澨、何涓以词赋标名;贾岛、平曾以律诗流传;张维、皇甫川以古风擅价:皆苦心文华,厄于一第。"《唐语林》二,引此微异。案贾岛已前卒于会昌三年,不及见大中。

《诗集》四有《春日将欲东归,寄新及第苗绅先辈》一律,一作"下第寄司马札",无甲子。

大中二年戊辰　八四八

〔三十七岁。〕

令狐绹召拜考功郎中,寻知制诰,充翰林学士。旧书传。

李德裕贬崖州司马。

《南部新书》戊:"李太尉以大中二年正月三日贬潮州司马,当年十月十六日再贬崖州司马。"《通鉴》及旧书传贬潮州在去年十二月。

《诗集》五《题李相公敕赐屏风》云:"丰沛曾为社稷臣,赐书名画墨犹新;几人同保山河誓,独自栖栖九陌尘。"指德裕远贬,当此时作。

大中四年庚午　八五〇

〔三十九岁。〕

正月，崖州司户参军李德裕卒于贬所。六十岁。

旧纪作去年十二月，《南部新书》戊同。此依张尔田《玉溪生年谱会笺》引冯浩说。

《诗集》九集外诗有《题李卫公诗》二首云："蒿棘春深卫国门，九年于此盗乾坤。两行密疏倾天下，一夜阴谋达至尊。肉视具僚忘匕箸，气吞同列削寒温。当时谁是承恩者，肯有余波达鬼村。""势欲凌云威触天，权倾诸夏力排山。三年骥尾有人附，一日龙髯无路攀。画阁不开梁燕去，朱门罢扫乳鸦还。千岩万壑应惆怅，流水斜倾出武关。"

此诗见于《卢氏杂记》云："李德裕武宗朝为相，势倾朝野，及罢谴，作诗云云。"《太平广记》二五六引此，作"及罪谴，为人作诗云云"。为人当是人为之倒。未尝指名谁作。至《南部新书》癸乃谓："此温飞卿诗也。"曾益注温诗辩之曰："案：此二诗语涉讥刺。飞卿贬谪，本传可据，与卫公无涉；且本集《首春与丞相赞皇公游止》诗云：'一抛兰棹逐燕鸿，曾向江湖识谢公。'又《题李相公赐屏》云：'几人同保山河誓，独自栖栖九陌尘。'则知此诗定非飞卿所作。《南部新书》不足信也。姑存之以备考。"案：曾说是也。飞卿贬谪，在德裕卒后，断非由此怨望。由其平日多口舌之祸，此必仇家嫁名，诬以"浮薄"之罪，后人误取入集耳。《麈史》中载白居易作《丞相李德裕贬崖州》三绝句，有"从此结成千万恨，今朝果中白家诗"，"万里崖州君自去，临行怊怅欲冤谁"之句。李楚老翘叟谓白卒于李贬之前，此非白诗，当是疾李托名为之附于集云云。葛立方《韵语阳秋》二十亦云然。飞卿二诗，正同此例也。

十月，令狐绹同平章事。《旧书》本传。

李商隐初得侍御史。《旧书·李传》。

党项为边患,发诸道兵讨之,连年无功,戍馈不已。《通鉴》。

《诗集》四《山中与诸道友夜坐,闻边防不宁,因示同志》。约在此一二年内作。

大中九年乙亥　八五五

〔四十四岁。〕

三月,试宏词,为京兆尹柳熹之子翰假手作赋。

《旧书》纪:此年"三月试宏词,举人漏泄题目,为御史台所劾。裴谂改国子祭酒,郎中周敬复罚两月俸料,考试官刑部郎中唐枝出为处州刺史,监察御史冯颛罚俸一月,其登科十人并落下"。《东观奏记》下记此甚详,其事实起于飞卿。《奏记》六:"初,裴谂兼卜铨,主试宏技两科。其年争名者众应宏选,落进士苗台符、杨严、薛诉、李询古、敬翙已下一十五人就试。谂宽裕仁厚,有题不密之说。落进士柳翰,京兆尹柳熹之子也。故事,宏词科止三人。翰在选中。不中者言翰于谂处,先得赋〔题〕,托词人温庭筠为之。翰既中选,其声聒不止,事彻宸听。"《唐摭言》十一谓飞卿"卒以搅扰科场罪,为执政黜贬"。又谓其"以文为货",当指此。

试有司,不第,上考官沈询书千余言。

《新书》传:"大中末,试有司,廉视尤谨,庭筠不乐,上书千余言,然私占授者已八人。执政鄙其为,授方山尉。"案此数语用《北梦琐言》及《唐摭言》。《琐言》四云:"庭云又每岁举场多为举人假手,沈询侍郎知举,别施铺席授庭云,不与诸公邻比。翌日,于帘前请庭云曰:'向来策名,皆是文赋托于学士,某今岁场中,并无假托,学士勉旃。'因遣之。由是不得意也。"《唐摭言》十三云:"山北沈侍郎主文年,特召温飞卿于帘前试之,为飞卿爱救人故也。适属翌日,飞卿不乐,其日晚,请开门先出,仍献启千余字。或曰,潜救八人矣。"二书及新传皆不云事在何年。考唐赵璘《因话录》六,羽部云:"大中九年,沈询以中书舍人知举。"《南部新书》戊"韩洙与沈询尚书中表"条亦云:"询知举,大中九年也。"《唐语林》四"李某为中丞"条同。知是此年事,考官乃沈询也。《云溪友议》八谓"潞州沈尚书绚,宣宗九载主春闱",作"绚",非。询苏州人,曾镇潞州,见新书一三二本传。《友议》因误作潞州籍。

《诗集》九有《秋日旅舍寄义山李侍御》一律,《玉谿生年谱会笺》谓商隐得侍御史在大中三年十月,赴西川推狱在大中五年,至大中九年,皆在梓幕。《会笺》附李商隐《闻箸明凶问寄飞卿》、《有怀在蒙飞卿》二诗皆为东川诗,不能定编何年,附于此年末。注云:"考温寄义山诗,有渭城风物语,此或寄飞卿京邸乎。据五六写景,是梓州作也。飞卿集有《秋日馆舍寄义山李侍御》诗,结云'《子虚》何处堪消渴,试向文园问长卿。'盖寄义山东川者:温李酬唱始此。"

杜悰去淮南。

《诗集》五有《题杜邠公林亭》诗,原注云:"时公镇淮南,自西蜀移节。"案《旧书》一四七《悰传》:出镇西川在"大中初"。旧纪大中三年九月载"西川节度使杜悰奏收复维州"。据《通鉴》:悰去淮南在大中九年七月。是杜由西川迁淮南在大中三年后。温诗当作于大中三年后,此年七月前也。

《北梦琐言》四:"杜邠公自西川除淮海,庭云诣韦曲杜氏林亭留诗云云,邠公闻之,遗绢一千匹。"《琐言》一又谓杜悰:"累居大镇,复居廊庙,无他才,未尝延接寒素。"其于飞卿,殆破例耶。

大中十二年戊寅　八五八

〔四十七岁。〕

李商隐卒,四十七岁。《玉谿生年谱会笺》。

大中十三年己卯　八五九

〔四十八岁。〕

贬为隋县尉。

庭筠贬谪,其时日与事因,皆有不同之数说:《北梦琐言》、《南部新书》、《全唐诗话》仅云贬在宣宗时;新书传作"大中末"。《旧书》传则云:"属徐商知政事,颇为言之,无何,商罢出镇,杨收怒之,贬为方城尉,再迁隋县尉。"是谓贬在徐商拜相之后。此说甚误。据新旧《书》纪、传、宰相表及《通鉴》互证:咸通七年徐商拜相之次年,即杨收罢相出为观察使之年,咸通十年六月徐商出镇,犹在杨收赐死之后四月,乌得谓商罢收乃怒贬庭筠哉。考《东观奏记》下,知庭筠迁贬,确在此年。《奏记》曰:"'敕乡贡进士温庭筠,早随计吏,夙著雄名;徒负不羁之才,罕有适时之用;放骚人于沣浦,移贾谊于长沙,尚有前席之期,未爽抽毫之思。可随州随县尉。'舍人裴坦之词也。庭筠字飞卿,节连举进士,竟不中第,至是谪为九品吏。(案《旧书·职官志》:"诸州上县,尉二人,从九品上;中县,尉一人,从九品下;下县,尉一人,从九品下。")进士纪唐夫叹庭筠之冤,赠之诗曰:'凤凰诏下虽承命,鹦鹉才高却累身。'人多诵之。前一年,商隐以盐铁推官死。商隐字义山,节自开成二年升进士,至上十二年,竟不升于王廷。"庭裕乃飞卿同时人,《奏记》全书皆宣宗一朝事。此云李商隐大中十二年卒,飞卿后一年谪隋县,盖一显据矣。《玉谿生年谱》引旧纪,裴坦为中书舍人在大中十一年,至十三年尚以中书舍人权知贡举。亦一旁证。

其贬谪之由,有谓出丁搅扰科场者:《唐摭言》十一:"无何,执政间复有恶奏庭筠搅扰科场者,谪随州县尉。"新书传:"大中末,试有司,廉视尤谨,庭筠不乐,上书千余言,然私占授得已八人。执政鄙其为,授方山尉。"

有谓由令狐绹者:《南部新书》丁:"宣皇好文,尝赋诗,上句有'金步摇',未能对,〔令〕进士温岐续之,岐以'玉条脱'应,宣皇赏焉,令以甲科处之;为令狐绹所沮,除方城尉。"

有谓由杨收者:《旧书》传说,已引在前。《新书》传:"徐商执政,颇右之,欲白用;会商罢,杨收疾之,遂废卒。"

有谓由忤宣宗者:《北梦琐言》四:"宣皇好微行,遇〔温〕于逆旅,温不识龙颜,傲然而诘之曰:'公非长史司马之流?'帝曰:'非也。'又曰:'得非六参簿尉之类?'帝曰:'非也。'谪为方城尉。其制词曰:'孔门以德行为先,文章为末。尔德行无取,文章何以补之。徒负不羁之才,罕有适时之用云云。'竟流落而卒。"

此四说前二者较可信。新旧《书》谓由杨收,最为失实,前已纠之。《琐言》所记忤宣宗事与《南部新书》赏其玉条脱之对,两事相反,疑未必实。《琐言》六记侯泳忤豆卢相事,与此差同;《琐言》七又载贾岛忤宣宗于微行,贬长江尉。皆一事误传。《直斋书录解题》十九尝辟贾岛忤宣宗事;飞卿事亦视此耳。盖飞卿好傲慢权贵,为执政所恶,遂以科场事罪之。观郑延昌掌邦贡不与温宪及第,亦以"其父文多刺时,复傲毁朝士之故",可见当时执政致恨之深矣。

张采田曰:"唐制,进士释褐,本可诠授八品至九品官;飞卿以未释褐进士,至烦天子下诏,在唐代实为创例,故当时人传以为贬。味《东观奏记》'上明主也,而庭筠反以才废'二语,无限含意,若有难言之隐者;则飞卿之贬,原因复杂,而特借举场一事以发之。诸书所载傲宣宗诋令狐者,或未尽荒诞欤。"(《与龙榆生论夏瞿禅飞卿谱书》。)案《直斋书录解题》十九《贾长江集》下:"唐贵进士科,故

〔墓〕志言责授长江,如温飞卿亦谪方城尉;当时为乡贡进士,不博上州刺史,则簿尉固宜;若使今世进士得罪而责受簿尉,则惟恐责之不早耳。"据此,唐代以乡贡进士授县尉而当时以为贬谪窜逐者,由当时贵进士科之故,非飞卿一人为然,亦非有其"复杂原因";张氏因此信傲宣宗事,似未谛也。

依徐商于襄阳。商署为巡官。

商为襄阳刺史,始大中十年春,十四年征召赴阕,已考在前。《旧书》传谓商"署为巡官",《金华子》谓"留为从事",当属此时。(《旧书》一七九《商传》,谓商大中十三年及第,大误。或羡一"十"字也。)顾肇仓曰:"《唐诗纪事》七十《全唐诗话》五'温宪'条下,称'员外庭筠',当系署巡官时所带京衔为检校员外郎;然亦不知检校何部耳。新书《百官志》,员外郎从六品上,故后入京能补国子助教也。国子助教亦从六品上。"

八月七日,宣宗崩。令狐绹摄冢宰,十二月罢。

《乐府记闻》:"宣宗爱唱《菩萨蛮》,令狐绹假温庭筠手撰二十阕以进,戒勿泄,而遽言于人。"据《杜阳杂编》下:大中初,女蛮国贡双龙犀,当时倡优始制《菩萨蛮》曲。案《菩萨蛮》曲已见于《教坊记》,不始于大中初,《杂编》之说不可信。《纪闻》一条亦见《北梦琐言》,惟无撰二十阕之说。

懿宗咸通元年庚辰　八六〇

〔四十九岁。〕

在襄阳,与段成式、余知古、韦蟾、徐商辈唱和。嫁女于成式子安节。弟庭皓时亦在襄,为徐商从事。

《金华子》上:"〔段成式〕退隐于岘山,时温博士庭筠方谪尉随县,廉帅徐太师商留为从事,与成式甚相善,以其古学相遇。常_{当作}

'尝'送墨一铤与飞卿,往复致谢,递搜故事者九函,在禁集中。为其子安节娶飞卿女。"案《旧书》一六七《段文昌传》:谓成式"咸通初,出为江州刺史,解印居襄阳"。然《全唐诗》九函五册成式《观山灯献徐尚书诗序》云:"尚书东苑公镇襄之三年。"即大中十三年也。《唐文粹》七六成式《塑像记》亦云"大中年秋予闲居汉上",是成式大中末已居襄阳,不始于咸通初矣。兹姑依旧书定温、段唱和在此时。

《唐书·艺文志》:《汉上题襟集》十卷,宋志无集字。段成式、温庭筠、余知古撰。知古著《渚宫旧事》,署衔"将仕郎守太子校书"。《唐志》注:"文宗时人。"

《书录解题》十五:"《汉上题襟集》三卷,唐段成式、温庭筠、逢皓、余知古、韦蟾、徐商等倡和诗什,往来简牍,盖在襄阳时也。"《文献通考》无逢皓,有崔皎。案逢皓、崔皎皆庭皓之误。《全唐诗》二十二"温庭皓初为襄阳徐商从事",有《岘山观灯献徐尚书》三首,盖与段成式同作。参谱后庭皓条。

韦蟾大中进士,为徐商掌书记,有《上元奉和山灯》三首,亦见《全唐诗》廿一。

《唐人万首绝句选·凡例》:"《汉上题襟集》,闻楚潜江莫进士与先有藏本,数千里往借钞,则诡云'顷游鄱阳湖失之矣'。迄今以为憾事。"又《分甘余话》四:"新安族人携一书目,有《汉上题襟集》节余梦寐以之。"是其书清初尚存也。

《诗集》七有《和少常柯古》,九有《答段柯古见嘲》、《和周繇广阳公宴嘲段成式诗》、《光风亭夜宴妓有醉殴者》注云:"成式、韦蟾同咏,出《纪事》。"成式有《寄温飞卿笺纸嘲飞卿》七首、《柔卿解籍戏呈飞卿》、《戏高侍御》七首皆见《全唐诗》。王仲闻曰:成式此数诗,不见于唐人总集,惟见于嘉靖本《唐人万首绝句》卷四十四。

张尔田曰:"徐商镇襄阳,始于大中十年,据李骘《徐襄州碑》云:'大中十年春,今丞相东海公自蒲移镇于襄,十四年征诏赴阙,节今天子咸通五年,公为御史大夫,自始去商,于兹六年矣。'由大中十三年数至咸通六年立碑之时,正六年也。然则飞卿于大中十三年谪尉随县,其为徐商从事,首尾不过一年也。"(《与龙榆生论夏瞿禅飞卿谱书》。)

未几离襄阳,客江陵,旅况甚窘。

顾肇仓曰:"《旧书·徐商传》:'咸通初,以刑部尚书为诸道盐铁转运使。'《唐方镇年表》四谓徐商自山南东道调任即在咸通元年。则庭筠之解职,当亦在此时;然其归江东,不必即在元年也。《全唐文》七六八庭筠有《答段柯古赠葫芦管笔状》:'庭筠累日经年,洛水寒疝,荆州夜嗽。筋骇莫掇,邪蛊相攻。蜗睆伤明,对兰缸而不寐;牛肠治嗽,嗟药录而难求。'同卷《上令狐相公启》有云:'敢言蛮国参军,才得荆州从事。戴经称女子十年,留于外族;嵇氏则男儿八岁,保在故人。藐是流离,自然飘荡。叫非独鹤,欲近商陵;啸类断猿,况邻巴峡。光阴讵几,天道何如。岂知蕞陋之姿,独隔休明之运。'当在荆州时求恳令狐绹书,见《全唐文》七八六。又有《谢纥干相公启》:'间关万里,仅为蛮国参军;荏苒百龄,甘作荆州从事。'其在江陵所作诗亦有数首,似庭筠居江陵,颇历时日,其是否以荆州从事代署襄阳巡官之事,殊不可知。若谓实指荆州,又无他书佐验。意者,自襄阳解职,即暂寄寓江陵耶?观上列启状,知其贫病交侵,惨愁殊甚,当即旧书所云'失意',新书所云'不得志'也。"

咸通四年癸未 八六三

〔五十二岁。〕

过广陵为虞候所辱,诉之令狐绹,至长安雪冤。(唐中叶以后,方镇皆置都虞候,虞候主不法。)

《新书》本传:"徐商镇襄阳,署巡官,不得志,去归江东。令狐绹方镇淮南,庭筠怨居中时不为助力,过府不肯谒。丐钱杨子院,夜醉,为逻卒击折其齿,诉于绹,绹为劾吏,吏具道其污行,绹两置之。事闻京师,庭筠遍见公卿,言为吏诬染。"

顾肇仓曰:"庭筠自襄阳解幕职,即暂寓江陵,其归江东,约在咸通三四年之时,尤以三年为近似。有《春日将欲东归寄新及第苗绅先辈》诗笺注本卷四:'犹喜故人先折桂,自怜羁客尚飘蓬。'及'三春月照千山路'之句,似是三年春将行时作。据此,庭筠由江陵起行,约在三年春、夏之交;至冬,适令狐绹镇淮南,遂罹斯辱。庭筠才名籍甚,既至扬州,令狐绹知之,固意中事,而宿怨未释,复恨其久不刺谒,故使人折辱之。不然,何以释虞候而不治以罪耶。《全唐文》七六八有《上裴相公启》:'某性实颛蒙,器惟顽固。纂修祖业,远愧孔琳;承袭门风,近惭张岱。既而羁齿侯门,旅游淮上。投书自达,怀刺求知。岂期杜挚相倾,臧仓见嫉。守土者以忘情积恶,当权者以承意中伤。直视孤危,横相陵阻。绝飞驰之路,塞顾啄之涂。射血有冤,叫天无路。'明言守土者以忘情积恶,当权者以承意中伤,当即在淮南令狐绹指使虞候折辱之事。又,裴相公或系裴休。《旧书》一七七《裴休传》:'咸通初,入为户部尚书,累迁吏部尚书,太子少师,卒。'盖此启即《旧书》所谓'自至长安,致书公卿间雪冤'之事也。"

案《旧书》纪:令狐绹为淮南节度副大使知节度事在咸通三年之冬,则顾氏定飞卿三年春夏之交发江陵冬方抵扬,不如定为四年春夏起程为合理。据《楚南新闻》二飞卿四年十一月在长安(详后),亦一旁证也。

《诗话总龟》四引《雅言杂录》"温庭筠"条,谓被逻卒折齿在游襄阳前,纪唐夫赠诗在归江东时,皆前后误倒。

六月,段成式卒。

《楚南新闻》二:"太常卿段成式,相国文昌子也。与举子温庭筠亲善。咸通四年六月卒。"

二月,程修己卒。

温宪撰程修己志云:"严君有盛名于世,亦朝夕与公申莫逆之契,高游胜引,非公不得预其伍。节以咸通四年二月·日遘疢殁。"见《非见斋碑录》。修己《唐朝名画录》有传。飞卿集中与程无唱酬。

再贬方城尉,约在此年。

《旧书》传:"贬为方城尉,再迁随县尉。"贬随县前既考定为大中十三年,此云在贬方城后,必是误倒。张尔田定贬方城在此年,其说曰:"令狐绹移镇淮南在咸通三年,杨收入相在咸通四年;当飞卿受辱虞候之时,正杨收正位中书之日;传既云污行闻于京师,庭筠自至长安致书公卿雪冤,则杨收怒之,再贬方城尉,必在是时;其初贬也,因举场占受,执政者鄙其所为;其再贬也,因扬子狎游,致遭公卿之怒。《云溪友议》七载纪唐夫赠飞卿诗:'方城若比长沙远,犹隔千津与万津',乃再贬方城时作。唐时贬谪,以远近为差,方城属唐州,去京师一千三百余里;随县属随州,去京师一千四百余里。诗言若以方城比随县,犹为不近也。随县而借喻长沙者,用裴坦制中语,确是再贬时作。惟旧书传'徐商罢相',即接以'杨收怒之'句,必系讹传;或者'罢相'二字为'罢镇'之笔误欤。"《论夏瞿禅飞卿年谱书》。案《云溪友议》七、《南部新书》丁及《唐诗纪事》、《全唐诗话》,皆作"贬方城",惟新书作"方山",当传误或笔误也。

五月,杨收同平章事。《新书》纪、《宰相表》。

咸通七年丙戌　八六六

〔五十五岁。〕

时为国子助教。牓国子监。署"咸通七年十月六日试官温庭筠牓"。见《全唐文》七八六。

《旧书》传:"属徐商知政事,颇为言之;无何,商罢相出镇,杨收疾之,遂废。"

《唐才子传》八:"庭筠仕终国子助教,竟流落而死。"《新书》传:"徐商执政颇右之,欲白用。"近人刘毓盘《词史》遂谓"徐商执政,入为国子助教。商罢遂废"。

顾肇仓曰:"徐商拜相罢相年月,颇有异说。按《旧书》一七九《附徐彦若传》:'商(咸通)四年,以本官同平章事。六年罢相,检校右仆射江陵尹荆南节度观察等使。'《新书》一一三《附徐有功传》:'四年,进同中书门下平章事,出为荆南节度使。'而新《书》纪及《宰相表》则谓商平章事在六年六月,旧纪谓在六年二月,其罢相皆在十年。旧、新《书》纪、传、表,史文互乖;且《旧书》传显有脱误之迹:其不可信,盖彰然也。今姑依《旧书》之说,定为拜相在四年,罢相在六年。庶几《庭筠传》末'商罢相出镇,杨收疾之'之语可通,而与庭筠之事迹亦较合也。庭筠咸通三年归江东,受辱,复至长安。四年,居闲輦下。唐尉迟枢《南楚新闻》:'太常卿段成式与举子温庭筠亲善,咸通四年六月卒。庭筠居闲輦下。'是年初由江东至长安,尚未补官,故云居闲也。个久,徐商为相,故两书曰'属'曰'俄'也。惟助教事,两书均未言,然据《花间集》卷一题'温助教'。《花间》结集去庭筠卒时,约六七十年,题官必有据,一也。晁公武《郡斋读书志》卷四温集下云:'终国子助教。'《金华子杂编》上称'温博士',或系'助教'之误。二也。《唐才子传》八:'(邵)谒,韶州翁源县人。咸通七年抵京师,隶国子。时温庭筠主试,悯㩁寒苦,乃榜谒诗三十余篇,以振公道。'是庭筠确曾官为国子监矣,三也。且细玩两书本传'颇为言之'、'欲白用'文意,徐商为相时,庭筠必曾补官。否则,杨收疾之、'遂贬'、'遂废'之语蹈空矣。如本闲居未官,杨收又何从疾而废之耶。或系试补,尚未除授,且为时甚暂。《旧书》误以贬尉之事当之,而《新书》亦遂漏书耳。复据《全唐文》七六八:'右前件进士所纳诗篇等,识略精微,堪裨教化。声词激切,曲备风谣。标题命篇,时所难著。灯烛之下,雄辞卓然。诚宜榜示众人,不敢独专华藻。并仰牓出,以明无私。仍请申堂,并牓礼部,咸通七年十月六日,试官温庭筠牓。'则庭筠七年十月尚在国子监,而杨收罢相在八年,《新书》纪、表及《通鉴》在七年十月。其为杨收所疾废,当在七年十月之后,八年杨罢相之前。观牓文有'声词激切'及'时所难著'之语,或是翁韶诗篇讽刺时政,而庭筠牓之,遂触忌而遭废耶。"文末翁韶或邵谒之误。

《五代诗话》二"李涛"条,引《全唐诗话》:"温飞卿任太常博士,主秋试,涛与卫丹张却等诗赋皆榜于都堂。"此谓温为"博士",与《金华子杂编》同;《花间集》称温为助教,当是最后仕历。不可信。

杜审权罢相,出为镇海军节度使。

咸通十年己丑　八六九。

〔五十八岁。〕

四月,弟庭皓被杀于徐州。新旧《书》本传、《通鉴》。详谱后。

六月,徐商罢相出为荆南节度使。新旧《书》纪,《宰相表》。

《旧书》传谓"商罢出镇,杨收怒之,贬为方城尉"。案杨收此年二月流驩州,寻赐死。见《旧书》纪,《宰相表》。犹在徐商罢前之四月,《旧书》说误,已辨在八五九年谱。

咸通十一年庚寅　八七〇

〔五十九岁。〕

春,蛮攻成都,经月始退。旧纪、《通鉴》。

《集》四有《赠蜀将》自注云:"蛮入成都,频著功劳。"顾肇仓曰:"蛮人扰川,前此二三十年已然,而攻成都则在本年。此诗不必即作于本年,盖蜀将著功,未必即回长安而相晤也。"飞卿诗可考年代者,此为最后,足证其此年尚健在。

温璋以京兆尹贬为振州司马,仰药死。旧纪、《通鉴》。

《鱼玄机集》有《冬夜寄温飞卿》七律一首、《寄飞卿》五律一首。玄机补阙李亿妾,爱衰,从冠帔于咸宜观,以笞杀女童为京兆尹温璋所杀。玄机必死于此前数年间。明叶宪祖尝作《鸾锟记》传奇述飞卿与玄机事。飞卿此后行实,皆无可考。《诗集》四有《投翰林萧舍人》一律,顾予咸补注定"舍人"为萧遘。考遘为翰林学士中书舍人在乾符三四年间。八七六年左右。《旧书》一七九《遘传》,《新书》一〇一《萧瑀传》,参《通鉴》。依顾说飞卿犹及见乾符,得年当六十六七。然考飞卿同时萧姓为舍人者,大中六年有萧寘,大中五年有萧邺皆见《翰苑群书》上,"舍人"未必即萧遘。飞卿集中无纪乱诗,似未及见乾符间黄巢兵事;或即卒于咸通末,得年六十左右也。

《集》中诗可考行迹者,以关中、金陵为最多,江、淮、湘、鄂次之,皆已略见年代于谱中。卷一有《吴苑行》,卷四《寄裴生乞钓钩》有"今日太湖风色好,却将诗句乞鱼钩"之句,是曾游吴中。卷一有《锦城曲》,卷四有《利州南渡》一律,卷七有《神女庙》一律,卷八有《旅泊新津》一律,是曾入蜀。《赠蜀将》自注云:"蛮入成都,频著功劳。"诗云:"十年分散剑关秋,万事皆从锦水流。"顾肇仓曰:"蛮攻成都,经月始退,在咸通十一年八七〇见旧纪、《通鉴》。"是游蜀至迟必在卒前十余年,或当客襄阳前后也。卷四《送崔郎中赴幕》云:"一别黔南一作巫似断弦,故交东去更潜然。心游目断三千里,雨散云飞二十年。"是游黔犹在入蜀之前矣。卷二有《钱唐曲》、《苏小小歌》,卷四有《南湖》即鉴湖一律,卷七有《萧山庙》一律,卷八有《题贺知章故居》一律,皆浙中作,《钱塘曲》自称"淮南游客";《南湖》结云:"飘然蓬顶东归客,尽日相看忆楚乡。"当在游江淮之后;庭筠客江淮止少时及咸通间二次,咸通间归自襄阳,亟亟至长安雪冤,则入浙当其少时也。卷七有《地肺山春日》一绝,顾注考地肺山有三:《高士传》云在商洛;《永嘉郡记》云在乐城;陶隐居《真诰》云在金陵。《括地志》云即终南山;《寰宇记》云即灵宝枯枞山;不知温诗何指。飞卿虽曾入浙,集中别无温州踪迹,以金陵终南为近是耳。综其游迹,东至吴、越,南极黔、巫,西抵雍州,经行不为不广;惜卷中少题甲子,无从考其确实年代矣。

顾肇仓曰:"庭筠诗中,言其故乡太原者绝少,而言江南者反甚多。恐幼时已随家客游江淮,为时且必甚长。兹录其诗于下:'淮南'游客马连嘶,碧草迷人'归'不得。《钱唐曲》。'江南'戍客心。《边笳曲》。却笑'江南'客,梅落不'归'家。《敕勒歌塞北》。'丹阳'布衣客。《裴公挽歌词》。飘然蓬顶'东归'客。《南湖》。'吴客'卷帘闲不语。《偶题》。轻桡便是'东归'路。《渭上题》。乡思巢枝鸟。《开成五年呈友人诗》。按用越鸟巢南枝事。羡君'东去'见残梅,唯有王孙独未'回'。《送卢边士游吴越》。又诗题有《春日将欲'东归'》及《'东归'有怀》。据以上诸诗,自称曰'江南客',至江南曰'归'曰'回',两《唐书》本传亦曰'归江东'。飞卿在江南日久,俨以江南为故乡矣。在吴、越所作诗甚多,亦可证其居江南之久。兹复将其诗所代表之地,依唐时地名,表列于左方。其无地名及不能确指在何地所作者,不列入。

〔江南道〕

润州,上州县——《雉场歌》(笺注本卷一,以后只标明数字。又每题之下,笺注已注明地属,或其诗中已有地名者,原书具在,可以覆按,兹不复一一移录,以节篇幅。)《雍台歌》(一)《鸡鸣埭歌》(一)《台城晓朝曲》(二)《谢公墅歌》(二)《江南曲》(二)《题丰安里王相林亭》二首(七)《过吴景帝陵》(九)《太子西池二首》(三)

丹阳县——《湖阴词》(一)《芙蓉》(三)

常州——《蔡中郎坟》(五)

苏州、吴县——《吴苑行》(一)《寄裴生乞钓钩》(五)

台州、临海县——《送人南游》(七)

越州、山阴县——《春洲曲》(二)

会稽县——《南湖》(四)《李羽处士寄新醅走笔戏酬》(四)《李羽处士故里》(四)《西江上送渔父》(四)《题萧山庙》(七)《赠越僧岳云》二首(七)《题贺知章故居叠韵作》(八)

余姚县——《敬答李先生》(九)《宿沣曲僧舍》(九)

湖州——《江南曲》(二)

杭州、钱塘县——《钱塘曲》(二)《苏小小歌》(二)

〔淮南道〕

扬州——《兰塘词》(二)《经故秘书崔监扬州南塘旧居》(四)《晋朝柏树》(四)《过孔北海墓二十韵》(六)

楚州、淮阴县——《送淮阴县孙令之官》(八)

盱眙县——《旅次盱眙县》(八)

〔河南道〕

泗州、下邳县——《过陈琳墓》(四)

蔡州、汝阳县——《途中有怀》(七)

河南府、洛阳县——《题裴晋公林亭》（四）《寄分司元庶子兼呈元处士》（四）《洛阳》（八）《和太常杜少卿东都修行里有嘉莲》（九）

〔关内道〕

京兆府——《太液池歌》（一）《昆明池水战词》（二）《春晓曲》（三）《长安寺》（三）《秋日》（三）《中书令裴公挽歌词》（四）《重游东峰宗密禅师精庐》（四）《郊居秋日有怀一二知己》（四）《题望苑驿》（四）《题柳》（四）《赠知音》（四）《秘书省有贺监知章草题诗笔力遒健风尚高远披拂寻玩因而有作》（四）《车驾西游因而有作》（五）《长安春晚》二音（五）《题端正树》（五）《渭上题》三首（五）《题城南杜邠公林亭》（五）《鄠杜郊居》（五）《开成五年秋呈友人一百韵》（六）《经李处士杜城别业》（七）《过新丰》（八）《休浣日西掖谒所知因成长句》（八）《题中南佛塔寺》（九）《鸿胪寺有开元中锡宴堂偶成四十韵》（九）《自有扈至京师已后朱樱之期》（九）

昭应县——《过华清宫二十二韵》（六）《华清宫和杜舍人》（九）《华清宫》二首（九）《走马楼三更曲》（二）

咸阳县——《偶题》（四）《咸阳值雨》（五）《西游书怀》（七）《秋日旅舍寄义山李侍御》（九）

兴平县——《马嵬驿》（四）《马嵬佛寺》（九）（詹安泰云前文关内道京兆府下《题端正树》一首，据《寰宇记》。应改入此。）

奉天县——《奉天西佛寺》（五）

鄠县——《鄠郊别墅寄所知》（八）《宿云际寺》（八）

华州、华阴县——《水仙谣》（二）《华阴韦氏林亭》（五）《敷水小桃盛开因作》（七）《过潼关》（八）《和赵碾题丘寺》（八）

商州、洛南县——《却经商山寄昔同行友人》（四）《商山早

行》(七)

凤翔府、郿县——《经五丈原》(四)

绥州——《边笳曲》(三)

〔河北道〕

相州、邺县——《金虎台》(三)《庄恪太子挽歌词》(三)《达摩支曲》(二)

〔河东道〕

河中府——《题河中紫极宫》(五)《河中陪帅游亭》(八)

〔山南东道〕

襄州——《赠袁司录》(四)《送襄州李中丞赴从事》(九)《题谷隐兰若》(九)《光风亭夜宴妓有醉殴者》(九)《和周繇广阳公宴嘲段成式》(九)《答段柯古见嘲》(上二首见《唐诗纪事》,载其事在襄阳。)

宜城县——《常林观歌》(一)

夔州、巫山县——《巫山神女庙》(七)

江陵府——《渚宫晚春寄秦地友人》(七)《寄渚宫遗民弘里生》(八)《送人东游》(七)《和沈参军招观芙蓉池》(三)《赠隐者》(七)《江岸即事》(七)(上三首,玩其词意,似是在江陵作。)

〔山南西道〕

利州——《利州南渡》(四)

兴元府——《过分水岭》(五)

〔剑南道〕

成都府——《锦城曲》(一)

蜀州、新津县——《旅泊新津县寄一二知己》(八)

〔安北都护府〕

《敕勒歌塞北》(三)

飞卿诗共三百十余首,其作地可考如右所列者才百二十首,尚不及全作之半。此百余首中,以在关内所作为最多,江淮次之,山南又次之。依此,亦可略知飞卿在各地客游之久暂矣。"

《旧书》传曰:"庭筠著述颇多。"而传者甚少,诸书所记书名卷数,亦多异同。顾肇仓有飞卿著述表移录如后:

所据书书名及卷数	新唐书	通志	郡斋读书志	书录解题	通考	宋史	读书敏求记	四库提要
干馔子三卷		一卷	三卷		三卷			
采茶录一卷		三卷				一卷		
学海三十卷		同				同		
握兰集三卷		同				同		
金荃集十卷		同	七卷		七卷			
诗集五卷		同				同	七卷	九卷
汉南真稿十卷		同				同		
汉上题襟集十卷(合)			同外集一卷	飞卿集七卷	同记室备要三卷又集十四卷温庭筠集七卷	同	别集一卷	
(承焘案:学海,《唐艺文志》作二十卷,《唐才子传》作三十卷,干馔子,《遂初堂书目》作一卷,金荃集,《通考》作七卷外集一卷。王国维谓"宋时飞卿词止有一卷,握兰、金荃当是诗文集,非词集也"。)								

"按诸书所列,大同而小异。惟《宋史》既列诗集五卷,又列《集》十四卷、《温庭筠集》七卷,似嫌重出;又多《记室备要》一书:皆前于《宋史》及后于《宋史》之书目所无者也。又《握兰》、《金荃》二集,《新书》、《通志》与诗集并列,似是词集。(《花间集序》,《历代诗余》并同此说。)而《通考·诗集类》列《金荃集》七卷,无诗集,(《郡斋读书志》同)又似诗集矣。据笺注本顾嗣立跋,'今所见宋刻,止《金荃集》七卷、《别集》一卷、《金荃词》一卷'。则《金荃集》既为诗集之名,又为词集之名。但书目诸书,均未如此分载,卷数亦不合,(诸书载《金荃集》有七卷本、十卷本两种,若依顾氏之说,诗词合为八卷矣。)未知顾氏所见,究系何本。清人吴衡照《莲子居词话》卷一,亦谓未见顾氏所见《金荃词》本;而道光间项廷纪《忆云词》丁稿,有《采桑子》一首。题为'读《金荃词》题后'。不知项氏所读,即顾氏所见之本否也。疑莫能明矣。庭筠著述今尚传者,有《诗集》九卷,《干馔子》、《采茶录》各一卷,(二书均不全。)文若干篇,及词数十首,散见于《花间集》、《金奁集》、《尊前集》、《全唐诗》附录、《历代诗余》等书中。"

案郑文焯有《温飞卿词集考》一文,见《词学季刊》一卷三号谓唐宋旧志所称为《金荃集》者,固合诗词而言,词即附于诗末。《花间集》叙称"飞卿复有《金荃集》",其书所收六十六首,或即出于原集之末卷,学者得此,无俟他求已。又《齐东野语》云,"毛熙震集止二十余调",《十国春秋》称"欧阳炯有小词二十七章"。今征之《花间》,其数并合。则飞卿词既他无所见,虽谓此六十六首美尽于斯可也。以上郑说有节文。王仲闻曰:今本《野语》无此语;文焯殆据沈雄《古今词话》或《历代诗余》,乃无稽之谈。

《唐才子传》载《干馔子序》云:"不爵不觥,非鱼非炙,能悦诸心,庶乎干馔。"(《书录解题》十一"鱼"作"鸟","心"下有"聊甘众口"四字。又云:"䐮"与"馔"同,字从"肉",见《古礼经》。)洪迈《夷坚支志》称其"整齐可玩",今龙威秘藏所载,与散见于《说郛》、《太平广记》及《考古质疑》诸书者,往往不相同,必赝作无疑。《观林诗话》八页引《干䐮子》记狐两篇,皆四言韵语,或原书体裁如此。庭筠著述八九种,盖至今无一全书矣。

飞卿家人子姓可考者:

姊为赵颛妻,见《玉泉子》,已引于八四〇年谱。

《北梦琐言》四记吴兴沈徽称飞卿为"温舅",不知其母是飞卿之姊若妹。

弟庭皓亦工词翰,署徐州观察使崔彦鲁幕府,咸通九年被杀于庞勋。

《新书·庭筠传》:"弟庭皓,咸通中署徐州观察使崔彦鲁幕府。庞勋反,以刃胁庭皓,使为表求节度使。庭皓绐曰:'表闻天子,当为公信宿思之。'勋喜。归与妻子诀。明日复见,勋索表,偃答曰,'我岂以笔砚事汝耶,其速杀我。'勋熟视笑曰:'儒生有胆耶,吾动众百万,无一人操檄乎?'囚之。更使周繇草表。彦鲁遇害,庭皓亦死,赠兵部郎中。"

《摭言》十:"温庭皓,庭筠之弟,辞藻亚于兄,不第而卒。"《唐诗纪事》五八:"尚书东苑公镇襄阳,(段)成式、(温)庭皓、(韦)蟾皆其从事。"又五四:"周繇以御史中丞与段成式、韦蟾、温庭皓同游襄阳徐商幕。"

女适段安节,成式子也。

《南楚新闻》不分卷:"安节,前沂王傅,乃庭筠婿也。"《金华子杂编》上:"段郎中成式,为子安节娶飞卿女。安节仕至吏部郎中,沂王傅。善音律,著乐府行于世。"《新书》八九《段成式传》:"子安节,乾宁中为国子司业,善乐律,能自度曲云。"《金华子》"乐府"下当脱"杂录"二字。

子宪,龙纪元年以进士擢第,终山南从事,咸通末与张乔等称"十哲",已见于八四一年谱。《唐才子传》九:"(温)宪,庭筠之子也。龙纪元年,李瀚榜进士及第。出为山南节度府从事。大著诗名。词人李巨川草荐表,盛述宪先人之屈,辞略曰:'娥眉先妒,明妃为出国之人;猿臂自伤,李广乃不侯之将。'上读表恻然称美。时宰相亦有知者,曰:'父以窜死,今孽子宜稍振之,以厌公议,庶几少雪忌之恨。'上颔之。后迁至郎中,卒。有集文赋等传于世。"

孙颛,曾孙郜。颛《十国春秋》四十二有传。《北梦琐言》二十谓其"仕蜀,官至常侍,无他能,唯以隐僻绘事为□□也。中间出官,旋游临邛,欲以此献于州牧,为谒者拒之。然温氏之先貌陋,时号'温锺馗'。颛之子郜,魁形克肖其祖,亦以奸秽而流之。"案飞卿一生,以抑摈积愤,好訾毁朝贵,怨毒所丛,不但其子见扼于有司,诬诋之辞且下逮孙曾矣。

董其昌《画禅室随笔》一"题温飞卿书":"湖阴曲,温飞卿书,似平原而遒媚有态,米元章从此入门。昔年殷司马之孙持至长安,留予案上两月。余以'温庭筠''温'字颇漫,疑是王黄华书;黄华亦名庭筠,字迹近米家父子故耳。川中黄昭素乃谓此必曾入梁内府,梁讳'温'字,遂磨去。意或有之。"案湖阴词是飞卿作,此当非黄华书,惜不知流落何许矣。一九三二年五月。六和塔。

后记(一)

往年为此编,承张孟劬先生尔田贻书讨论;谱中定飞卿再贬方城在咸通间,即遵先生教也。近见顾肇仓君所著《新旧唐书温庭筠传订补》、《飞卿感旧陈情诗旧注辨误》及《温飞卿传论稿》,皆多匡予不逮,爰一一注明补入。并此志谢。一九五四年十一月。六和塔。

后记(二)

陆游诗有《杨廷秀寄南海集》二首之一云:"飞卿数阕峤南曲,不许刘郎夸竹枝;四百年来无复继,如今始有此翁诗。"原注云:"温飞卿《南歌子》九首,其工不减梦得《竹枝》。"《渭南文集》十四《徐大用乐府序》亦云:"温飞卿作《南乡子》九阕,高胜不减梦得,迄今无深赏音者。"案今存飞卿词无此九首;《花间集》载当时人以《南乡子》写南土风物者,有欧阳炯八首,李珣十首,皆非九首。似游在南宋时犹及见《花间集》外之飞卿词。记之待求旁证。一九五六年六月。

写前文成,读《渭南文集》,其卷廿七有跋《金奁集》云:"飞卿《南乡子》八阕,语意工妙,殆可追配梦得,信一时之杰也。淳熙己酉立秋观于国史院直庐。"云"八阕",与前两文作"九阕"者异;取《金奁集》验之,则所载《南乡子》八阕,正即《花间》欧阳炯之作;乃知放翁偶未检《花间》,遂误信《金奁》尽为飞卿词,并误"八"为"九",致有此不实之语。彊村先生《金奁跋》已引飞卿此文。予为温谱,乃忘检此,甚自愧荒率,亟补记之。同年六月廿九日。梅东高桥寓舍。

姜白石系年

姜夔字尧章，番阳人。本集。

父噩，知汉阳县，卒于官。夔孩幼随宦，往来沔鄂几二十年。姜虬绿《白石道人诗词年谱》、《世系表》。本集。

淳熙间，识闽清萧德藻，德藻自谓四十年作诗，始得此友。《齐东野语》。以其兄之子妻之，《直斋书录解题》、《南湖集》。携之同寓湖州。永嘉潘柽字之曰白石道人，所以居邻苕溪之白石洞天也。本集。参予作《白石道人行实考》。

夔少以词名，能自制曲，初率意为长短句，然后协以律。本集。尝以杨万里介，谒范成大于苏州，《诚斋集》。成大以为翰墨人品皆似晋宋之雅士。《齐东野语》。

夔游苏松间，颇自拟为陆龟蒙，本集。参予作《白石歌曲考证》。万里亦称其文无不工，甚似龟蒙。自述。并时名流若楼钥、叶适、京镗、谢深甫，皆折节与交；朱熹亦爱其深于礼乐。《齐东野语》。

时南渡已六七十载，乐典久坠，夔于宁宗庆元三年，进《大乐议》及《琴瑟考古图》于朝，论当时乐器、乐曲、歌诗之失。时嫉其能，不获尽所议。《吴兴掌故》。五年，又上《圣宋铙歌》十二章，本集。诏免解与试礼部，不第，《书录解题》。遂以布衣终。

夔气貌若不胜衣，襟期洒落，家无立锥，而一饭未尝无食客；图书翰墨之藏，汗牛充栋。《藏一话腴》。辛弃疾深服其长短句，《齐东野语》。张炎比为"野云孤飞,去留无迹"。《词源》。黄升谓其高处周邦彦所不能及。《绝妙词选》。为诗初学黄庭坚,而不求与杨、范、萧、陆诸家合,《诗集》自序。一以精思独造,自拔于宋人之外。《四库提要》。所为诗说,多精至之论;严羽之前,无与比也。《渔洋诗话》。亦精赏鉴,工翰墨。辨别法帖,察入豪发,较黄伯思、王厚之为优;《曝书亭集》。赵孟坚称为书家申韩。《研北杂志》。习《兰亭》二十余年,《兰亭考》。晚得笔法于单炜。《保母志跋》。

著书可考者十二种。今存诗集、诗说、歌曲、续书谱、绛帖平等。参行实考。京镗尝称其骈俪之文,《齐东野语》。则无一篇传矣。

张俊之曾孙有名鉴者,居杭州;夔中岁以后,依之十年。《齐东野语》。鉴卒,旅食浙东、嘉兴、金陵间。本集、《履斋诗馀》、《泠然斋集》。卒于西湖,贫不能殡,吴潜诸人助之葬于钱唐门外西马塍。《履斋诗余》、《砚北杂志》。子二:琼,太庙斋郎;世系表。瑛,嘉禾郡签判。严杰作《姜夔传》。

宋高宗绍兴二十五年乙亥　一一五五

〔一岁。〕

白石生卒甲子,皆无可征考。仅知其生年约当绍兴二十五年左右,卒在嘉定十三年庚辰一二二〇年之后而已。《白石道人歌曲·探春慢序》云"予自孩幼,从先人宦于古沔";据姜虬绿《白石道人诗词年谱》,从宦在隆兴初年;其时以十岁左右计,当生于此年前后。依此推证其平生:别姊去沔鄂,在淳熙十三年丙午,其甥已能从游,见《浣溪沙》词。嫁姊当在乾道间白石十四五岁时。淳熙丙午作别沔鄂亲友诗,有"宦达羞故妻"一首,知其时已婚于萧氏,约三十左右。绍熙二年辛亥,范成大赠以小红,时约三十六七。嘉定十三年,与吴潜会于扬州,见吴潜《暗香疏影序》,则已六十五六;行年情事，约略相符也。陈思《白石年谱》定生于绍兴二十八年戊寅，固亦相去无几，然取证未充，不如阙疑。

严杰为白石传有云："绍兴中，秦桧当国，隐居箬坑之丁山，参政张焘累荐不起，高宗赐宸翰，建御书阁以储。"依此以推，白石绍兴间已知名朝野，至少已三十左右，当生建炎初年。然证以《探春慢序》，隆兴从宦，尚在孩幼，此说不攻自破。且秦桧卒于绍兴二十五年，张焘参知政事，则在隆兴元年；桧当国时，张方帅成都，洎自蜀归，又卧家十三年，未必有荐士之事。参《宋史》三八二《张传》，及陈谱。严传云云，盖依《饶州府志》及《德兴县志》。此说不知何所从来，或他人事而误属白石也。《永乐大典》一三〇七五"洞"字十三上，"持火入洞"条，引周密《澄怀录》谓"姜尧章建炎三年八月一日自百合口泛舟顺流归竹山。云云"。此条必有误字。容检《澄怀录》核之。

《诗集·寿朴翁》云："与师同月不同年，归墨归儒各自缘。想得山中无寿酒，但携茶到菊花前。"据此，白石生辰当在秋间。王鹏运《袖墨词·石湖仙序》云："姚景石结社大梁，尝以九月八日为白石老仙寿。"明定月日，不知何据。《半塘定稿》不存此词。此见近人徐沅《白醉拣话》引。又潘麐生《香禅集》有《戊午清明寿白石》词，其日盖二月二十二日。亦见《白醉拣话》。此亦与寿朴翁诗不符。皆不足信。

白石交游：洪迈三十三岁。陆游三十一岁。范成大三十岁。杨万里二十九岁。尤袤二十九岁。吴猎、朱熹二十六岁。陈造二十三岁。孙从之二十一岁。楼钥十九岁。京镗、杨冠卿、王炎十八岁。辛弃疾十六岁。俞灏十岁。叶适六岁。张镃三岁。敖陶孙、刘过、吴柔胜二岁。韩淲二岁。

北宋词人:秦观卒已五十五年。苏轼卒已五十四年。黄庭坚卒已五十年。周邦彦卒已三十四年。

绍兴三十年庚辰　一一六〇

〔六岁。〕

父噩中进士,妇翁萧德藻中进士。姜虬绿《白石道人诗词年谱》。

绍兴三十二年壬午　一一六二

〔八岁。〕

辛弃疾自山东南来。杨万里初识萧德藻于零陵。叶渭清《诚斋年谱》。

孝宗隆兴元年癸未　一一六三

〔九岁。〕

侍父宦汉阳。姜虬绿《白石道人诗词年谱》。

三月,张浚参知政事,四月,罢。

据《宋史》三八二《浚传》,浚此后二年即卒。足征《江西志》"累荐白石"说之无稽。

乾道四年戊子　一一六八

〔十四岁。〕

姊嫁汉川,父卒于汉阳任,约在此时。姜谱,《世系考》。

乾道九年癸巳　一一七三

〔十九岁。〕　初学书。

嘉泰癸亥《跋王献之保母志》云:"予学书三十年。"癸亥,嘉泰三年也。

孝宗淳熙元年甲午　一一七四

〔二十岁。〕　依姊山阳汉川村名,间归饶州。姜谱。

《昔游》诗"天寒白马渡,落日山阳村"一首,叙依姊事,而无甲子;姜谱不知何据。姜谱注云"有《于越亭》诗",今见知不足斋丛书《白石道人集补遗》。

淳熙二年乙未 ——七五

〔二十一岁。〕 在汉阳,交郑仁举、辛泌、杨大昌、姚刚中。《诗集》。

淳熙三年丙申 ——七六

〔二十二岁。〕 至日过维杨,作《扬州慢》。词序。

此后十年至淳熙丙午,行迹不详,或来往江淮间,《昔游》诗"濠梁四无山"一首记雪中驰马,当是此时事。

合肥情遇当在此后十年间。参附录《白石怀人词考》。

淳熙四年丁酉 ——七七

〔二十三岁。〕

萧德藻为龙川丞。《诚斋文集》八十一《千岩摘稿叙》。

淳熙八年辛丑 ——八一

〔二十七岁。〕 初习《兰亭》,约在此时。

嘉泰癸亥《定武〈兰亭〉跋》云:"二十余年习《兰亭》,皆无入处。"

淳熙十二年乙巳 ——八五

〔三十一岁。〕 萧德藻在湖北参议任。

见《诚斋集》一一三《淳熙荐士录》,录作于本年。

淳熙十三年丙午 ——八六

〔三十二岁。〕 人日,客长沙别驾之观政堂,乱湘流入麓山,作《一萼红》。词序。时依萧德藻也。

立夏日,游南岳,至密云峰。《诗说序》。

姜谱:"《昔游》诗:'昔游衡山上,未晓入幽宫。'当指此。以下有'雷雨'句可证。又'昔游衡山下,看水入朱陵',是在雪霁后,殆又一时也。"

秋,登祝融峰,作《霓裳中序第一》。词序。

七月既望,与杨声伯、赵景鲁、景望、萧和父、裕父、恭父,大舟浮湘,作《湘月》。词序。

五古《待丁岩》、七绝《过湘阴寄千岩》,皆秋景,当此时作。姜谱列下首于本年春,误。

《昔游》诗:"洞庭八百里"、"放舟龙阳县"、"九山如马首"、"萧萧湘阴县"、"昔游桃源山"、"昔游衡山下"、"昔游衡山上"、"衡山为真宫"诸首,皆游湘作。

返汉阳,寓山阳姊氏,作《浣溪沙》。词序。

怀合肥情人词始见于此。参谱后《怀人词考》。

冬,萧德藻约往湖州。《探春慢序》。

发汉阳,作《奉别沔鄂亲友》十诗,作《探春慢·别郑次皋诸人》。词序。

自此不复返沔鄂。

过武昌,值安远楼成,作《翠楼吟》。词序。

姜谱:"《雪中六解》'黄鹤矶边晚渡时',指此。"

度扬子。

姜谱:"《昔游》诗:'扬舲下大江,日日风雨雪。'又,'既离湖口县,节程程见庐山',正尔时事。"

萧大人时已来归。说在《白石道人行实考》之《生卒考》及《杂考》五。

淳熙十四年丁未 一一八七

〔三十三岁。〕

元日,过金陵江上,感梦作《踏莎行》。词序。

二日,道金陵,作《杏花天影》。词序。

《昔游》诗"雪霁下扬子"一首,指此。

三月后,游杭州,以萧德藻介,袖诗谒杨万里,万里许其文无不工,甚似陆龟蒙,并以诗送往见范成大。作《次韵诚斋送仆往见石湖长句》。

杨万里《诚斋集》二十二《朝天集·送姜尧章谒石湖》诗,编在丁未春间,后一首为《三月二十六日殿试进士待罪集英殿门》。参《行实考》之《杂考》第十五。

夏,依萧德藻居湖州,作《惜红衣》。词序。姜谱:《赋千岩曲水》诗此时作。

是年夏或曾赴苏谒范成大,作《石湖仙寿范》。范告以琵琶四曲,当即在此时。(见《承教录》)

冬,过吴松,作《点绛唇》。词序。

姜谱:《三高祠》、《姑苏怀古》诗此时作。

刘克庄生。

淳熙十五年戊申　一一八八

〔三十四岁。〕　客临安,还寓湖州。姜谱。

姜谱此条无考证。案《念奴娇·赏荷》序云:"予客武陵,湖北宪治在焉,节竭来吴兴,数得相羊荷花中,又夜泛西湖,光景奇绝,故以此句写之。"殆其所据。

淳熙十六年己酉　一一八九

〔三十五岁。〕　寓湖州,早春与田几道寻梅北山沈氏圃,作《夜行船》。词序。收灯夜,而俞灏商卿出游,作《浣溪沙》。词序。

暮春，与萧时父载酒南郭，作《琵琶仙》。词序。亦怀合肥人之作。

秋，作《鹧鸪天》记所见。词序。

光宗绍熙元年庚戌　一一九〇

〔三十六岁。〕　卜居白石洞下，永嘉潘柽字之曰白石道人，为长句报之。姜谱、参《行实考》。

客合肥，居赤兰桥之西，与范仲讷为邻。六月，送王孟玉归山阴。陈谱。

十月，杨万里除江东转运副使。《诚斋集》八十一《朝天集序》。

绍熙二年辛亥　一一九一

〔三十七岁。〕　正月二十四日，发合肥，作《浣溪沙》。词序。惜别之词也。

晦日泛巢湖，作《平韵满江红》。词序。

初夏，至金陵，谒杨万里，作《送朝天续集归诚斋》诗及《醉吟商小品》。词序。

小序云"辛亥之夏"，词云"又正是春归"，当是初夏。《点绛唇》"金谷人归"或此时作。

六月，复过巢湖，刻《平韵满江红》于神姥词。词序。

周汝昌云："或是由金陵再赴合肥时作。"

七夕，在合肥与赵君猷坐月，作《摸鱼儿》。词序。

寓合肥，作《凄凉犯》。姜谱。

词云"自织锦人归，乘槎客去，此意有谁领"。此时情侣似已离肥。故白石诗词此年之后遂无合肥踪迹。

泝江过牛渚作诗。

周汝昌云"或再发合肥经牛渚时作"。

载雪诣范成大于苏州《暗香序》，作《雪中访石湖》诗，范有和作。

　　范成大自淳熙间请病归苏州，至此已十余年，见《石湖居士诗集》。《石湖诗集》三十三《次韵姜尧章雪中见赠》一首，编在绍熙三年，在《次韵养正月》六言"岁逾耳顺俄七，年去古稀才三"一首，及《闰月四日石湖众芳烂漫》一首之间。据《宋史》本纪，绍熙三年闰二月。与白石词序异；范殆依成诗岁月编入，非姜词纪年误也。

　　止月余，赏梅范村，作《玉梅令》。词序、《暗香序》。成大征新声，作《暗香》、《疏影》。词序。成大以青衣小红为赠。《研北杂志》下。

　　除夕，自石湖归湖州，成十绝句。诗题。大雪过垂虹，作"小红低唱我吹箫"诗。《研北杂志》下。

　　陈谱谓《京口留别张思顺》诗，本年正月作。

　　杨万里是年辛亥九月七日为萧德藻作《千岩摘稿序》谓"东夫贫又疾，又丧其妻若子，惟一子与诸孙在耳"。

绍熙三年壬子　一一九二

　　〔三十八岁。〕　居湖州。

　　姜谱："按《辛亥除夕》诗'但得明年少行役'，是岁殆居苕不出。"

　　陈谱定《呈徐通仲兼简仲锡》诗，本年中秋后在杭州作，参《交游考》。

绍熙四年癸丑　一一九三

　　〔三十九岁。〕　春客绍兴，与张鉴、葛天民同游。

　　《陪张平甫游禹庙》、《同朴翁登卧龙山》、《次朴翁游兰亭韵》、《越中仕女游春》、《项里苔梅》、《萧山》诸诗，当皆此时作。

　　交张鉴始见于此。参《歌曲考证·莺声绕红楼》下。

秋,与黄庆长夜泛鉴湖,作《水龙吟》。词序。

岁暮留越,作《玲珑四犯》。词序。

《雪中六解》"万壑千岩一样寒,城中别有玉龙蟠",玉龙指越中卧龙山也。

九月,范成大卒,十二月,赴苏州吊之,复还越。

悼石湖诗,有"来吊只空堂"句。陈谱云:周必大《范公成大神道碑》载成大九月五日卒,十二月〔十三日归窆〕。

《石湖仙·寿石湖居士》当此前一二年间作。参《歌曲考证》。

陈谱:作《寄上郑郎中》诗。《交游考》。

绍熙五年甲寅　一一九四

〔四十岁。〕　春,与张鉴自越之杭,携家妓观梅于孤山之西村,作《莺声绕红楼》。词序。与俞灏燕游西湖,观梅于孤山之西村,已而灏归吴兴,独游孤山,作《角招》。词序。

八月,朱熹为焕章阁待制,兼侍讲。闰十月,以忤韩侂胄,罢。

陈谱:受知朱熹,即在此时。《交游考》。

宁宗庆元元年乙卯　一一九五

〔四十一岁。〕

三月十四日,与张鉴同游南昌西山玉隆宫,止宿而返。《鹧鸪天序》。

作送项安世倅池阳诗。《交游考》。

曾三聘为考功郎。《歌曲考证》。

京镗除知枢密院事。《宋史·宰辅表》。

吴潜生。

宁宗庆元二年丙辰　一一九六

〔四十二岁。〕　三月,欲与张鉴治舟往武康,作《鹧鸪天》。

词序。

欲往与鉴度生日,故知为三月。姜谱谓"《阮郎归》词有'平甫寿日同宿湖西定香寺',恐防风之约,未必果往"。《阮郎归》当亦此年作;姜谱列在去年,似误。

秋,与张镃会饮张达可家,作《齐天乐·蟋蟀》词。词序。

同葛天民游武康,作《武康丞宅同朴翁咏牵牛》诗。姜谱。

冬,与俞灏、张鉴、葛天民自武康同载诣无锡。《庆宫春序》。

姜谱:"公有云'平甫欲割锡山之田以养某',疑即此时。"《南湖集》七有《题平甫弟梁溪庄园》诗,是鉴有别业在无锡,故欲割膏腴之田以养白石;白石在无锡,当依鉴居也。

道经吴松,作《庆宫春》,过旬涂稿乃定。词序。

止无锡月余,姜谱,**谒尤袤论诗。**

姜谱注:"谒尤延之当在尔时。"案:《万柳溪边旧话》,记袤当陈源、姜特立召用,人情惊骇,上封事极言二人之恶,不听,时年七十,遂引年归。《旧话》记袤生靖康丁未,则归梁溪正在此年,《宋史》四六九《陈源传》,庆元元年贬居抚州,二年,以生皇子恩,将许自便,为给事中汪义端所驳,乃移婺州。袤上封事,当在此时。《宋史》四七〇《姜特立传》云:"宁宗即位,特立迁和州防御使,再奉祠。"不云被弹。《旧话》又载袤致政归,不居许舍山,造圃溪上。似亦与诗集自序过梁溪见袤之语合。陈谱谓淳熙十六年五月,延之被逐归梁溪;白石过梁溪见尤,在淳熙十六年之秋。殊误。

《诗集》自序云"近过梁溪",则序即作于此时。

将诣淮不果,作《江梅引》。词序。

为杭州归计,作《鬲溪梅令》。词序。

陈谱:此年移家行都,依张鉴居,近东青门。

腊月与俞灏、葛天民同寓新安溪庄舍，作《浣溪沙·咏蜡梅》二阕。词序。

岁不尽五日，归舟过吴松，作《浣溪沙》。词序。

既归，录所得诗若干解为一卷，命之曰《载雪录》。《浩然斋雅谈》中《载雪录自叙》。

《翠楼吟序》有"去武昌十年"语，序当作于此诗。《翠楼吟》词淳熙十三年过武昌作也。

庆元三年丁巳　一一九七

〔四十三岁。〕　正月，居杭，作《鹧鸪天》"丁巳元日"、"正月十一日观灯"、"元夕不出"、"元夕有所梦"、"十六夜出"五首。怀人各词，可考作年者，此为最后。参附录《怀人词考》。

四月，上书论雅乐，进《大乐议》一卷，《琴瑟考古图》一卷，以时嫉其能，不获尽所议。《庆元会要》。

李洣曰："《玉海》一百五'庆元乐书'条云：'元年五月十七日，布衣姜夔进鼓瑟制度乐书三卷。按三卷疑是二卷之讹。送太常看详。'按庆元元年四五月间，正当赵汝愚罢相之后，朝廷水火，礼乐未遑。白石必不以此时上书。且是年三月十四日，白石正同张平甫游南昌西山，亦未必能于逾月匆匆还都。当从《庆元会要》作三年。《玉海》之元年，元三形近，或刻误耳。京镗为右丞相，谢深甫参知政事并在二年正月，亦可为白石上乐书在三年之证。惟所称五月十七日，当是诏付太常看详之日，可补《会要》所未及。"

议乐全文载《宋史·乐志》，详见《白石行实考》之《议乐考》。

秋，在杭，作《丁巳七月望湖上书事》及《和转庵丹桂韵》。

和转庵诗，有"来裨奉常议"句，知今秋作。姜谱同。

冬，送李万顷之池阳。陈谱。

宁宗庆元四年戊午　　一一九八

〔四十四岁。〕 作《戊午春帖子》。

庆元五年己未　　一一九九

〔四十五岁。〕 上《圣宋铙歌鼓吹》十二章。诗序。诏免解。与试礼部，不第。《直斋书录解题》。

秋，与韩淲、潘柽、盖希之游西林看木犀。《涧泉集》，参《生卒考》。

孙逢吉卒，六十五岁。《交游考》。

赵孟坚生。

庆元六年庚申　　一二〇〇

〔四十六岁。〕 寓西湖，作《湖上寓居杂咏》。

诗无甲子，此依姜谱，不知何据。案第八首"囊封万字总空言，露滴桐枝欲断弦"句，知在论大乐考琴瑟之后。

作《喜迁莺·功父新第落成》。《歌曲考证》。

朱熹卒，七十一岁。

京镗卒，六十三岁。《诚斋集》一二三墓志。

吴猎卒，七十一岁。

嘉泰元年辛酉　　一二〇一

〔四十七岁。〕 《昔游》诗当作于本年秋。姜谱。

姜谱注："按公小序云：'数年以来，始获宁处。'今历考编年，惟戊申、己酉、庚戌三载及丁巳以来至是年，不从远役，而初刻本列是诗于卷末，知为辛酉诗无疑也。"案"昔游桃源山"一首结云"于今二十年"，客武陵在淳熙丙午间，至此正二十年左右，姜说是也。

秋，入越，朱萧赠绛帖，见《绛帖平自序》。送陈敬甫诗、《徵招》

词,皆此年作。陈谱。

宁宗嘉泰二年壬戌　一二○二

〔四十八岁。〕　上元,与葛天民过净林,作《同朴翁过净林广福院》,及《嘉泰壬戌上元日访全老于净林广福院观沈傅师碑隆茂宗画赠诗》、《斋后与全老铦朴翁聪自闻酌龙井而归》三诗。

秋,客松江,作《华亭钱参政园池》诗、《蓦山溪·题钱氏溪月》词。

诗无甲子,此依姜谱。

十月,于僧了洪处见《保母帖》。《保母帖跋》。

至日,编歌曲六卷成,松江钱希武刻于东岩之读书堂。钱希武跋原跋作壬辰误,依赵与訔跋改。

十二月,从童道人处得乌台卢提点所藏定武旧刻禊帖。原跋。

陈谱:是年山谷之孙农丞黄子迈过寓斋,见千岩老人藏本禊帖,有山谷题跋,欲乞去、不忍予。有《与单丙文论刘次庄数十家释帖非是》帖。见《兰亭续考》。

张鉴约卒于此时。

交张鉴始于绍熙四年,自述有"十年相处,情甚骨肉"之语,鉴当卒于此年左右。诗集有《张平甫哀挽》一首。又《自述》云:"惜乎平甫下世,今惘惘然若有所失。"据此,《自述》或即此时作也。

洪迈卒,八十岁。

据《嘉靖吴江志》,此年彭法作吴江钓雪亭。集中有《吴江钓雪亭》诗,无甲子。

嘉泰三年癸亥　一二○三

〔四十九岁。〕

三月十二日,再跋所得禊帖。原跋。

五月九日,绛帖平成。《自序》。

六月九日,三跋禊帖。原跋。

九月,作《保母帖跋》成。后月余,过钱清,又记其后。《保母帖跋》。

作《汉宫春·次稼轩韵》及《次韵稼轩蓬莱阁》。

辛词此年作,见歌曲考证。姜谱列下首于绍熙四年,误。

姜谱:"《诗集》二卷,当刻于是年,以集中有华亭钱园诗,知在壬戌后。"按此后一年尚有《贺张肖翁参政》诗,必刻于甲子后也。

姜谱止于是年,谓"是岁后诗无成刻,事迹亦无可征。惟《春诗》二首,乃嘉定四年辛亥作,余皆缺落,故不复谱"。

杨万里《进退格寄张功甫姜尧章》诗,《诚斋集》四一《退休集》编在此年十月后。

陈造卒,七十一岁。

宁宗嘉泰四年甲子　一二〇四

〔五十岁。〕

杭州舍毁。《歌曲考证》。

作《洞仙歌·黄木香赠辛稼轩》、《永遇乐·北固楼次稼轩韵》。《歌曲考证》。

十月,作诗贺张岩除参政。

《诗集·寄上张参政》云:"姑苏台下梅花树,应为调羹故早开。"又云:"前时甲第仍垂柳,今度沙堤已种梅"。《贺张肖翁参政》云:"太乙图书客屡谈,已知上相出淮南。"结云:"明朝起为苍生贺,旋着藤冠紫竹簪。"案《宋史》三九六《张岩传》及《宰辅表》,岩曾两为参知政事:先在嘉泰元年八月,三年正月罢知平江府,旋升大学士知扬州,分帅两淮,至本年十月,重召还为参知政事。前诗当作于去年正月至本年十月间;后诗必本年十月作。《集》中诗年代可考者,此为最后;《诗集》结集或即在此时。张岩家本大梁,绍兴末渡江居湖州,见《四库全书》张氏《拙轩集》提要,拙轩名伋,岩之子也。白石交岩当在寓湖州时。

辛弃疾建议伐金。

尤袤卒。

《万柳溪旧话》,谓袤七十引年归,又八年薨。当卒于本年。《宋史》谓七十终于位,误。

宁宗开禧元年乙丑　一二〇五

〔五十一岁。〕

作《次韵胡仲方因杨伯子见寄》诗。参《交游考》。

开禧二年丙寅　一二〇六

〔五十二岁。〕

南游浙东,过桐庐作《登乌石寺》诗。秋至括苍,作"登烟雨楼"《虞美人》词。与处守赵廱东堂联句。抵永嘉,作富览亭《水调歌头》词。浙东之行在开禧间,未详何年,此姑从陈谱。参《行迹考》。

杨万里卒,八十岁。

刘过卒。罗振常《龙洲词跋》。

六月,张岩知枢密院事。

开禧三年丁卯　一二〇七

〔五十三岁。〕 作《卜算子·梅花八咏和曾三聘》。词别集。白石词可考年代者,此为最后。说在《歌曲考证》。

九月,辛弃疾卒,六十八岁。

宁宗嘉定元年戊辰　一二〇八

〔五十四岁。〕

谢采伯刻《续书谱》成。谢序。

嘉定二年己巳　一二〇九

〔五十五岁。〕

长至日,题《兰亭跋》。《兰亭考》七。参《行实考》之《杂考》二。

嘉定四年辛未　一二一一

〔五十七岁。〕

作《春诗》二首。姜谱。

今《集》中无此题,惟《外集》有《春词》二首,引自《武林旧事》卷一,亦无年月,姜谱未详何据。

嘉定五年壬申　一二一二

〔五十八岁。〕游金陵,晤苏泂约在此时。《行迹考》。

嘉定十年丁丑　一二一七

〔六十三岁。〕

吴潜登进士。《交游考》。

嘉定十二年己卯　一二一九

〔六十五岁。〕

客扬州,初识吴潜。吴潜《暗香疏影序》。引在后卒年。

吴潜本年二十五岁。前二年进士第一,授承事郎,签镇东军节度判官,改签广德军判官。见《宋史》四一八吴传。

嘉定十四年辛巳　一二二一

〔六十七岁。〕

卒于西湖,约在此时。

吴潜《履斋诗余》别集一《暗香疏影序》云:"犹记己卯、庚辰之间嘉定十二三年,初识尧章于维扬,己丑绍定二年,嘉兴再会;自此契阔,闻尧章死西湖,尝助诸丈为殡之,今又不知几年矣。"白石晚年行迹,赖此数语,得存梗概;近人考白石卒年者,多据此定在绍定二年之后。陈思、李洣皆主此说。案洪咨夔《平斋集》三十二有《提举俞大中墓志》,大中即白石旧友俞灏;文谓灏卒于绍定四年四月朔前三日,即白石客嘉兴之后二年。又谓灏"诗有晚唐风致,词妙处迫秦、晏。或叩其旧作,辄太息言:未第时,姜、潘诸故人相与泛苕霅、登垂虹,放浪烟波风露间,更唱递和,以得句相夸尚,夜深被酒胆壮,拍手啸歌,鱼龙起舞;今无复此乐矣,尚何言哉"。咪此辞气,当在姜、潘卒后;是白石之卒,必先于俞灏,在绍定四年之前。以此与吴潜词序互证,白石当卒于绍定三四年间。然四库本韩淲《涧泉集》卷十二,有《盖希之作乌程县》诗一律云:"十年重入长安市,常把西林倒载人。少为弦歌看抚字,莫须杯酒话酸辛。三贤久觉两无有,千首何如一已真。秃发顾予皆老矣,朝家更化孰知津。"诗下有原注一条云:"己未秋,潘德久、盖希之、姜尧章同往西林即杭州之西泠看木犀,潘、姜已下世三年矣。"据《诗人玉屑》十九,韩淲卒于嘉定十七年甲申一二二四。犹在绍定己丑、姜吴再会嘉兴之前五年。吴词序与韩诗注矛盾,必有一误。今案韩淲确卒于嘉定甲申,其集中怀古三首可证。李洣谓:"涧泉《怀古》三首,戴复古哭涧泉诗自注,谓为卒时绝笔;赵蕃跋此诗七古一篇,亦有'绝笔'及'泪沾巾'之语,见《诗人玉屑》。蕃以绍定二年卒,则涧泉必卒于其前;《玉屑》谓在嘉定甲申,当得其实。"又叶适《水心集》,有《悼路钤舍人潘公德久》诗,适卒于嘉定十六年,德久之卒犹在其前;嘉定十六年,下距绍定己丑,尚有六载;据韩淲诗注,潘、姜是同年卒,则吴潜词序所云己丑再会之语,殆不可信。且《涧泉集》中多与白石、德久、希之唱和;西林同看木犀之事,又屡见于其集,如《集》十七《次韵昌父十首》之八云:"去岁西林湖寺中,野僧曾与咏晴风。一时潘盖姜同饮,今日相望我秃翁。"同卷又有《寄抱朴君》即白石之友葛天民三首云:"曾约西林看木犀,望穷云外只空归;十年又见秋风好,未觉幽芳一梦非。""姜盖潘同看木犀,故交零落竟何之;如今花满西林寺,犹有无怀可寄诗。"足证韩送盖诗,必无差误。又韩《集》卷三《庆元己未二月戊子寄皖山隐翁史虎囊》有"岂不能趋风,击鲜宰肥羜,独恨海潮边,恋禄赡儿女",亦己未在杭州之一证。据此互推,知考白石卒年,韩淲诗注比吴潜词序较可征信。唐兰定白石当卒于嘉定十三四年庚辰辛巳之际;谓:"韩淲即卒于嘉定十七年甲申理宗即位之月,诗云'朝家更化',当指理宗改元;诗即作于卒前。吴潜'己丑嘉兴再会'之语,为追忆三四十年前事而偶误,不如淲诗作于三年后为较可征信。"唐先生致予函语。今案《宋史·吴潜传》"丁父忧、服除,通判嘉兴",证之其父柔胜卒于嘉定十七年,知潜官嘉兴确在绍定己丑。参前年谱。然吴氏此词作于晚年,虽未误记服官嘉兴之岁月,而吾人不能因此信其所记再会白石之年代。(吴庠先生告予,履斋奏疏多夸诞,如实仅六十二岁,而云"年将七十"。)兹依唐说,姑定白石卒于此年前后。韩淲诗注谓白石与潘柽同年卒,今但知潘卒于嘉定十六年叶適卒前,他日尚能求得其确实年月,则白石卒年之疑,可同时得解矣。

《砚北杂志》谓"尧章后以末疾故"。案《左传》昭元年,"风淫末疾"。末疾有二义,贾逵以为首疾,服虔亦云头眩。《癸巳存稿》卷一,引《逸周书》,谓:"古人目足曰'跟'、曰'厎'、曰'胝',皆以在下为根柢,故可以首为末。"此一说也。《左传》杜注云"末疾,四肢缓急",《癸巳存稿》引《礼乐记》、《素问·缪刺论》、《管子·内业》篇以末疾为四肢病,又一说也。吴庠曰:"《宋史·郑综传》,

'综以末疾难拜起',是宋时以末疾属四肢,盖用杜说。"案《老学庵笔记》三:"泸州来风亭,梁子辅作守时所创也。亭成,子辅日枕簟其上,得末疾归双流,蜀人谓亭名有征云。"是亦宋人以风疾为末疾之证,白石之卒,殆即今所谓中风也。

山谷诗卷十七《次韵文潜》云:"我瞻高明少吐气,君亦欢喜失微恙。"任渊注,谓"文潜时有末疾,故云微恙"。是宋人亦有依字面解"末疾"作"微恙"者。然张耒肥硕,陈师道、黄庭坚皆有诗调笑,或亦病中风,故任注云然。记此待考。

白石卒于西湖,明见于吴潜《暗香》、《疏影》词序;葬于西马塍,明见于《砚北杂志》及苏泂《泠然斋集》。《杂志》下云:"尧章后以末疾故,苏石挽之云云。""苏石"乃"苏泂召叟"之误,《四库·泠然斋集提要》已辨之。《西湖志诗话》引《杂志》,误其字句云:"尧章后以疾没于苏,石湖挽之云云。"不知范成大先白石数十年卒,白石集中有挽诗。又《杂志》止云"以末疾故",而姜虬绿钞本白石诗集载康熙庚申诸锦序,乃谓其"暮年无所归,卒于老伎所"。白石卒时,有妻子与侍妾,见苏泂哭尧章诗;诸锦此文,复误连柳永遗事矣。

后二年叶适卒,后三年韩淲卒,后八年俞灏卒。

曩为白石道人行实考,中有年表一种,兹增订成此;其已详于行实考者,此不再赘。一九五四年十一月。

附录:白石怀人词考

白石自定歌曲六卷,共六十六首,而有本事之情词乃得十七八首,若兼其托兴梅柳之作计之,则几占全部歌曲三分之一。此两宋词家所罕见。(温、韦、柳、周之情词,未必有本事,他家有本事者,皆仅数首而已。)兹钩稽其年代与人地,述之如下:

歌曲卷三有《浣溪沙》词,序云:"予女媭家沔之山阳,左白湖,右云梦,春水方生,浸数千里,冬寒沙露,衰草入云。丙午之秋,予与安甥或荡舟采菱,或举火罝兔,或观鱼籊下,山野行吟,自适其适,凭虚怅望,因赋是阕。"词云:"著酒行行满袂风,草枯霜鹘落晴空;销魂都在夕阳中。　　恨入四弦人欲老,梦凭千驿意难通;当时何似莫匆匆。"读"销魂"以下四句,与词序所述无涉,初不解所谓。又歌曲卷五自制曲《长亭怨慢序》云:"予颇喜自制曲,初率意为长短句,然后协以律,故前后阕多不同。桓大司马云:'昔年种柳,依依汉南;今看摇落,凄怆江潭;树犹如此,人何以堪。'此语予深爱之。"词云:"渐吹尽枝头香絮,是处人家,绿深门户。远浦萦回,暮帆零乱向何许。阅人多矣,谁得似长亭树;树若有情时,不会得青青如此。　　日暮,望高城不见,只见乱山无数。韦郎去也,怎忘得玉环分付:第一是早早归来,怕红萼无人为主。算空有并刀,难翦离愁千缕。"

初玩此词与序,亦似仅为敷衍桓温成语,近乎因文造情。反覆细读全集,乃知两首皆有其本事。《浣溪沙》之丙午,为淳熙十三年,白石时约三十二三岁。其情词明记甲子者,此与同年在湖南作《一萼红》为最早。又同年作《霓裳中序》云:"沉思年少浪迹,笛里关山,柳下坊陌,坠红无信息。"结云:"漂零久,而今何意,醉卧酒垆侧。"揣词意,似情遇尚在丙午之前。歌曲中记人地事缘最明显者,有卷三《鹧鸪天·元夕有所梦》"肥水东流无尽期,当初不合种相思"一首,及同卷《浣溪沙·辛亥正月二十四日发合肥》"别离滋味又今年"一首,知其遇合之地是合肥。白石客合肥各词关涉此事者,除上举《浣溪沙》外,尚有《淡黄柳》、《摸鱼儿》二首。《浣溪沙》、《摸鱼儿》皆绍熙二年辛亥(一一九一)作,时白石约三十七八岁;客合肥尚不始于辛亥,有丁未作之《踏莎行》可证。《踏莎行序》云:"自沔东来,丁未元日至金陵江上,感梦而作。"其词结句云:"淮南皓月冷千山,冥冥归去无人管。"自汉阳至金陵,沿长江东下,而词涉"淮南"者,盖翘望合肥之作;同年作《杏花天影》,序亦云"丁未正月二日,道金陵,北望淮楚",可证。丁未为淳熙十四年(一一八七),犹在绍熙辛亥之前四载;时白石约三十三四岁。(辛亥发合肥之《浣溪沙》云"别离滋味又今年",云"又",亦知不始于"今年"也。)白石少年行迹,历历可考,惟淳熙三年丙申一一七六至十三年丙午一一八六十载中,缺略不详;淳熙三年尝过扬州作《扬州慢》,疑来往江淮间,即在其时,时白石二三十岁,《霓裳中序》第一所谓"年少浪迹"也。《昔游》诗"濠梁四无山"一首,写"自矜意气豪,敢骑雪中马",正少年在江淮间事。

绍熙二年辛亥冬,离合肥客苏州,此后遂无合肥踪迹。卷三《点绛唇》云:"月落潮生,掇送刘郎老。淮南好,甚时重到,陌上生春草。"同卷《江梅引》题云:"丙辰一一九六之冬,予留梁溪,无锡。将诣淮南不得,因梦思以述志。"词云:"歌罢淮南春草赋,又萋萋。漂零客,泪满衣。"诗集下《送范仲讷往合肥》亦云:"小帘灯火屡题诗,回首青山失后期;未老刘郎定重到,烦君说与故人知。"皆低徊往复之情,不似寻常经行之回忆。

此后庆元三年丁巳一一九七,作《鹧鸪天·元夕有所梦》云"肥水东流无尽期,当初不合种相思",同调"十六夜出"云:"东风历历红楼下,谁识三生杜牧之。"是时上距淳熙十三年丙午一一八六已十载,游合肥犹在丙午之前十载,则距此且二十载,而于前事犹一往情深若此,时白石已四十三四岁矣:其地其时,可考者如上。

丁未元日金陵江上感梦之《踏莎行》有"燕燕轻盈,莺莺娇软"句,卷四《解连环》有"大乔"、"小乔"语,知是姊妹二人。(《解连环》下片云"算如此溪山,甚时重至。水驿灯昏,又见在曲屏近底。念惟有夜来皓月,照伊自睡",与前举各诗词"未老刘郎定重到"、"淮南好,甚时重到"及金陵江上感梦"淮南皓月冷千山"诸句相应,必为合肥人作。)上片结云"道郎携羽扇,那日隔帘,半面曾记",则记初遇也。《鹧鸪天》云"三生杜牧之",《霓裳中序》云"醉卧酒垆侧",《琵琶仙》云"有人似旧曲桃根桃叶",似是勾阑中人。(《探春慢》"还记章台走马"若亦指此,则尤显矣。)怀人各词,多涉及筝、琶,(如《解连环》云:"为大乔能拨春风,小乔妙移筝,雁啼秋水。"《江梅引》云:"宝筝空,无雁飞。"《浣溪沙》云:"恨入四弦人欲老。"皆是。其以《琵琶仙》名调,又填琵琶调《醉吟商小品》,亦作怀人语,皆其明证。说在后文。)知其人妙擅音乐。琵琶为词乐主要乐器;白石称词家牙、旷,或与此少年情遇有关,未可知也。

合肥巷陌多种柳,(自度曲《淡黄柳》序云:"客居合肥南城赤阑桥之西,巷陌凄凉,与江左异色,惟柳色夹道,依依可怜。"《凄凉犯序》:"合肥巷陌皆种柳,秋风夕起骚骚然。"《送范仲讷往合肥》诗亦云,"我家曾住赤阑桥","西风门巷柳萧萧"。)白石与其人最后一次之分别在辛亥之冬,则正梅花时候。故六卷歌曲中梅柳之词,关系此事者,几占半数。如卷三《江梅引》、《点绛唇》("金谷人归")一首、《醉吟商小品》、《浣溪沙》("发合肥")、卷四《琵琶仙》、卷五《长亭怨慢》等是。举二首示例如后:

《琵琶仙序》:"《吴都赋》云:户藏烟浦,家具画船。唯吴兴为然,春游之盛,西湖未能过也。己酉岁,予与萧时父载酒南郭,感遇成歌。"词云：

> 双桨来时，有人似旧曲桃根桃叶。歌扇轻约飞花，蛾眉正奇绝。春渐远，汀洲自绿，更添了几声啼鴂。十里扬州，三生杜牧，前事休说。　又还是宫烛分烟，奈愁里匆匆换时节。都把一襟芳思，与空阶榆荚。千万缕藏鸦细柳，为玉尊起舞回雪。想见西出阳关，故人初别。

此词下片只隐括三首唐人咏柳诗,("宫烛分烟"用韩翃句,"空阶榆荚"用韩愈句,"西出阳关"用王维句。)初读不解其意；今知咏柳与合肥有关；"桃根桃叶"是比合肥二女；读《解连环》"大乔能拨春风"及《浣溪沙》"恨入四弦"之句,知调名《琵琶仙》亦非泛设。(《琵琶仙》虽不编入自度曲卷中,然此调前人未填,殆创自白石。)又,卷三《醉吟商小品》云："又正是春归,细柳暗黄千缕。暮鸦啼处。　梦逐金鞍去。一点芳心休诉,琵琶解语。"此词作于辛亥之夏,即别合肥之年；词序谓是琵琶调,亦《琵琶仙》是怀人词之左证。三者互参,乃知此词确是写合肥情遇。以此意读《长亭怨慢》、《浣溪沙》两词小序,隐旨跃然矣。(温柳情词无本事,可肆言无忌；姜词有本事,而三首题序皆乱以他辞；见其有不可见谅于人而婉转不能自已之情。)

《长亭怨慢》以杨柳起兴,而以"红萼"作结,丙午人日作《一萼红》与客山阳之《浣溪沙》同年作,则以"红萼"起、"垂杨"结,知姜词用梅柳之寓意。咏梅之词,下列《江梅引》一首着语最显：

> 丙辰之冬,予留梁溪,将诣淮南(原误作而)不得,因梦思

以述志。

  人间离别易多时,见梅枝,忽相思。几度小窗幽梦手同携。今夜梦中无觅处,漫徘徊,寒侵被,尚未知。　　湿红恨墨浅封题。宝筝空,无雁飞。俊游巷陌,算空有古木斜晖。旧约扁舟,心事已成非。歌罢淮南春草赋,又萋萋;漂零客,泪满衣。

  序云"将诣淮",词用"宝筝",其为怀合肥人无疑。丙辰为庆元二年——九六,在丁巳作《元夕有所梦》之前一年,时白石已逾四十。距初游合肥将二十年,而犹有幽梦携手、零泪满衣之语,笃挚可想。宋人始多咏梅诗词,以之寄托恋情,在词中允推白石为最多最挚;持比林逋之诗,彼挹虚神,此写实感,风格判然也。

  《鹧鸪天·元夕有所梦》云"谁教岁岁红莲夜,两处沉吟各自知",同调《正月十一日观灯》亦有"少年情事老来悲"句,又《元夕不出》云:"芙蓉影暗三更后,卧听邻娃笑语归。"知此影事又与灯节有关,(发合肥在正月二十四日,)故岁岁沉吟也。

  予考白石怀人词,所举止此。总其归趣,凡得二事:一,五代歌词,十九闺幨;宋人言寄托,乃多空中传恨之语;惟白石情词,皆有本事;梅柳托兴,在他人为余文,在白石是实感;南宋咏物词中,白石以此超然独造,不但篇章特富而已。二,白石词从周邦彦入而从江西诗出,非如五代、北宋之但工蓄艳;怀人各篇,益以真情实感,故生新刻至,愈淡愈深。张炎但赞其"清空",已堕边见;今读《江梅引》、《鹧鸪天》诸词,一往之情,执着如此,知张氏"野云孤飞,去留无迹"之喻,亦乖真赏;至王国维评为"有格而无情",则尤为轻诋厚诬矣。(《人间词话》又云:"白石之词予所最爱者二语,曰:'淮南皓月冷千山,冥冥归去无人管。'"王氏既未详其淮南本事,殆亦只赏要眇,未识其深至也。)曩为白石行实考未见及此,爰补述之如此;并依其年月写"怀人词目"于下,为系年附录焉。

一、年代可考者十二首:

《一萼红》丙午人日客长沙

《浣溪沙》丙午之秋在山阳。

《霓裳中序第一》丙午岁,留长沙。

《踏莎行》丁未元日,金陵江上感梦。

《杏花天影》丁未正月道金陵北望淮楚。

《琵琶仙》己酉岁载酒吴兴南郭。

《浣溪沙》辛亥正月发合肥。

《醉吟商小品》辛亥夏于金陵得琵琶调。

《江梅令》丙辰之冬,将诣淮而不得。

《鹧鸪天》元夕有所梦。

又十六夜出。(以上二首丁巳作)

《探春慢》丙午冬别沔鄂。

此词下片:"长恨离多会少,重访问竹西,珠泪盈把。"与浣溪沙"恨入四弦人欲老"一首同年作,当亦同其寓意。以无明征,附著于此。

二、年月不能确定者七首:

《解连环》似初别时作。

《点绛唇》"金谷人归"一首。

《淡黄柳》居合肥作。

《长亭怨慢》似离合肥道中作。

《玲珑四犯》"越中岁暮闻箫鼓感赋"游越在离合肥后二年。

《秋宵吟》

《月下笛》

此首有"梅花过了"、"系马垂杨"句,又有"怅玉钿似扫,朱门深闭,再见无路"句,似重到合肥作,若非淳熙丙午以前二十余岁之事,则在绍熙二年春去秋返之际;无从臆定,姑系于末。

《暗香》《疏影》说

写白石怀人词目竟,于《暗香》《疏影》二曲,偶有触发。自来谈白石词事者,以二曲有"昭君胡沙"之句,谓为徽钦后妃而发;然靖康之乱,距白石作此曲时,已六七十年,谓专为此作,殆未必然。今检二曲作于绍熙二年辛亥一一九一之冬,即是白石离合肥之年。其年七夕尚在合肥,有《摸鱼儿》词。读"寄与路遥","翠尊易泣,红萼无言耿相忆",及"早与安排金屋"诸语,正亦可作怀人体会。且是年除夕自石湖归苕溪,作十绝句,有云:"少小知名翰墨场,十年心事只凄凉;旧时曾作梅花赋,研墨于今亦自香。"若即是二曲之纪事,则"十年心事"之语,亦甚可玩味。(白石情遇在此时前十年左右。)特二曲为应范成大之折简索句,偶然流露其感情,故不似《江梅引》诸词之句句著实。又成大此年赠以小红,疑亦为慰其合肥伤别。凡此皆依年月推排,略见情事。总之:二曲虽不专为怀人作,然读者亦当体会其当时心境。清人妄诋此词者,《七颂堂词绎》以为"费解",《人间词话》谓"无一语道着",殆皆由未详此本事耳。一九五四年十一月。杭州。

〔后记〕近编白石丛稿辑校,附年谱,多所增改。其有异同,当以彼为定。

吴梦窗系年

吴文英字君特，号梦窗，《花庵词选》。**又号觉翁。**

周密《蘋洲渔笛谱》附梦窗《踏莎行》题词，署名"梦窗觉翁吴文英"。杜文澜《梦窗词叙》，朱孝臧《梦窗词集小笺》(以下简称朱笺)皆云："觉翁盖晚年之号。"

郑文焯谓："梦窗乃词集之名，与周邦彦名清真同例，非其自号；故尹焕诸人皆以梦窗与清真对举，周密题其词卷，亦隐属分切梦窗二字，更可征为集名。云云。"(与张孟劬书，见《词学季刊》。)案梦觉文义相应，当是字号。南宋词人酬应投赠之作，分切其人之字号者；如张炎《湘月·赋云溪》，上片切云，下片切溪；《清平乐·赠梅南》，上片梅下片南，此例甚多；不能据周密此词决为集名。且梦窗有《荔枝香近·送人游南徐》，结云"为语梦窗憔悴"，此必不得作集名解。又并时朋辈如吴潜《履斋诗余》有《贺新郎·沧浪亭和梦窗韵》、《声声慢·和吴梦窗赋梅》、《浪淘沙·和吴梦窗席上赠别》，周密《蘋洲渔笛谱》有《玲珑四犯·戏梦窗》，此等亦决非集名。郑说非。

四明人。本集，鄞县志传。

与翁元龙、逢龙为亲伯仲。

《浩然斋雅谈》下："翁元龙时可，号处静，与吴君特为亲伯仲。作词各有所长，世多知君特，而知时可者甚少。"刘毓盘辑《处静词跋》,引梦窗《解语花·别元龙》词结句,"泥云万里,应翦断红情绿意。少年时偏爱轻怜,和酒香宜睡。"谓其"缠绵恺悌,似兄戒其弟者"。定元龙为梦窗之弟。今案《绝妙好词》四,列梦窗于元龙之前,与李彭老、李莱老同例,亦刘说之一证。郑文焯《梦窗词校议》,谓元龙长于君特,嫌无确证。梦窗又有兄翁逢龙,字际可,号石龟,集中有《探春慢·忆兄翁石龟》词。宋宁宗嘉定十年丁丑吴潜榜进士。《浙江通志·选举》五,有诗集。杨铁夫引《石屏诗钞》:阅四家诗卷,翁际可、薛沂叔、孙季蕃、高九锡。四明丛书刊本吴词,录郑文焯《梦窗词校议》,谓:"《石屏诗集》有翁季可石龟,是知季可与时可为兄弟行。"是逢龙又字季可。刘毓盘谓贾似道堂吏翁应龙,亦必其伯仲行。案应龙字简斋,见《癸辛杂识》《别集》下"置士籍"条;为贾似道省吏,见同书前集"施行韩震"条;与廖莹中等撰《福华编》,以纪似道治鄂功,见《西湖游览志余》;五月五日生,似道败后被极刑,见《癸辛杂识后集》"五月五日生"条,及《宋史·似道传》。其以异姓为亲伯仲,或者出为他人后也;否则,其所出也微。罗点《闻见录》谓陈了翁、潘良贵为亲伯仲,其母固婢也;《老学庵笔记》谓佛印、李定、蔡奴一母出也;陈傅良《永嘉先生集》,谓林松孙、张孝恺同母,皆为名儒;以异姓为亲伯仲者多矣。以上引刘氏《处静词跋》。梦窗盖本翁氏而出为吴后;予友杨铁夫谓梦窗行次在逢龙、元龙之间,若由其母改适,断无改适吴复还翁之理。此说得之。梦窗同时人,杨缵本洪氏子而为杨后,见《浩然斋雅谈》下;杜孟传本刘巨济八世孙,见《剡源集》十二《送杜孟传序》。与此同类。《鄞县志》二十九《翁元龙传》,仅云"与同里吴文英齐名",亦失实矣。

翁元龙家慈谿南乡之翁岩,今后人式微矣。此陈屺怀(训正)先生告予。

《浙江通志》一二八《文苑》四，翁时可下，引《台州府志》："号处静，黄岩人，善乐府，杜清献公范称之。"案杜范黄岩人，地志或由此误连；否则时可久客杜家，遂居于台也。

时人比其词为周邦彦。

《花庵词选》引尹焕叙梦窗词曰："求词于吾宋者，前有清真，后有梦窗，此非焕之言，四海之公言也。"《乐府指迷》："梦窗深得清真之妙。"案尹焕所云，交游阿好之辞。

知音律，能自度曲。

梦窗自度腔有夷则商犯无射宫之《古香慢》、高平之《探芳新》、小石之《江南春》、夷则商犯无射宫之《玉京谣》等十阕。张炎《山中白云》二《西子妆慢》序云："吴梦窗自制此曲，余喜其声调妍雅。"

尝佐苏州仓幕，为嗣荣王赵与芮客。考详于谱。**从吴潜、史宅之、尹焕诸人游。**本集。

《四库提要》："文英及与姜夔、辛弃疾游，倡和具载集中。"今案梦窗有赠姜石帚六词，前人误以石帚当姜夔，予为《白石道人行实考》已辨之；汲古阁本《梦窗词》甲稿有《洞仙歌·赋黄木香赠辛稼轩》一首，则是姜夔词误入；提要皆失考；梦窗年代不及上交姜、辛也。

宋宁宗庆元六年庚申　一二〇〇

〔一岁。〕

梦窗生卒年岁，旧籍无征。《花庵词选》称其从吴潜履斋游，是于潜为后辈，集中赠潜三词，皆称"翁"称"先生"，《履斋诗余》于梦窗则直称其字，当由年辈先后，不尽关位望。《履斋诗余别集》两卷，皆宝祐四年至开庆元年守庆元四明时作；其时潜年六十二；别集一有《贺新郎·和翁处静桃源词》云,"我已衰翁君渐老",处静乃梦窗弟翁元龙;以梦窗少于吴潜长于元龙计之,约当生宁宗庆元、嘉泰间。梦窗兄翁逢龙嘉定十年进士,其时梦窗约十七八岁。依此以读集中有甲子各词:如端平三年丙申,作吴门灯市《探芳信》云:"暗忆芳盟,绡帕泪犹凝。"时约三十余岁。淳祐四年甲辰作冬至寓越《喜迁莺》云,"渡倦客晚潮,伤头俱雪"。时约四十五岁。少壮迟暮之情,约略可见。兹姑定梦窗生庆元末年。文献不足,无从确定也。初疑"伤头俱雪"云云,似非四十许人;然生年若再提前,则与吴潜有同行辈之嫌。朱孝臧《梦窗词集小笺》,解《惜红衣》"从姜石帚游苕霅间三十五年"句云:"按《蘋洲渔笛谱》,《拜星月慢叙》称作于景定癸亥。草窗词题为寄梦窗。刘毓崧据为梦窗此年尚在;而白石词刻在嘉泰壬戌,下距景定癸亥已逾六十年,其寓吴兴又在嘉泰壬戌前十二三年,则景定癸亥年已八九十。云云。"理宗景定四年癸亥,梦窗若已八九十,当生孝宗淳熙初,则长于吴潜二十余岁,此必不然。朱、刘皆误以石帚当姜夔也。

又史宅之云麓之卒,据《续通鉴》在淳祐九年十二月,据《吹剑录》外集,得年四十五;是生开禧元年,与梦窗同辈行。依朱说:梦窗当长于宅之三十余岁,则与集中屡称史为"云麓先生"、"麓翁"者亦不合。

辛弃疾六十一岁。张镃四十八岁。吴潜六岁。

宁宗开禧三年丁卯　一二〇七

〔八岁。〕

十一月,张镃谋杀韩侂胄。《齐东野语》三"诛韩本末"。

史达祖被黥。《四朝闻见录》。

辛弃疾卒,六十八岁。

《四库提要》谓梦窗及与弃疾游,已辨于前。

宁宗嘉定四年辛未　一二一一

〔十二岁。〕

陈元龙注周邦彦《片玉集》成。刘肃序作于此年。

周邦彦卒已九十年。

嘉定十年丁丑　一二一七

〔十八岁。〕

兄翁逢龙登进士。《浙江通志·选举志》五。

吴潜二十三岁,登进士第一。《宋史》本传。

尹焕登进士。《绝妙好词笺》三。

嘉定十七年甲申　一二二四

〔二十五岁。〕

重游德清。

《贺新郎·为德清赵令君赋小垂虹》云:"重来趁得花时候,记流连空山夜雨,短亭春酒。桃李新栽成蹊处,尽是行人去后。"朱笺:"按《德清县志》:南宋知县,赵伯抟嘉定六年任;赵善春嘉定十七年任。令君未知孰是。"案:嘉定六年,梦窗尚幼,而此词已有"重来云云",令君当是赵善春。集中又有《瑞龙吟·德清竞渡》,《念奴娇·赋德清县圃明秀亭》,皆无甲子。又《祝英台·春日客龟溪游废园》云"自怜两鬓清霜",《珍珠帘·春日客龟溪》云"蠹损歌纨人去久",《烛影摇红·赋德清县圃古红梅》云:"客老秋槎变。"《清玉案·重游〔龟〕溪〔废〕园》依王校云:"梅花似惜行人老。"则皆晚年重游之作。龟溪在德清。

姜夔卒于此前三数年。考在《姜白石系年》。

《四库提要》谓梦窗及与夔游,已辨于前。

理宗宝庆元年乙酉　一二二五

〔二十六岁。〕

陈起以刊《江湖集》肇祸,诏禁作诗。

《瀛奎律髓》作"宝庆初"。又见《鹤林玉露》十,《齐东野语》十六"诗道否泰"条。梦窗交起,参一二五一年谱。

理宗绍定五年壬辰　　一二三二

〔三十三岁。〕

在苏州,为仓台幕僚。

《声声慢》词题云:"陪幕中钱孙无怀于郭希道池亭,闰重九前一日。"按《二十史朔闰表》:嘉定六年、本年及景定三年,皆闰九月。嘉定六年,梦窗尚幼;此词载《花庵词选》,词选结集于淳祐九年,在景定之前,知此词本年壬辰作。郭希道池亭即集中之清华池馆,在苏州。见予作《梦窗词集后笺》。所谓"幕中",指苏州仓幕也。《吴郡图经续记》上"仓务"条:"南仓子城西,北仓在阊门侧;每岁输税于南,和籴于北。"集中又有《木兰花慢·游虎丘》,注"陪仓幕"。《八声甘州·陪庾幕诸公游灵岩》。《祝英台近·钱陈少逸被仓台檄行部》。是时盖为仓台幕僚。其平生出处可考者,惟此与晚年游吴潜幕,客荣王邸耳。梦窗流寓各地,以苏、杭为最久。苏州词始见于此。此后淳祐壬寅(一二四二)有《六丑》,癸卯(一二四三)有《水龙吟》,甲辰(一二四四)有《满江红》:皆明著在吴作。甲辰年冬始去吴寓越;在吴共十年左右;故《惜秋华·八日登飞翼楼》有"十载寄吴苑"之语。集中《宴清都》云:"吴王故苑,别来良朋雅集,空叹蓬转。"《鹧鸪天·寓化度寺》云:"吴鸿好为传归信,杨柳阊门屋数间。"《点绛唇·有怀苏州》云:"可惜人生,不向吴城住。"可见于吴甚恋恋。其寓址,一二四四年夏在盘门外,有《满江红·甲辰岁,盘门外居过重午》词,余无可考。郑文焯谓其有老屋近皋桥,《点绛唇》怀苏州词所谓"南桥",殆指此。见朱孝臧《彊村词卷》四。

周密生。《周草窗年谱》。

刘辰翁生。《词林系年》。

绍定六年癸巳　一二三三

〔三十四岁。〕

史宅之赐进士出身。《宋史》本纪。

理宗端平二年乙未　一二三五

〔三十六岁。〕

春,在苏州。

明年作《探芳信·苏州灯市》词云:"正卖花吟春,去年曾听。"

端平三年丙申　一二三六

〔三十七岁。〕

正月,在苏州,作《探芳信》,序云:"丙申岁,吴灯市盛常年,余借宅幽坊,一时名胜遇合,置杯酒接殷勤之欢,甚盛事也。"

施枢为浙东转运司幕属。

施氏《芸隐横舟稿自序》:"丙申冬,趋浙漕,舟官戍小廨,泊崇新门外。"

《集》中有《扫花游·赠芸隐》,结云:"未归去,正长安软红如雾。"在杭作,无甲子。

枢字知言,号芸隐,丹徒人。举进士未第,尝为浙东转运司幕属、越州府僚,有《芸隐横舟稿》。见《四库提要》。

理宗嘉熙元年丁酉　一二三七

〔三十八岁。〕

沈义父领乡荐。

《四库提要·乐府指迷下》,引翁大年刊本跋:"嘉熙元年以赋领乡荐。"参一二四三年。

嘉熙二年戊戌　一二三八

〔三十九岁。〕

秋，作《木兰花慢》送施枢往浙东。

词题云："施芸隐随绣节过浙东，作词留别，用其韵以饯。"案芸隐《横舟稿自序》："枢自丙申冬趋浙漕，节戊戌秋捧檄东越。"梦窗此数年皆在苏州，据此词与施序，今秋或暂往杭州。集中又有《八声甘州·姑苏台和施芸隐韵》，知芸隐乃在苏交游。

《齐天乐·齐云楼》一首或此时作。

朱笺："卢熊《苏州府志》：'齐云楼在郡治后子城上。嘉定六年陈峄、十六年沈㬊、嘉熙二年史宅之，并重修有记。'案此词疑史宅之重修时作。"查《吴县志·职官表》六，宅之本年闰二月知平江苏州，明年正月赴行在，则此词当是此一二年间作。

据此，是时已交宅之；宅之弥远子，梦窗乡人也。

嘉熙二年己亥　一二三八

〔四十岁。〕

正月，与吴潜履斋看梅沧浪亭，作《金缕歌》；潜有和章。

吴潜由庆元府改知平江，在元年八月，二年正月予祠；赵与𥲅本年四月知平江：皆见《吴县志·职官表》六。梦窗此词有"遨头小簇行春队"句，当本年正月作。

梦窗此时四十左右，已工为词，毛晋跋梦窗词，谓"晚年从吴履斋游，始学为词"，非是。

吴潜与梦窗兄翁逢龙同年登进士，见一二一七年谱。《宋诗纪事》谓逢龙嘉熙中为平江通判，即在此时，或以潜力也。《石屏诗钞》有诗题云："诸诗人会于吴门翁际可通判席上。"

理宗淳祐元年辛丑 一二四一

〔四十二岁。〕

冯去非深居第进士。《宋史》四二五传。

《齐天乐·与冯深居登禹陵》、《烛影摇红·饯冯深居》,皆无甲子。下首有"十载吴中会"句,盖苏州交游也。

淳祐二年壬寅 一二四二

〔四十三岁。〕

春,在苏州,作《六丑·壬寅岁,吴门元夕风雨》。词云:"叹霜簪练发,过眼年光,旧情尽别。"始有衰迟之感矣。

淳祐三年癸卯 一二四三

〔四十四岁。〕

春,在苏州,作《水龙吟·癸卯元夕》。

词有云:"犹记初来吴苑,未清霜飞惊双鬓。嬉游是处,风光无际,舞葱歌蒨。陈迹青衫,老容华镜,欢惊都尽。"案史,去年七月,蒙古兵渡淮入扬、滁、和州,屠通州,边警日亟。而梦窗此时来往苏杭,尚流连歌酒,叹老嗟卑。集中此类甚多,举此以概其余。

初识沈义父时斋。

沈氏《乐府指迷》:"余自幼好吟诗,壬寅秋,始识静翁于泽滨,癸卯识梦窗,暇日相与倡酬,率多填词,因讲论作词之法,然后知词之作难于诗:盖音律欲其协,不协则成长短之诗;下字欲其雅,不雅则近乎缠令之体;用字不可太露,露则直突而无深长之味;发意不可太高,高则狂怪而失柔婉之意;因此则知所以为难。"梦窗论词,惟传此数语。

《集》中尚有《江南好》、《永遇乐》、《声声慢》和时斋作,皆无甲子。义父致仕讲学,尝为白鹿洞书院山长,学者称时斋先生。见

《四库·乐府指迷提要》。

秋，置家于瓜泾萧寺，离苏游杭。参下条。

《喜迁莺·甲辰冬至寓越，儿辈尚留瓜泾萧寺》，朱笺："瓜泾港在吴江县北九里，分太湖支流，东北出夹浦，会吴淞江。"词云，"雁影秋空，蝶情春荡，几处路穷车绝"，心情处境可想。

《集》中尚有《喜迁莺·福山萧寺岁除》一首。宋南渡初，北来官属多寄寓佛寺，其后殆仍沿此风，借为旅邸；曾几侨寓茶山寺，自号茶山，其一例也。

冬，在杭州。

《柳梢青》题云："与龟翁登研意观雪，有怀癸卯岁腊朝断桥并马之游。"龟翁当即翁逢龙石龟。

写新词献方万里。

《铁网珊瑚》载梦窗手写词稿十六阕。卷首标"文英新词稿"，下署"文英惶惧百拜"。第一阕为《瑞鹤仙·癸卯岁为先生寿》。郑文焯《梦窗词校议》上，谓"证以汲古阁本，是词作寿方蕙岩寺簿；是其所录词稿，即写似方蕙岩者可知；然则此十六阕又皆一时之作，故曰新词。"今案郑说是也。新词第三首为《玉漏迟·瓜泾中秋夕赋》，而明年有《喜迁莺·甲辰冬至寓越，儿辈尚留瓜泾萧寺》，足证《玉漏迟》是本年癸卯作。又新词第六阕为《思嘉客·赋闰中秋》。检《二十史朔闰表》，本年癸卯闰八月。朱笺定《思佳客》嘉定十七年作，非。此十六阕中，在杭作者有《瑞鹤仙》"辘轳秋又转"，"想车尘才踏东华红软"。《沁园春·冰漕凿方泉，宾客请以名斋，邀赋此词》云，"澄碧西湖，软红南陌"。《西平乐·过西湖先贤堂，伤今感昔，泫然出涕》《还京乐·友人泛湖，命乐工以筝笙琵琶方响迭奏》四首；在苏作者，有《玉漏迟·瓜泾中秋夕赋》，《古香慢·赋沧浪看桂》，

《八声甘州·和施知言姑苏台韵》云"江雁初飞",《探芳新·赋元日能仁寺薄游》,《水龙吟·赋惠山泉》五首,以此互证,则梦窗自苏来杭,盖在本年中秋之后。方蕙岩名万里,字鹏飞;魏峻名叔高,字方泉,娶赵氏乃穆陵亲姊四郡主。皆见朱笺。

《西平乐》题云"过西湖先贤堂,伤今感昔,泫然出涕"。词云:"天涯倦客重归。""追念吟风赏月,十载事梦惹绿杨丝。"梦窗早年或曾客杭州。第不知结尾所云"冷落山丘"、"羊昙醉后花飞"为何人发。或以为晚年吊吴潜作,非是,参《后记二》。

新词十六阕,前引各章外,尚有《齐天乐·毗陵两别驾招饮丁园索赋》、《苏武慢·赋芙蓉》、自度腔《小石江南春·赋张药翁杜蘅山庄》、《拜星月慢·姜石帚以盆莲百余本移置中庭燕客同赏》、《丁香结·赋小春海棠》、《花犯·郭希道送水仙索赋》六首。张、姜、郭当皆苏杭交游。前人以石帚当姜夔,不知夔卒于宁宗嘉定间,在此前二十年左右,石帚非即白石,梦窗此词,亦其左证也。

《集》中《思佳客·癸卯除夜》云:"自唱新词送岁华,鬓丝添得老生涯,十年旧梦无寻处,几度新春不在家。"或客杭作。

孙惟信卒于杭州。刘克庄《后村大全集·孙花翁墓志》。《宋史翼》三十六本传。

梦窗有《洞仙歌·方庵春日花胜宴客,为得雏庆,花翁赋词,俾属韵末》。《倦寻芳·花翁过吴门老妓李怜,邀分韵同赋此调》。李方庵尝官吴中,集中《木兰花·慢游虎丘》词题云:"李方庵将秩满。"花翁亦必客吴时交游也。

淳祐四年甲辰　一二四四

〔四十五岁。〕

在苏州,作《满江红·甲辰岁盘门外过重午》。《凤栖梧·甲辰七夕》。《尾犯·甲辰中秋》。

冬寓越,作《喜迁莺·甲辰冬至寓越,儿辈尚留瓜泾萧寺》。

梦窗越中行迹,始见于此。

梦窗本年四词,皆有怀人语。《满江红》云:"帘底事,凭燕说。合欢缕、双条脱。自香消红臂,旧情都别。"《凤栖梧》云:"夜色银河情一片。轻帐偷欢,银烛罗屏怨。陈迹晓风吹雾散,帘钩空带蛛丝卷。"《尾犯》云:"影留人去,忍向夜深帘户照陈迹。""露蓼香泾,记年时相识。"《喜迁莺》云:"雁影秋空,蝶情春荡,几处路穷车绝。"以词中用事考之,盖新遣其妾也。其时在夏秋,《杏花天·重午》"幽欢一梦成炊黍","当时明月重生处,楼上宫眉在否"。《好事近》"蕲竹粉连香汗,是秋来陈迹。还系鸳鸯不住,老红香月白。"《惜秋华·七夕》"彩云断,翠羽散,此情难问。"《六么令·七夕》"人事回廊缥缈,谁见金钗擘。"《荔枝香近·七夕》"燕子穿帘处,天上未比人间更情苦。"《风入松·咏桂》"和醉重寻幽梦,残衾已断薰香。"《朝中措·闻桂香》"惟有别时难忘,冷烟疏雨秋深。"诸词可见,其地在苏州,《瑞鹤仙》"垂杨暗吴苑。缺月孤楼,总难留燕。"《齐天乐》"茂苑人归,驻不得当时,柳蛮樱素。"《新雁过妆楼》"宜城当时放客,认燕泥旧迹,返照楼空。江寒夜枫怨落,怕流作题情肠断红。"《玉漏迟·瓜泾度中秋夕》"摩泪眼,瑶台梦回人远。"诸词可见。其同居共游之地,见于词者,有西园《瑞鹤仙》、《点绛唇》、《风入松》、《莺啼序》、《浪淘沙》。西池《解连环》、《夜行船》。西馆《金盏子》。清华池馆《绛都春》。横塘《夜合花》。化度寺《夜行船》。承天寺《探芳新》、《浣溪沙》。南桥《点绛唇》。皆吴中名胜也。《齐天乐》有"柳蛮樱素"句,《新雁过妆楼》有"宜城放客"句,用白居易、顾况事,其为遣妾无疑。顾况有《宜城放琴客歌》,琴客,柳浑侍儿。梦窗又有《法曲献仙音·放琴客和宏庵》词,盖常用此典。《永乐大典》寄字韵有万俟绍之《江神子·赠妓寄梦窗》词云:"十年心事上眉端,梦惊残,琐窗寒。云絮随风,千里度关山。琴里知音无觅处,妆粉淡、钏金宽。　　瑶箱吟卷懒重看。忆前欢,泪偷弹。我已相将飞棹过长安。为说崔徽憔悴损,须觅取,锦笺还。"似为梦窗去妾而作。梦窗有《夜合花·西湖燕去,忆旧游,别黄澹翁》词云,"西湖断桥路,问离巢孤燕,飞向谁家",似亦指此;苏妾遣后或流落杭州为妓耶。

梦窗似不止一妾。其另一人殆娶于杭州。《渡江云三犯·西湖清明》词云:"千丝怨碧,渐路入仙坞迷津。肠漫回,隔花时见,背面楚腰身。逡巡。题门惆怅,堕履牵萦。"盖记初遇。《莺啼序》一阕,述离合死生之迹尤详,词云:"十载西湖,傍柳系马,趁娇尘软雾。溯红渐招入仙溪,锦儿偷寄幽素。"此记初遇,与《渡江云》同。又云:"幽兰渐老,杜若还生,水乡尚寄旅。别后访六桥无信,事往花萎。瘗玉埋香,几番风雨。"其人必死于别后。《昼锦堂》所云:"独鹤华表重归。旧雨残云仍在,门巷都非。""泪香沾湿孤山雨,瘦腰折损六桥丝。"亦其事也。《浣溪沙》:"湖上醉迷西子梦,江头春断倩离魂,旋缄红泪寄行人。"殆即赠别之词,淮安作《澡兰香》:"念秦楼也拟人归,应剪菖蒲自酌。但怅望一缕新蟾,随人天角。"或即远游之地。知此亦梦窗妾者,以《绛都春》题有"燕亡久矣"一语,用燕姞事也。近人周岸登谓"燕是妾名",非;《探芳信》题云:"时方庵至嘉兴,索旧燕同载。"亦用燕姞事。总之,集中怀人诸作,其时夏秋,其地苏州者,殆皆忆苏州遣妾;其时春,其地杭者,则悼杭州亡妾。《三犯渡江云》"西湖清明",《西子妆慢》"湖上清明薄游",《定风波》"人家垂柳未清明"及《莺啼序》诸阕皆是。一遣一死,约略可稽。周岸登氏又据《定风波》"离骨渐尘桥下水"句及《齐天乐·饮白醪感少年事》"湖上载酒"云云,谓梦窗少年又曾恋一杭女,而死于水。《思佳客》"半面髑髅"词乃经殡宫作。其说甚新,惜未闻其详。唐宋词人多狎妓纳妾之作,梦窗尤多费辞,姑连书之,以见当时风习。

淳祐五年乙巳　　一二四五

〔四十六岁。〕

在苏州,作《声声慢·寿魏方泉》。《永遇乐·乙巳中秋风雨》。

朱笺引《吴郡志》:魏峻方泉知平江府,淳祐四年到,六年三月除刑部侍郎。此词是其重莅吴中时作,故有"吴人有分"云云。案词有"重来两过中秋"、"又凝香追咏,重到苏州"句,知秋间在苏作。

梦窗此后无苏州行迹;居苏始见于绍定五年,先后共十余载;虽中间淳祐三年一度游杭,而中年以客苏为最久;以曾佐仓台幕,挈家以居也。

杜范卒。

《词林纪事》十七翁元龙"杜清献成之之客"。杜氏《清献集》十七有跋翁处静词,称其"如絮浮水,如荷湿露,萦旋流转,似沾未著"。《宋史》四○七《杜范传》,范以去年十二月再入相,至此薨于位。

淳祐六年丙午　　一二四六

〔四十七岁。〕

在杭州。作《塞垣春·丙午岁旦》、《瑞鹤仙·丙午重九》、《西江月·丙午冬至》。

重九词云:"伤心湖上,消灭红深翠窈。"冬至词云:"小帘沽酒看梅花,梦到林逋山下。"皆在杭作。岁旦词居地无考。

作《水调歌头·赋魏方泉望湖楼》。

朱笺引《吴郡志》及《适庵余稿》,魏峻方泉本年三月,自知平江除刑部侍郎,还朝而卒。案《吴县志·职官表》六,峻淳祐四年四月知平江,六年三月迁刑部侍郎。梦窗此词云"绣鞍马,软红路,乍回班"。当本年作。

作《绛都春·李太博赴括苍别驾》。

朱笺引《癸辛杂识》,李伯玉字纯甫,史嵩之柄国时,为太学博士,上疏援章琰李昂英二台官,以此大得声誉,未几为陈劾去。疑此李太博即伯玉,其为括苍别驾,正援台臣章李被劾时。案《理宗纪》:台谏论史嵩之,在本年十二月。

周密是年十五岁,随父衢州。时密外舅杨伯岩知衢州,常集诸名胜为小蓬莱之会。参《蘋洲渔笛谱·长亭怨慢序》及《周草窗年谱》。

梦窗有《尉迟杯·赋杨公小蓬莱》,朱笺谓即指杨伯岩;梦窗集中别无衢州行迹,疑未尝躬与其会。此时周密未成年,梦窗则将五十,以年辈论,是丈人行也。

贾似道为京湖制置使知江陵府。《宋史》本纪。

淳祐七年丁未 一二四七

〔四十八岁。〕

作《凤池吟·庆梅津自畿漕除右司郎官》,《塞翁吟·饯梅津除郎赴阙》。

朱笺:"按《咸淳临安志·秩官门》,两浙转运名氏,尹焕下注:淳祐六年运判,七年除左司。则此词七年作也;特左右异耳。"案《癸辛杂识》《别集》下"徐霖伏阙诋史嵩之"条:"帝令左司尹焕面留之,云云。"则依《临安志》作"左"司是。

梦窗与焕交最笃,《集》中有酬焕词十一阕:《汉宫春·追和尹梅津赋俞园牡丹》,《瑞龙吟·送梅津》"待归来共凭齐云话旧",《惜黄花慢·次吴江饯尹梅津》,皆苏州作;《水龙吟·寿尹梅津》"槐省红尘昼静",《前调·寿梅津》"又看看便系金犾莺晓,傍西湖路",皆杭州作。

五月,吴潜兼权参加政事,七月,罢知福州。《宋史》本纪。

淳祐八年戊申　一二四八

〔四十九岁。〕

张炎生。

《山中白云》八《临江仙序》"甲寅秋寓吴,时年六十有七",甲寅,延祐元年也。江昱《山中白云疏证》一谓炎生淳祐四年,误。

《山中白云》卷二有《西子妆慢·和梦窗自制曲》,卷三有《声声慢·题吴梦窗遗笔》,梦窗约卒于景定间,时炎年十五六,未知曾否奉手也。

淳祐九年己酉　一二四九

〔五十岁。〕

三月,贾似道为京湖制置大使。《宋史》本纪。

刘毓崧《梦窗词叙》,谓梦窗"与贾似道往还酬答之作,皆在似道未握重权之前,至似道声势熏灼之时,则并无一阕投赠;试检《丙稿》内《木兰花慢》一阕题为寿秋壑,其词云'想汉影千年,荆江万顷',又云,'访武昌旧垒',又云'倚楼黄鹤声中'。《宴清都》一阕题亦为寿秋壑,其词云:'翠匝西门柳,荆州昔未来时正春瘦。'又云:'对小弦月挂南楼。'就其中所用地名古迹推之,必作于似道制置京湖之日;《乙稿》内《金盏子》一阕题为过秋壑西湖小筑,其词云:'专城处,他山小队登临,待西风起。'《丙稿》内《水龙吟》一阕题为过秋壑湖上旧居寄赠。其词云:'黄鹤楼头月午,奏玉龙江梅解舞。'亦均作于似道制置京湖之日;盖《水龙吟》词言'黄鹤楼头',固京湖之确证;《金盏子》词言'小队登临',亦制置之明征;《金盏子》词题言'西湖小筑',必作于落成之初；《水龙吟》词题言'湖上旧居'，必作于既居之后；其次第固显然也。似道官京湖制置使在淳祐六年九月，其进京湖制置大使在淳祐九年三月，迨十年三月，改两淮制置大使，始去京湖。梦窗此四阕之作，当不出此数年之中。或疑开庆元年正月，似道为京湖南北四川宣抚大使，次年四月还朝，此一年有余，亦在京湖；梦窗之词，安见其非作于此际。不知似道生辰系八月初八日，周草窗《齐东野语》言之甚详；开庆元年正月以后，元兵分攻荆湖四川，七八月之间，正羽檄飞驰之际，似道膺专阃之任，身在军中；而梦窗此四阕之词皆系承平之语，无一字及于用兵。《木兰花慢》词云：'岁晚玉关长不闭，静边鸿。'《宴清都》词云：'正虎落马静晨嘶，连营夜沉刁斗。'《金琖子》词云：'应多梦岩扃，冷云空翠。'《水龙吟》云：'锦帆一箭，携将春去，算归期未卜。'岂得谓其作于此际乎。似道晚年误国之罪，固不容诛，而早年任事之才，实有可取；观于元世祖攻鄂之时，似道作木栅环城，一夕而就，世祖顾麂从诸臣曰：'吾安得如似道者用之。'其后廉希宪对世祖亦尝称述此言；是似道在彼时固曾见重于敌国君相。故周草窗虽深恶似道之擅权，而于前此措置合宜者，未尝不加节取；王鲁斋(柏)为讲学名儒，生平不肯依附似道，而其致书似道，亦尝称其援鄂之功。则梦窗于似道未肆骄横之时，赠以数词，固不足为累。况淳祐十年岁在庚戌，下距景定庚申已及十年，此十年之中，似道之权势日隆，而梦窗未尝续有投赠。且庚申、辛酉正似道入居揆席之初，而梦窗但有寿荣邸之词，更无寿似道之词。不独灼见似道专擅之迹日彰，是以早自疏远；亦以畴昔受知于吴履斋，词稿中有追陪游宴之作，最相亲善；是时履斋已为似道诬谮罢相，将有岭表之行；梦窗义不肯负履斋，故特显绝似道耳。否则，似道当国之日，每岁生辰，四方献颂者以数千计，悉俾翘馆誊考，以第甲乙；就中曾觌首选者如陈惟善、廖莹中等人，其词备载于《齐东野语》；梦窗词笔超越诸人，假令彼时果肯作词，非第一人无以位置，势必众口喧传，一时纸贵，焉有不在草窗所录之内者乎；纵使草窗欲为故人曲讳，又岂能以一人之手掩天下之目而禁使勿传乎。然则，梦窗始与似道曾相赠答，继则恶其骄盈而渐相疏远，较之薛西原蕙始与严嵩相酬唱，继则嫉其邪佞而不相往来，先后洵属同揆。西原之集为生前自定，故和嵩之作一字不存；梦窗之稿为后人所编，故赠似道之词四阕具在；然删存虽异，而志趣无殊，梦窗之视西原，初无轩轾。则存此四阕，岂但不足为梦窗人品之玷，且适足以见梦窗人品之高，此知人论世者所当识也"。以上皆刘说。案《齐东野语》，似道景定三年造后乐园，在此后十三年。依刘说，梦窗赠似道各词皆淳祐间作，则《水龙吟》、《金盏子》所咏"秋壑西湖小筑"及"湖上旧居"皆非谓后乐园。朱笺以后乐园当之，误矣。（云"小筑"、"旧居"，知非后乐园。又咏"旧居"有"赋情还在，南屏别墅"句，知墅在西湖南山之南屏，则与在北山葛岭之后乐园显然无涉。刘氏合"旧居"、"小筑"为一处，亦误。据《金盏》词"小筑"当在北山，参谱末《后记二》。）

梦窗晚年与似道绝交之说，疑不可信，辨在《后记二》。

八月，吴潜知绍兴府浙东安抚使，十二月，同知枢密院事兼参知政事。《宋史》本纪、《绍兴府志》。

《浣溪沙·仲冬出迓履翁，舟中即兴》一首，或本年作。又有《江神子·送桂花吴宪，时已有检详之命，未赴阙》杨铁夫谓是赠潜词，作于本年十二月之后。宋神宗置检详枢密院诸房文字。考《宋史·宰辅表》，此年十二月乙巳，吴潜自签书枢密院事除同知枢密院事，兼参知政事。正此时事。称之曰"吴宪"，与《浣溪沙》称

"翁"不同,其时已在吴幕中也。见杨著《吴梦窗事迹考》。

十二月,史宅之卒,四十五岁。《宋史》本纪,《吹剑录外集》。

宅之字云麓,弥远子。《吹剑录外集》载其前此一年以签书枢密院事领财计,建议括浙西围田,一路骚动。《癸辛杂识别集》亦载其括田事,怨嗟满道,死于非命者甚众。其不孚时议若尔。与《宁波府志》所称"著《升闻录》,寓规弥远,避势远嫌,退处月湖"者如出两人。梦窗有酬云麓十词,《瑞鹤仙》云"鸿飞高处",《水龙吟》云"独乐当时高致",殆皆作于宅之领财计之前。

黄升《绝妙词选》结集。《自序》作于本年。

黄选十录梦窗《声声慢·闰重九饮郭园》、《倦寻芳·饯周纠定夫》、《绛都春·为清华内子寿》、《唐多令·惜别》、《法曲献仙音·和丁宏庵韵》、《好事近·秋饮》、《忆旧游·别黄澹翁》、《宴清都》、《金缕曲·陪履斋先生沧浪看梅》九首,皆无甲子,据此,知皆此年前作。

赵与𥲅重新西湖丰乐楼。《西湖志》十六引《咸淳临安志》。

《高阳台·丰乐楼分韵得如字》、《醉桃源·会饮丰乐楼》二首。皆无甲子。

淳祐十年庚戌　一二五〇

〔五十一岁。〕

在越州,有《绛都春·题蓬莱阁灯屏》履翁帅越。

吴潜去年帅越,朱笺以此词赋上元景物,疑为本年正月作。案《宰辅表》及潜传,潜为参知政事,拜右丞相,在明年十一月,则此年尚在越任。

三月,贾似道为两淮制置大使,淮东安抚使,知扬州。《宋史》本纪。

淳祐十一月辛亥 一二五一

〔五十二岁。〕

在杭州,二月甲子,作《莺啼序·书丰乐楼壁》。

汲古阁本注:"节斋新建此楼,梦窗淳祐十一年二月甲子作是词,大书于壁望幸焉。"案《野语》六"杭学游士聚散"条,赵与𬣙节斋本年在京尹任。毛晋跋丙丁稿,谓"末有《莺啼序》一首,遗缺甚多,盖绝笔也。"其末署"淳祐十一年二月甲子,四明吴文英君特书"一行,为他词所无,盖后人从楼壁录得者,故多漶漫。《四库提要》谓卒于此年,误。梦窗此后无杭州行迹;客杭始见于淳祐三年冬,次年夏返苏州,冬寓越中,皆暂时往还。居杭先后约十余年。故《莺啼序》有"十载西湖"句。集中《三姝媚·过都城旧居》词有云"绣屋秦筝,傍海棠偏爱夜深开宴"。其清华可想,惜地址无可考矣。《西湖游览志》:吴山石龟巷,内有宝奎寺,理宗书"见沧"二字。《绝妙好词》四有翁元龙《水龙吟·登吴山见沧阁》词。翁逢龙或亦所居相近,故以"石龟"为字。(郑文焯《梦窗校议》亦有此说。)梦窗《探春慢·忆兄翁石龟》有"还识西湖醉语"、"事影难追,那负灯床闻雨"句,岂其昆季客杭,尝同寓于此耶。

交陈起_{芸居}约在此时。

《集》中有《丹凤吟·赋陈宗之芸居楼》云:"旧雨江湖远,问桐阴门巷,燕曾相识。"朱笺云:"按江湖前后集,皆陈起所编宋季高逸之士诗篇,刻以传世。词中所云'旧雨江湖远',盖指此。"案:《瀛奎律髓》四十,赵师秀《赠卖书陈秀才》诗注云:"陈起字宗之,睦亲坊卖书开肆,予丁未(一二四七)至行在所,至辛亥(一二五一)凡五年,犹识其人,且识其子;今近四十年,肆毁人亡,不可见矣。"是陈起此时尚健在,梦窗词无甲子,当此时在杭作。陈起事实,《书林清话》二"南宋临安刻书"条,考之甚详。

四月,赵与𥱧罢京尹。《癸辛杂识》集下"余晦"条。

宝祐四年丙辰　　一二五六

〔五十七岁。〕

三月,嗣荣王与芮封太傅。《理宗纪》。

四月,贾似道为参知政事。《理宗纪》。

吴潜判庆元府。史传。

潜自此至开庆元年,四载间皆在庆元。《履斋诗余》别集一《和翁处静桃源洞贺新郎》词,此时作。本年潜六十二岁。

理宗开庆元年己未　　一二五九

〔六十岁。〕

夏在吴中,作送翁宾旸游鄂渚《沁园春》词。

考在《后记二》。词结云"松江上,念故人老矣,甘卧闲云"。是时居吴中。

十月,吴潜为左丞相。贾似道为右丞相,军汉阳援鄂。时元兵围鄂州。《宋史》本纪。

理宗景定元年庚申　　一二六〇

〔六十一岁。〕

在越,客嗣荣王赵与芮邸。

刘毓崧曰:"梦窗尝为荣王府中上客,丙稿内《宴清都》一阕,题为'饯嗣荣王仲亨还京',有'翠羽飞梁苑'之语,《扫花游》一阕题为'赋瑶圃万象皆春堂',有'正梁园未雪'之语,据周草窗《癸辛杂识》,言荣邸瑶圃,则瑶圃即荣王府中园名,故以梁王比荣王,而以邹枚自比也。荣王为理宗之母弟,度宗之本生父。梦窗词中有寿荣王及寿荣王夫人之作,虽未注明年月,然必在景定元年六月以后。盖理宗命度宗为皇子,系宝祐元年正月之事,立度宗为皇太子,系景定元年六月之事。宝祐元年干支系癸丑,后于辛亥二年;景定元年干支系庚申,后于辛亥九年。今按《梦窗乙稿》内,《烛影摇红》一阕,题为'寿嗣荣王'。其词云:'掌上龙珠照眼。'又云:'映萝图星晖海润。'丙稿内《水龙吟》一阕,题亦为'寿嗣荣王。'其词云:'望中璇海波新。'甲稿内《宴清都》一阕,题为'寿荣王夫人',其词云:'长虹梦入仙怀,便洗日铜华翠渚。'又云:'东周宝鼎,千秋巩固。何时地拂龙衣,待迎入玉京阆圃。'《齐天乐》一阕,题亦为'寿荣王夫人',其词云:'鹤胎曾梦电绕。'又云:'少海波新。'所用词藻,皆系皇太子故实;不但未命度宗为皇子时万不敢用,即已命为皇子之后未立为皇太子之前,亦不宜用;然则此四阕之作,断不在景定元年五月以前,足证度宗册立之时,梦窗固得躬逢其盛矣。据寿词所言时令节候,荣王生辰当在八月初旬。《水龙吟》词云,'金风细袅',又云,'半凉生',《烛影摇红》词云,'宝月将弦',又云,'未须十日便中秋'。荣王夫人生辰当亦在于秋月。《宴清都》词云,'蟠桃正饱风露'。《齐天乐》词云,'万象澄秋'。又云,'凉入堂阶彩戏'。《水龙吟》词言'璇海波新',《齐天乐》词言'少海波新',必在甫经册立之际,则两阕即作于庚申秋间。若《烛影摇红》、《宴清都》两阕之作,至早亦在辛酉秋间,是时梦窗尚无恙也。"朱笺:"《宋史·理宗纪》,父希瓐追封荣王,家于绍兴府山阴县。又《度宗纪》,嗣荣王与芮,理宗母弟也。又《世系表》:希瓐子与芮。《宴清都》'饯嗣荣王仲亨还京',仲亨当是与芮之子。"梦窗词可考行迹者,苏杭之外,以越中为最多。来越当在淳祐十年吴潜为帅之时,上溯淳祐四年作《喜迁莺·甲辰冬至寓越》词,距此十六七年矣。

四月,贾似道入朝,吴潜落职。六月,度宗立为皇太子。七月,吴潜谪建昌军。贾似道兼太子少师。

十一月,吴潜窜潮州。《宋史》本纪。

梦窗疑即卒于此时。

后二年,吴潜被毒死于循州谪所,贾似道造后乐园。

周密《蘋洲渔笛谱》一有《拜星月慢序》:"癸亥春,沿檄荆溪云云。"杜刻《草窗词》,此首题作"寄梦窗",癸亥为景定四年(一二六三),刘毓崧据此,定梦窗癸亥尚健在。然《草窗词》编出后人掇拾,词题与《笛谱》颇相悬异。朱祖谋跋指讹舛尤甚者,即此《拜星月慢》之"春晚寄梦窗"与《齐天乐》之"赤壁重游"、《声声慢》之"水仙梅"、《江城》之"闺思"四首。可见此题不足征据。且吴潜被毒死与贾似道造后乐园,皆在景定三年(一二六二),度宗即位,嗣荣王与芮加封武宁江军节度使,在景定四年,梦窗《集》中皆无一语,疑其已不及见;兹定梦窗卒于此年前后。其《霜叶飞》云"早白发缘愁万缕",《瑞鹤仙》云,"看雪飞蘋底芦梢,未如鬓白",《一寸金》云,"顽老情怀,都无欢事",得年当在六十外也。

梦窗籍四明,而四明行迹无考。周岸登曰,惟《木兰花慢·饯韩似斋》有"鄞山苍"三字而已。其平生游处,不出今日江浙两省。北以淮安为最远,有《澡兰香·淮安重午》词。南行仅及会稽。《尉迟杯·赋杨公小蓬莱》一首,乃赠衢州守杨伯岩作,而集中别无衢州行迹,疑此是寄题,未必身到。见一二四六年谱。苏、杭两州,题咏最多;杭州多在都城内,苏州则虎丘、灵岩、姑苏台外,又有淀山湖、古江村、瓜泾、石湖、鹤江、吴江之长桥、常熟之琴川福山,以及常州、无锡一带。其行迹可考年代者,苏、杭、越中已列于谱。重游无锡在淳祐二年以前,《水龙吟·惠山酌泉》一首在《铁网珊瑚》手写新词稿中可证;词有

"二十年旧梦,轻鸥素约,霜丝乱,朱颜变"句,则初游在二十余岁也。湖州德清词共七首,其《贺新郎》赋小垂虹,乃嘉定十七年一二二四为县令赵善春作,时年才二十馀,而已有"重来记得花时候"之句,他词又有"自怜两鬓清霜"、"梅花似惜行人老"句,则晚年又尝重游。参一二二四年谱。《惜红衣序》云"余从姜石帚游苕雪间三十五年矣,重来伤今感昔,聊以咏怀",词有"鹭老秋丝,蘋愁暮雪,鬓那不白"句,亦晚年重到之作。至京口、淮安之行,在梦窗为远役,事缘年代皆无可考,杨铁夫谓或是被苏州仓台檄,行部查仓,殆近实也。

交游见于词者共六七十人,史宅之、吴潜、尹焕、施枢、陈起、陈郁、翁孟寅、李彭老、冯去非外,多苏杭两地僚属,朱笺所考,仅得其半。案《永乐大典》"寄"字韵,有万俟绍之《江神子·寄梦窗》词,见一二四四年谱。绍之字子绍,郓人,有《郓庄吟稿》。鲍以文据其卷中谒墓诗,定为卨曾孙,见赵万里《郓庄词辑》。此交游不见于词集者,得补记之。

张炎《山中白云》卷五有《醉落魄·题霞谷所藏吴梦窗亲书词卷》,卷三有《声声慢·题吴梦窗遗笔》,别本作"题梦窗自度曲霜花腴卷后",周密《草窗词》上亦有《玉漏迟·题吴梦窗霜花腴词集》;《霜花腴》乃梦窗泛石湖之自度曲。以词有"霜饱花腴"句,取以为名。周密此词亦有"回首四桥烟草"句,吴江有第四桥,姜夔词所云:"第四桥边,拟共天随住。"非指西湖之苏堤。不知是中年客苏州时词卷,抑晚年结集之名,惜不与《铁网珊瑚》所录手写"新词稿"并传。《词源》下谓旧刊六十家词,中有吴梦窗。是宋季已有吴词刊本。毛氏汲古阁刊梦窗四稿,卷中屡注"旧刊云云",不知即是宋本否。毛氏先得丙丁两集,跋谓梦窗"谢世后,同游集其丙丁两年稿若干篇,厘为二卷",案《丙稿》中有乙巳、甲辰之作,《丁稿》中有甲辰、丙午、癸卯之作,《甲稿》有癸卯作,《乙稿》有丙午、辛亥作,知四稿决非编年;毛氏所云,《四库提要》已辨之。四稿往往误入他人之词,如"风里落花谁是主"是李煜词,"无可奈何花落去"是晏殊词,等等,毛氏跋已举之。又误收柳永、周邦彦、姜夔、史达祖之作,王鹏运序已举之。知必非梦窗自定。朱笺谓吴潜和梦窗词,有《声声慢·赋梅》,《浪淘沙·席上赋别》二调,今集中无此词,盖遗佚者多矣。杨铁夫谓集中《永遇乐》题云,"过李氏晚妆阁见壁间旧所题词遂再赋",今旧词亦不见,案此等或出自删,非由失坠;惟《词旨》有"霜杵敲寒,风灯摇梦","醉云醒月"两断句,为集中所无,知吴词必有遗佚。又杨氏《事迹考》谓《佩文韵府》"春霏"条下,引吴文英词"寒正悄,东风似海,香浮夜雪春霏",今亦不见于《集》,岂清初人所见梦窗词集乃异于今本;惜张夫人学象手钞本今不可求,无从比勘矣。杨氏友人谢抡元,谓曹贞吉《珂雪词》中有《瑞龙吟·咏灌婴庙瓦砚用梦窗韵》,今梦窗无用此韵者,是曹氏所见本又异于今本。云云。(亦见《事迹考》。)今检《珂雪词》,有《瑞鹤仙》题云:"咏灌婴庙瓦砚,照梦窗词填。"盖《瑞鹤仙》调有数体,梦窗各首与周邦彦"悄郊原带郭"一首,句法即多不同,曹氏尽依吴词,故云"照填",非谓"用韵";杨、谢二君未细检耳。

梦窗以布衣终。杨铁夫《事迹考》谓"《浙江通志》,载鄞人之举进士者,嘉定七年吴潜一榜有十七人,十年一榜有二十人,至宝庆三年丁亥一榜三十七人。其时北人不能过江南下,南人又因兵事倥偬,不便来杭,应举者大都苏浙间人;鄞人多文学,宜其拔茅连茹矣。嘉定时梦窗尚幼,未及应试,宝庆间则正二十余岁,以其才华,何至不获隽;殆不乐科举也"。又梦窗交游,嗣荣王、吴潜、贾似道、史宅之诸人,皆一时显贵,与吴潜、宅之,投契尤深,而竟潦倒终身。全祖望《答万经宁波府志杂问》,谓其"晚年困踬以死",证之"白发缘愁"、"路穷车绝"之句,此语近实。今读其投献贵人诸词,但有酬酢而罕干求,在南宋江湖游士中,殆亦能狷介自好者耶。

后记

右谱成于二十九岁,窜稿行滕,未遑整理。旋见朱彊村先生为《玉溪生年谱会笺序》,谓欲作梦窗谱而未就。亟奉书叩之,云以资粮过少,竟未属笔。先生治吴词,旷代一人,而矜慎若此,益自惭卤莽涉笔矣。先生即世之明年,以兼旬之力,重写此稿;流览所及,有为先生《小笺》所偶遗者,并稽撰异同,踵为《后笺》;其关涉系年者,概入此本。亡友杨铁夫先生著《梦窗事迹考》,亦多匡予不逮。梦窗行实,粗具于此矣。一九三二年六月记。

附录:梦窗晚年与贾似道绝交辨

刘毓崧叙梦窗词,谓梦窗"与贾似道往还酬答之作;皆在似道未握重权之前;至似道声势薰灼之时,则并无一阕投赠"。"不独灼见似道专擅之迹日彰,是以早自疏远;亦以畴昔受知于吴履斋,是时履斋已为似道诬潜罢相,将有岭表之行;梦窗义不肯负履斋,故特显绝似道耳。"(参一二四八年谱)前人考梦窗遗事者,盖未尝及此;然细稽史实,此说有可商者数事。一、《浩然斋雅谈》卷下,记"翁孟寅宾旸尝游维扬,时贾师宪似道字开淮阃,甚前席之,其归,举席间饮器凡数十万悉以赠之,云云"。梦窗有《沁园春·送翁宾旸游鄂渚》云"幕府英雄今几人",乃送翁入贾幕者。考《理宗纪》:"开庆元年(一二五九)以似道军汉阳援鄂,即军中拜右相。"次年四月即入朝。梦窗此词有"贾傅才高,岳家军壮"、"关河秋近"句,当作于此年夏秋间。时吴潜履斋为左相,以元兵渡江劾丁大全、沈炎,(炎即次年劾吴潜而举似道正位鼎轴者。)盖潜与似道是时已有矛盾。检《宋季三朝政要》三"吴潜卒"条:"先是,诏似道移司黄州,黄州在鄂上流(当作下流),中间乃北骑往来之冲要,似道闻命,以足顿地曰:'吴潜杀我矣。'疑移司出潜意,故深恨之。"检同卷"诏似道移司黄州"在开庆元年十一月,乃似道拜右相之后一月。送翁宾旸词称似道为"贾傅才高",结句云:"松江上,念故人老矣,甘卧闲云。"且有望宾旸代为推挽之意,梦窗此时未与似道绝,固显然也。

又刘序谓梦窗"乙稿·金盏子·赋秋壑西湖小筑》,《丙稿·水龙吟·过秋壑湖上旧居》,均作于似道制置京湖之日;盖《水龙吟》言'黄鹤楼头月午',固京湖之确证;《金盏子》言'小队登临'亦制置之明征。"案《水龙吟》作于似道在京湖时,刘说诚是;《金盏子·赋西湖小筑》,则疑与《水龙吟》非同时之作。"旧居"在西湖南山之南屏,"小筑"则在西湖之北山,刘合两处为一,非是,说在一二四九年谱。《金盏子》词有云:"来往载清吟,节笑携雨色晴光,入春明朝市。"当是似道入朝以后之作;明人《西湖梦寻》记似道乘湖船入朝之情形,仿佛似之。词又云"石桥锁烟霞,五百名仙,第一人是",拟以仙佛,似指似道独揽朝纲。又云:"临酒论深意,流光转,莺花任乱委。"结云"待西风起",必作于夏间;又云:"泠然九秋肺壑,应多梦岩扃、冷云空翠。"虽为切"秋壑"二字,或亦暗用傅岩故实。检《宋史·贾传》,景定元年,"帝以其有再造功,以少傅右丞相召入朝,百官郊劳,如文彦博故事"。《理宗纪》:景定元年四月,侍御史沈炎劾吴潜,请速召贾似道正位鼎轴。似道入朝盖即在四月。据此互推,《金盏子》或即作于此时。(刘氏据"小队登临"句,谓指似道制置京湖时,以其用杜诗"元戎小队出郊坰";然执宰游山,何尝必不可用;以此说文太泥,以作证太弱。)其年四月,吴潜去官提举洞霄宫,六月谪建昌军,十一月窜潮州。正似道声势日益薰灼之时也。

又梦窗于一二四八年客吴潜越幕,逾年潜离越,梦窗乃客嗣荣王与芮邸。刘氏考定寿与芮夫妇各词,必在与芮子度宗立为皇太子之后,此确切无疑者。然度宗之立,即潜与似道冲突之一关键;《南宋书》五十三《吴潜传》:"属将立度宗为太子,潜密奏曰:'臣无弥远之才,忠王度宗无陛下之福。'帝怒。"同书五十六《似道传》:"似道以潜欲杀己,衔之,且闻潜事急时每事先发后奏,帝欲立荣王子孟启度宗为太子,潜又不可,帝已积怒,似道遂陈建储之策,令沈炎劾潜措置无方。"《宋史·理宗纪》,景定元年四月,侍御史沈炎劾潜,谓"忠王之立,人心所属,潜独不然,请速诏贾似道正位鼎轴"。是年六月,立忠王为皇太子,同月潜谪建昌军。盖度宗之立,反对者潜,建议者似道,由此潜去而似道进。当梦窗年年献寿与芮之时,正吴潜一再远贬之日;若谓梦窗以不忍背潜而绝似道,将何以解于出潜幕而入荣邸耶。(后来与芮极恨似道,募死士杀似道,则此后十余年之事。)

总之,梦窗以词章曳裾侯门,本当时江湖游士风气,固不必诮为无行,亦不能以独行责之;其人品或贤于孙惟信、宋谦父,然亦不能拟为陈师道。此平情之论也。

至于《齐东野语》录时人贺似道生日各词,而无梦窗一语;则由梦窗或即卒于景定三年之前；后乐园之落成，吴潜之死，皆在梦窗身后；（后乐园造于景定三年正月，潜卒于同年六月。）似道专擅误国之罪，亦皆梦窗所不及见，而非由"早自疏远"。刘氏信草窗词《拜星月》为"寄梦窗"，定梦窗景定四年尚健在；若然，则梦窗晚年有稠叠寿与芮之词，无一语吊吴潜之谪死，反足贻梦窗凉薄之诮矣。（梦窗《集》中有《西平乐·西湖先贤堂》词，作于潜卒之前二十年；杨铁夫谓是吊潜之词，非是，参一二四三年谱。）

梦窗才秀人微，取涊当代，《宋史》固未为立传，《乾隆鄞县志》，亦仅于《陈允平传》附见一语，曰"能诗，与同里吴文英齐名"。宋人野记夥颐，而除《浩然斋雅谈》一条外，亦无及梦窗者；刘序洋洋二千言，为考梦窗行实一名著，而与似道交谊一节又梦窗平生一大事，故不惮辞费，辨之如此。王鹏运为史梅溪词跋，据《书录解题》有"不详何人"一语，谓梅溪非即韩侂胄堂吏之史达祖。亦欲为梅溪出脱；爱才笃厚之心，与刘氏此序同。后见《浩然斋雅谈》，乃自知其误。予文未必有当，然知人论世之学，贵求真求是，则不敢不自勉也。

一九五四年十一月五日

张风子先生来书

瞿禅先生著席：尊著《唐宋词人年谱》，援引既赅，精审独绝，允为有功词学之作。惟《吴梦窗系年》定梦窗生于宁宗庆元六年庚申，似嫌过早。考梦窗与草窗为亲近之词友，尊著草窗年谱，既据《癸辛杂识后集》，定草窗生于理宗绍定五年壬辰，碻无可疑；而草窗戏调梦窗《玲珑四犯》词,有"年少忍负韶华,尽占断艳歌芳酒"语,是梦窗歌酒得意之少年时代,草窗犹及见之;假定草窗作词之年为二十左右,则梦窗之年至多亦不逾三十,否则便不得谓之"年少"矣。又草窗题梦窗词集之《玉漏迟》词,虽作于梦窗身后,然词有"犹想乌丝醉墨,惊俊语香红围绕;闲自笑,与君共是,承平年少"等语,可见二人同是歌酒场中沉瀣一气之五陵年少,其词中所谓"承平",必指理宗淳祐末年,是时草窗正弱冠前后,以此推之,知梦窗之年虽较草窗为长,断不至相去太远。若依尊著,则梦窗长于草窗三十余岁,以弱冠前后之草窗与年长三十余岁之梦窗同游,而云共是"年少",必无此理。愚意梦窗生年,当在宁宗嘉定十年之后,其少于吴履斋,亦当在二十五岁以上。(尊著系年,只少五岁)故其赠履斋词皆称翁称先生也。右举二词　尊著系年亦尝引之而未注意及此,不揣弇陋敢质　高明,倘蒙不弃涓埃之效进而教之,亦古人疑义相与析之意也。手此　敬颂

撰安

弟张风子一九五六年六月八日

杨铁夫《事迹考》,称《浙江通志》载鄞人之举进士者,宝庆三年丁亥一榜多至三十七人,以梦窗才华而不获隽,谓为不乐科举。不知其时梦窗方在髫龄也,此事亦可为鄙说梦窗生在嘉定十年以后之一证。风子。

答张风子先生

风子先生:诵六月八日惠州来教,覆瓿短书,乃承赐览,并荷周

详督诲,感愧感愧。拙谱考各词人生年,梦窗一家征据最弱,其以吴潜和翁处静《桃源洞》词比附梦窗《集》中各作,姑定生年为公元一二〇〇年左右,本非定论。惟当时以取证不充,于此十年左右,提前移后,屡屡易稿,亦颇费斟酌。尊说定生年在宁宗嘉定十年之后,比拙谱所定迟二十年左右,证以草窗二词,诚近情理。惟细检吴词,有二事似尚须商量,兹写奉求教:

(一)《声声慢》题云"陪幕中饯孙无怀于郭希道池亭,闰重九前一日",郭希道池亭即苏州之郭清华池馆。(本集《绛都春·为郭清华内子寿》有"分得红兰滋吴苑"句,同调题亦有"余往来清华池馆六年云云",知池亭在苏州。)幕指苏州仓幕(集中有《木兰花慢·游虎丘》,注"陪仓幕"),其时则在理宗绍定五年(一二三二),(考在拙谱)依拙谱所考,其时梦窗三十余岁,依尊说则仅十四五岁。《木兰花慢·游虎丘》词注,历数仓幕僚友升沉,谓"时魏益斋已被亲擢,陈芬窟、李方庵皆将满秩",梦窗当亦在幕中。(杨铁夫《梦窗遗事考》,谓梦窗京口淮安之行,或由被苏州仓台檄行部查仓。)此似非十四五岁所应有。《彊村丛书》本吴词,《木兰花慢·游虎丘》之后,连编同调"重游虎丘"一首,两词作年当相去不远,其词下片有"鬓成潘"、"笑掀髯"之句,亦非十四五岁人之语。此其一。

(二)拙谱以为梦窗集中无一语及贾似道后乐园落成及吴潜贬死,缘其卒于景定之初,不及见此。先生于此若无所疑,则景定初卒时,依尊说不过四十左右。(依拙谱,时已六十以外。)案之集中叹老诸词,如《霜叶飞》"白发缘愁万缕",《瑞鹤仙》"看雪飞蘋底芦梢,未如鬓白",《一寸金》"顽老情怀"等语,便皆不近情;虽文人早衰,或词语夸张,然不应过分如此。(淳祐四年甲辰冬至寓越作《喜迁莺》云:"渡倦客晚湖,伤头俱雪。"依拙谱时四十五六岁,依尊说则仅二十余岁。)若将卒年下延二十年,作六十以外计,则已在元至元十六七年,何以集中无一沧桑语;若云今存之吴词已非完璧,似亦无征之说。此其二。

至周草窗题赠二词,曩编拙谱时,亦尝再三商度,窃以为《玲珑四犯》"戏调梦窗"所谓"年少忍负韶华",云云,按之原词上下文,或泛谓西湖游春之人,未必即指梦窗。(此片全文云:"波暖尘香,正嫩日轻阴,摇荡清昼。几日新晴,初展绮枰纹绣。年少忍负韶华,尽占断艳歌芳酒。看翠帘蝶舞蜂喧,催趁禁烟时候。"此词至下片"寻芳较晚,东风约还在刘郎后"才扯到梦窗,盖戏其垂老冶游也。)《玉漏迟·题吴梦窗词集》所谓"闲自笑,与君共是承平年少。"似可解为二人皆曾阅历承平时代,非必谓同时阅历承平。如此则与草窗年辈之疑,或可解释。(称吴潜为"翁"为"先生",则应酬习语,似不足为考据。)颛陋之见,不知当否。疑义相析,甚得共学之乐,倘不以为专辄固执,续有开诲,不胜盼企。夏承焘敬上。

张凤子先生第二书

瞿禅先生左右:芜辞渎听,远辱还答,虚怀雅意,于今罕俪。谢说梦窗生年,初仅就草窗二词推算,并误认三十以上之人便不得谓之"年少",遂以为当生于嘉定十年以后。今知古人年逾三十亦有称为年少者,如草窗赋《木兰花慢》西湖十景词,时年已三十有二,(据尊谱。)而序云"年少气锐"。由是观之,或二窗同游之时,梦窗已三十以上;如果已至三十五六,则其为仓台幕僚,已不止十四五岁,而是一成年之人矣。(徐铉仕吴才十六岁,则梦窗之为幕僚已不算早。徐事见尊著冯正中谱。)考梦窗在苏州仓幕所作诸词,对同游者称曰"诸公",而自谦曰"陪",可知其年故甚少也。尊著定梦窗卒于六十以后,不过因其集中叹老之词颇多;实则梦窗固早衰者,其词尝自言之。陪庚(似当作仓)幕诸公游灵岩之《八声甘州》词,即有"华发奈山青"语,则其重游虎丘之作,勿论其与游灵岩之时间相去久暂,于其"鬓成潘"、"掀髯笑"之语,又乌足怪乎。尝见十余龄之童子,满头俱白;若二三十岁而叹二毛如潘骑省者,则所在多有;即草窗赋"愁损庾郎,霜点鬓华白"之日,亦止三十有四耳。(据尊谱。)盖禀赋弱者其衰多早,矧坎壈缠身,穷愁卒岁之梦窗耶。此其所以叹老嗟卑,顾影汲汲,而不能自已于言也。欧阳永叔守滁,自号醉翁,苏子瞻守密,自称老夫,(见彊村本《东坡乐府》《江城子·密州出猎》词)并年仅四十,可见古人称老不必五六十岁而后然也。鄙意梦窗得年虽不止于四十,至多亦不过四十五六。如此不第二窗年辈可以无疑,即草窗二词亦可一目了然矣。海隅下士,独学寡闻,以来谕谆谆,故敢再发其狂瞽之论。愿不终弃而辱教之,幸甚幸甚。

弟张风子谨启七月九日

依张先生第二书之说,梦窗绍定五年(一二三二)为苏州仓台幕僚"已不止十四五岁而是一成年之人",若定其时为二十岁左右,则当生于嘉定五年(一二一二)左右。又张先生谓梦窗得年"至多亦不过四十五六",则当卒于宝祐四年(一二五六)左右。是生年比拙谱迟十二三年,卒年则早四五年。依其说以推算集中可考年代名词:淳祐四年甲辰(一二四四)寓越《喜迁莺》,"渡倦客晚潮,伤头俱雪"句,乃三十一二岁作;淳祐二年壬寅(一二四二)《六丑》"叹霜簪练发"句,乃三十左右作;绍定五年壬辰(一二三二)《八声甘州》"华发奈山青"句,乃二十左右作;是比潘岳年三十二始见二毛者尤为早衰,不知究符事实否。予为飞卿、白石、梦窗系年三谱,文献不足,皆无从确定其生卒年月,推求过细,反成诬妄。兹录与张先生来往各书于此,并世方家,幸共商榷之。承焘。

引书目

谱中引书共三百余种,概不具著者年代姓名,以避繁复;兹制此目,按书寻人,聊备翻检。

凡例

甲、引书有必须著姓名者,在本编为例外。

一、与谱主有直接关系者,不具名不便行文;如李后主谱中之徐铉、韦端己谱中之贯休等。

二、书名相同者,如马令、陆游各有《南唐书》,杨湜、沈雄各有《古今词话》等。

三、书名太简,易于混淆者,如米芾《画史》、周济《词选》等。

乙、兹目次序,依下方二例*:

一、取书名第一字,依其起笔分类,其次序为(一)、(二)丿(三)く(四)丨(五)亅(六)一(七)乛(八)ㄏ。

二、每类中之次序,先以书名字数多少分,次以第一字笔划多少分。

丙、下列各书,概不入目:

一、通行习见者,如二十五史、《资治通鉴》、《四库全书提要》等。

---

* 原书目排序依据书名的繁体字形,本版改为简体横排,顺序谨依原貌。——编者注

二、引自他书,未遑亲检者,如《遯斋闲览》、《钟山语录》等。

三、谱主所撰,如贺方回谱中之《庆湖遗老集》、温飞卿谱中之《干䐸子》等。

丁、众手合撰,不必征名者,但著其朝代;如《册府元龟》但称"宋人",《全唐文》、《全唐诗》但称"清人"等。

(一)、起

《文鉴》 《宋文鉴》之简称,宋吕祖谦
《宋艳》 清徐士鸾
《词旨》 元陆行直
《词源》 宋张炎
《词综》 清朱彝尊
《词选》 清周济
《谈渊》 宋王陶
《谈录》 宋王洙
《诗薮》 明胡应麟
《说郛》 元陶宗仪
《湖录》 清郑元庆
《麈史》 宋王得臣
《江表志》 宋郑文宝
《宋文鉴》 宋吕祖谦
《宋史翼》 清陆心源
《宛陵集》 宋梅圣俞
《剡源集》 元戴表元

《唐文粹》　宋姚铉

《唐摭言》　唐王定保

《唐语林》　唐王谠

《袖墨词》　清王鹏运

《寒夜录》　明陈宏绪

《尊前集》　佚名

《新元史》　近柯劭忞

《补笔谈》　《梦溪笔谈补》之简称，宋沈括

《演繁露》　宋程大昌

《宾退录》　宋赵与峕

《潜山集》　宋释文珦

《涧泉集》　宋韩淲

《禅月集》　唐贯休

《文献通考》　元马端临

《半塘定稿》　清王鹏运

《安雅堂集》　元陈旅

《江南别录》　宋陈彭年

《江南野史》　宋龙衮

《江南余载》　宋无名氏

《宋遗民录》　明程敏政

《宋元宪集》　宋宋庠

《宋景文集》　宋宋祁

《宋诗纪事》　清厉鹗

《冷斋夜话》　宋释惠洪

《泠然斋集》　宋苏泂

《放翁题跋》	宋陆游
《客杭日记》	元郭畀
《宣和画谱》	宋佚名
《容斋随笔》	宋洪迈
《唐才子传》	元辛文房
《唐诗纪事》	宋计有功
《涑水记闻》	宋司马光
《清波杂志》	宋周辉
《淮海年谱》	《重编淮海先生年谱节要》之简称,清秦瀛
《梁溪漫志》	宋费衮
《词林纪事》	清张宗橚
《词苑萃编》	清冯金伯
《词苑丛谈》	清徐釚
《渭南文集》	宋陆游
《沧浪诗话》	宋严羽
《道山清话》	宋无名氏
《诗人玉屑》	宋魏庆之
《诗苑众芳》	元刘暄
《诗话总龟》	宋阮阅
《渔洋诗话》	清王士禛
《诚斋文集》	宋杨万里
《广川书跋》	宋董逌
《广卓异志》	宋乐史
《涧泉日记》	宋韩淲
《齐东野语》	宋周密

《瓮牖闲评》 宋袁文

《龙川别志》 宋苏辙

《韵语阳秋》 宋葛立方

《瀛奎律髓》 元方回

《六一居士集》 宋欧阳修

《六砚斋笔记》 明李日华

《江邻几杂志》 宋江休复

《宋景文笔记》 宋宋祁

《浩然斋雅谈》 宋周密

《清容居士集》 元袁桷

《遂初堂书目》 宋尤袤

《潜研堂文集》 清钱大昕

《渑水燕谈录》 宋王辟之

《宝晋英光集》 宋米芾

《读书敏求记》 清钱遵王

《宋人轶事汇编》 近丁传靖

《宋史纪事本末》 明冯琦、陈邦瞻

《宋季三朝政要》 宋无名氏

《清真先生遗事》 近王国维

《清真居士年谱》 近陈思

《诂经精舍文集》 清阮元(编)

《补元史艺文志》 清钱大昕

《补侍儿小名录》 宋王铚

《唐人万首绝句选》 清王士禛

《补五代史艺文志》 清顾櫰三

449

《补辽金元艺文志》 清倪灿、卢文弨

《郑所南先生文集》 宋郑思肖

(二) 丿起

《笔丛》 《少室山房笔丛》之简称,明胡应麟

《入蜀记》 宋陆游

《九国志》 宋路振

《全唐文》 清人

《全唐诗》 清人

《伯牙琴》 宋邓牧

《金华子》 《金华子杂编》之简称,五代刘崇远

《金奁集》 宋佚名

《后山集》 宋陈师道

《后村集》 《后村大全集》之简称,宋刘克庄

《侯鲭录》 宋赵德麟

《却扫编》 宋徐度

《复古编》 宋张有

《疑年录》 清钱大昕

《龟山集》 宋杨时

《归田录》 宋欧阳修

《鸡肋编》 宋庄季裕

《人间词话》 近王国维

《仇池笔记》 宋苏轼

《分甘余话》 清王士禛

《升庵合集》 明杨慎
《白醉拣话》 近徐沅
《名人年谱》 《历代名人年谱》之简称，清吴荣光
《后山谈丛》 宋陈师道
《竹坡诗话》 宋周紫芝
《皇宋书录》 宋董史
《香祖笔记》 清王士禛
《负暄野录》 宋顾文荐
《徐文公集》 宋徐铉
《徐骑省集》 宋徐铉
《钓矶立谈》 宋史某
《循陔纂闻》 清周广业
《艇斋诗话》 宋曾季貍
《独醒杂志》 宋曾敏行
《儒林公议》 宋田况
《学士年表》 宋洪迈（见翰苑丛书）
《疑年续录》 清吴修
《铁网珊瑚》 明都穆
《周草窗年谱》 清顾文斌
《非见斋碑录》 清魏锡曾
《金华子杂编》 五代刘崇远
《咸淳临安志》 宋潜说友
《后村大全集》 宋刘克庄
《龟溪二隐集》 宋李彭老、李莱老
《铁围山丛谈》 宋蔡绦

《白石道人年谱》 近陈思

《佩文斋书画谱》 清人

《白石道人诗词年谱》 清姜虬绿

《重编淮海先生年谱节要》 清秦瀛

《籀史》 宋翟耆年

(三) 丩起

《姑溪集》 宋李之仪

《懒真子》 宋马永卿

《续通鉴》 《续资治通鉴》之简称，清毕沅

《绝妙好词》 宋周密

《绝妙好词笺》 清厉鹗、查为仁

《能改斋漫录》 宋吴曾

《绩语堂碑录》 清魏锡曾

《续湘山野录》 宋释文莹

《续资治通鉴》 清毕沅

《续资治通鉴长编》 宋李焘

《续宋编年资治通鉴》 同上

《续宋编年资治通鉴》 宋刘时举

(四) 丨起

《默记》 宋王铚

《日知录》 清顾炎武

《因话录》　唐赵璘
《吹网录》　清叶廷琯
《花间集》　五代赵崇祚
《见只编》　清姚士粦
《国秀集》　唐芮挺章
《晞发集》　宋谢翱
《过庭录》　宋范公偁
《蜀梼杌》　宋张唐英
《嵩山集》　宋晁说之
《剧谈录》　唐康骈
《临川集》　宋王安石
《山中白云》　宋张炎
《山谷年谱》　宋黄䇕
《山居新话》　元杨瑀
《中山诗话》　宋刘攽
《中吴纪闻》　宋龚明之
《北山小集》　宋程俱
《北梦琐言》　五代孙光宪
《册府元龟》　宋人
《曲洧旧闻》　宋朱弁
《吴越备史》　宋钱俨
《困学记闻》　宋王应麟
《草堂诗余》　宋佚名
《骨董琐记》　今邓之诚
《野客丛书》　宋王楙

《景迂生集》　宋晁说之
《萍洲可谈》　宋朱彧
《荆溪外纪》　明沈敕
《梦溪笔谈》　宋沈括
《墨庄漫录》　宋张邦基
《蒙斋笔谈》　宋郑景望
《图绘宝鉴》　元夏文彦
《旧闻证误》　宋李心传
《曝书亭集》　清朱彝尊
《藏一话腴》　宋陈郁
《苏诗总案》　《苏文忠公诗编注集成总案》之简称，清王文诰
《兰亭续考》　宋俞松
《观林诗话》　宋吴聿
《四朝闻见录》　宋叶绍翁
《因树屋书影》　清周亮工
《吴兴掌故集》　明徐献忠
《吴兴艺文补》　明董斯张
《吹剑录外集》　宋俞文豹
《范文正年谱》　宋楼钥
《晏元献遗文》　清李之鼎辑、胡亦堂辑、劳格辑
《敬斋古今黈》　元李治
《莲子居词话》　清吴衡照
《苏学士文集》　宋苏舜卿
《山中白云疏证》　清江昱
《北宋经抚年表》　近吴廷燮

《吴郡图经续志》 宋朱长文
《苕溪渔隐丛话》 宋胡仔
《过云楼书画记》 清顾文斌
《万柳溪边旧话》 元尤玘
《苏文忠公诗编注集成》 清王文诰
《苏文忠公诗编注集成总案》 同上

(五) ｜起

《水心集》 宋叶适
《小学绀珠》 宋王应麟
《少室山房笔丛》 明胡应麟

(六) 一起

《玉海》 宋王应麟
《天中记》 明陈耀文
《平斋集》 宋洪咨夔
《西湖志》 清人
《夷坚志》 宋洪迈
《攻愧集》 宋楼钥
《东坡集》 《东坡全集》之简称，宋苏轼
《南宋书》 明钱士升
《南湖集》 宋张镃
《南唐书》 宋马令

《南唐书》 宋陆游

《琅嬛记》 元伊世珍

《辍耕录》 元陶宗仪

《翰林志》 宋苏易简

《霁山集》 宋林景熙

《十国春秋》 清吴任臣

《七修类稿》 明郎瑛

《五国故事》 宋无名氏

《五代史注》 清彭元瑞

《五代诗话》 清郑方坤

《元丰类稿》 宋曾巩

《玉照新志》 宋王明清

《玉壶清话》 （即《玉壶野史》）宋释文莹

《古今词话》 宋杨湜

《古今词话》 清沈雄

《石林诗话》 宋叶梦得

《石林燕语》 同上

《石刻铺叙》 宋曾宏父

《石渠随笔》 清阮元

《西陵闺咏》 清陈文述

《西湖梦寻》 明张岱

《至正直记》 元孔行素

《考古质疑》 宋叶大庆

《东坡全集》 宋苏轼

《东坡志林》 同上

《东坡年谱》　宋王宗稷
《东坡乐府》　宋苏轼
《东城杂记》　清厉鹗
《东都事略》　宋王偁
《东轩笔录》　宋魏泰
《东观奏记》　唐裴庭裕
《东观余论》　宋黄伯思
《武林旧事》　宋周密
《青箱杂记》　宋吴处厚
《事文类聚》　宋祝穆
《南唐近事》　宋郑文宝
《南唐书注》　清周在浚
《南部新书》　宋钱易
《珍席放谈》　宋高晦叟
《珊瑚木难》　明朱存理
《珩璜新论》　宋孔平仲
《扪虱新话》　宋陈善
《耆旧续闻》　宋陈鹄
《梅磵诗话》　元韦居安
《雁门野说》　宋邵思
《挥麈后录》　宋王明清
《朝野类要》　宋赵升
《研北杂志》　元陆友
《云溪友议》　唐范摅
《云麓漫录》　宋赵彦卫

《枫窗小牍》　　宋袁褧
《零墨新笺》　　今杨宪益
《楚南新闻》　　唐尉迟枢
《翰苑群书》　　宋洪迈
《职源撮要》　　宋王益之
《系年要录》　　《建炎以来系年要录》之简称，宋李心传
《七颂堂词绎》　清刘体仁
《老学庵笔记》　宋陆游
《至元嘉禾志》　元徐硕
《西崑酬唱集》　宋杨亿
《志雅堂杂钞》　宋周密
《松雪斋文集》　元赵孟頫
《南唐书补注》　今刘承幹
《春明退朝录》　宋宋敏求
《两浙金石志》　清阮元
《云烟过眼录》　宋周密
《嘉泰吴兴志》　宋谈钥
《樊榭山房集》　清厉鹗
《二十史朔闰表》　今陈垣
《十驾斋养新录》　清钱大昕
《玉谿生诗笺注》　清冯浩
《石林避暑录话》　宋叶梦得
《石湖居士诗集》　宋范成大
《直斋书录解题》　宋陈振孙
《皕宋楼藏书志》　清陆心源

《历代名人年谱》　清吴荣光

《五朝名臣言行录》　宋朱熹

《玉溪生年谱会笺》　近张采田

《石林居士建康集》　宋叶梦得

(七) 丨起

《书影》《因树屋书影》之简称,清周亮工

《居士集》《六一居士集》之简称,宋欧阳修

《画墁录》　宋张舜民

《书林清话》　清叶德辉

《书法正传》　清冯武

《书苑精华》　宋陈思

《张右史集》　宋张耒

《履斋诗余》　宋吴潜

《郡斋读书志》　宋晁公武

《建炎以来朝野杂记》　宋李心传

《建炎以来系年要录》　宋李心传

(八) 丨起

《通志》　宋郑樵

《陵阳集》　元牟巘

《孔氏谈苑》　宋孔平仲

《陔余丛考》　清赵翼

《孙公谈圃》　宋刘延世

《阳春白雪》　宋赵闻礼

《癸巳存稿》　清俞正燮

《癸巳类稿》　同上

《癸辛杂识》　宋周密

《邵氏闻见后录》　宋邵博

《豫章先生文集》　宋黄庭坚

一九五六年七月,游夏编。

承教录

此书问世一年,屡荷四方读者惠书督诲。惠州张凤子先生,北京王仲闻先生,皆未尝奉手请益,乃承费日力为细校再讨,各举谬误多处,盛意尤可感激。张先生尝赐长函论吴梦窗生卒,兹登二通于吴谱后。其他交好纠谬补阙之辞,已录入谱中者,不复一一称谢。他日续有承教,将依次登录,一字之锡,皆吾师也。一九五六年十二月十日夏承焘记。

清水茂先生

此书第三次重印时,友人见示日本京都大学清水茂教授之评文,于拙作有过奖而亦无曲恕,读之感愧。清水先生以《词学季刊》所载拙作旧谱校此编,于引书卷数一字之误,亦承指出,学者谨严态度,足起人爱敬。其指诲各事,皆足为拙作匡谬补阙;承告韦庄《又玄集》,日本尚流传江户官板本,尤前所未闻。惜拙书三次印本已付印,不遑再改;兹录承教应改各条于后,以俟再版;并于此致其虔敬之谢意(清水先生原文见日本京都大学文学部编《中国文学报》第五册,一九五六年十月出版)。夏承焘。一九五七年二月二十日。

韦端己年谱:"光化元年"条(页二十),"七月,《又玄集》成"下,补注:"清水茂先生曰:'《又玄集》实未佚亡,日本享和三年(一八〇三)、江户昌平坂学问所刊行有官板《又玄集》,《后村诗话》引任华杂言,《唐诗纪事》引徐振二诗以及吴曾《能改斋漫录》卷五所记杜甫杜涌之诗,皆在其中。知与宋代通行本相同,惟未详其所出祖本耳。王士禛十种唐诗选所据《又玄集》,实是伪本,冯氏《才调集》凡例已言之,见《四库提要》一四九集部存目四。'"

二晏年谱:"宝元元年"条(页二三三)补注:"李焘《续资治通鉴长编》:宝元元年四月乙亥,刑部尚书知陈州晏殊,以御史中丞兼本官,充理检使。同年十二月甲戌刑部尚书兼御史中丞晏殊、后为三司使。与宋绶详定李照新乐,在同年七月丙辰。"

张子野年谱:庆历八年(页一七九)"子文刚生"条,改在庆历六年。(清水茂先生曰:文刚卒于熙宁五年,年二十七,则当生于庆历六年。)熙宁七年(页一九〇)"六月葬子"条,应移六年二月。

张子野年谱:嘉祐六年(页一八六)"《宛陵集》一《代人寄致仕张郎中》诗"条删去。(清水茂先生曰:梅尧臣卒于嘉祐五年,张先致仕,谱定为嘉祐末治平初,则此诗题之'致仕张郎中'或非子野。")

符淑林先生

顷读《东坡集》,东坡元丰二年守湖州,作祭张子野文,检先生子野谱仅引"堂有遗像,室无留嬖"二句,窃意此文颇见子野生活情态并有关二家交谊,似不可遗,兹写上全文请誊:"惟余子野,真古恺悌,庞然老成,又敏且慧。清诗绝俗,又典而丽,搜研物情,刮发物豰。微词婉转,盖诗之裔。坐此而穷,米盐不继,啸歌自得,有酒辄诣。我官于杭,始获拥彗,欢欣忘年,脱略苛细。送我北归,屈指默计,死生一诀,流涕挽袂。我来故国,实五周岁,不我少须,一病遽蜕。堂有遗像,室无留襞,人亡琴废,帐空鹤唳。酹觞再拜,泪溢两眦。"

王欣夫先生

王欣夫先生_{大隆}录示黄丕烈跋杨太后宫词一篇,定宫词为周草窗辑,虽文中偶误记草窗生年,而其说可信。兹录汲古阁刊《诗词杂俎》所载宫词原跋及毛晋跋、丕烈跋于后,当补入《周草窗系年》及《草窗著述考》。

"右宫词五十首,宁宗杨后所撰,好事者秘而不传,世亦罕见。癸酉仲春,得之江左,何啻和隋之璧耶。王建花蕊不得专美矣。潜夫识。"此原跋。

"攷今本止三十首,余廿首从未之见。但'迎春燕子尾纤纤'、'落絮濛濛立夏天'、'紫禁仙舆诘旦来',向刻唐人;又'兰径香销玉辇踪'、'缺月流光入绮疏'、'辇路青苔雨后深',向刻元人;今姑仍原本,未便删去。旧跋潜夫,不知何许人也。"此毛晋跋。今《诗词杂俎》所刊,实五十首。

"杨太后宫词一卷_{宋钞本} 杨太后宫词,汲古阁曾刊入《诗词杂俎》中,其稿本余今始获之,所谓潜夫辑本也。毛子晋云:'旧跋潜夫,不知何许人。'余以稿本核之,其为宋人无疑。纸系宋时呈状废纸,有官印朱痕可证。至潜夫之为何许人,就其跋云'宁宗杨后'而不系以'宋',则可断为宋朝人;其标题曰潜夫辑,余疑为周密公谨,盖公谨所撰书皆曰'辑',如《武林旧事》则曰'泗水潜夫辑',《绝妙好词》则曰'弁阳老人辑'。公谨入元追忆故国,故有《武林旧事》之作,而此杨太后宫词辑之,殆亦寓怀旧之思欤。余友海宁陈仲鱼广见博闻,助余曲证斯说,谓《齐东野语》有慈明杨太后事一则,可见公谨熟于杨后事实。且《癸辛杂识》载咸淳甲戌秋为丰储仓;甲戌乃咸淳十年;今跋云'癸酉仲春得之江左',甲戌上距癸酉,止隔一年;公谨生于绍定十五年壬辰,则癸酉年四十岁矣。得此二证,差信余说之非妄;故用别纸载《齐东野语》一则附于后,而并著仲鱼之说云。时嘉庆十五年,岁在庚午,五月廿有六日。黄丕烈识。"案公谨实生于绍定五年壬辰,咸淳癸酉,四十二岁矣。

缪大年先生

鲁迅《小说史略》述晏同叔删《世说新语》事,视《直斋书录解题》为详,不知更有所据否,甚可注意。《郡斋读书志》云:"一本极详,一本殊略,未知孰为正,然其目则同。"云目同而有详略,则注必经删,与鲁迅说合。略本未知即严州本否,陈振孙谓严州本是晏所删也。

张凤子先生

晏叔原生年窃以为尚可推迟,兹条举拙见如下:

（一）晏元献卒于六十五岁，山谷序《小山词》，称叔原为元献之暮子，所谓暮子，必为暮年所生，可知元献生叔原时，至少在年六十左右，如在五十以上，便不得云暮。依此论断，叔原生年可推迟十五年至二十年。其年辈大约与山谷相当，故山谷为作词序。

（二）宋朝门荫至滥，大臣子弟在襁褓中即得官太常寺祝。叔原宰辅之子，妙擅才华，如元献生前叔原已逾冠年，其官必不止此。疑叔原之官寺祝亦元献卒时始推恩及之，计其年必甚幼稚。洎乎长成，槃姗勃窣，获罪诸公，所以仕宦连蹇，陆沉下僚，终于监颍昌许田镇也。

（三）尊谱谓元丰中叔原监许田镇时，年已五十余，录所为词呈韩维，维报书称叔原为郎君，以五十余岁之人，而以郎君相称，殊不近理。曩尝疑之。如将叔原生年推迟至十五年至二十年，其时叔原不过三十余岁，则韩维郎君之称似无不合。

（四）花庵记庆历中仁宗宣叔原作《鹧鸪天》词，回示疑非事实，可谓卓识。惟其词具在，未必尽诬，意花庵误以元献词为小山作，如晁无咎以小山"舞低杨柳楼心月，歌尽桃花扇底风"二语为元献词未可知也。

又吴氏双照楼晁元礼《琴趣外篇》卷五，有《鹧鸪天》词十首，序云："晏叔原近作《鹧鸪天》曲歌咏太平，辄拟之为十篇，野人久去辇毂，不得曰睹盛事，姑诵所闻万一而已。"检今本晏词无此作，惟据晁词第七首"须知大观崇宁事，不愧《生民》《下武》篇"二语，知晁序所云"叔原近作"，亦必作于大观年间。是叔原大观时犹在也。尊著二晏年谱定叔原约卒于崇宁五年，似乎早了一些。

承焘案：晁氏所谓叔原《鹧鸪天》词，当指"九日悲秋不到心"、

"晓日迎长处处同"、"碧藕花开水殿凉"诸首;前二首《碧鸡漫志》卷二云由蔡京遣客求叔原作,当时流传必盛,故晁氏拟之衍为十首。崇宁五年之次年即为大观,则大观间叔原当尚健在。拙谱应依张先生说改为叔原卒于大观政和间,或较近实也。

周汝昌先生

白石赴苏州谒范成大作《石湖仙》词寿成大,当在淳熙十四年(一一八七)。范六月初四生,见其《吴船录》卷上自记:"六月己巳朔壬申,泊青城山,始生之辰也。"白石词云"绿香红舞",写荷花,与时令合。又云"闻好语,明年定在槐府",范罢官后曾以淳熙十五年起知福州,作词时或已有起用消息。又,白石《醉吟商小品》序谓石湖告琵琶四曲,当在此时。

白石绍熙二年(一一九一)初夏,至金陵谒杨万里,六月过巢湖刻《满江红》词于神姥祠,当是由金陵再赴合肥。其年七夕,在合肥作《摸鱼儿》,深秋作《凄凉犯》(据词中风物,知在作《摸鱼儿》之后),浮江过牛渚作诗,则当是再发合肥时。

刘永濬先生

(一)《山谷外集》卷七有《次韵答叔原会寂照房呈稚川》、《同王稚川晏叔原饭寂照房》、《次韵叔原会寂照房》、《次韵稚川得寂字》四诗,卷十四有《自咸平至太康鞍马间得十小诗,寄怀晏叔原并问王稚川行李,"鹅儿黄似酒,对酒爱新鹅",此他日醉时与叔原所咏,因以为韵》诗。前者元丰三年罢北京教官后赴吏部在汴京时作,后者则元丰七年由吉州太和过扬州泗州赴德平镇途中所作,"鹅儿黄似酒,对酒爱新鹅"原诗已不见录,意者亦元丰三年在京时作也。内集别有《次韵王稚川客舍》二首及《欸乃歌二章戏王稚川》各诗,注:"王鋐稚川元丰初调官京师,寓家鼎州,亲年九十余矣。"此数诗均有年月可考,可补入谱。

(二)晏知止处善所刊《李太白集》今尚传,有康熙五十六年缪曰芑重刊本。后列宋次道曾子固及毛渐序,盖宋编类,曾为考次而晏处善授渐校正刊行也。

(三)《柳子厚文集》晏元献家本,今已失传,《困学纪闻》第十七,记"柳文多有非子厚之文"一条,有《舜禹之事谤誉咸宜》三篇,晏元献云:"恐是博士韦筹作。"《愈膏肓疾赋》,晏公亦云"肤浅不类柳文"等语,当系晏元献柳集序跋中语或校注。又翁注引宋彭叔夏《文苑英华辨证》五,有"晏元献柳集第二表,据《文苑》乃林逢第三表"等语,亦可略见一斑。

(四)《困学纪闻》十一:"晏元献论秦穆公以由余为贤用其谋伐戎:夫臣节有死无贰,戎使由余观秦,参竭谋虑,灭其旧疆,岂锺仪操南音、乐毅不谋燕国之意哉?秦穆之致由余而辟戎土也,失君臣之训矣。元献之论,有补世教,故录之。"此当系节录大意,非原文之全,胡、劳两辑均未及。

《张子野年谱》"玉仙观"条。《复斋漫录》:玉仙观在京城东南宣化门七八里间。仁宗时陈道士所修葺,花木亭台,四时游客不绝。东坡诗所谓"玉仙洪福花如海"是也。据此,其遇谢殆在天圣八年登进士时。

《吴梦窗系年》"史宅之"条。"著《升闻录》,寓规弥远,避势远嫌,退处月湖"者,乃史守之字子仁,非宅之也。周草窗《癸辛杂识别集》有"史宅之字子仁号云麓"语,实误。朱彊村引此,但仍以其子其侄为疑。(此据丁传靖《宋人轶事汇编》取引《宁波志》,即列《吹剑录》一条后。)

胡道静先生

李后主文篇目之可考者。沈括《补笔谈》卷一"辩证门"云:予因读李后主文集,有《北苑诗》及《北苑纪》。"北苑纪"之"北"字原误作"文",详前后文义,当作"北"字。又,吴曾《能改斋漫录》卷九"地理门"云:李氏集有翰林学士陈乔作《北苑侍宴赋诗序》,而李氏亦有《御制北苑侍宴赋诗序》,其略云:"偷闲养高,亦有其所,城之北有故苑焉,遇林因薮,未愧于离宫,均乐同欢,尚惭于灵沼。云云。"

《周益公大全集》云:李公麟字伯时,堂弟粲字德素,南唐先主升(昪)四世孙,并登科,隐舒城龙眠山。是李龙眠为二主之后裔。

曾极《金陵百咏》:德庆堂字李主所书南唐但余此物李主笔法有铁钩锁:"森然笔势聚干将,气轧锺王未肯降。惆怅当年铁钩锁,可能无法守长江。"

赵彦卫《云麓漫钞》卷第一首条云:"常州宜兴县之善拳寺,唐李蟾旧宅也。山上有九斗坛,其下有乾水二。善拳洞寺有碑,其略云:'准内门承奏院刑司帖,据清讼院申,有常州善拳寺僧冲伟执状立桥,称抑屈者右,似此立桥等人当司奉批旨就问,仍取文字,遂领到冲伟责问。据状:"先在义兴善拳寺住持,寺墙内有九斗坛,自来属寺。建隆元年,被县令欧阳度奏陈改差道流主持,蒙下吏、礼部、太常寺、刑部定;奉批旨,下待制院,奉院不详省寺元定,却改付道流。续次陈奏,蒙下御史台,台司却牒过省部厅,并不与冲伟理定,缘此立桥乞下按鞫院诸司行遣奏。元承刑部牒,奉制,中外诸司刑狱,如有冤诉,并大理寺推覆;大理寺有冤,即送御史台断;又未息诉,即命大僚置制院推覆。此件公事,合命大僚详覆。"御批:"此小事何劳大僚详定,但问累代兴创如何。见说星辰,便是道门中事。且如郊祭天地星辰,山川岳渎,不用道士行礼,既久系僧主管,辄因造次所奏,故致词诉,可令仍旧隶善拳。或有请祷,只用僧祈,泽寺祈祷,见差道士,互有参杂,亦可差僧,永为定式。如此去,更有如欧阳度小官人子乱挠公方,有所陈述,不得取旨。水旱灾诊,乃孤之不德,非因道士、和尚。'"嗣淳熙十三年,蒙国史院于余家取索旧时徽宗朝文字,尝以此碑缴纳史馆。"按详赵景安文意,以为九斗坛碑文御批为徽宗朝文字,然读薛士龙艮斋先生《薛常州浪语集》卷四《游竹陵善权洞》二首,第二首注云:"山有三洞,九斗坛故更寺观者不一。载有李后主断还僧寺批札石记,语极可笑。"则所谓御批者乃李煜手笔。按欧阳改差道流主持九斗坛,为建隆元年事,僧冲伟申诉推覆,似不致延至百四十年后,艮斋所记应属确切。僧冲伟状南唐国主,称建隆元年,则以自周显德五年以还,南唐已削去纪元也。

陈舜俞《都官集》卷十二《饯张郎中》:"莫爱卜山色,莫羡苕水清,山高天早寒,水深潜浪生。维此贤丈人,宇韵和且平。冷清宦无威,研词吐春英。众人玩其华,君子挹中情。恺悌神所劳,假乐眉寿并。安车省家园,华艾立儿甥。邦君示尊礼,宴衎既丰盈。言还湖上居,载酒饯东城。宾醉可复诉,贵老事非轻。""维此贤丈人"以下四句,足睹张子野风度。"安车省家园"当是指熙宁七年子野由杭归吴兴。

陈舜俞《都官集》卷十二《双溪行》(有序):"熙宁七年九月,予游吴兴,遇致政张郎中子野,日有文酒之乐。时学士李公择为使君,幕客陈殿丞正臣,皆予故人。一日正臣语予云:'昨日张子野过我,吾家有侍婢何氏,故范恪太尉之家妓也。窥子野于牖,识子野尝陪范宴会,因感旧泣数行下。'予闻之恻然,交语公择,公择益为之凄怆,即乃载酒选客陪子野访之,酒行,正臣不肯出何氏侑诸客饮,独使在屏障中歌及作笛与胡琴数弄而罢,其声调无不清妙。惟子野以旧恩得附屏障间问范之废兴及所由来。子野曰:'此范当年最所爱者。'于是诸客人人怜之,又嘉其艺之精而恨其不得见也。予因作《双溪行》。双溪吴兴之水苕雪云也。"(诗略)

《永乐大典》中所引张子野诗。已就新影印本大典二〇二册通读一过。

卷八九九第廿一叶上　张子野诗　《酬周开祖示长调见索诗集》

辩玉当看破石诗,泥沙有宝即山辉。都鏖往往无真楛,误使人评鼠腊归。

卷二四〇五第十三叶下　张子野集　《酬发运马子山少卿惠酥与诗》

贡余应惜点为山,绝唱兼遗致政官。嶣地雪甜多不识,吴人未食齿先寒。

同前　《子山再惠诗见和,因又续成。子山不以予不才,两发章荐》

清卿恩德重鳌山,诗寄闲栖白首官。须信夜光谁可得,玉龙沉睡玉渊寒。

卷九七六四第十八叶下　张子野集　《飞石岩诗》

石破重岩万客疑,不堪攻玉不支机。长江风雨来无定,时学零陵燕子飞。风雨即岩石飞堕

卷一一九八一第八叶上　张子野诗　《飞仙岭》

路接晓天人近月,真仙去后只云归。岭头旧日(疑误)上升日,空有山禽自在飞。按《元一统志》,飞仙岭在旧兴州东二十余里,有阁道百余间,横之半空,即入蜀大路也。此诗当是子野六十三岁知渝州涂中作。

卷一三〇七四第十二叶上　张子野诗　《将赴南平,宿龙门洞》

此心常欲老林丘,去意徘徊夜更留。万客只贪门外过,少人知有洞中游。春来犹见龙孙出,静里微闻石乳流。洞水送花通阁底,寺钟催月落岩头。暂时清梦生危枕,明日浓尘拥敝辀。南是符阳北长举,所嗟不属古江州。按福建尤溪县东,四川绵谷县北,湖南武陵县西,并有龙门洞,此诗题云"将赴南平"(渝州南平郡,即今重庆市)又有"南是符阳北长举"句,则为川北龙门洞无疑。亦六十三岁入蜀之作也。

卷二〇三五四第十一叶下　张子野诗　《吴兴元夕》

> 朱屋雕屏展，红筵绣箔遮。傍云灯作斗，近树彩成花。风月胜千夜，笙歌如一家。予尝梦作吴兴上元诗，独记此句。因思谢灵运梦作"园柳变鸣禽"而成"池塘生春草"之篇。当时灵运自谓神助。予今所得亦不由采抉，诚出于自然，惜其不录，因补成六韵焉。人丛妨过马，天色误啼鸦。铜漏春声换，银潢晓影斜。楼前山未卸，火气烘朝霞。

卷二三四六第九叶下　宋张子野诗（原缺题）

> 乌啼东南林，危巢维五六。心在安巢枝，一日千往复。脱网得鲜食，入口不入腹。穷生俾反哺，岂能报成育。

詹安泰先生

研究我国古典文学，对于作家所处的时代背景，对于作家本身的生活经历和创作活动的过程，如果没有一定程度的了解，就很难进行较为深入的研究并作出较为正确的评价。这是众所周知的事情。夏承焘先生的《唐宋词人年谱》为唐宋词和文学史的研究提供了很好的资料，这里不再多说。我想对《温飞卿系年》一文提出一些不成熟的意见，向夏先生和读者求教。

为了叙述方便，按照夏先生编年的次序分别论列于下：

> （一）《温飞卿系年》（以下简称《系年》）：太和四年庚戌八三〇，十九岁。

《诗集》五有《伤温德彝》一绝。案德彝曾以河中都将随温造平兴元军乱。见《旧书》一六五《造传》。造平兴元乱在此年二月,见《通鉴》。诗无甲子,姑系于此;《云溪友议》七谓是谪方城时作,非。

飞卿《伤温德彝》一绝,《云溪友议》以为谪方城时作,固非,夏先生系于这一年,也还值得考虑。原诗云:

昔年戎虏犯榆关,一败龙城匹马还。侯印不闻封李广,别人丘垄似天山。

根据诗意,应该是指回鹘之役。德彝当时请求击回鹘,不得武宗同意,结果自战失败,致遭冤屈,故飞卿作诗伤之。德彝击回鹘的过程,新旧《唐书》均失载,现据《通鉴》等书略加论述:

《通鉴》卷二四六:开成五年(八四〇)回鹘为黠戛斯所破,"可汗兄弟温没斯等及其相赤心、仆固、特勒那颉啜,各帅其众抵天德塞下,就杂虏贸易谷食,且求内附。冬十月丙辰,天德军使温德彝奏:'回鹘溃兵侵迫西城,亘六十里,不见其后,边人以回鹘猥至,恐惧不安。'诏振武节度使刘沔屯云迦关以备之"。

后唐献祖纪年录:开成二年,"回鹘大饥,族帐离,复为黠戛斯所逼,渐逼碛口,至于榆林。天德军使温德彝请帝为援,遂帅骑赴之。时胡特勒可汗牙帐在近,帝遣使说回鹘相温没斯,为陈利害,……温没斯然之,决有归国之约。俄而回鹘宰相勿笃公叛可汗,将图归义,遣人献良马三百以求接应,帝自天德引军至碛口援之,为回鹘所薄,进击可汗牙帐,胡特勒可汗势穷自杀。国昌因奏勿笃公为署飒可汗。时开成五年也"。

李德裕《会昌一品集》卷十三《论田牟请许党项仇复回鹘嗢没斯部落事状》说："嗢没斯等迫于饥困,各欲求生。田牟执称背国亡命,是去年为恶徒党,都似与德彝雪屈,为党项报仇。察其用心(《全唐文》作"情"),殊非体国。"又说："伏望具诏太原振武排比骑兵于边上,严防侵轶,待犯国家城镇,然后以武力驱除。若只于党项退浑小有劫夺,任部落自相仇报,未可助以甲兵。"又说："仍望诏田牟不得擅出诡计,妄邀奇功;兼诏仲武不得纳将吏惑词,为国生事。"

由上引材料,可知温德彝开成五年为天德军使。当时回鹘因大饥向西城侵迫,德彝一面报告朝廷,一面请朱邪赤心协助进攻回鹘。但得不到宰臣等的支持而被罢黜。又《旧唐书·武宗纪》会昌元年"八月,回鹘乌介可汗遣使告难……赤心率其部下数千帐近西城,天德防御使田牟以闻"。可见这时温德彝的天德军使的职务已被田牟所代替。温德彝在当时的行动是正确的,由于李德裕等只主张防守,不能阻遏回鹘的不断进迫,因而招致会昌二年正月"回鹘寇横水栅,略天德振武军";"三月,回鹘寇云朔";六月,"刘沔及回鹘战于云州,败绩";七月,"回鹘可汗寇大同川"(见《新唐书·武宗纪》"七月"条,《旧唐书·武宗纪》作"八月,回纥乌介可汗过天德至杞赖烽北,俘掠云朔北川")等事件发生,才不得不征发许、蔡、滑、汴等六镇之兵,以刘沔、张仲武、李思忠等为回纥各面招讨使会军于太原。这一战役,一直拖到会昌三年正月才告一段落,新、旧《唐书·武宗纪》及《唐会要》卷九十八均有记载。从对回鹘(纥)战争整个过程看,飞卿《伤温德彝》一绝,完全是写实,可以和史书互相发明。"昔年戎虏犯榆关",指的正是回鹘迫西城。"别人丘垄似天山"，指的正是刘沔、张仲武、石雄等的后日立功封赏（刘沔检校尚书左仆射，张仲武检校尚书右仆射，石雄银青光禄大夫检校左散骑常侍）。而"侯印不闻封李广"，伤德彝的被罢黜，更为明显。夏先生也许受了温诗顾注引《旧唐书》"文宗授节度使温造手诏四通，神策行营将董重质、河中都将温德彝、邠阳都将刘士和等咸令禀造之命"的影响，才把飞卿这首诗"姑系于此"。夏先生用"姑系"的口气，说明还不是最后的决定，态度是十分矜慎的。据上引事实，这首诗似是飞卿会昌三年（八四三，三十二岁）后的作品，可以编入"会昌三年癸亥"的下面。如果因为它没有标明甲子，为慎重起见，也可于开成五年下另列"温德彝为天德军使奏回鹘侵迫西城"一条，然后附入飞卿曾为温德彝而写这样一首诗。

（二）《系年》：开成三年戊午八三八，廿七岁。

十月，作《庄恪太子挽歌词》二首。《诗集》三。

《旧唐书》一七五，太子暴卒于此年十月乙酉朔。

案《挽词》云："邺客瞻秦苑"、"西园寄梦思"。又诗集三有《太子西池》二首云："莫信张公子，窗间断暗期"。庭筠若曾从太子游，则入京兆必在此年十月前。

按飞卿从太子游，是可以肯定的。除夏先生所引诗外，还有比较明显地以庄恪太子为题材的《雍台歌》和《生禖屏风歌》。《雍台歌》：

太子池南楼百尺，入窗新树疏帘隔。黄金铺首画钩陈，羽葆停幢拂交戟。盘纡阑楯临高台，帐殿临流鸾扇开。早雁惊鸣细波起,映花卤簿龙飞回。

《旧唐书·文宗纪》:开成三年九月"壬戌,上以皇太子慢游败度,欲废之。中丞狄兼谟垂涕切谏。是夜移太子于少阳院,杀太子宫人左右数十人"。从歌词中描绘的形象,可以看到太子宫室陈设的瑰丽,羽葆侍卫的威仪。而"早雁惊回"、"映花卤簿"的情状,和《文宗纪》所说的"慢游败度"也相吻合。如果飞卿用"太子池"也是有所影射的话,那就更可以说明这诗是为庄恪太子作。因为"西明内有太子池,孙权子和所穿"(见顾注引),孙权于赤乌五年曾立子和为太子,后来废掉,更立子亮为太子(见《三国志·吴书》二),和庄恪太子的事迹正相类似。至于《生祺屏风歌》,更是以一般太子的典故来反映当时的现实。假如没有庄恪太子事,飞卿一定不会写这样的诗的。我们读《汉书》,知道东方朔作《皇太子生祺屏风》,《枚皋传》有"与东方朔作《皇太子生赋》及《立皇子祺祝》"的说法,《戾太子传》也有"初上年二十九乃得太子,甚喜,为立祺,使东方朔、枚皋作祺祝"的记载。飞卿正是借旧题来发挥新意的。诗中最后"宜男漫作后庭草,不及樱桃千子红"两句,更十分明显地表露出他的用意:宜男之草竟不及樱桃之子,那还不是指皇太子反不及其他诸子吗?总之,飞卿为庄恪太子所写的诗,有正面的,有侧面的,在温集中,和其他有关系的人物比较起来,还是占有相当分量的。又,飞卿从太子游,和程修己也有关系。据温宪《程修己墓志》说:"严君有盛名于世,亦朝夕莫逆之契。"又说:"太和中,陈丞相言于昭献,因授浮梁府,赐绯鱼袋,直集贤殿,累迁太子中舍,留秘院凡九年。"《唐诗纪事》及《全唐诗话》均载有太和中修己曾侍文宗赏牡丹事。《旧唐书·文宗二子传》:"庄恪太子永,文宗长子也。母曰王德妃。太和……六年……十月降诏，册为皇太子。"太和中永被立为皇太子，修己既任太子中舍，又与飞卿为莫逆之交，那飞卿之能接近太子，就完全可以理解的了。夏先生对飞卿从太子游事，似不必采取怀疑的态度；《雍台歌》和《生禖屏风歌》也可一并提出。

(三)《系年》：大中九年壬申八五五，四十四岁。

杜悰去淮南。

《诗集》五有《题杜邠公林亭》诗，原注云："时公镇淮南，自西蜀移节"。案《旧书》一四七《悰传》：出镇西川在"大中初"。旧纪大中三年九月载"西川节度使杜悰奏收复维州"。据《通鉴》：悰去淮南在大中九年七月。是杜由西川迁淮南在大中三年后。温诗当作于大中三年后，此年七月前也。

案飞卿《题城南杜邠公林亭》一诗，可编入大中六年。据原注"时公镇淮南，自西蜀移节"。可见此诗作于杜悰由西川初移淮南时，否则就不必加注"自西蜀移节"一语。《太平御览》八百七十三载：

大中六年，淮南节度使杜悰奏海陵、高邮两县百姓，于官河中滤得异米煮食，号为圣米。

《唐会要》二十九记此事在大中六年九月二日。悰移淮南，至迟当在大中六年九月以前。(冯浩李商隐五言述德抒情诗一首《四十韵献上杜七兄仆射相公》诗注谓悰于大中七年"始移淮南"。恐误以惊在淮南为"始移"。)

也许有人以为新、旧《唐书》载杜惊自会昌初为淮南节度使、召拜同中书门下平章事、进右仆射、出镇东川、西川、淮南等直至最后始封邠国公,温诗题与惊移镇淮南时官衔不符。这里可以附带说明,作诗在前,改题、定题在后,这是一般写诗的人常有的事,我们总不能因此就说温诗作于懿宗咸通时。

按照夏先生谱例,凡飞卿作品所涉及的人物,都把他的生平重要事迹编入系年,然后附以飞卿为他而作的诗篇。这样处理,也是一般写年谱的通例。就按这样的体例,我认为还可补入三条:

(一)太和九年乙卯八三五,廿四岁。
甘露事变,王涯被杀。
《诗集》有《题丰安里王相林亭》二首。

《题丰安里王相林亭》二首,原注"公明《太玄经》"。按晁公武《郡斋读书志》有《说玄》一卷,题:唐王涯广津撰。凡五篇:《明宗》一,《立例》二,《揲法》三,《占法》四,《辨首》五。

陈振孙《直斋书录解题》记载同。现存《太玄》后面有《说玄》五篇,也题"唐宰相王涯广津纂"。王涯字广津,太原人。《新唐书》一七九《王涯传》:

(涯)性啬俭,不畜妓妾,恶卜祝及它方伎,别墅有佳木流泉,居常书史自怡,使客贺若夷鼓琴娱宾。

王涯既然有这种好尚,则当他领盐铁使及江南榷茶使时,就会在建业营建这个别墅。飞卿此二诗为涯作无疑。

"甘露事变",是唐朝历史中一个很突出的事件。飞卿诗中如:"朱户雀罗设,黄门驭骑来。不知淮水浊,丹藕为谁开!"如:"星坼悲元老,云归送墨仙。谁知济川楫,今作野人船?"对王涯备致景仰悼念之意,不同于当时流俗的看法。编入这一条,可以看出飞卿当时对这一事件所持有的态度,也是适合于夏先生知人论世之旨的。

(二)开成三年戊午(八三八),廿七岁。

韦筹进《书史解表》五通。

《诗集》有《题韦筹博士草堂》。

《册府元龟·国史部》六:"韦筹为左拾遗,开成三年八月,进《书史解表》共五通。敕史馆商进。"

按徐松《登科记考》:"太和二年,进士三十七人。韦筹状元。"他迁博士不知在什么时候。据诗中"玄晏先生已白头,不随鸳鹭狎群鸥。元卿谢免开三径,平仲朝归卧一裘"的说法,则筹当时已经归老了,博士当是他一个较高的职衔。《全唐诗》载筹为大中博士,也不知究何所据。因飞卿此诗后半说筹作史事,故可以归入他进《书史解表》这一年。

飞卿此诗,《唐诗鼓吹》二作薛逢诗,题作《韦寿博书斋》,讹谬可笑。顾注引用,不加辨正,尤可怪诧。宋刊本飞卿诗集已有此诗,且题目完整,是无可怀疑的。《鼓吹》一书,实不大可靠。明胡震亨已讥其连"宋人胡宿诗亦误入。意遗山偶录,以备检阅"。(《唐音癸签》三十一)清王应奎曾说:"《唐诗鼓吹》一书,乃后人托名于元遗山者。自我邑陆敕先、王子澈诸人服习是书,重为剖劂,而是书遂盛行于世。"(《柳南续笔》二)可见早已有人怀疑此书之不足据了。

（三）咸通九年戊子八六八，五十七岁。

杜审权罢相，出为镇海军节度使。

《诗集》有《京兆公池上作》。

按飞卿此诗有"京口兵堪用，何因入梦思"句，比对审权事迹，颇合。《旧唐书》一七七《杜审权传》：

懿宗即位，召拜吏部尚书。三年，以本官同平章事，累加门下侍郎右仆射。九年，罢相，检校司空兼润州刺史，镇海军节度使，苏、杭、常等州观察使。时徐州戍将庞勋自桂州擅还，据徐泗大扰淮南。审权与淮南节度使令狐绹、荆南节度使崔铉奉诏出师，掎角讨贼，而浙西馈运不绝，继破徐戎。贼平，召拜尚书左仆射。《金华子杂编》上：杜审权以庙堂出镇浙西……在任三载。自上任坐于东厅，未尝他处。

《审权传》中还载有懿宗十一年的制词，说他"累发猛士，挫彼贼锋"。说明他专力镇压庞勋，"未尝他处"，虽有林泉，也没有梦想到，与飞卿诗意正同。至于京口地望，也是当时审权坐镇的领域。《元和郡县志》："江南道一：浙西观察使润州。汉献帝建安十四年，孙权自吴理丹徒，号曰京城，今州是也。十六年迁都建业，以此为京口镇京上郡城。城前浦口，即是京口。"审权是杜如晦的六代孙，京兆人，故诗题称他为"京兆公"。

飞卿这诗是否这一年所写，尚难确断，但为杜审权作，则似无可疑。录出，也可为考见飞卿生平之一助。

此外，我认为还有一些零碎的问题可以商榷的：

一，飞卿《干𦠆子》一书，夏先生以散见于龙威秘藏的为赝作，独据《观林诗话》引记狐两篇系四言韵语来证明温书的体裁。（词人年谱四二二页）查《观林诗话》另有一则云：

《谭宾录》载：唐率府兵曹参军冯光震，入集贤院校《文选》，注"蹲鸱"云：今之芋子，即着毛萝卜。又温庭筠《干𦠆子》所载不同，云：萧嵩以《文选》是先代旧书，欲注"蹲鸱"云，今芋子乃着毛萝卜。未知孰是。

据此，则飞卿《干𦠆子》，仍是杂俎、杂纂之类，其体裁不一定都是四言韵语。

二，系年咸通七年，飞卿为国子助教下，引《五代诗话》二"李涛"条，引《全唐诗话》："温飞卿任太常博士，主秋试，涛与卫丹、张却等诗赋皆榜于都堂。"按此事先见于王定保《唐摭言》卷十："李涛，长沙人也。篇咏甚著。……温飞卿任太学博士，主秋试。涛与卫丹、张郤等诗赋皆榜于都堂。"张却作张郤。

三，系年后面附有顾学颉飞卿诗代表地域一表。《题端正树》一诗，列于"关内道京兆府"，《马嵬驿》一诗列于"兴平县"。按《寰宇记》："马嵬驿有端正树存焉。"可见"端正树"在"马嵬驿"内，《题端正树》一诗，应列入"兴平县"。

刘永濋先生

近读《隺山题跋》（商务《丛书集成》单木），无意中得《跋晏元献公帖》两则。前一则凡跋二首。第一首述三帖（一）与评事帖称

"公为相而富公未第时"想即胡辑遗文之"答中丞兄家书"。(二)庆历三年论富公充使帖,有"虽以妇翁子婿,至论国事,不嫌于矛盾。而使虏之役,虽非富公所乐,而公在枢府,亦未尝以夺公也"等语。(三)康定元年冬论西边攻守帖,有"韩忠献主攻、范文正主守,而公与庞庄敏由宣简诸人亦每以未可轻动为言。卒之泾原之师暴骸满野,则公所不主攻策之为得也"等语,均可与年谱相参证。末称"公之孙曰子中,尝昌言于嘉定",则为年谱所未及。第二首即专述此事,谓"开禧三年冬,闻权臣就殪,余表兄高东叔为诗志喜。余兄弟相率偕赋,大抵虽以去凶为快,尚以函首请和为国体虑也。……明年,其事果出于此。有传贤阁士人书者,乃子中也。英词劲气,疏畅磊落,识者传诵"。后一则则辨"晏大正自跋,以文定致仕为康定二年,康定无二年也。以公检傅枢使为庆历初,亦差"。谓:"公康定元年三月自三司使除刑书知密院,九月以检校太傅刑书充使,而李文定致仕,则庆历二年七月也。"亦可与年谱相参证。年谱及宛书均根据《直斋书录解题》称公玄孙曾作年谱一卷,惟其名宛作"大正",年谱则作"正大"。(《词学季刊》所载如此)以此证之,似以宛书为不误。潘并疑子中或即大正之字,中正正中均常通用作人名字。其云"公孙"者,则裔孙之义,而非谓儿子之子。以元献生年至嘉定且二百年,似不应当有孙存也。晏谱失传,但由其自跋之编年错误推想,虑相距年久,年谱中亦难免多有错误耳。又晏防,据萧智汉《姓氏谱》为元献侄,《宋元学案》所载较详,大致相同。惟注中"云濠案语"谓"谢溪堂志先生墓云,大丞相元献公,宗武叔祖也。则当为侄孙"等语。似亦可在年谱中加注也。《崔山题跋》又有《跋北山戆议》一则,述侂胄排斥异己,有"极于钱伯同之谪上杭"语。此事想《宋史》当有记载,或可借以考得钱伯同的名字。姑附以告。

傅璇琮先生

李昭玘《乐静集》卷十一有《代贺方回上李邦直书》,自叙历年宦况有云:"迫于致养,遽从一官,监门管库,义苟不辱。坐则如窭木索,动则与舆皂等,一忤上官,诃诋随至,且虞诛责之不可脱,则无以事亲畜妻子,故垂头塞耳,气息奄奄,崛然自奋之心,日已微矣。节今则调官衡阳,将浮汴达淮,涉江汉绝沅湘,万一有逃于风波之患,而长沙之南,地苦卑湿,皆骚人逐客悲吟叹息不自聊生,非北州之士所能安也。而又母老妻病子弱,身复多疾,一月之间,饱食甘饮者不过数日。方且日夕促促以鼓铸为事,金锡之气,薰灼肠胃,叫呼咄咤,驱策吏卒以赴其员程,此贱者之事,非敢辞也。自惟平生多艰,小有所须,动不谐适,百步十蹶,一食三噎,又安能必后日之志哉。节"以其行迹考之,当是元祐六年辛未方回四十岁事。《诗集》一《调北邻刘生》注:"辛未六月京师赋,时将为衡阳之行",而是年秋冬仍有京师诗,知留京未行。此时托昭玘作此书恳李清臣 邦直,清臣即与范百禄苏轼共荐于朝,乃改西头供奉入文资也。据此书所云,知改官衡阳亦为管库监铸之职。又《乐静集》二十一有《代贺方回谢举换文》,起云"误尘恩命,特易班资",即谢李清臣与范、苏者。

又卷十一《代贺方回请见书》有云"间者南游梁宋,东走邹鲁,还过于滕。节某一至境上,而阁下之休问溢于民言"。当作于元丰八年乙丑被外计檄召,徐郏往还千二百里之时,是年八月有《滕县时氏园池》诗《诗集》五可证。

《宋史》三四七《李昭玘传》,字成季,济南人,少与晁补之齐名,为苏轼所知,擢进士第,徐州教授,李清臣荐为秘书省正字校书郎,加秘阁校理,通判潞州。入党籍,闲居十五年,自号乐静先生。《四库全书·乐静集提要》,谓昭玘籍本钜野,尝署济阴,而史遂误为济南。焘案:昭玘代方回作三文,皆在元丰、元祐间。《四库提要》谓昭玘元祐中第进士,则交方回在擢第前后。《乐静集》十六有《上李邦直书》,后亦由清臣荐入秘书省。方回之上书清臣,或即由昭玘作介耶。

以上所引李昭玘《乐静集》有关贺方回三文,皆北京中华书局傅璇琮先生见告者,应入贺谱元祐六年,"以李清臣范百禄苏轼荐入文资"条下,并增谱后交游考。

张瀛先生

今本《吕氏春秋》有跋文:"节元祐壬申,余卧疾京师,喜得此书,每药艾之间手校之,自秋涉冬,朱黄始就,即为一客挟之而去。后三年见归,而颇有欲得色,余亦心许之。得官江夏,因募笔工录之竟,以手校寄欲得者云。镜湖遗老记。"此方回遗文之仅存者,并可考见其校书年月。常熟张瀛先生惠告。一九六四年三月。

宛敏灏先生

《合肥师范学院学报》一九六三年第一期,载宛敏灏先生之《吴潜年谱》,指正拙作《吴梦窗系年》三事,迻写如下:

（一）嘉熙三年己亥一二三九"正月与吴潜看梅沧浪亭，作《金缕歌》，潜有和章"条（四六三页）

宛先生云：吴潜知平江府在嘉熙元年一二三七六月，见《宋史·理宗纪》。看梅沧浪、梦窗和词，当在嘉熙二年正月。

（二）淳祐九年己酉一二四九"八月吴潜知绍兴府"条（四七五页）引杨铁夫先生说：《江城子·送桂花与吴宪，时已有检详之命，未赴阙》一首是赠潜词，当作于此年十二月之后。

宛先生云：此词乃绍定五年壬辰一二三二在苏州赠吴渊之作。据《馆阁续录》卷七，渊以绍定三年一月知平江府。同书卷九，国史院编修官及实录院检讨官，皆注明吴渊于五年七月以检详兼。时、地、职皆吻合。吴潜淳祐九年自签书枢密院事除同知枢密院事，杨铁夫以为即详检诸房文字，误；同知枢密院是正二品，检详不过六品，官阶悬殊也。

（三）淳祐十年庚戌一二五〇"在越州，有《绛都春·题蓬莱阁灯屏》履翁帅越"条（四七六页）"案《宰辅表》及潜传，潜为参知政事拜右丞相，在明年十一月，则此年尚在越任。"

宛先生云：此说未确，吴潜此年元宵节后，即入政府供职，尝上两札子论处事之难等，见其《奏议》卷三。十一月，请解机政，不允，见《宋史·理宗纪》。

夏承焘先生学术年表*

1900 年(清光绪二十六年)

1月11日生于永嘉(今浙江省温州市)。名承焘,少字仲炎,后改字瞿禅,晚号瞿髯。

1911 年

毕业于养正初级小学。

1913 年

考入浙江省立温州师范学校。

1918 年

5月,毕业于温州师范学校。

秋,任教于任桥永嘉县立第四高等小学。

1921 年

3月,任梧埏永嘉县立第三高等小学校长。

7月,赴北平任《民意报》副刊编辑。

11月,往陕西教育厅任职。

1922 年

1月,任西安中华圣公会中学国文教员,并兼陕西第一中学、成德中学等校课程。

---

* 本年表由陶然主要依据吴无闻编《夏承焘教授纪念集》所附《夏承焘教授学术活动年表》,并参考夏承焘先生日记编写。

1925 年

4月,任西北大学国文教职。

6月,返温州。

9月,任瓯海中学、温州第十中学、女子中学教师。

1927 年

2月,任职于国民革命军浙江省防军宁波水上警察厅。

3月,任教于宁波四中。

9月,任教于严州九中。

1930 年

9月,任教于之江大学国文系。

1932 年

《词籍考辨》,发表于《之江大学学报》1卷1期。

《白石歌曲旁谱辨》,发表于《燕京学报》第12期

1933 年

任之江大学中文系代主任。

4月,《张子野年谱》、《梦窗词集后笺》,发表于《词学季刊》创刊号。《白石道人歌曲考证》发表于《之江大学学报》第1卷第2期。

6月,《四库全书词曲类提要校议》,发表于《中国文学会集刊》第1期。

1937 年

《唐宋词录最》出版。

1938 年

9月,之江大学迁上海复课,任教于之江大学。

1939 年

在沪任教于之江大学,兼太炎文学院、无锡国学专修学校课程。

1940 年

任之江大学国文系代主任。

1942 年

5月,返温州。

9月,任教于温州中学。

11月,任教于浙江大学龙泉分校。

1943 年

任浙江大学龙泉分校教授,兼浙江大学师范学院中文系主任。

1944 年

6月,离龙泉返温州。

8月,避兵火于乐清雁荡山。

10月,任教于雁荡师范学校。

1945 年

9月,任教于浙江大学龙泉分校。

1946 年

任教于浙江大学。

1950 年

9月,任浙江大学中文系教研组组长。

1951 年

10月,赴安徽参加五河土改。

1952 年

9月,任中文系代主任。

1953 年

任浙江师范学院中文系主任、教授。

1955 年

《唐宋词人年谱》出版。

1956 年

《唐宋词论丛》出版。

1958 年

6月,浙江师范学院改杭州大学,任杭州大学中文系教授。

8月,《姜白石词编年笺校》出版。

10月,受聘中国科学院文学研究所兼任研究员。

1959 年

《姜白石诗词集》(校辑本)及《唐宋词选》(与盛静霞合注)出版。

1960 年

3月,下放嘉兴造纸厂劳动。

1962 年

《辛弃疾》(与游止水合著)及《读词常识》(与吴熊和合著)出版。

1961 年

《龙川词校笺》(与牟家宽合著)出版。

1965 年

3月,下放诸暨参加"四清"工作。

1966 年

"文化大革命"开始,夏承焘作为"反动学术权威"和所谓"林(淡秋)夏(承焘)战役"的对象,受到批斗打击。

1972 年

病假长休。

1976 年

移居北京。

1979 年

《瞿髯论词绝句》、《月轮山词论集》出版。

1980 年

《唐宋词欣赏》出版。

1981 年

《夏承焘词集》出版。

《韦庄词校注》(与刘金城合著)出版。

《放翁词编年笺校》(与吴熊和合著)出版。

《域外词选》(与张珍怀、胡树淼合著)出版。

1982 年

《天风阁诗集》出版。

《苏轼诗选注》(与吴鹭山、萧湄合著)出版。

6 月,受聘杭州大学学术委员会顾问。

1983 年

《金元明清词选》(与张璋、周笃文、黄畬、吴无闻合著)出版。

《姜白石词校注》(与吴无闻合著)出版。

1984 年

《天风阁词集》出版。

《天风阁学词日记》出版。

1986 年

5 月 11 日,病逝于北京中日友好医院。享年 87 岁。

谈夏承焘先生《唐宋词人年谱》

陶 然

作为20世纪的"一代词宗",夏承焘先生以其博大精深的研究,为弘扬和振兴现代词学,做出了巨大贡献,他的治词经历和学术成就,已经成为现代词学史的一部分。

夏承焘(1900—1986),字瞿禅,晚号瞿髯,浙江永嘉(今温州)人。自幼好学,"十三经"中除《尔雅》外,均能成诵,在经学、小学方面根基颇深。1918年毕业于温州师范学校,任教于当地小学。参加"瓯社",从张震轩、林铁尊、刘次饶诸师长游,以诗词唱酬。1921年夏,赴北京任《民意报》副刊编辑,后转赴西安中学任教,并曾兼任西北大学国文系讲师。1925年秋归里,遍读孙仲容"玉海楼"及黄仲弢"蓼绥阁"两家藏书。1927年,任教于严州九中,始治词学,着手撰写词人年谱并从事姜夔研究。1930年秋,任杭州之江大学国文系讲师,未几升为教授。与龙榆生诸人切磋词学,并得到朱祖谋等老辈学者的赞许。1938年抗战军兴,之江大学迁往上海,在"孤岛"继续坚持招生教学,夏承焘先生亦寓沪任教,又受章太炎夫人汤国梨邀请,兼无锡国学专修学校和太炎文学院教授。与夏敬观、冒鹤亭等时相往来,谈词论学。太平洋战争爆发,上海沦陷,先生携眷返里,避寇雁荡山中。后任浙江大学龙泉分校教授,虽环境异常艰苦,仍不废治学育人。抗战胜利后,返回杭州,任浙江大学教授。1952年院系调整,浙江大学文、理科与之江大学合并组建为浙江师范学院,后改名杭州大学,夏先生任中文系教授。1976年移居北京,1986年病逝。

夏承焘先生毕生研治词学,尤致力于词人年谱、词籍校勘、声律考订以及词家评论,著作等身,宏博精深,如《唐宋词人年谱》、《姜白石词编年笺校》、《唐宋词论丛》、《月轮山词论集》、《瞿髯论词绝句》、《天风阁学词日记》等,都是后来者挹之不尽的学术典范。在这些著作中,《姜白石词编年笺校》及《唐宋词人年谱》是最为重要的两部,也是夏先生学术的基点所在。前者不仅是集大成式的文献整理,更反映了夏先生对姜夔词尤其是"白石旁谱"等声律方面的研究成果。而《唐宋词人年谱》则是20世纪最重要的词学著作之一,同时也是整个中国词学史上具有里程碑意义的学术著作。

一

《唐宋词人年谱》一书,由古典文学出版社初版于1955年,1961年中华书局再版,而上海古籍出版社1979年版流传最为广泛。其后尚有浙江古籍出版社、浙江教育出版社1997年《夏承焘集》版。书前《自序》云:

> 《唐宋词人年谱》十种十二家,予三十前后之作也。早年尝读蔡上翔所为《王荆公年谱》,见其考订荆公事迹,但以年月比勘,辨诬征实,判然无疑;因知年谱一体,不特可校核事迹发生之先后,并可鉴定其流传之真伪,诚史学一长术也。时方读

唐宋词,因翻检群书,积岁月成此十编。其无易安、清真、稼轩者,以已有俞正燮、王国维及友人邓广铭之论著在;鄙见足为诸家补苴者,别具于《唐宋词系年总谱》中(《系年总谱》将另出),此不赘及。琐琐掇拾,聊为初学论世知人之助。若夫标举作品以考索作家之思想感情,则治词史者之事,固非年谱体例所能赅也。一九五四年十一月,夏承焘①

这篇《自序》说明了该书的编撰旨趣、体例、缘由及谱主的选择等,言简意赅。虽然夏先生自谦云"琐琐掇拾,聊为初学者论世知人之助",但若与夏先生撰述此书时的前后日记互相参证,足知其用力甚深而自视亦甚重,否则该书也不可能成为一代词学的典范著作。

大体而言,夏承焘先生27岁始在严州中学任教时,决心以治词为毕生的学术追求。从那时开始,他就一直留意于词人文献及词学资料的收集整理,有志于为唐宋词作一总谱,初拟名为《词林年谱》,后又拟名为《词林年表》和《词人年表》,以及《自序》中所谓《唐宋词系年总谱》,最终定名是《词林系年》。夏先生的学术视野中,一直对年谱这种研究体例有浓厚的兴趣。随手翻阅夏先生那几年前后的日记,很容易发现他的阅读书目中,年谱占了很大的比重。例如1926年8月12日载:

> 上午蘅园阅钱大昕作洪适、洪迈、陆放翁、王深宁、弇州山人年谱,张穆作《阎潜丘年谱》、《顾亭林年谱》。钱作简要,张作详核。近人仁和张采田孟劬作《玉溪生年谱》,亦一名作,刘

---

① 本书第1页。

> 承幹新刻,未细看。又阅王之春作《船山年谱》及朱伯庐《无欺录》自定年谱,多载琐节……阅瞿木夫中溶、陈言夏瑚确庵年谱,上灯归。①

同时,年表类的著作对他也有不少的影响。如1926年11月16日载:

> 阅《小说月报》中国文学研究专号下册。有郑振铎《中国文学年表》,嫌其甚简略,且无考证,所据吴荣光《历代名人年谱》、傅运森《世界大事年表》、诸《疑年录》、徐倬《全唐诗人年表》及各文集、年谱等。《全唐诗人年表》未见,当是近人作品。拟仿之作《中国词林年表》。

这是夏先生日记中最早提及拟编撰《词林年表》的记录。这说明夏先生治词学,就是从词人的行实考据入手,以编撰年谱或年表为途径的。其后夏先生读书,但凡与唐宋词人有关者,均随时札入《词林年谱》,如1928年的几条日记所载:

> 【五月十五日】翻《宋史》晏殊传,着手作《词林年谱》。
>
> 【五月廿一日】抄《白石道人诗词年谱》入《词林年谱》。
>
> 【五月廿二日】阅《宋史》欧阳修传、王安石传,作《词林年谱》。
>
> 【七月十四日】翻《宋史》,作《词林年谱》。已成山谷、无

---

① 本文所引夏承焘先生日记,均见浙江古籍出版社《天风阁学词日记》及《夏承焘集》,并参用夏先生日记原稿。下同。

己、文潜、少游、无咎、石林、与义、美成、曼卿、汪藻、介甫、永叔、希真、放翁、方回、同叔十余人。

很明显,这时候的《词林年谱》还只是比较简略的资料汇集,所引用的文献也比较常见。夏先生有两部很重要的著作,最终没有成书。一是仿俞樾《古书疑义举例》而作的《词例》,另一部就是《词林系年》,即此所谓《词林年谱》。但从其日记中来看,夏先生一生为这两部书积累了大量的资料,凡有所见所思,均随时写入日记或以小纸片记录备用,现在留存下来的部分夏先生的原始札录,基本可以反映这两部著作的面貌。《唐宋词人年谱》一书实际上就是在《词林年谱》的基础上撰述而成的,可以称之为《词林年谱》的"精华版"。

二

如《自序》所言,清人蔡上翔的《王荆公年谱考略》一书对夏先生影响很大。1929年3月23日的日记中记载:

> 阅蔡上翔《王文公年谱考略》。荆公之诬,得此大白,洵足了数百年一公案。

蔡上翔为王安石作年谱,目的在于为荆公及新法辨诬。或许这让夏先生认识到年谱体例之功能并不仅仅是排列谱主的一生事迹而已,而是可以通过对谱主事迹的考察,来认识特定时代或解决以往聚讼纷纭的问题。因此,夏先生在搜集《词林年谱》资料的同时,着手撰写各名家词人的年谱或系年、事辑等,在1928年8月中,他着手作范成大、朱敦儒、温庭筠、韦庄、王衍、孟昶、李璟、李煜、冯延巳、和凝、孙洙的年谱,10月作《杨诚斋年谱》,11月作《周密事辑》、《赵彦端事辑》、《韩元吉事辑》,并着手作张孝祥、刘辰翁、郭应祥、王结、刘将孙、王奕、赵文、吴文、黎廷瑞、蒲道源、段克己、段成己、王义山年谱,12月,着手作蔡松年、蔡珪、党怀英、任询、李献能、赵秉文、完颜璹年谱。次年,他重点以最号难治的南宋姜夔及吴文英为谱主,先后写成《梦窗年谱》和《姜白石系年》,其后陆续发表结集,最终汇为《唐宋词人年谱》十种十二家。兹就夏承焘先生日记所载《吴梦窗系年》的撰述过程略加梳理,以供读者参证。《唐宋词人年谱》中《吴梦窗系年》后记谓:

> 右谱成于二十九岁,窜稿行縢,未遑整理。旋见朱彊村先生为《玉溪生年谱会笺序》,谓欲作梦窗谱而未就。亟奉书叩之,云以资粮过少,竟未属笔。先生治吴词,旷代一人,而矜慎若此,益自惭卤莽涉笔矣。先生即世之明年,以兼旬之力,重写此稿;流览所及,有为先生《小笺》所偶遗者,并稽撰异同,踵为《后笺》;其关涉系年者,概入此本。亡友杨铁夫先生著《梦窗事迹考》,亦多匡予不逮。梦窗行实,粗具于此矣。一九三二年六月记。①

夏先生29岁,即1929年。今检其该年2月至5月间日记,详细记

---

① 本书第436页。

谈夏承焘先生《唐宋词人年谱》

录了撰作《梦窗年谱》的过程：

【二月十九日】作《梦窗年谱》。《词人年谱》各大家，须先作一篇事辑，世系、交游、著述，皆入事辑中。

【二月二十日】作《梦窗年谱》。知前日疑吴卒于理宗景定三年前之说不确。拟将《词人年谱》自有创获者，另札一本，曰《读词札记》。上半部考证，下半部赏鉴。各词集须再翻一过。

【二月廿一日】作《梦窗年谱》，翻书竟日。朱祖谋《梦窗词笺》甚详备，资采伐不少也。

【二月廿二日】终日伏案作《梦窗年谱》，夜十一时，忽于吴潜《履斋先生诗余别集》中得和翁处静三词，推梦窗生年，知刘毓崧所测大误。去年据刘说作谱，生年须改至三、四十年后，与各词始合。大喜出户，素月流天，庭叶无声，几三更矣。

【二月廿三日】今日复按《梦窗词》一过。复于《蘋洲渔笛谱》中得调梦窗、题梦窗集诸首，为数旁证，断定梦窗比吴潜少十岁，比周密大廿余岁。约生一二〇五年，卒一二六九年，约六十余岁，较刘毓崧所臆定少三十余岁矣。明日当可脱稿。虽甚劳神，弥足自娱也。

【二月廿四日】阴。夏正元夕。至夜十一时，《吴梦窗生卒考》脱稿，共二千余字，费时八日矣。拟再考其交游、行迹为《事辑》一篇。

【二月廿五日】改《梦窗生卒考》。

【二月廿六日】终日坐作《梦窗行迹考》及《交游考》，此文如成，当得万字左右矣。

【二月廿七日】作《梦窗交游考》。

【二月廿八日】作《梦窗交游考》未完。

【三月一日】至晚作完《梦窗行实考》。共《生卒考》十四页,《行迹考》六页,《交游考》十七页,《余记》(官职、考悼亡)□□页,约万字,费时十三日矣。《生卒考》最可观,《交游考》补订朱彊村《梦窗词笺》而已。弃置一二月后,再取阅,如能满意,拟呈教彊村先生。发止水信,托于地志中查梦窗行实。并附一纸与冷生,问林铁尊先生通讯处。《梦窗考》如呈朱先生,拟由铁尊转致也。

【三月十四日】冷生一函告词书数种,嘱作《词人年谱》及《梦窗行实考》须以治学方式行之,精确详实,勿落时人寻尸改殓之窠臼。

【四月十七日】札《齐东野语》。《词人年谱》于诸小家太繁琐,拟先成各大家年谱,小家及非词名家者,或止载其生卒大事。

【四月廿二日】得止水书。写《梦窗年谱》五六页。梦窗一家已费力如此,《词人年谱》不知几时可写定也。

【四月廿三日】写《梦窗年谱》四五页,有数条考据,颇自慊。

【四月廿四日】写《梦窗年谱》。咳嗽未愈,服药。

【四月廿五日】大热。午后雨,入夜如注。咳嗽未愈,服药。内子头痛。写《梦窗年谱》。

【四月廿七日】写《梦窗年谱》完,费时首尾九日矣。拟改作《词人年谱》,先成各大家十余人,以各小家附大家谱内,如尹焕附梦窗。大家事实太少,不能自为一谱者,亦附见大家谱中,如龙洲附稼轩,末附一年表,则撷各谱大事,以求醒目,不知有当否也。

【四月廿八日】校《梦窗年谱》,亦文屡催写交西湖博览会,有一二处尚未自安也。然《词人年谱》若能一一如此精心结撰,亦可以示人矣。拟着手作《草窗年谱》,惜手边无《癸辛杂识》诸书。

【四月廿九日】校《梦窗年谱》完。

【五月一日】抄《梦窗生卒年月考》,拟寄问朱彊村先生。

【五月二日】命学生王治平、徐邦俊抄《梦窗年谱》付印。

【五月三日】校《梦窗年谱》,付印时,有不满意处。

【五月四日】命程承栋、徐邦俊、王治平、徐柯秉四生抄《梦窗年谱》,小字校对,头目为眩。

【五月五日】《吴梦窗年谱》今夜印成,共十六页,虽戋戋者,亦费心力不少矣。

【五月八日】翻《浣花集》、新旧《唐书》、《通鉴》,作《韦庄年谱》。

这些日记中的记录,完整地呈现了《吴梦窗年谱》的撰述过程和思路,乃至夏承焘先生当时的心境,如得以推知吴文英生年时的"大喜"、完稿时自叹"费心力不少"等等,更展示了夏承焘先生治学之勤奋,无论是春节假日之际,还是身体不适之时,均不间断撰作。从中还可知《梦窗年谱》完稿后,夏先生立即着手《草窗年谱》和《韦庄年谱》的撰写。据1932年6月夏先生的日记,6月12日始,因龙榆生之约,作《梦窗词笺斠补》,同时改作《梦窗年谱》,至6月26日完成。这就是《后记》中所云"以兼旬之力,重写此稿"之事。至此,这部年谱方基本告成。成稿后,他又先后寄呈龙榆生、邵祖平等词学同好以求批评,而所获意见倘有补于原稿,则注明补入。

读者但观《唐宋词人年谱》书中如《温飞卿系年》之《后记》二则,以及书末所附《承教录》,即可明之。这些记载和《唐宋词人年谱》中的成果对参而读,无疑能让后来的读者从中领略到前辈学者的治学风范。

三

《唐宋词人年谱》中,包括《韦端己年谱》(韦庄)、《冯正中年谱》(冯延巳)、《南唐二主年谱》(李璟、李煜)、《张子野年谱》(张先)、《二晏年谱》(晏殊、晏几道)、《贺方回年谱》(贺铸)、《周草窗年谱》(周密)、《温飞卿系年》(温庭筠)、《姜白石系年》(姜夔)、《吴梦窗系年》(吴文英),共十种十二家。夏先生写成初稿后,除寄给词学前辈及学界友朋之外,还曾部分发表于30年代龙榆生主编之《词学季刊》杂志。其次大略如下:

  一卷一号,《张子野年谱》,1933年

  一卷二号,《贺方回年谱》,1933年

  一卷四号,《韦端己年谱附温飞卿》,1934年

  二卷一号,《晏同叔年谱附晏叔原》,1934年

  二卷二号,《晏同叔年谱附晏叔原》(续),1935年

  二卷三号,《冯正中年谱》,1935年

  二卷四号,《南唐二主年谱》,1935年

  三卷一号,《南唐二主年谱》(中),1936年

  三卷二号,《南唐二主年谱》(三),1936年

  三卷三号,《南唐二主年谱》(四),1936年

这些成果立即在词学界引起很大的反响。如朱孝臧致夏承焘函谓:"梦窗生卒,考订凿凿可信……梦窗系属八百年未发之疑,自我兄而昭晰,岂非词林快谈。"(夏承焘日记1929年12月11日)赵百辛函谓:"十种并行,可代一部词学史。此彊村未竟之业,不但足吞任公而已。"(夏承焘日记1935年2月4日)赵尊岳函则谓:"《词人年谱》前无古人。"(夏承焘日记1936年11月19日)夏先生自己对这十种词人年谱也比较看重,如其致赵尊岳及邵祖平函中均提及:"近又欲宣究词学,妄拟于半唐、伯宛、彊村诸老搜讨校勘之外,勉为论世知人之事,仿江宾谷二书,为白石、萧闲、子野词集考证数种,及十种词人年谱数卷。"(夏承焘日记1929年12月26日、1930年1月14日)而在1929年8月4日的日记中,他在记录下欲从事《词林补事》、《校注词苑丛谈》以及东坡、半山、六一诸人诗话三书的计划之后,谓:"三书皆为《词人年谱》、《词人行实》之副产品。目前当先致力于年谱。前三书附前人以自见,此则自辟门径也。"所谓"自辟门径",说明夏先生对于这部著作的学术价值是有其自我体认的。

就《唐宋词人年谱》中的具体考证结论而言,许多词史上或聚讼纷纭,或迷雾笼罩的问题,经过夏先生以严谨的史学方法进行考辨,得以解决。例如南唐冯延巳之名,由于古书中"巳"、"己"、"已"三字经常混钞或混刻,故或作"冯延己",或作"冯延嗣",莫衷一是。夏先生则据焦竑《笔乘》诸书所载"可中时,巳也。正中时,午也"语,及冯字正中,推断冯之名必为"辰巳之巳"。从此冯延巳之名,得成定论。一词人之名,考订精审若此,则余可知矣。其创获之多、制断之精,使得围绕唐宋词人的许多失实的旧说一扫而空,从而建立起坚实可靠的词史研究的基础。这是继王国维《清真先生遗事》之后,在词学研究方面的突破性成果。因此学术界公认,夏承焘先生以这部《唐宋词人年谱》为代表的词人行实研究,开创了词人谱牒之学,这是他对现代词学最主要的建构性贡献之一。"晚清词学,长于订律校勘而疏于考史,先生则以词学与史学结褵,进而'为论世知人之事'。他博览群书,究心寻检而校核唐宋词人的年里事迹和创作背景等,积岁月而成《唐宋词人年谱》十种十二家,由此词人行实得称信史。"①《唐宋词人年谱》于20世纪50年代结集出版后,即誉满天下,对其中具体考证成果的学术价值的分析与论定,已有不少专门的研究论著,此处无庸赘述。半个多世纪过去了,后人能看到的文献资料更为丰富,针对书中的具体材料,可供补充的也有不少,后出转精的成果必然也将不断涌现,但无疑这部著作已成为词学史上的一座丰碑,其学术路径及词史意义值得尤为关注。

唐宋以下数百年间,治词评词者代不乏人,词学之实绩略具形态,而词学之名尚无所归。张炎著《词源》,实已意味着词成为专门之学,是为传统词学的肇始。清词中兴,是清代词学成立的基础,清人考据学风,则是清代词学取得可观成就的重要因素。词学之名因此确立。龙榆生总结清代词学成就为五个主要方面,即以万树《词律》为代表的图谱之学、以凌廷堪《燕乐考原》等为代表的音律之学、以戈载《词林正韵》为代表的词韵之学、以张宗橚《词林纪事》为代表的词史之学和以王鹏运、朱孝臧为代表的校勘之学②。

---

① 吴战垒:《夏承焘集前言》,《夏承焘集》,浙江古籍出版社、浙江教育出版社1997年版,第1册,第2页。
② 龙榆生:《研究词学之商榷》,原刊于《词学季刊》第1卷第4号,1934年。收入《龙榆生词学论文集》,上海古籍出版社1997年版,第87—103页。

谈夏承焘先生《唐宋词人年谱》

再包括况周颐、郑文焯等之词话及批点之学,传统词学至此可谓趋于极盛。这种传统词学的主要呈现形式是词论、词话、词谱、词韵等,而以前两者为主。中国传统的学术思维方式和感悟点评之批评方法,决定了传统词学的长处在于直凑单微、深抉词心,而其短则在于不免模糊影响、似是而非。如张炎《词源》所标举之"清空骚雅"、近代端木埰、王鹏运、况周颐诸老辈所标举之"重拙大"之论,即为显例。不过,在传统词学极盛的晚清时期,亦已渐生词学之学术化的萌芽。王鹏运、朱孝臧在清代考据学兴盛的学术背景下,以治经之法治词,在词籍校勘方面注重实证,发凡起例,所得甚多,在文献方面为现代词学奠定了基础。况周颐之《蕙风词话》卷二、卷三及卷五,及其为刘承幹所编《历代词人考略》等,则已有明显的梳理词史之意识。但是,同王、朱之校勘学尚在清儒笼罩之下一样,况氏的词学亦终未能越出张宗橚《词林纪事》之藩篱。正是在这种学术背景下,夏承焘先生的词人谱牒之学横空出世,显示出以浙东史学的学术传统与浙西词学的博雅精神相融合的特色。夏先生是浙东永嘉人,其学术路径形成的过程中,深受浙东史学的影响。在他三十岁左右确定以词学为自己一生的主要学术方向之前,同样经历过长时期的摸索甚至彷徨。但这种摸索不是无谓的,其意义在于为夏先生后来研治词学提供了学术背景。如其二十余岁在西北大学任教时,对宋明理学即有极浓的兴趣,并一度欲以研究整理宋史为事业。归乡后,又遍读孙诒让玉海楼及黄仲弢蓼绥阁两家藏书,在传统的经史之学方面培养了深厚的根基。其后,夏先生虽以词学名家,但宋史研究的宿愿一直萦于胸中,未尝去怀。自30年代始,其日记中屡有史学撰述的计划,如与宋史相关的著作计划即有《宋元野记著作年代考版本考及索引》、《宋史表》、《宋代文化志》、《宋史别录》、《宋史考异》、《宋学系年会要》、《宋学年表》等23种。这些著作后来虽都未能完成,但却提供了夏承焘先生学术理路形成的清晰过程。从这些著作名目,足以见出清代黄宗羲、全祖望及章学诚以来浙东史学传统影响夏先生学术路径的痕迹。宋元以来,尤其是清代,浙西地区向号词人渊薮,以杭州、湖州、嘉兴诸地为中心,从姜夔、张炎、周密、仇远、张翥以下,至清代朱彝尊、厉鹗,直至近代词学的核心之一归安朱孝臧等,风流雅韵,不绝如缕。朱竹垞之博学、厉樊榭之清雅,即是浙西学术在词人中的投影。夏承焘先生以浙东史学移治本为浙西擅场的词学,遂能将浙东专家之学与浙西博雅之韵,融而为一。这样,词学就跳出了晚清以来结社唱和、校律品藻的传统藩篱,以严谨精密的考证、知人论世的眼光,进入了现代学术的层面。正如吴熊和先生在《追怀瞿禅师》四绝句其二中所云:"独开史局谱花间。"并自注谓:"以年谱体例考订词人行实,年经月纬,条分缕系,承史家之专长以治词史,唐宋词始得有序论次,得观通变。"①这是对《唐宋词人年谱》的学术史意义的准确定位。

四

夏承焘先生在《唐宋词人年谱》自序中提及《唐宋词系年总谱》,这是他有所计划但并未完成的一部著作,是拟作为《唐宋词人

---

① 《吴熊和先生诗词选》,《庆贺吴熊和教授从教50周年论文集》,浙江大学出版社2008年版,第55—56页。

年谱》的后续、同时涵盖的词人范围也广及唐宋两代的一部总谱。事实上,在他一生的日记中,关于年谱及编年事辑类的著作计划甚多,如《唐宋词人事辑》、《词林年表》(《词人年表》)、《词人地表》、《词林补事》、《词林索事》、《宋词大事考》(或名《宋词考故》)、《宋词考事》(后改名《宋词微》,又改为《宋词事系》三卷)、《南宋词事》、《唐宋诗词系年总表》、《唐宋金元词系年总谱》(《词林系年》、《唐宋金元词编年》)、《唐宋词人年谱续编》、《苏门词事谱》、《刘须溪父子年谱》等。从20年代开始,夏先生即开始作《词人年表》,将可考见的词人行实随时札入,后拟作《唐宋词人事辑》、《词人地表》诸书,均是与《词人年表》相辅而行的。在二三十年代的日记中,可以看到他关注的几乎包括唐宋金元时期所有的重要词人,上至唐五代的温庭筠、韦庄、王衍、孟昶,下至金元的蔡松年、刘秉忠、张弘范、吴澄诸人。20世纪50年代,《唐宋词人年谱》梓行。1964年8月,上海中华书局发约稿合同,承印《唐宋词人年谱续编》,在该年8月9日的日记中,夏先生列出了《续编》的详目,包括"柳三变系年、东坡词事系年、苏门词事系年(黄、秦、晁、赵、毛东堂)、李清照年谱(王仲闻、黄盛璋合钞)、稼轩词事系年(义江)、大晟乐府作家系年、周美成年谱会笺(陈思、王国维)、张于湖年谱、张芦川年谱、胡邦衡年谱、陈龙川词事系年、刘后村年谱(张荃)、刘辰翁年谱、王碧山年谱(属常国武作)、赵青山年谱、张玉田年谱(冯沅君)",共十六种。而《唐宋金元词系年总谱》,又名《唐宋金元词编年》,后改名为《词林系年》,则是规模更大、涵盖更广的一部著作,纵贯四朝,以年代为经,以词人事迹为纬,以历史大事为参照,词人行实及词作可考时地者,一概分年编入。1955年9月10日,夏先生作函与新文艺出版社钱伯城,附去《唐宋词系年总谱》稿样,其中记载了该书的具体形式:"分四格:一作家行实,二作品可考年代者,三各种文学艺术有关词学者,四政治经济大事对词有直接间接影响者。"这实际上也是在《词人年表》的基础上,将单个词人的年谱合并,以见词史发展的整体面貌,是以年表的方式编成的唐宋金元词史。虽然夏先生云"一年内可整理增辑完成",但最终惜亦未能杀青。且其中史实钞录甚多,尚待进一步整理和完善①。夏先生还曾拟编著《唐宋诗人年谱十种》,后又欲合诗人、词人编《唐宋诗词系年总表》一书。这些计划虽最终未能完成,但反映了夏先生的学术规划和对以年谱体例推进词学研究的整体思考。

程千帆先生在1954年为《唐宋词人年谱》所作序文中云:"昔顾亭林著《日知录》,自譬铸钱而采铜于山,因叹买旧钱强名之曰废铜以充铸者之非。今之以旧钱充铸者多矣,得先生书而熟玩之,其亦自惩而有所愤发欤?"②其微言大义,亦可供今之读者深思。

---

① 其中一部分经王荣初先生整理,20世纪90年代曾发表于《中国韵文学刊》。
② 《夏承焘集》,第1册,第1页。